송석구 교수의 불교와 유교 강의

강의총서 7

송석구 교수의 불교와 유교 강의

지은이 송석구
펴낸이 오정혜
펴낸곳 예문서원

편집 김병훈·유미희
인쇄 및 제본 주) 상지사 P&B

초판 1쇄 2015년 7월 10일

출판등록 1993년 1월 7일(제307-2010-51호)
주소 서울시 성북구 안암로9길 13, 4층(안암동 4가)
전화 925-5914 Ι 팩스 929-2285
홈페이지 http://www.yemoon.com
전자우편 yemoonsw@empas.com

ISBN 978-89-7646-340-1   93150

YEMOONSEOWON #4 Gun-yang B,D 41-10 Anamdong 4-Ga Seongbuk-Gu Seoul KOREA 136-074
Tel) 02-925-5914 Fax) 02-929-2285

값 39,000원

강의총서 7

송석구 교수의 불교와 유교 강의

송석구 지음

예문서원

개정판 서문

이제야 마음이 후련하다. 나의 고백이 여기에 실려 있다. 학문
과 종교의 갈림길에서 방황했던 나, 이제 작은 자화상을 그려 본다.
모자란 것은 내생來生의 몫이고, 여기까지가 나의 최선이다.
참 열심히 살아 왔다. 모든 것에 감사할 뿐이다.
나무마하반야바라밀.

2015년 6월 18일

삼각산 향림정사香林精舍에서

체험의 철학

'나는 어떻게 살 것인가?' 중학교 3학년 때 담임선생님(정구택 선생님이었고 그분은 곧 대전중학교 교사를 그만두고 소사의 종교 수련원으로 가셨다는 말을 들었다)이 아침 일찍 오셔서 칠판 한 귀퉁이에 영적인 잠언을 써 놓으시고 학생들에게 읽어 주셨다. 지금까지 생각나는 구절은 딱히 없지만 '도산 안창호' 선생의 말씀, 그리고 '토머스 칼라일'(영국의 사상가) 인생훈과 같은 글이 희미하게 기억난다. 나는 첫 수업이 시작되기 전 칠판에 써 놓은 그 말씀들을 열심히 읽었고, 가슴에 담았다. 그때 그분들의 명언은 '인생은 무엇인가?', '영혼은 무엇이며 육체는 어떤 것인가?', '삶이란 무엇이며 죽음은 무엇인가?', '영혼, 삶, 죽음과 관련돼 어떻게 사는 것이 참다운 인생인가?'라는 게 주 내용이었다.

이때부터 나는 '어떻게 살 것인가'를 삶의 화두로 삼아 왔다. 내가 대단히 사색적이고 생각이 깊어 이를 삶의 화두로 생각했던 것은 아니다. 또한 철학적 시각으로 이 문제에 접근한 것도 아니다. 그때 내가 처했던 현실과 환경이 나로 하여금 '어떻게 살 것인가' 하는 문제에 골몰하게 만들었던 것이다.

나는 만사를 긍정적으로 생각하는 사람이다. 내가 하고 싶은 것은 어떠한 난관이 있더라도 열정적으로 추진하고 실천하는 편이다. 다시 말하면 내면적이면서도 동적인 행동을 함께하는 그런 유이다. 소위 철학적 기질로 분류되는 내성적이고, 사색적이고, 정적이며, 회의적인 면은 부족하다. 물론 인간은 가장 내성적인 사람이 가장 외향적인 사람이 되기도 하고, 또한 가장 외향적인 사람이 가장 내면적일 수도 있다. 인간은 이러한 이중적 구조 속에서 경향성을 가지고 있을 뿐이다.

나는 대전중학교를 다니면서 바로 옆에 있는 '대전고등학교로 진학할 것인가' 아니면 '형님이 계시는 서울로 갈 것인가?'를 고민했었다. 당시에는 바로 그러한 고민이 나의 삶에 있어 가장 큰 문제였다. 그때 담임선생님께서 '보다 넓은 세계를 바라보고 살라'는 칠판 귀퉁이에 써 놓은 명언들이 나의 삶을 결정해 주었다. 나는 스스로 개척하지 않으면 안 되는 처지에 놓여 있었다. 누구도 나에게 고등학교나 대학에 대해 조언을 해 주는 사람이 없었다.

그러는 사이에 위기가 찾아왔다. '누가 고등학교 학자금을 대 줄 것인가?' 대답은 명약관화했다. 책임져 줄 사람은 아무도 없었다. 그때 어둠 속 한줄기 빛 같은 생각이 떠올랐다. '형님이 계신 서울로 가자. 서울로 가면 어떻게든 고등학교는 다닐 수 있을 것이다.' 공부는 그런대로 하는 편이었으니까 열심히 하면 장학금을 받으며 다닐 수 있을 것으로 생각했다. 서울로 올라가겠다는 내 말에 식구들은 아무 반응도 보이지 않았다. 어릴 때부터 한번 결심하면 물러서지 않는 의지를 보였기 때문이다. 어쨌든 2월 말, 중학교를 졸업한 나는 방독면을 뜯어 만든 가방에

떡과 고구마를 넣고 서울행 기차를 탔다.

서울에 올라와 보니 '이곳이 내가 살 곳'이라는 희망이 용솟음쳤다. 굴하지 않고 상경한 보람이 있었다. 그때 오늘의 나를 있게 한 한 권의 책을 접하게 된다. 벤저민 프랭클린의 자서전이다. 이 자서전은 중학교 3학년 때 내 짝꿍이 한번 읽어 보라고 선물한 책이다. 나는 기차 안에서 이 책을 읽었다. 그때 받은 감동을 어찌 다 표현할 수 있겠는가? 일생동안 나는 이 책을 불경, 성경과 같이 가지고 다녔다.

지금도 가끔 서가에서 뽑아 일별한다. 내 청소년 시기를 뒤흔들고 인격 형성의 원천이 된 책이었다. 지금 생각하면 나는 이 책의 저자인 프랭클린과 환경·과정·관심이 비슷했다. 그는 1760년 보스턴에서 양초와 비누를 만드는 영세 상인의 아들로 태어났다. 10세가 되면서 집안일부터 도와야했다. 프랭클린의 아버지는 그가 잘 자라서 자신의 사업을 이어받아 장사나 했으면 하는 생각을 하고 있었다. 그 후 형을 도와 인쇄일을 하면서 그는 글을 쓰기 시작한다. 아버지는 행여 문학자가 될까 싶어 '시인은 거지'라고 가르친다. 그러나 프랭클린은 열심히 수련하여 뛰어난 문필가가 된다. 그가 탁월한 문필가가 되는 과정은 순탄치만은 않았다. 그는 자신에게 마치 수도원의 고행자처럼 엄격했다. 스스로 만든 도덕적 실천원칙을 가혹하리만치 철저히 지키면서 확고한 도덕적 결단과 엄격한 생활태도를 견지한다. 인격과 글이 하나가 되었던 것이다.

나는 프랭클린에게 도덕적 생활태도와 용기를 배웠다. 그는 13가지의 덕목을 정해 매일같이 점검했다. 절제, 정숙, 질서, 결심, 절약, 근면,

정직, 공정, 중용, 청결, 침착, 순결, 겸손이다. 나는 돈을 아끼기 위해 종이를 사 결끝을 실로 꿰맨 노트를 만들었다. 그리고 매일 저녁 노트에 이 덕목을 실천했는가를 'O, X'로 점검했다.

그러한 노력은 결실을 맺기 시작했다. 운도 따랐다. 고등학교 시절 이러한 훈련을 하면서 나의 정서는 안정되어 갔고 인격 또한 바르게 형성되어 갔다. 어려운 생활이었지만 만족했다. 그 당시 신문에는 실존주의 철학이 자주 소개됐다. 나는 김준섭 교수님이 쓰신 『실존철학』(1955년간)을 사서 읽고 실존철학에 심취했고, 부족한 정서를 채우기 위해 시와 소설을 썼다. 습작이지만 시집도 한 권 자비로 출간했다. 그리고 고등학교 교지에 단편소설을 발표하기도 했다. 문학에 빠진 문학청년 시기였다. 문필가가 되고 싶었다. 그러나 국문과로 진학하기는 싫었다.

철학! 당시 내게 얼마나 멋진 단어였는지 모른다. 사실 철학이라는 말 자체가 신비스러운 그 어떤 느낌을 주었다. 보편적이고 포괄적이고, 근원에 관한 학문이라는 말은 철학과에 입학하여 배운 것이었지만, 철학이 '모든 학문의 학문'이라는 소박한 생각을 지녔던 고등학교 시절이다.

철학에 대해 이러저러한 생각을 키우던 나는 대학에 진학할 때가 되었다. 누구나 그렇듯이 1950년대는 실존의 방황, 고독, 소외, 불안, 허무의 시대였다. 이러한 정신적 공허를 『현대문학』과 같은 책에서 시와 소설을 통해 메웠다. 문학과 함께 철학을 시작하게 된 것이다. 막연히 철학과 문학에 들떠 있던 고등학교 3년 동안 나는 많이 아팠다. 그 힘들었던 시절을 시를 쓰고, 문학책을 읽고, 벤저민 프랭클린의 자서전을 통해 도덕적 생활을 습관화함으로써 이겨 냈다. 그 힘이 오늘의 나를 만든 기초이다.

나는 철학을 공부하기로 마음먹었다. 나에게 맞는 동국대학교 불교대학 철학과에 입학했다. 불교대학에 철학과가 있다는 것부터가 매력적이었다. 지금으로 말하면 블루오션 영역이었다. 불교철학은 다른 사람이 많이 하지 않을 것이기 때문에 마음껏 책을 읽고 글을 쓰고 사유를 할 수 있을 것으로 기대했다. 특히 정신적 자유를 누릴 수 있는 교수의 길을 갈 수 있을 것으로 확신했다. 나는 대학 입학 때부터 철학교수를 꿈꿨다. 그러나 그 길은 정말 형극의 길이었다.

동국대학교에서는 불교학, 동양철학, 서양철학 등 세 분야를 다 가르쳤다. 학점도 180학점이었기에 동양철학, 불교철학이 120학점, 서양철학이 60학점이었다. 참 열심히 공부했다. 행운도 뒤따랐다. 입학생이 60명 정도 되었는데 한 학기 지나고 나니 30명으로 줄었고 2학년 때는 15명 정도로 다시 줄어들었다. 그 중에서도 열심히 강의를 듣는 학생은 나를 포함해 5~6명에 불과했다. 개인교수를 두고 수업을 받는 것과 같았다. 장학금도 받았다.

그 당시 불교철학 강의는 김잉석, 박춘해, 김동화, 백성욱, 임석진, 조명기 교수님이 맡아 하셨고, 동양철학은 자연 김용배, 김병규, 한상련 선생님이 가르쳤다. 서양철학은 태암 김규영, 온버림 정종, 계천 윤명로, 이석희 교수님으로부터 배웠다. 대학원에 진학해서는 안호상, 김경탁 선생님에게 가르침을 받았다. 나는 지금도 이렇게 훌륭한 선생님들께 강의를 들으며 대학과 대학원을 졸업할 수 있었던 것을 무한한 행복으로 생각하고 진심으로 감사하고 있다.

대학에서 내가 매달린 주제는 '나는 누구인가?', '내가 어떻게 사는 것이 진정한 삶인가?'였다. 고등학교 시절부터 프랭클린의 'O, X'로 시작한 도덕적 훈련은 이때에도 계속 되었다. 그렇다고 젊음의 특권인 방황의 시간이 없었던 것은 아니다. 청춘의 허무성, 미래에 대한 불확실성, 그리고 4·19혁명과 자유당 정권의 몰락, 뒤이은 5·16군사혁명 등은 나를 방황과 절망으로 이끌었다. 그 시절, 나를 일으켜 세워 준 것이 바로 『금강경』의 구절이다. "무릇 형상이 있는 것은 다 허망하니 만약 모든 형상을 형상 아닌 것으로 보면 곧 여래를 보리라."(凡所有相, 皆是虛妄, 若見諸相非相, 卽見如來.) 이 구절은 허망과 상相 아닌 것으로 보라는 두 개의 뜻이지만 그 당시 나는 허망이라는 단어에 더욱 천착하였다. 내가 느끼는 지금의 현실이 너무 허무, 허망, 허상이었기 때문이다. 이는 현실을 이겨 내는 배움터가 되었다. 허망하다고 느낄 때 허망을 딛고 일어서야 새로운 삶이 펼쳐지는 것이다. 마치 땅에서 넘어진 자가 그 땅을 딛고 일어나듯이.

대학원에 진학해 학문의 길을 걷기로 결심했다. 그러나 동양철학이 나의 삶의 지향점과 일치하지만 논리적 비약과 애매성이 있었다. 동양철학의 성인聖人, 불교의 깨달음(覺)은 논리적 한계에서 직관적으로 넘어가는 쉽게 설명할 수 없는 세계가 아니던가? 나는 서양철학적 훈련을 거쳐 종국에는 불교나 유학으로 돌아와야 한다고 생각했다.

'나는 어떻게 살아야 하나.' 이 명제는 언제나 내 곁을 떠나지 않았다. 사춘기 때의 도덕적 훈련은 결국 나로 하여금 철학에서도 윤리학을 전공토록 방향타가 되어 주었다. 윤리학이야말로 나의 행위 법칙을 결정할 것이고 선한 생활로 이끌어 갈 것이라 믿었다. 사실 나는 학문과 삶이 일치해야 한다고 생각하였고 이론은 실천을 전제로 해야만 의미가 있다고 여겼다. 이론과 실천이 격리된다면 그것은 현학에 지나지 않는다고 믿고 있었다.

나는 무어(G. E. Moore)의 『윤리학』을 탐독했다. 그 이유는 윤리학적 기초개념인 선·악의 문제에 대한 학문적 탐색을 하고 싶었기 때문이다. 무어의 윤리학은 선이란 무엇인가에 대해 상세히 논하고 있었다. 당시 나는 무어의 선의 개념을 논문의 주제로 삼았다. 무어의 책을 닥치는 대로 섭렵했다. 그러던 중 대학원 1년을 마치고 1963년 군에 입대해야 할 처지가 됐다. 나는 일반병으로 입대하기보다 장교로 군 생활을 하기로 결심하고 해병대 사관후보생 시험에 응시했다. 마침내 장교가 된 나는 군에 있는 동안에도 불교에 더욱 빠져들었다. 석호(서옹, 후에 종정이 되시다)스님께서 동국대학교 선원장으로 재임하실 때 화두로 받은 「보현행원품」(『화엄경』의 보현보살행원품)을 읽기 시작했다. 김포 임진강변 관측소에서 포병장교로 3년 생활하면서 매일 아침 보현행원품을 읽고 무어의 『윤리학 원론』(Principia Ethica)을 다섯 번이나 읽었다. 관측소에서는 한가한 시간이 많았기 때문에 독서가 가능했다.

1966년 월남전에 파병되었다. 전쟁은 나를 어떻게 살아야 하는 문제에서 죽음의 문제로 데리고 갔다. 죽음에 대한 불안감 극복, 그것은 삶의 다른 한 면이었다. 나에게서 삶의 문제가 죽음의 문제로 바뀌기 시작했다. 제행무상諸行無常 제법무아諸法無我, 즉 '모든 행위는 변화하며 나라는 것은 없다'는 뜻이다. 죽음이 닥칠 때 그 죽음에 대한 공포를 극복하는 것이야 말로 또 하나의 사유체계였다.

나는 이때 스피노자(Spinoza)를 만나게 된다. 자연 속의 모든 것에는 인과의 필연만이 존재한다. 개체의 목적의식은 없다. 자연이 부여한 법칙의 필연성에 따르면 되는 것이다. 죽는 것도 필연이요, 사는 것도 필연임을 깨우치게 된 것이다. 나는 전쟁터에서 이성의 힘으로, 논리적 타당성이 지닌 합리화의 힘으로 죽음에 대한 불안을 극복하고자 했다. 철학은 이처럼 내게 영혼의 위안처였다. 내가 전쟁터에서 죽는 것도 자연의 필연적인 귀결이며 기계적인 질서였다. 내가 살아 귀국하는 것 역시 그랬다. 여하간 나에게 이 같은 합리적 이해가 없었다면 죽음에 대한 불안을 극복할 수 없었을 것이다. 죽음 자체보다 죽음에 대한 불안감은 견딜 수 없었다.

나는 전쟁의 한복판에서 철학에 눈을 떴다. 월남전에서 철학의 즐거움을 맛본 보기 드문 삶을 살았다. 그리고 곧 1963년 초 김태길 선생님이 쓴 윤리학에 빠져들었다. 무어에 대한 논문 구상도 마쳤다.

1967년 4월 월남에서 돌아와 이듬해인 1968년 1월 제대했다. 남은 한 학기를 마치고 논문을 작성해야 하는데 무어와 페리(Perry)를 비교하고 싶었다. 지도교수인 윤명로 선생에게 이러한 생각을 말씀드리니, 김태길 선생과 상의하라 하셔서 대학로 대학다방에서 논문 구상을 말씀 드

12

린 적이 있다. 김 교수께서는 페리의 『가치의 일반이론』(*The general Theory of Value*)을 꼭 읽어야 한다며 미국에 주문해 구해 주셨다. 지금도 후회하는 일이지만, 그때 좀 더 시간을 두고 무어와 페리를 비교했어야 했다. 끝내 비교논문을 쓰지 못하고 무어의 선에 관한 논문으로 석사학위를 받았다.

아전인수가 될지는 모르지만 무어의 직각주의 윤리설은 마음에 있는 선의 개념을 경험에 의해서가 아니라 직각적으로 판단하게 된다는 게 핵심 내용이다. 불교철학에서처럼 마음을 비교해 마음으로 깨달아야 하듯이 선의 세계도 그렇게 깨달아야 되지 않겠는가? 그리고 선은 더이상 분석할 수 없는 직각에 의해 파악되는 것이라면 분석철학의 한계는 바로 이것 아닌가? 동양철학의 성인이나 깨달음은 바로 이 한계로부터 실천의 세계로 나아가는 것 아닌가? 나는 그렇게 생각하고 이제는 불교의 마음, 유학의 성인의 길을 찾아보자고 결심하고, 동양철학의 문을 두드렸다.

직업으로서의 철학, 직업으로서의 교수가 아니면 이상적인 삶의 목표에 도달할 수 없다. 석사를 취득하고 여러 대학에 강사를 지원했다. 몇 달 동안 어느 곳에서도 연락이 없었다. 생활비는 바닥을 드러내고 있었다. 집에서 직장을 한 곳 소개해 주면서 며칠만 다녀 보라고 강권했다. 한 20일 정도 출근해 일했다. 그러나 아무리 생각해도 이 길은 아니었다. 나는 과감히 사표를 내던지고 스피노자를 생각했다. '정신의 자유를 위하여' 베를린 대학의 교수 자리를 거절한 그 자유를 연상했다.

직장을 그만둔 직후 곧바로 합천 해인사로 떠났다. 백척간두진일보百尺竿頭進一步의 각오로 눈 쌓인 해인사에 도착하니 성철 큰스님이 맞아주셨다. 성철스님은 "새벽 예불 때 1000배, 사시맞이 때 1000배, 저녁 예불 끝나고 1000배를 하라"라며 친절히 정진수행법을 가르쳐 주셨다. 지금은 송광사 방장이신 보성스님께서 당시 총무이셨는데 한방을 같이 쓰자고 하시여 함께 썼다. 길을 찾기 위해 고행기도를 하러 온 사람이 대접을 받는 것 같아 송구스러웠다.

나는 꼬박 일주일 동안 매일 3000배를 했다. 진심으로 기도했으나 너무 많은 잡념이 일었다. 세속에 대한 그리움이 사무쳤다. 불문에 의탁해 볼까 했던 나는 결국 스님께 하산 인사를 드리고 일주일 만에 속세로 내려왔다. 자유를 얻은 듯했다. 내가 나를 구속하고 또 내가 나를 풀어놓아준 것이다. 미완성의 하산이지만 일주일 동안 단 한 번도 거르지 않고서 3000배를 실천했기에 모든 일에 자신감이 생겼다. 호연지기浩然之氣 속에 모든 것이 이루어진 것 같은 황홀감이 가슴을 가득 채웠다.

집에 돌아오니 전보 한 장이 와있다. 모 대학에서 와 달라는 내용이었다. 나는 1969년 전임강사가 되어 처음 강단에 서게 됐다. 지금도 그때 일을 떠올리면 기도의 힘이 인연을 맺게 했다는 믿음이 선다. 학생들에게 철학개론을 가르치면서 박사학위 공부를 했다.

나는 대학원 때 논문 주제였던 서양윤리학에서 성리학인 율곡철학으로 전환했다. 당시 내가 겪었던 체험 속에서 서양철학을 더 이상 지속할 수는 없었다. 직관의 맛이 너무 깊었기 때문이었다. 나에게 선禪의

14

세계와 염불의 세계가 너무 간절하게 다가왔다. 수행을 통해 자그마한 빛이라도 보아야 진정한 삶이지 다른 사람의 사상을 지식으로 전하는 것은 결코 의미 있는 삶이 아니라는 확신이 섰던 것이다.

나는 궁극적으로 불교의 깨달음, 즉 자유인을 지향했지만 그 당시 동국대학에는 성리학을 전공한 사람이 없었다. 우리나라 성리학은 불교의 영향을 많이 받아 불교적 지식이 바탕이 되면 더욱 이해하기 쉬웠다. 불교적인 가장 대표적인 성리학자는 율곡栗谷 이이李珥 선생이다. 나는 어린 시절 가학으로 율곡 이이 선생의 사상을 많이 접했다.

1977년 동국대학 교수로 옮겨 오면서 성리학을 강의하기 시작했다. 박사학위 논문을 쓰기 위해서는 여유 있는 시간이 필요했다. 대만의 국립대만대학 철학연구소로 유학을 떠났다. 그곳에서 1년 동안 있으면서 「율곡철학연구」라는 논문을 썼다. 그런데 퇴계(李退溪)선생의 사단四端과 칠정七情에 대한 율곡선생의 반론이 문제였다. 퇴계선생은 사단四端은 이발기수지理發氣隨之이고 칠정七情은 기발리승지氣發理乘之로 밝혔으나 율곡선생은 이발기수지는 없으며, 기발리승지만 있다는 근거로 이통기국理通氣局을 제기했다. 도무지 이해가 되지 않았다. 거의 2주간 식음 전폐하다시피 하며 생각에 골몰했다.

불교에서는 마음은 하나이나 그 마음에 의해 이루어지는 각양각색의 생각·정은 수없이 많다고 가르친다. 하긴 번뇌·망상이 모두 마음의 소산이고 슬픈 마음 기쁜 마음도 모두 마음 아닌가? 이 마음을 일으키는 본마음이 이理이고, 기쁨·슬픔과 같은 개별적인 마음은 기氣가 아닌가?

무상무주無相無住의 일심一心이 이통理通이고 일심에서 나온 번뇌·망상·정감 등은 기국氣局이 아닌가? 번뇌 속에 보리가 있고 망상이 가라앉으면 곧 깨달음이 아니던가?

이렇게 불교적 관점에서 이통기국을 이해하자 새로운 나의 정신적 지평이 열렸다. 이때부터 성리학性理學의 성즉리性卽理와 불교의 일심一心과 각覺의 사상을 서로 비교할 수 있다고 생각했고, 유학이든 불교든 실천수행에 의한 체험이 전제되지 않으면 학문으로서 얻은 것이 없다고 믿었다. 성즉리性卽理란 인간의 본성은 인仁·의義·예禮·지知이지만 이理는 무형·무취한 것임을 뜻한다. 그러기에 이理이다. 그러나 이를 실천하는 것은 우리의 마음이다. 측은한 마음이 있다는 것은 인仁이 있기 때문이고, 자기의 결점을 부끄러워하고 남의 나쁜 점을 미워하는 마음은 의義가 있기 때문이다. 이러한 근본적인 마음이 단서가 된다는 것이다. 시비지심是非之心은 지知의 단서이고, 사양지심辭讓之心은 예禮의 단서이다. 모두 마음에서 비롯된다는 일체유심조이다. 성리학에서는 이러한 4가지 마음에서 일어난 것이 도덕적으로 확실히 존재한다고 보는 것이다. 그러나 불교에서는 이러한 마음이 본래 인연에 의해 나타난 것으로 실재하지 않고 마음까지도 공空한 것으로 이해한다. 따라서 성리학에서 도덕적 죄가 성립하지만 불교에서는 죄가 없고 자비慈悲만 있게 된다.

나는 이러한 관점을 기초로 유儒와 불佛을 비교하는 작업에 몰두했다. 그리고 『한국의 유불사상』이라는 책을 펴내게 되었다. 일심一心을 찾기 위해 불교적 체험에 힘을 쏟았다. 돌아보면 '어떻게 살 것인가'라고 내가 일생을 매달렸던 명제는 윤리학 ― 성리학 ― 불교로 이어오면서 체험의 철학으로 완성되었다고 할 수 있다. 나의 철학의 길의 종착역은 여기이다.(만약 이것도 철학이라는 이름을 붙일 수 있다면.)

나는 요즘도 조문도석사가의 朝聞道夕死可矣(아침에 도를 깨달으면 저녁에 죽어도 좋다)라는 말을 되새기며 생활하고 있다. 사무사 思無邪(생각에 삿됨이 없다는 것)! 그것이 내가 평생을 지향해온 삶의 자세이다. 그러나 그렇게 되지 않고 있지만…….

이 책은 나의 체험의 철학을 학문적으로 체계화한 것이다. 일사불란하고 정밀한 것은 아니지만 나의 삶과 학문의 관심을 어느 정도 피력한 논문들이기에 새롭게 엮은 것이다. 이 책을 내기까지 자료를 수집하고 정리하는 데 심혈을 기울여 준 동국대 유흔우 교수와 황인욱 군, 동국대 대학원 철학과 제자들에게 감사를 드린다.

수유동 행촌정사杏村精舍에서

송석구

차례

개정판 서문   4
체험의 철학   5

Ⅰ. 조선시대의 불교와 유교의 논쟁   23
  1. 성리학적 이념의 역사적 의의   24
    1) 성리학의 연원과 본질   25
      (1) 성리학의 연원과 시대적 요청   25
      (2) 성리학의 본질과 구조: 성즉리의 의미   26
      (3) 성리학의 심과 불교의 심   32
      (4) 중국에서의 배불이론   35

    2) 성리학의 한국적 전개와 특징   39
      (1) 성리학 수용의 역사적 의의   39
      (2) 정교이념으로서의 성리학   41
      (3) 조선조 성리학의 특성   43

    3) 여말선초의 유교와 불교의 논쟁   46
      (1) 배불론의 일반적 특징   46
      (2) 삼봉의 배불 논리   48
      (3) 함허득통의 호교적 『현정론』   58
      (4) 보우의 『일정론』   62

    4) 조선조 불교의 호교적 의지   75

  2. 성리학 전성기의 배불론   78
    1) 퇴계의 배불론   78
    2) 율곡의 불교 비판   80

  3. 임란 이후의 유불대론   86
    1) 시대적 배경과 불교의 새로운 인식   86
    2) 서산의 『삼가귀감』   89
    3) 진묵의 유·불 절충   90
    4) 현종의 배불과 백곡의 유교관   92
      (1) 현종의 배불과 백곡의 항소   92
      (2) 백곡의 유교관   94

  4. 결론   97

Ⅱ. 불교와 유교의 인간관   101

  1. 서언   102
  2. 인간에 대한 개념 정의   104
    1) 유가에서의 인간   105   2) 불교에서의 인간   109
  3. 인간의 본질 및 본성관   115
    1) 유가적 입장   115   2) 불교의 입장   121
  4. 유·불의 동이   128
    1) 차이점   128   2) 유사점   130
  5. 결론   133

Ⅲ. 한국불교에서의 지와 행   135

  1. 깨달음과 실천   136   2. 원효의 지관쌍운   140
  3. 의천의 교관병수   151   4. 지눌의 선교일원   161
  5. 서산의 선교관   168   6. 선禪과 교教는 각覺의 방법   173

Ⅳ. 지눌의 인간관   177

  1. 생애와 사상단계   178
  2. 『수심결』의 구성   183
  3. 지눌의 인간관   189
    1) 불이란 무엇인가   189
    2) 돈오와 일념회기   195
    3) 점수와 정혜쌍수   200
  4. 불은 생사와 열반 초월   213

Ⅴ. 지눌의 『간화결의론』 소고   221

  1. 서언   222   2. 지눌의 교선일원관   229
  3. 지눌의 『간화결의론』   236   4. 결어   245

VI. 불교의 인성론 ─『대승기신론』을 중심으로 249
　1. 서언 250　　　　　　　　　　2. 인간의 존재구조 254
　3. 연기와 무명 260　　　　　　　4. 인간성의 본래성과 현실성 270
　5. 여래장과 불성 278　　　　　　6. 결론 285

VII. 불교와 율곡철학 289
　1. 서론 290　　　　　　　　　　2. 입산 동기 292
　3.「풍악증소암노승」 298　　　　4. 삼요와 삼불 302
　5. 정심 307　　　　　　　　　　6. 공병의 비유와 기발리승 318
　7. 결론 325

VIII. 불교의 효도관 ─불교적 효와 유교적 효 327
　1. 서론 328
　2. 유교적 효 329
　　1) 자연과 인류의 조화 329
　　2) 부모로부터의 기점: 효 331
　3. 불교적 효 335
　　1) 불교에 대한 유교의 비난: 불충·불효 335
　　2) 보살의 행원: 효 336
　　3) 재가자의 효 337
　　4) 출가자의 효 338
　4. 불교적 효와 유교적 효의 현대적 조화 339

IX. 원효와 지눌의 염불관 341
　1. 머리말 342　　　　　　　　　2.「관세음보살보문품」의 내용 345
　3.『능엄경』의 관세음보살 348　　4. 신라의 관음신앙 352
　5. 원효의 염불론 361　　　　　　6. 지눌의 염불론 371
　7. 결론 377

X. 율곡과 원효 — 이통기국과 일심이문의 실천적 수행의 유사성   381

    1. 서론   382

    2. 성인과 불각   389

    3. 원효의 일심이문   393

    4. 율곡의 이통기국   396

    5. 이통기국과 일심이문   400

    6. 율곡의 인심·도심과 원효의 심진여·심생멸   405

XI. 인성교육   411

    1. 들어가는 글   412

    2. 인간 본성에 대한 부정적 시각과 그 비판   413

    3. 신라·고려 시대의 인성이해와 인성교육   418

    4. 조선시대의 인성이해와 그 교육   423

    5. 오늘의 인성이해와 인성교육   430

참고문헌   435

Ⅰ. 조선시대의 불교와 유교의 논쟁

1. 성리학적 이념의 역사적 의의

조선조 성리학과 불교는 역사상 가장 깊은 대립과 갈등을 경험한 양대 사상이다. 특히 조선조가 모든 국가기강과 정치·경제·문화·사회의 집권화를 위하여 체제를 정립할 때 성리학이 그 근본이념이 되었음은 주지의 사실이다. 따라서 도대체 조선조는 무엇 때문에 불교를 배척하고 억불抑佛이라는 강압을 써야 했으며, 또한 성리학은 어떤 내용이기에 배불排佛, 억불의 이념적 무기가 될 수 있었으며, 나아가 불교의 교리나 제도가 어떠했기에 권력자에 의하여 비판되지 않으면 안 되었는가를 우리는 냉정히 살펴보아야 하겠다.

한편 불교가 성리학적 이념에 의하여 배척될 때 그러한 대응의 역사적 의의가 무엇인가를 살펴보고자 한다. 따라서 먼저 성리학이란 어떠한 학문인가를 밝히고, 그러한 성리학에 의하여 불교를 어떻게 비판批判·벽불闢佛했는가 하는 점은 배불론排佛論의 이론가인 삼봉三峯 정도전鄭道傳(1342~1398)의 벽불론闢佛論을 살펴보고, 그 척불론斥佛論의 이론적 근거가 불교적 측면에서 타당한가를 재비판하고, 이러한 척불론의 이론에 대하여 불교에서 대론對論한 함허득통涵虛得通(1376~1433)의 『현정론顯正論』과 허응당虛應堂 보우普雨(1509~1565)의 『일정설一正說』은 과연 어떤 것인가를 살피고자 한다. 그리고 끝으로 유불儒佛 대론의 현대적 의의를 살피고자 한다.

1) 성리학의 연원과 본질

(1) 성리학의 연원과 시대적 요청

송나라는 전제정치가 안정된 시대였다. 그러나 그 이전 오대시대는 국가 간에 전쟁이 빈번하고 사회는 불안하고 혼란하여 중국의 전통적인 인륜에 기초한 유가철학보다는 오히려 노장이나 인도에서 들어온 불교에 더욱 심취되어 불교의 발전이 앞서가고 있었다. 물론 유가철학이 훈고訓詁, 사장학詞章學에 치중하여 당시의 인심을 자극하고 새롭게 적응하지 못하였던 원인도 유가의 발전을 저해하기도 하였다. 그러나 송의 정치적 안정이 이루어지고 동시에 민족의 주체성에 눈을 뜨면서부터 소위 정통성에 입각한 전통사상의 재정립이 새로운 추세가 되었다. 따라서 종래의 선진유학先秦儒學에 대하여 신유학新儒學의 기운이 돋아 올라오기 시작하였다.

그것은 불교가 이교異敎이고 또한 노장이 비정통이었기 때문에 이것으로 유학을 대치할 수는 없었다. 따라서 불교의 형이상학적 측면에서 노장의 현학玄學을 종합하여 새로운 시대와 사회에 맞는 유학을 건설하였으니 그것이 곧 성리학性理學이다. 성리학의 발생은 이미 그 시대의 인지人智가 선진先秦의 실천유학인 인의예지仁義禮智의 윤리현상을 인심人心에 기초한 데서 비롯됨은 주지의 사실이다. 그러나 선진유학에서는 인심人心이 선善이라는 심선설心善說에서 성선性善을 말하고 있다.[1] 본래 심

---

1) 徐復觀, 『中國人性論史』(臺灣商務印書館, 民國 68年), p.170. 徐復觀 敎授는 여기에서 맹자

선心善인 인심이 어떻게 하여 선善·악惡으로 나누어지며, 인간이 선을 실천하기 위하여 어떠한 행위의 준칙을 삼아야 하며, 그때 마음을 어떻게 수양하느냐 하는 문제는 아직 심화되지 못했다.

따라서 성리학은 이러한 문제를 해명하기 위하여 주렴계周濂溪(1017~1073)의 『태극도설太極圖說』을 선하先河로 '본체론本體論'을 건립하고, 그 이후 정이程頤(1033~1107)의 이理 개념을 도입하여 주희朱熹(1130~1200)는 이기이원론理氣二元論을 확립한다.

여기에서 성리학은 자연히 본체론本體論·이기론理氣論, 그리고 인간의 심성을 이기론적으로 구도화하는 심성론心性論, 나아가 이것을 실천하는 소위 성경론誠敬論의 단계가 체계화되게 된다.

이러한 성리학의 체계·종합화는 시대적 영향을 벗어날 수 없다. 이미 남송·북송의 분열은 금金인 이민족과 대립하지 않으면 안 되는 역사적 시련 속에서 중국 민족의 중화적中華的 정통성과 주체성 확립을 위하여 그 당시의 모든 이교적 사상, 비정통의 사상을 유교적 이념으로 종합 통일하지 않으면 안 되는 시대적 사명에 놓여 있었던 것이다. 여기에서 성리학은 중국 민족의 정통성을 주장하는 계기가 되었던 것이다.

(2) 성리학의 본질과 구조: 성즉리의 의미

성리학의 대두도 그 시대와 사회적 배경을 무시할 수 없다. 이미 송대만 하더라도 중국의 고대와 중세와는 달라 인간의 이지理智가 발달되

의 性善說을 心善說이라고 말하고 있다.

었고, 동시에 인간은 맹목적 믿음보다 믿음의 근거를 밝히기 위하여 이론적 체계와 논리적 설득이 요구되었다. 한 예를 들면, 맹자孟子가 '의義'의 기초로서 인간의 심성 속에 이미 순수선純粹善이 있고 또한 인심의 '불인인지심不忍人之心'이 그 기초가 된다고 하였으나, 사람들은 그 양심이라고 볼 수 있는 '불인인지심'이 모든 사람에게 동일하게 있을 수 있는가 하는 문제와 더불어 인간뿐만 아니라 만물에까지 적용되는 그 어떤 원리가 있지 않을까 하는 생각을 하게 되었던 것이다. 맹자라는 불멸의 철인이 '불인인지심'이 있다고 주장한 하나의 권위만 가지고 보편적으로 납득이 될 수 없었던 시대와 사회적 현상이 있었던 것이다.

여기에서 자연히 소위 성선性善의 근거를 이론화해야 했고, 그것이 곧 정자程子의 '성즉리性卽理'로 나타난 것이라고 보인다. '성즉리'라고 할 때 그 성性이란 모든 만물의 근본적인 본성을 의미하기도 하고 인간의 도덕적 본성을 의미하기도 한다. 따라서 그 도덕적 본성으로서의 성은 인의예지仁義禮智 사성四性을 말한다. 그리고 이 사성을 지키는 데 인류으로서의 가능적 근거를 천도天道에 준하도록 논리를 설정한다. '불인인지심'할 때는 오직 인간에게만 적용되는 개념이지만, 만물에도 그 만물의 생장과 성숙의 피치 못할 사정이 있을 것이다.

그때 모든 만물에 공통적인 원리로 '불인인지심'이라고 부를 수는 없다. 따라서 그러한 유정有情·무정물無情物의 세계에도 그것의 생장의 어떤 원리·조리가 있어야 할 것이다. 그것을 곧 '이理'라 한 것이다. 그러나 사성四性은 인간만이 가지고 있는 것으로 그 인간이 가지고 실현할 수 있는 근거는 바로 천天에 있다. 중국인들은 천天의 관념이 최상의 권위이었기 때문에 우리의 도덕적 의식의 가능 근거도 역시 천에 두었던 것이다.

따라서 천도天道와 인도人道의 합일合一의 매개 개념인 동시에 공통개념은 '이理'이었다. 그리고 인간의 '이理'도 '천리天理'와 합일되는데 최상의 인물로 완성되는 것으로 그것을 성인이라 불렀다. 사람이 선해야 하고 인의예지를 지켜야 하는 까닭은 인간의 이치이며, 그것은 천리가 그렇기 때문이라는 것이다.

따라서 성리학은 그 구조상 태극론太極論·이기론理氣論·심성론心性論·성경론誠敬論·실천론實踐論으로 나누어진다. 태극론이란 송대의 주렴계로부터 시작되는데, 그는 『태극도설太極圖說』에서 우주宇宙의 본체本體를 '무극이태극無極而太極'으로 설명한다.2) 이를 주희는 태극太極의 본체本體는 소리도 냄새도 없는 것으로서 이것을 무극無極이라고 하는 동시에, 이것이 우주만물을 조화하는 근본이 되므로 태극이라 한다 했다.3)

그러나 주희는 태극 외에 따로 무극이 없다고 말하고 태극은 곧 이理라 하였다.4) 주희는 천지도 한 태극이요, 만물도 하나하나가 태극이라 하였다.5) 태극을 이理라고 하지만 그것은 단순한 관념적·정적靜的인 것이 아니라 동動과 정靜의 두 계기契機를 스스로 포함한다. 따라서 이로

---

2) 『太極圖說』, "無極而太極, 太極動而生陽, 動極而靜, 靜而生陰, 靜極復動……."
3) 朱熹, 『周子全書』, 「太極圖說解」, "上天之載, 無聲無臭, 而實造化之樞紐, 品彙之根柢也. 故曰無極而太極, 非太極之外復有無極也."
4) 『朱子語類』, 권94, "太極只是理, 理不可以動靜言, 惟動而生陽, 靜而生陰, 理寓於氣, 不能無動靜所乘之機."
5) 『朱子語類』, 권1, "太極只是天地萬物之理. 在天地言, 則天地中有太極; 在萬物言, 則萬物中各有太極."

인해서 만물의 근원적인 생성이 전개된다.

이기론은 종래 이理와 기氣가 원시경전에 단편적으로 보이지만 송宋의 정이程頤에 이르러 더욱 강조되었다. 이 이理는 한 사물의 조리條理·사리事理의 뜻으로 사용되었으나 송대에 와서는 전체개념으로 확대해서 다루게 되었다. 기氣는 만물을 생성하는 질료적인 것이고, 형이하자形而下者로 유형유위有形有爲인 것이다. 그러나 이理는 음양陰陽(氣)을 작용케 하는 이치인 까닭에 형이상자形而上者로 무형무위無形無爲란 것이다. 예를 들어 말하면 "연비려천鳶飛戾天, 어약우연魚躍于淵"(솔개는 날아서 하늘에 다다르고 물고기는 못에서 뛴다)이라고 할 때 솔개가 나는 것과 물고기가 뛰는 것은 기氣이고, 솔개가 나는 까닭과 물고기가 뛰는 까닭은 소이연지고所以然之故[6]로 이理라고 볼 수 있다.

심성론心性論은 인심人心과 도심道心, 성性과 정情, 즉 인생에 관한 문제를 우주의 존재법칙과 관련시켜 다룬 것이다. 인간이 우주 속에 존재하는 만큼 우주를 떠나 인간을 생각할 수 없다. 따라서 존재의 법칙과 도덕법칙의 합일을 중심으로 논리를 전개시킨 것이 곧 심성론이다. 소옹邵雍(1011~1077)은 심위태극心爲太極[7] 즉 마음이 태극太極이라고 보고, 장재張載(1020~1077)는 심통성정心統性情[8]이라 하여 사람의 마음이 성性과 정情을 종합·통일하고 있다고 보았다.

정이程頤는 그의 우주관宇宙觀을 인성론人性論에 적용시켜 이理는 인간

---

6) 『朱子語類』, 권17, "天下之物, 則必有所以然之故, 與其所當然之則, 所謂理也."
7) 『皇極經世』, 권12, "心爲太極."
8) 『語錄』, "心統性情."

에 들어와 성이 되고 기는 사람에게 있어서 재才가 되어서 혼연한 본체를 이루고 순선무악純善無惡한 사람의 본성을 형성한다고 하였다. 또한 "기에서는 청탁淸濁이 있고 정편正偏이 있다. 그러므로 사람의 재才에는 지우智愚·현불초賢不肖가 있다"9)라고 하였다.

정호程顥(1032~1085)는 『주역周易』 「계사繫辭」에 있는 말을 인용하여 형상으로 보이지 않는 것을 도道라 하고, 형상으로 보이는 것을 기器라고 하며, 하늘의 도道는 음陰과 양陽이고, 땅의 도道는 유柔와 강剛이며, 사람의 도道는 인仁과 의義라고 해서 천지인天地人의 삼재三才가 음陰·양陽·강剛·유柔·인仁·의義로서 다르지만 도에 이르러서는 한결같은 것이다. 그러므로 인仁을 인식하면 자연과 사람이 합일된다고 하였다.10)

주희는 인성人性에서 본연지성本然之性과 기질지성氣質之性으로 나누어 설명하였다. 본연本然의 성性은 순리純理한 것이며 무차별한 것이다. 기질氣質의 성性은 사람이 타고난 기질에서 맑은 사람과 흐린 사람, 또 정正한 사람과 편偏한 사람이 있게 되므로 반드시 착하지 않으며 때로는 악하게도 된다. 정情이 반드시 악한 것은 아니지만 때로는 착하지도 않게 된다. 즉 기질을 밝게 타고난 사람은 그 정情이 선善하게 되지만 그 기질을 탁

---

9) 『二程遺書』, 권22上, "自理言之謂之天, 自稟受言之謂之性."
   『二程遺書』, 권18上, "性卽理, 理乃純粹不雜而至善, 故性之本然乃善也. 又曰……人性善, 性之本也云. 夫性無智愚賢不肖, 凡所同稟受於天者, 聖凡同性."
   『二程遺書』, 권18, "性無不善, 而有不善者才也. 性卽是理, 理則自堯舜至於途人一也, 才稟於氣, 氣有淸濁, 稟其淸氣爲賢, 稟其濁者爲愚."
   『二程遺書』, 권19, "性出於天, 才出於氣, 氣淸則才淸, 氣濁則才濁……才則有善有不善, 性則無不善."

10) 『二程遺書』, 권7, "繫辭曰, 形而上者謂之道, 形而下者謂之器. 又曰, 立天之道曰陰與陽, 立地之道曰柔與剛, 立人之道曰仁與義.……元來只此是道, 要在人默而識之也."

하게 타고난 사람은 그 정情이 악惡하게 된다고 한다.[11]

성선性善, 성악性惡, 성무선무악설性無善無惡說 등 성性에 관한 많은 학설이 있어 왔지만 정이程頤는 '성즉리性卽理'라 하여 그 성性은 이치인 만큼 절대선絶對善한 것이며, 만인이 똑같이 소유하고 있는 불변적인 것으로 규정했다. 그리고 재才는 사람에 따라 청탁淸濁, 지우智愚의 천차만별이 있어서 가변적이기 때문에 탁濁을 청淸으로, 우자愚者를 지자智者로 변화시킬 수 있다. 여기에 인간의 노력이 필요하게 되는 것이고, 그것은 곧 심心의 본성이 이理이고 그것의 용用이 정情인데, 이때 성性이 발發할 때 기氣의 용사用事와 용사用事하지 않음의 차이로 인심人心과 도심道心이 나누어지는 것이다. 따라서 여기에 필연적으로 성경론誠敬論이 있게 된다.

주돈이는 정靜에 중심을 두었고, 정호는 성誠을 주장했고, 정이와 주희는 경敬을 중시했다. 정靜·성誠·경敬은 인仁과 의義에 귀일되는 것이며 인仁의 인식은 성誠과 경敬이다.

이와 같이 송대의 성리학은 인의예지 사성의 실천을 형이상학적인 그 이론적 체계로 완성하였던 것이다. 이러한 성리학자들은 이미 말한 바와 같이 그 시대에 인간의 지성의 발전으로 말미암아 도덕적 근거를 따라서 인의예지의 철학적 근거가 다시 요구되었다. 여기에서 이기론은 천도와 인도의 합일을 꾀하는 가장 유력한 개념으로 부각되고, 결국 천도와 인도의 합일의 매개는 인간의 마음을 중심으로 내세우게 되었다. 그리고 그 마음을 성경誠敬으로 수양할 때 성인의 지위에 오를 수 있다

---

11) 『性理大全』, 권13, 「性理」 참조.
　　宇野哲人 著, 馬福辰 譯, 『中國近世儒學史』(中國文化大學出版部).

는 가능성을 주장하였다.

이미 우리는 선진유학의 인의예지는 송대의 성리학과 같이 철저히 심성을 파고들지 않았음을 볼 수 있었다. 그리고 심성의 심리적 세계의 구체성은 불교가 흥성했던 당대唐代에 이미 심心에 관한 깊은 통찰이 있었음을 상도想到할 때 송대는 선진유학의 단순한 실천유학을 태극론인 우주본체론과 심성론, 이기론, 실천론으로 더욱 구체화하여 당시의 인간의 지성에 호소하였다고 볼 수 있다.

그러면 과연 중국에서 불교를 비판한 성리학자들의 이론적 근거가 어디에 있었는가?

(3) 성리학의 심과 불교의 심

성리학에서 심心은 허령불매虛靈不昧한 것으로 이기理氣의 합合이다.12) 따라서 이기론적으로 보아서는 기氣의 정상精爽이 심이 된다. 그리고 그것은 만리萬理를 구비하고 있다. 그러나 심의 허령지각虛靈知覺함은 어디까지나 기氣이기 때문에 그것이 본질일 수 없다. 오히려 심의 본체는 이理이요, 성性인 것이다.13) 그리고 심의 용用은 정情인 것이다. 그리고 심의 용用은 정情으로서 기氣를 위주로 말하는 것이다. 따라서 심心의 이理를 행하는 것이 인간의 실천도덕의 기본이요, 그 이理는 어디까지나 거

---

12) 『朱子語類』, 권5, "心者, 氣之精爽."
   『朱子語類』, 권5, "問, 知覺是心之靈固如此, 抑氣之爲邪? 曰, 不專是氣, 是先有知覺之理. 理未知覺, 氣聚成形, 理與氣合, 便能知覺."
13) 『朱子語類』, 권5, "所覺者, 心之理也; 能覺者, 氣之靈也."

경궁리居敬窮理로서는 하나하나 물物을 격물치지格物致知하는 데 중심을 두고 있다.[14] 사물의 진리나 인간의 사성인 인의예지를 실천하는 데도 격물치지로써 하나하나 주변 가까운 데서부터 확충해 나가다 활연관통豁然貫通되는 것이지, 처음부터 마음의 이理를 돈오頓悟하여 우주와 인생의 진리에 도달되는 것은 아니다. 여기에서 불교에서 심心을 곧바로 깨달아 진리에 합일되는 돈오법頓悟法과 다른 것이다.

『대승기신론大乘起信論』에서는 심을 심생멸문心生滅門과 심진여문心眞如門으로 나누고 있다. 그러나 심생멸心生滅과 심진여心眞如는 본래 별개의 것이 아니다. 그것은 모두 일심一心 위에 전개되는 현상에 지나지 않는다. 따라서 생멸심生滅心이 가라앉으면 곧 진여심眞如心이 드러나는 것이다. 그리고 그 마음이 어떤 고정된 실체로 있는 것이 아니다.[15]

그러나 성리학의 심心은 그 심의 체體는 이理로서 인의예지仁義禮智인 성性으로 있는 것이다. 그 성性은 거경居敬·궁리窮理로서 점수漸修하여 도달되는 것이다. 여기에서 불교의 견성성불見性成佛이라 할 때 그 성性은 곧 『기신론起信論』의 마음, 즉 본체인 진여심眞如心을 본다는 뜻이다. 이때 본다는 것은 변함없이 확실히 알아 그 무엇에도 매달리지 않고 경계를 넘어선 세계인 것이다.

---

14) 『朱子語類』, 권118, "格物所以明此心."
    『朱子語類』, 권5, "格物只是就事上理會, 知至便是此心透徹."
    『朱子語類』, 권5, "格物是物物上窺其至理, 致至是吾心無所不知."
15) 『大乘起信論』, 권1, "依一心法界存二種門, 云何爲二, 一者心眞如門, 二者心生滅門. 是二種門皆各總攝一切法. 此義云何, 以是二門不相離故."
    『大乘起信論』, 권2, "心眞如者, 卽是一法界大總相法門體. 所謂心性不生不滅. 一切諸法唯依妄念而有差別若離心念. 則無一切境界之相.……"

성리학의 심心은 그 체體인 이理로서 성性을 설정하여 실천윤리의 표준을 삼아 수기修己의 원리가 되고, 불교에서는 심성心性의 성性을 말하지만 그 성性은 인의예지仁義禮智라는 어떤 윤리적 덕목이 아니라, 오히려 인간의 궁극적 본성으로서 언설상言說相과 망념경계妄念境界를 떠난 평등·무유변이無有變異·불가파괴不可破壞인 심心의 본체를 말하는 것이다.16) 유儒나 불佛이 다 같이 심心을 말하고 있지만 그 내용이 하나는 실천윤리인 사성四性 실현의 방법을 말하고, 불佛은 그러한 실천윤리를 초월한 인간의 근본적인 무명無明에 의한 고뇌의 해탈과 증오證悟의 본질을 말하고 있음이 다르다고 볼 수 있다.

따라서 그들의 불교에 대한 비판 역시 인의仁義의 실천적 덕목인 효제충신孝悌忠信의 점수漸修가 없이 곧바로 진리에 도달하려는 돈오頓悟가 잘못이라는 것이다. 그리하여 중국에서도 주로 불교에 대한 척불은 멸인륜滅人倫의 무부무군지교無父無君之敎, 이협지법夷狹之法(중국 고유의 사상이 아니라는 뜻), 인과화복因果禍福, 당옥윤회설堂獄輪廻說, 혹세무민惑世誣民, 또는 허무(虛), 적멸寂滅의 도道라고 비판하였던 것이다.17)

이것은 불법의 근본인 '각覺'에의 비난보다 불교 외적인 시폐時弊와, 신앙의 본질보다 신앙 외적인 수단의 면을 더욱 비난하여 불교의 본질을 외면했던 것이다.

---

16) 『大乘起信論』, 권2, "是故一切法, 從本已來, 已言說相, 離名字相, 離心緣相, 畢竟平等, 無有變異, 不可破壞, 唯是一心, 故名眞如. 以一切言說, 假名無實, 但隨妄念, 不可得故."

17) 李鐘益, 「鄭道傳의 闢佛論批判」, 『佛敎學報』 第8輯(1971).

(4) 중국에서의 배불이론

중국에서 유儒와 불佛의 대립이 표면화되고 유학의 입장에서 공식적으로 배불론排佛論을 쓴 것은 당唐의 한유韓愈(768~824)라고 볼 수 있다. 한유는 맹자 이후의 유학儒學의 일인자라고 볼 수 있을 정도로 그는 유학의 도통道統을 확립하는 데 정열을 쏟았다. 그는 『원성原性』·『원도론原道論』을 지어 성심性心·도덕道德의 대의를 밝히고, 불佛·노老·양楊·묵墨을 이단異端이라고 정면으로 공격하였다. 심지어 헌종憲宗이 불사리佛舍利를 궁중에 맞아 예경하는 일을 극간하는 「논불골표論佛骨表」를 상소함으로 헌종의 노여움을 사서 조주자사朝州刺史로 좌천된 일까지 있다.

한유는 도통을 확립하여 요堯가 순舜에게, 순舜이 우禹에게, 우禹는 탕湯에게, 탕湯은 문무주공文武周公에게, 문무주공은 공자에게, 공자는 맹자에게 도道를 전하여 왔는데, 맹자의 죽음으로 인해 그 뒤에는 전하여지지 않았다고 한다. 그리하여 유학의 정통은 맹자에게 있고 양楊·묵墨은 이단異端이라 하고 노불老佛은 배척하였다. 그리하여 맹자 이후로 논란되어 온 성性의 문제에 대하여서는 성삼품설性三品說을 내놓아 성의 품품에는 상·중·하 3품이 있다[18]고 함으로써 성론性論의 쟁론爭論인 성선性善이니, 성악性惡이니 하는 편파적 주장을 화쟁和諍하려 하였다.

그리고 그가 불교를 배격하는 가장 큰 이유는, 유가의 도는 일상의 도리이며 생활에서 직접 필요한 생활도리라고 보았기 때문이다. 이것을

---

18) 韓愈, 『昌黎輯』, 권11, 「原性」, "性之品有上中下三. 上焉者, 善焉而已矣. 中焉者, 可導已上下也. 下焉者, 靈焉已已矣."

밝히려면 도道·불佛을 제거해야 한다고 하였다. 그는 『대학大學』의 명명덕明明德·정심正心·성의誠意 등이 『맹자孟子』의 '만물개비어아萬物皆備於我', '반신이성反身而誠'과 함께 불교에 대항할 수 있는 좋은 이론이라 하여,

> 옛날의 이른바 정심正心하고 성의誠意하는 것은 바야흐로 유익하다. 이제 마음만 다스려 천하국가를 도외시하는 불교는 천상天常을 절멸하고자 하는 것이다.19)

라고 하였다. 유儒·불佛의 공통사는 마음을 다스리는(治心) 일일 것이지만 천하국가를 도외시하는 것은 불교라고 함으로써 그는 후세에 나온 무군無君·무부無父의 종교라는 불교 비판의 근거를 마련하였다.

한유의 배불排佛 주장은 그 뒤 오대의 난국을 거쳐 송이 건국된 뒤 주렴계周濂溪, 정명도程明道, 정이천程伊川, 소강절邵康節, 장횡거張橫渠 등을 비롯한 많은 유학자가 배출되어 당시의 불교의 선교학禪教學의 영향을 받아 성리학性理學이 성립되면서 불교를 이단허무異端虛無·적멸지도寂滅之道라고 지탄하며 배불·척불 운동으로 전개되었다.

명도明道는 다음과 같은 점을 들어 불교를 비판한다.

첫째, 불교는 경敬으로써 안을 바르게 한다는 것은 있으나(敬以直內) 의義로써 밖을 방정方正하게 한다(義以方外)는 것은 없다. 따라서 불타의 가르침은 협애하다.

둘째, 불교는 그 이론이 이치에 가까우나 그 피해는 양楊·묵墨과 비

---

19) 韓愈, 「論佛骨表」.

교가 안 된다. 왜냐하면 그 피해가 가장 심하기 때문이다.

셋째는 ① 생사윤회의 괴로움에서 홀로 벗어나려고 하는 이기주의로서 상달上達만 있고, 하달下達이 없다. ② 즉 오도悟道만을 구할 뿐 사사물물事事物物에 대한 이理를 궁구할 줄을 모르며 인륜을 무시하고 출가만을 주장한다. ③ 식심견성識心見性만 있을 뿐 존심양성存心養性이 없다. ④ 지옥을 말하여 인간을 교화하려는 잘못이 있다. 즉, 그는 말하기를

> 불타가 말하기를 "지옥 따위는 모두가 하등의 인물을 위해서 설정하여 두렵게 함으로써 선을 하게 하는 것이다"라고 했는데, 이것은 지성이 천지를 꿰뚫는다 할지라도 사람은 감화되지 않음이 있는데 어찌 거짓된 가르침을 세움으로 사람을 감화할 수 있을까?[20]

라고 하였다. 명도明道는 또 『정씨유서程氏遺書』에서

> 만약 불타의 설說을 궁구하여 그 설을 취할 것인가, 버릴 것인가를 결정한다고 한다면 그 설을 궁구해 보기도 전에 스스로 불교신자가 되어 버리고 말 것이다.[21]

라 하여 행적상의 불교의 교설이 성인의 가르침과 어떻게 다른가를 보면 되지 그 이론을 연구하지는 말자고 한다.

또한 횡거橫渠는

---

20) 『二程遺書』, 권3, 권4에서 중요한 내용만 적시하였음.
21) 『二程遺書』, 권15, 「明道先生語」.

석가는 천성天性을 망령되게 생각하여 그 작용에 한계가 있음을 알지 못하고 도리어 육근六根의 미소한 것에서 육합六合이 엉겨난다고 한다. 총명을 다하지 못하여 천지일월天地日月을 환망幻妄한 것이라고 한다. 천성의 작용이 자기 한 몸의 미소한 것에 의체되고 그 뜻은 허공과 같은 거대한 것에 빠지게 된다. 이것은 과대한 것을 말하고 미소한 것을 말하여 이에 흐르고 이에 은폐됨으로써 중中을 상실한다. 그 과대함은 육합을 티끌과 같다 하고, 그 미소함에 은폐됨은 인간세상을 꿈이나 환상 같다고 한다. 이렇게 함을 궁리한다고 말할 수 있을까……22)

라고 하여 인간세상을 꿈이나 환상과 같다고 하는 불교 교리를 비판한다. 나아가 그는 불교의 영혼불멸설에 입각한 영혼윤회설을 비판하고 있다.

어떻든 우리는 당송의 유학자들이 불교를 비판한 것은 어떤 체계적인 이론에 입각한 불교의 기본적인 연기설緣起說이나 또는 각성覺性을 비판한 것이 아니라, 불교의 부분적인 교설이나 또는 수행의 방법과 의식·시폐時弊의 비판이 구습口習으로 이어져 왔음을 알 수 있다.

따라서 당시의 불교에 대한 비난은 영혼윤회설·지옥설·오도설悟道說에 치중되면서 처음부터 불교의 피해가 막심한 것은 멸인륜滅人倫·출가出家에 있음을 지적한다. 심지어는 음성미색淫聲美色과 같이 경계해야 한다 할 정도였다.

여기서 중국에서의 불교 비판은 체계적인 이론에 입각하여 공맹孔孟 유학과의 상통성과 차이점을 논리적으로 지적했다고 보기는 어렵다. 오

_____

22) 『正蒙』, 「太和篇」.

히려 불교는 중국 고유의 사상이 아니고 이단이요, 동시에 공맹의 정도
正道에 벗어났고, 더구나 공맹의 유학이 인륜을 중심으로 체계화된 사상
인 데 반해 불교는 인륜을 버린다는 현실적인 차원에서의 비판이었다.

한편 당송에 걸치는 불교의 귀족화에 따른 시폐時弊가 문제되었음을
알 수 있다.

2) 성리학의 한국적 전개와 특징

(1) 성리학 수용의 역사적 의의

고려 태조는 불교를 종교로서 숭상하는 동시에 나라를 다스리는 길
은 유교에서 찾았다. 그리하여 고려 광종 때에는 유학을 중심으로 한
과거제도가 시작됐고, 유학을 공부한다는 것은 곧 출세의 길이었다. 유
교를 받드는 정책은 성종 때에 이르러서는 중앙과 지방에 학교를 세워
유학의 공부에 힘쓰고, 우수한 사람은 송나라에 유학까지 보내고 지방
에 뛰어난 선비들을 중앙에 추천토록 하였다. 문종 때에 최충崔沖(984~
1068)은 정치에도 큰 업적을 남겼거니와 덕망이 높은 학자로 해동공자라
는 칭송을 받았다.

그는 벼슬에서 물러난 뒤 학원을 아홉으로 나누어 구재九齋라 하였
다. 수도 개경에는 최충의 9재를 본떠 사학私學을 만들어 교육한 사람이
11명이나 되었다고 한다.

사학과 함께 관학官學도 중앙의 국자감國子監, 지방의 주학州學 등 제도

를 튼튼히 하고 내용도 충실화하였다. 그리고 이들이 공부하는 내용은 경서經書 · 사적史籍 · 한문학漢文學이 중심이 되었다.

우리나라에 처음으로 정주학程朱學을 들여온 이는 안향安珦(1243~1306) 이었다. 안향은 1289년(충렬왕 15)에 왕을 따라 원나라 수도 연경에 갔다가 비로소 『주자전서朱子全書』를 보고, 이것을 유교의 정통이라 생각하여 책을 손수 베끼고 주자의 초상을 가지고 들어왔다.

이로부터 그는 성리학을 연구하여 이 땅 최초의 성리학자가 되었던 것이다. 성리학은 대의명분과 의리를 중요시하며 인륜을 바탕으로 천인 합일天人合一되는 경지를 이상으로 하고 있는 것이다. 그리고 동시에 인의예지의 실천은 가정의 효로부터 사회국가로 확충해 나가는 점진적 도덕에 중점을 두고 있음은 주지의 사실이다. 따라서 그들의 덕목이 효제충신孝悌忠信에 있음은 당연하다.

고려조는 불교를 종교로서 호국과 기복에 의한 인간의 영적靈的 안주를 추구했으나, 실질적인 모든 제도나 법치는 유교에 의존하고 있었다. 따라서 고려의 건국 초 불교의 이데올로기는 사실상 정치 · 경제 · 사회 · 문물 · 제도 · 문화의 중심적 차원은 되지 못하고 이중구조 속에 있었음을 알 수 있다. 그것은 불교가 사회적 기능을 발휘하지 못하고 오히려 민간신앙과의 결합, 승려들의 무복巫卜 · 풍수風水 · 도참圖讖에 상통하여 불교 본래의 주체적 자각에 입각한 각성 회복이 미신에 의하여 은폐되었기 때문이다.

이러한 상황에서 가장 합리적이고, 현실성을 표방하는 새로운 유학인 성리학의 수입은 당시 유학자들의 불교 비판의 핵심적인 무기로 대두되었음은 역사적 결과라 보이는 것이다. 이미 정치·제도·문물은 유학에 의하여 조직되어 있었으나 국민의 정신적 지주는 정법正法의 불교에서 일부 미신화된 민간신앙과 결합되고 있었으므로, 이는 성리학자들이 제도는 유교적 입장, 종교는 불교라는 이중구조를 타파하고 성리학적 이념으로 통일하려는 새로운 배불운동이 일어날 수 있는 소지가 되었다.

성리학의 수용은 바로 이러한 시기에 이루어졌으며 불교가 스스로의 정법을 수호하려는 노력이 일부 쇠퇴해지고 오히려 시폐가 가중되므로 성리학의 수용은 불교의 약점을 메울 수 있다는 논거에서 자연스러웠다. 그리고 이 당시 여말에서 성리학의 합리적 현실관에 대하여 불교의 입장에선 선구적인 새로운 이론적 대처가 생기지 못하고 있었다.

(2) 정교이념으로서의 성리학

조선조가 정교이념政教理念으로 성리학을 내세운 것은 몇 가지 이유가 있다. 이러한 정교이념은 결국 억불숭유抑佛崇儒의 결과를 가져 왔는데 그것은 먼저 불교가 가지고 있었던 내부적 사정과 시폐에 원인이 있었다.

고려조의 불교에 아첨하는 전조미불前朝媚佛의 행사로 국고탕갈國庫蕩竭, 민력피폐民力疲弊, 노비광점奴婢廣占, 승려타락僧侶墮落 등 허다한 이유가 있었지만 그 기본적인 원인은 불교가 그 본래성인 각성覺性을 회복하려는 자기개혁 내지 갱신의 이론적 체계화 및 새 시대의 성리학적 이론에 대한 깊이 있는 이해에 의한 대처가 없었기 때문이며, 다른 하나는 고려의 유儒·불佛 이중구조 속에서 불교가 담당할 수 있는 국민정신의 계도 및 교화에 대한 사회적 기능을 발휘하지 못하고, 오히려 민간신앙과 상통하여 미신화된 요소를 대중 속에 그대로 방치하였기 때문이라고 볼 수 있다.

정치적으로 보아서는 역성혁명易姓革命에 의한 조선조가 정책적 차원에서 전제개혁田制改革, 친명반원親明反元에 의하여 성리학을 정교이념으로 삼게 되었던 것이다. 전제개혁은 신왕조의 집권적 봉건지배 체제의 물질적 기반으로 불가결의 것이었고, 친명반원의 외교정책은 전통적인 대중국 외교를 표명한 것으로 새로운 대중관계의 전환의 뜻이다. 따라서 당시의 친명반원은 사대관계로만 규정될 수는 없다.

척불숭유정책斥佛崇儒政策은 신왕조의 사상통일 정책의 일환을 이루고 있다. 이미 지적한 여러 가지 문제가 척불斥佛의 직접적인 동기를 이루고 있긴 하지만, 더 나아가 신유교 철학인 주자학 즉 성리학의 수용 발전으로 대두되기 시작한 유교적 정치이념을 간과할 수 없다. 유교는 성리학 전래 이전에도 치국治國의 원리이기는 하였으나, 불교 이데올로기에 제약되어 봉건적 집권 국가의 이론으로는 성장하지 못했다.

그러므로 주자학 전래 이전에는 유·불 양교가 아무런 마찰 없이 공존할 수 있었던 것이다. 그러나 성리학이 전래된 이후에는 여말선초의 정치적 변동과 병행하여 새로운 정치이데올로기로서 등장하게 되었던 것이다. 또한 조선조 창업주인 태조의 역성혁명을 합리화시키고 정통성을 드러내기 위하여서는 중화적中華的 세계성을 강조하고 있는 종래의 유교에 대하여 민족성과 정통성을 강조하므로 배타적인 요소가 강한 성리학을 받아들일 필요가 있었다.

이러한 특성을 지닌 성리학을 정치적 이념으로 받아들였다는 것으로 미루어 보아 조선왕조가 민족적 특이성 위에 건국되었음을 내외에 공포하는 데는 성리학이 가장 뚜렷한 정교이념으로 대두되었다고 볼 수 있다.

성리학 이전의 유학에도 윤리도덕관인 등급제, 신분제를 합리화하고 왕권을 절대 신성시하는 삼강오상三綱五常이 있으나 그것을 봉건적 정치 이데올로기로 전용한 것은 성리학이다. 따라서 고려조의 이중 구조이었던 불교적 이데올로기와 유교의 통치 원리는 조선조의 건국을 시발점으로 유교적 통치이념으로 표면적으로는 일원화하게 되었던 것이다. 여기에 조선조의 통치이념과 성리학의 상호 관계가 나타난다고 볼 수 있다.

(3) 조선조 성리학의 특성

여기서 특징은 학술적 특징보다 사회적 기능으로서의 특성을 말한다. 고려조의 불교적 이데올로기는 사회적 기본단위로서 개인의 능력과 자발성이 용인될 여지가 있었다.

그러나 조선조 사회의 기본단위는 개인이 아니라 가족으로서, 이 가족 중심으로 이루어진 가부장적 가족제도는 성리학적 정교이념으로 더욱 엄격하게 통제되었다. 모든 생활의 규범과 의식은 유교의 가르침에 따를 것을 강요당하였다. 조선조 가장의 권리는 고려 때보다도 더욱 강화되어 가령 자손처첩, 노비의 모반, 반역 이외의 죄상으로 부모나 가장을 관청에 고소하면 극형까지 받은 일이 있을 정도다.

인륜을 해치는 죄를 반역죄 못지않게 무겁게 다뤄 강상죄綱常罪를 엄벌하였다. 이와 반대로 존장尊長에 대한 절대복종과 희생정신에서 우러나오는 효행孝行이나 정렬貞烈은 국가에서 크게 장려하였다. 정치가 참으로 유학의 규범에 의한 정치를 거행할수록 유학의 일반 규범에 대한 국민의 인식이 요청되게 되는 것은 필연적이다.

여기에서 조선조는 그들의 왕도정치 이념을 실현하고 소위 위민爲民·민본民本을 실천하는 데 어느 정도의 계몽적 교화가 필요하였고, 성리학의 유교 윤리가 부자父子의 효孝로부터 점차로 확충해 나가는 점진적 도덕규범이기 때문에 먼저 일반 국민을 교화하기 위하여 가례家禮를 지키기를 교육화하였다. 가례는 가정에서 지켜야 할 관혼상제의 예로서 이것은 주로 가정 단위에서 행하는 부자유친, 부부유별 등의 오륜의 생활화를 목적으로 하는 것이다. 가례를 권장·보급하였던 사실은 새로운 유학에 의한 통치를 위하여 국민으로 하여금 효 등 기초적 규범에 익숙하도록 하려는 뜻으로 풀이된다.

한편 『삼강행실도三綱行實圖』란 이름 그대로 삼강의 도리인 충·효·정절을 적극 권장·교육하기 위하여 과거 중국과 한국에 있었던 유명한 충신, 효자, 열녀의 사실을 아녀자까지 볼 수 있도록 그림으로 그리고 간략히 설명한 것이다. 그러므로 이것은 효孝에 치중한 가례에 비하여 충·효·정절이라는 유학의 근본 규범을 교육시키는 윤리서이다.

이처럼 조선조 성리학은 국민교화를 성리학적 윤리규범으로 일원화하여 국민교화에 직접 참여하였는데, 다른 한편으로 불교적 이데올로기의 잔재를 청산하려는 의도에서 배불론의 이론적 근거를 원용한 대표적인 학자는 삼봉 정도전이다. 삼봉은 성리학적 지식과 교양으로 여말麗末의 불교를 비판하였는데, 그것은 또한 왕조교체기의 성리학적 이데올로기 형성에 깊은 영향을 준 바 있음을 간과할 수 없다.

성리학은 고차원으로 고양된 윤리의식을 통하여 조선조의 문치文治의 근간을 이루었는데, 우리는 유학이 주장하는 바 위민·민본을 기본 정치이념으로 삼으면서 봉건적 사회·신분제도가 엄격화되었고 더 나아가 위민 민본에 어긋나는 자유·평등 사상이 고양되지 못한 데 대해 비판도 할 수 있겠으나, 적어도 성리학이 사회·제도화되어 문치와 윤리적 정치실현의 근본이 되었음은 높이 평가되어야 하고, 그것이 한국 성리학의 사회적 기능으로서의 특징이 되리라 생각되어지는 것이다.

성리학의 정교이념과 더불어 사회적 교화와 함께 일반 국민에게 자각의식을 일깨우려는 여러 가지 교육의 일반화는 조선조 시대의 지적 수준을 높이고 향상시키는 데 일조가 되었다. 그것은 군현마다 향교를 세우고, 수령칠사守令七事 속에 학교 교육의 강화라는 과제를 새로 부과하고, 『소학小學』을 기본 교과서로 삼아 오륜의 질서와 자기 직업에의 안주를 지키게 한 점에서도 잘 드러나고 있다.

조선조 성리학의 공과에 대한 여러 가지 비판적 논의가 있겠으나 우리는 적어도 조선조 성리학이 제도와 이념을 일치하고, 국민을 교화하고, 나아가 문치를 통하여 인간정신을 고양시키고, 의리정신을 높여 윤리적 가치 기준을 확립한 주체성은 높이 평가할 수 있다.

끝으로 학술적 특징은 중국보다도 더욱 고차적인 심성론의 발전과 인물성人物性에 대한 연구로 조선조 성리학의 수준 높은 사색의 일단을 보여 주기도 했다.

3) 여말선초의 유교와 불교의 논쟁

(1) 배불론의 일반적 특징

조선조 배불론의 특징은 삼봉三峯의 본격적인 배불이론이 나오기 전까지는 당시의 시폐時弊와 송유宋儒들이 말하던 배불적 경향을 벗어나지 못한 형편이었다. 따라서 삼봉을 제외하고는 이론적으로 불교를 배척한 예는 극히 드물다고 볼 수 있다. 여말麗末의 이색李穡(1328~1396) 같은 성리학자도 배불론에 가담하였지만 실은 신불자信佛者로서 당시 불교의 시폐를 바로 잡기 위함이었다.

예를 들자면 이색이 공민왕 원년(1352) 숭유억불의 소疏를 내었는데, 그 소문疏文에 "불佛은 대성인이고 지성지공至聖至公하여 받들면 지극히 좋다[23]라고 찬불하였다. 그리고 순 유자적 입장에서 배불소排佛疏를 낸 감찰대부 김속명金續命, 전법판서典法判書 조인옥趙仁沃, 대사성 김자수金子粹, 성균관 박사 김초金貂, 성균관 생원 박초朴礎 등의 소문疏文에 나타난 배불의 근거는 이적지교夷狄之敎이고, 무부무군無父無君·결신난륜潔身亂倫

---

23) 『高麗史』, 권115, 「李穡傳」, "佛大聖人也, 佛者至聖至公, 奉之極美, 不以爲喜, 待之甚薄不以爲怒."

의 교敎라느니, 나아가 회복·윤회 등이 무근하다는 이유 등을 제시하였
을 뿐,[24] 아직 이론적·학술적으로 불교를 배척할 만한 논증은 없었다.
성리학의 최초 수입자인 안향安珦(1243~1306)이 국자감國子監의 제자들을
교육하는 글 가운데에서

> 성인의 도는 일상생활에 지나지 않는다. 자식이 되어서는 효를 행해야
> 하고, 신하가 되어서는 충을 행해야 하며, 예로써 가정을 규솔하고 신
> 으로써 벗을 사귀어야 한다.…… 그러나 불교도들은 도리를 완전히 저
> 버리고 있다.[25]

라고 한 것을 보면 불교를 배척하는 이유를 인륜을 중히 여기지 않는
'출가出家'에 두고 있음을 알 수 있다.

또 정몽주鄭夢周(1337~1392)는

> 유자의 도는 일용 평상의 일이다. 음식·남녀 관계는 인간 누구나의 공
> 통적인 것으로 거기에 지극함이 있다. 불교가 남녀 관계를 끊고 암혈巖
> 穴에 앉아 초근목식을 하는 것은 너무도 부자연스러운 것이 아니냐?[26]

라고 하여 역시 출가하여 남녀의 인간 상정常情을 금욕하는 것은 도리가

---

24) 李能和, 『佛敎通史』 상권, p.328.
25) 『晦軒集』, 「諭國子諸生文」, "聖人之道, 不過日用倫理. 爲子當孝, 爲臣當忠, 禮以齊家, 信以交
朋. 修己必敬, 入事必誠而已. 彼佛者, 棄親出家, 蔑倫悖義, 卽一夷狄之類……."
26) 『圃隱集』, 「圃隱先生本傳」, "儒者之道, 皆日用平常之事. 飮食男女, 人所同也, 至理存焉. 堯舜
之道亦不外此,……彼佛氏之敎則不然, 辭親戚絶男女, 獨坐巖穴, 草衣木食, 觀空寂滅爲宗, 是豈
平常之道."

아니라고 하여 불교를 배척한 기록이 보인다. 한편 백곡처능白谷處能 선사禪師(?~1680)는 그의 상소인 「간폐석교소諫廢釋敎疏」에서 국왕이 폐불훼석廢佛毁釋하는 이유를 들어 ① 불교가 중화에서 생긴 것이 아닌 이방의 것이라는 점, ② 삼대 후에 출현하여 상고의 법이 아닌 소위 시대가 다른 것이라는 점, ③ 인과응보의 그릇된 견해로서 윤리를 무시한다는 점, ④ 농사를 짓지 않고 놀면서 재화를 소모한다는 점, ⑤ 머리를 깎고 법과 강상에 잘 걸려 정교를 손상한다는 점, ⑥ 승려라 하여 사역을 기피하고 병역에 유실이 있다는 점 등 여섯 가지 이유에서 억불한다고 지적하였다.27)

이제까지 우리는 여말선초나 조선조의 불교 배척이 일반적으로는 시폐와 더불어 멸인륜滅人倫의 출가와 동시에 비현실적이라는 점에 초점이 맞추어져 있었을 뿐, 아직 불교 자체의 비판으로 구체적이며 이론적이고 학문적 논증에 의한 근거가 뚜렷하지는 않았음을 보았다.

(2) 삼봉의 배불 논리

여말麗末의 불교 비판의 양상은 일부 승려의 타락과 불사의 과도함을 비난하는 온건파와, 박초朴礎 등과 같이 불교를 이단으로 규정하고 유교와 양립할 수 없다고 하여 불교를 소외하려는 적극적이고 격렬한 척불운동을 전개한 강경파가 있었으나, 이들은 모두가 성리학적 합리주의에 입각한 불교의 종교적 철학성에 관한 조직적인 분석에 의한 불교 자체

---

27) 白谷處能의 抗疏文인 「諫廢釋敎疏」 내용 요약.

의 모순을 발견·비판하지는 못하였다.

이때 삼봉三峯 정도전鄭道傳(1337~1398)은 신진정치 세력의 핵심 인물로서 왕조 교체를 전후하여 성리학적 정교이념으로써 시정방책을 논구할 뿐만 아니라, 성리학의 이론적 근거 위에서 불교를 철학적·신앙적·사회적 측면에서 조직적으로 비판·척불하였던 것이다. 그러나 그가 불교 사상을 성리학적 이론에 의하여 비판하였다 하여 그의 이론이 불교 이론 비판에 타당하다는 것이 아니라, 적어도 성리학과 불교를 이론적으로 논의하고 반대 입장을 전개할 수 있는 단초를 갖게 하였다는 것이 그의 업적이라고 볼 수 있다.

우리는 여기서 삼봉의 벽불론闢佛論을 전부 소개할 수는 없으나, 그의 비판적 성격이 어떤 것인가를 부분적으로 살펴보자.

먼저 철학적 측면에서 삼봉의 이론은 송대 성리학의 근본개념인 이理·기氣·심心·성性·정情의 개념으로 불교의 심心을 비판함을 볼 수 있다. 먼저 삼봉은 「심기리편心氣理篇」에서는 불교적 심心으로써 도가적 기氣를 비난하는 「심난기편心難氣篇」과 도가적 기氣로써 불교적 심心을 비판하는 「기난심편氣難心篇」을 써서 심心이나 기氣가 각각 한쪽에 치우쳐 있음을 강조하려고 하였고, 「이유심기편理諭心氣篇」에서 불교적 심과 도가적 기를 포괄할 수 있는 개념을 유교의 이理로 제시하려 시도하였다.

먼저 「심난기편心難氣篇」에서 불교적 심을 어떻게 보았는가 살펴보자.

삼라만상의 모든 것은 그 종류가 매우 많으나 오직 내가(心) 가장 영靈하여 홀로 가운데 서 있도다. 나의 체體가 고요하여 거울이 빈 것과 같으니 인연을 따르면서도 변하지 않고, 변화에 응하여 다함이 없도다. 너의 사대四大(道家의 氣)가 서로 합하여 형체를 이룸으로 말미암아 눈이 있어 빛을 보고자 하며, 귀가 있어 소리를 듣고자 하는지라. 선악의 환멸이 그림자를 인연하여 생겨서 나(心을 말함)를 공격하고 나를 해롭게 하니, 내가 편안함을 얻지 못하도다. 상相을 끊고 체體에서 떠나 생각도 없고 정情도 잊어버려 밝으면서 고요하고, 고요하면서 항상 깨달으면 네가 동動하려 하나 어찌 나의 밝은 것을 가릴 수 있으랴.[28]

이는 도가의 기氣를 불교의 심心으로 비난한 것인데 그 내용을 살펴보면 '심心'은 적연부동寂然不動하여 항상 밝은 것인데, 오직 기氣(예를 들면 四大로 인한 형체로서 眼·耳·鼻·舌·身을 말한다)가 이 마음의 청정자성淸淨自性을 가린다는 것이다. 그리하여 불교의 심은 이 육신으로 인하여 본래의 모습을 나타내지 않는다는 것을 역설한다. 그러나 과연 불교의 불성佛性을, 즉 마음 자체가 기를 필요 없는 것으로 부정하는가?

불교에서는 이 사대육신四大肉身을 허망한 것으로 보고 있지만, 이 사대육신에 집착하고 그것이 곧 실체라는 것을 부정할 뿐, 사대육신이 인간의 조건이라는 것까지 부정하지는 않는다. 이 사대육신으로 인해 우리의 청정자성인 심의 본체가 밝게 드러나지 않는다는 것뿐이지, 그것 자체도 없어야 한다고 강조하지는 않는다. 이 육체도 하나의 인연 소생이요, 이 마음도 육진연영六塵緣影이라 하여 마음까지도 그림자에 지나지

---

28) 『三峯集』, 권10, 「心難氣」, "凡所有相, 厥類紛總, 惟我最靈, 獨立其中. 我體寂然, 如鑑之空, 隨緣不變, 應化無窮. 由爾四大, 假合成形, 有目欲色, 有耳欲聲. 善惡亦幻, 緣影以生, 戕我賊我, 我不得寧. 絶相離體, 無念忘情, 照而寂寂, 默而惺惺, 爾雖欲動, 豈翳吾明."

않는다고 말한다. 그러기 때문에 삼봉은 생멸심生滅心을 통해 기를 비난한 것에 지나지 않는다.

불교의 심은 사대육신을 부정하지 않는다. 불교의 각覺은 육신을 벗어나선 각覺이 아니다. 이 육신을 가진 자체에서 일체의 집착을 벗어나야 하는 것이다. 불교의 해탈이나 열반은 육신의 죽음만을 의미하지 않는다. 오히려 육신을 가지고 그 육신에 집착하는 데서 생기는 번뇌나 망상을 떠나 자유자재할 때의 열반이나 해탈의 의미가 강하다. 번뇌의 불을 끄는 것이 열반(nirvana)인 것이다.

따라서 삼봉의 비판은 불교의 일단면만 본 자취가 많다고 보인다. 그리고 불교의 심을 사대육신(氣)과 대립하여 이해한 것이 단점인 것 같다. 삼봉은 「기난심편氣難心篇」에서 도가의 기로 불교의 심을 비난하였고, 다시 「이유심기편理諭心氣篇」에서는 이로써 노불老佛의 잘못을 타일러 그들의 잘못을 알게 하려는 의도를 표출하고 있다.

아, 목목穆穆한 그 이理여! 천지보다 앞에 있어 기氣는 나(理)로 말미암아 생기고 심心도 또한 품수稟受하였도다. 심이 있고 내(理)가 없으면 이해利害에만 달려갈 것이고, 기만 있고 내가 없으면 혈육血肉만의 구체軀體로 준연蠢然하게 금수禽獸와 한길로 돌아갈 것이니, 아아 그 중에서 조금 다를 자가 몇 사람이 될 것인가!29)

불교에서 기氣를 말하지 않는 것은 사실이나, 그러나 기氣라는 개념

---

29) 『三峯集』, 권10, 「心難氣」, "於穆厥理. 在天地先, 氣由我生, 心亦稟焉. 有心無我, 利害之趨, 有氣無我, 血肉之軀, 蠢然以動, 禽獸同歸, 其與異者, 嗚呼幾希."

으로 말하지 않을 뿐 삼라만상의 생성을 인연소생因緣所生이라 하였고, 또 이 육신은 지地·수水·화火·풍風 사대四大의 구성이라 하여 만물의 재료적인 면을 부정하지는 않았다. 그러나 성리학은 이理라는 개념을 설정하여 존재의 근원을 설명하고자 하는 데에 그 독특한 미味가 있는 것이다. 그리고 불교의 인연소생이라는 말은 만유의 고정불변성을 인정하지 않는 것에 지나지 않는 것이다.

삼봉이 이기理氣의 선후를 말한 것은 성리학의 본지와 어긋남이 있는 듯하다. 주회암朱晦庵은 이기를 혼융무간混融無間으로 이해하고 선후를 말하는 데는 그 제한성이 있었다.

> 이기理氣 본래무선후本來無先後이다. 그러나 그 소종래所從來를 꼭 따져 보려 한다면 당연히 그 이理가 먼저 있다고 말해야 옳다. 그러나 이는 또한 별개의 일물一物이 아니라 기氣 가운데 있다.[30]

회암은 이기의 선후에 관하여 본체론적으로 보면 무선후無先後이지만, 현상론적으로 꼭 말로써 선후를 말하면 이理가 먼저라고 말한 것에 지나지 않는 것이다. 그러한 이기의 선후의 문제로 이理가 기氣보다 먼저라고 단정한 삼봉의 태도는 어느 정도 의도적인 경향이 내포된 것 같다. 삼봉은 성리학性理學의 이기의 기氣와 도가道家의 기氣와 일반적 기氣를 구별하지 않고 있는 잘못도 있는 것이다. 도가나 일반적인 기는 기 자신이

---

30) 『朱子語類』, 권1, "理氣本無先後之可言. 然必欲推其所從來, 則須說先有是理. 然理又非別爲一物, 卽存乎是氣之中."

유위유형有爲有形할 뿐만 아니라, 그 자신이 이미 동動하고 있는 것이다. 그러나 이기의 기氣는 그 기에 이理를 포함하고 있어 이를 실재實在로 보고 있는 것이다.

따라서 이기의 기氣는 이理 없이 성립될 수 없으나, 도가나 일반적 기氣는 이理 없이도 그자신의 유동성에 의하여 현상화되는 것이다. 또한 이理란 사성四性의 인의예지仁義禮智를 가리킨다. 그러기 때문에 금수와 다르다는 것이다. 그런데 진실로 인간이 다른 것은 사성만으로서 다른 것은 아니다. 인간은 심心이 있어 성性의 본래 청정한 본연을 회복하는 수위修爲의 능력이 있는 것이 더욱 다르다고 볼 수 있다.

불교에서는 심心만을 말하고 이理를 말하지 않기 때문에 인의예지가 나타나지 않는다는 것이다. 그러나 불교에서 사성을 말하지는 않았으나 사성의 이理에 해당되는 인간의 정심正心을 말하고 있는 것이다. 성리학에서의 성즉리性卽理는 인간의 본성은 성性이요, 그리고 그것은 기氣가 아니라 이理로서 실재인 것이다. 그런데 사실 이理란 것은 어느 정도 애매하기는 한 것이다. 도대체 이러한 이理란 어디서 왔으며, 이 이理가 인간의 본성이어야 한다는 증거가 애매한 것이다.

물론 이 이理는 우주론적으로 보아 기氣의 소연所然에 대하여 그렇게 하는 까닭(所以然)이기는 하지만, 그러한 까닭이 있기 때문에 그 까닭을 곧 우리의 최고 가치실현의 이념으로 삼아야 할 근거가 어디 있는가라는 질문에 선뜻 수긍이 안 간다. 특히 자연自然에 그러한 까닭(理·존재법칙)이 있기 때문에 인간의 규범도 그래야 한다는 것은 어느 정도 설득력이 있어야 할 것이다.

그리고 왜 인仁·의義·예禮·지智 사성四性만을 꼭 인간의 본성으로 삼아야 하는가? 그런데 이 인仁·의義·예禮·지智는 모두 심心의 어떤 심리적 현상에 의하여 단서가 잡히는 것이다. 에를 들면 '측은지심惻隱之心, 인지단야仁之端也'라 할 때 측은지심을 통하여 인仁을 발견할 수 있다는 것이오, 그 인仁이 곧 이理로서 심心의 활동을 주재主宰하는 것이라고 한다. 이때 주재主宰란 그 자신이 움직여 직접적인 지시를 하는 것이 아니고, 심의 움직임을 그렇게 하게끔 하는 원격 조정자의 역할인 것이다. 그런데 이 주재는 기氣가 받아들일 때와 받아들이지 않을 때가 있다는 것이다.

정情이 발發하여 형기形氣의 용사用事가 일어나지 않으면 그것은 곧 바로 이理의 주재가 이루어져 성性의 본연이 선善이요, 중절中節을 이루어 인仁·의義·예禮·지智의 단서가 된다고 하였다. 정情이 발할 때 형기의 엄폐로 그 성의 본연을 잃어버려 악惡이 되고, 부중절不中節이 되기 때문에 인仁·의義·예禮·지智의 단서가 보이지 않는 것이다.[31]

결국 이理라는 것도 심心을 통하여 알려지는 것이다. 물론 이理 쪽에서 보면 이 사성四性인 이理로 인하여 사단심四端心이 나오지만, 사단심의 쪽에서 볼 때는 사단심으로 인하여 이理를 알 수 있게 되는 것이다.

이러한 이理의 설정이 성리학의 탁월한 논리이지만 아직 애매한 것이다. 그리고 사성은 변함없이 있다는 것이다. 그리고 이 성性은 순선純

---

31) 『栗谷全書』, 권1, 「心性情圖」, "此情之發而不爲形氣所揜, 直遂其性之本然, 故善而中節, 可見其爲仁義禮智之端也. 此情之發而爲形氣所揜, 失其性之本然, 故惡不中節, 不見其爲仁義禮智之端也."

善이고 정情의 세계만 선악善惡이 함께 있다는 것이다.

여기서 존재론적 개념인 이理가 인간에 들어와 사성四性으로 내재하면서 그것은 다시 순선純善이 된다 하니, 존재론적 개념이 어떻게 가치론적 당위의 규범으로 전환될 수 있는가 하는 점이 아직 문제로 남게 되는 것이다.

여하간 성리학의 이理는 현상을 주재하는 능력을 가지고 관념적으로 실재하는 것이다. 그리고 이 실재는 절대불변인 것이다. 이에 대하여 불교의 심心은 『기신론起信論』에서 심진여心眞如와 심생멸心生滅을 나누어 설명하고 있다.[32] 그런데 이때 심진여心眞如는 심생멸心生滅을 통하여 드러나는 것이지 심진여心眞如가 따로 있는 것은 아니다. 그러기에 심진여心眞如는 이언절려離言絶慮라고 하였던 것이다. 심진여心眞如는 독립된 실재가 아니었다. 생멸심生滅心 가운데 언제나 함께 하고 있으면서 생멸심이 가라앉으면 곧 진여심眞如心이 드러나는 것이다. 그러기 때문에 진여심과 생멸심은 역동적 관계에 있는 것이다.

성리학적 심心과 비교한다면(물론 이것은 어디까지나 형식적인 비교이지만) 성리학의 심心은 심통성정心統性情이라는 심心으로서 성性·정情을 다 통일한다는 뜻에서 『기신론起信論』의 일심一心에 해당되는 것이요, 성性은 이理로서 진여심에 해당하는 것이요, 정情은 용用으로서 생멸심에 해당한다고 볼 수 있다. 그리고 성리학의 인심人心을 생멸심으로, 도심道心을 진여심으로 볼 수 있을 것이다. 그것은 인심은 형기形氣의 사私에서 나오고

---

32) 『大乘起信論』에서는 一心을 心眞如와 心生滅로 나누어 설명하고 있다. 필자의 「불교의 人性論」(『佛敎學報』 19輯) 참고.

도심은 성명性命의 정正에 근원한다[33])는 뜻에서 그러하다.

그러나 불교에서는 성명을 말하지 않는다. 다만 이 형기에 근원하는 인심만 말하고 이 인심에서 도심을 밝히는 것이다. 그렇다고 인심을 심의 본질로 보는 것은 아니다. 사실 성리학의 도심에 해당하는 진여심은 생멸심(성리학의 인심)이 가라앉으면 나타나고, 심의 본모습은 진여심이라고 보고 있는 것이다. 생멸심은 번뇌망상煩惱妄想에 해당되는 것이다.

성리학의 성性과 도심을 불교의 진여심으로, 성리학의 정情과 인심을 불교의 생멸심으로 도식화하여 말할 수 없지만, 이해를 돕기 위해 외형적인 상통성을 지적한 것에 지나지 않는다. 물론 이 속에는 상통성만큼이나 차이가 큰 이질성이 있을 수 있는 것이다.

그것은 곧 성즉리性卽理라 할 때의 성性은 이미 객관적 실재이면서 동시에 초월적 실재인 것이다. 그러나 불교의 진여심은 이미 그것을 초월적인 실재라 한다면 그것 자체가 일심一心 속에 내포될 수 없기 때문에 생멸심을 떠나 초월적인 실재로 외재할 수 없는 것이다.

여기에서 성리학은 이미 선善·악惡을 현실적으로 확연히 분별하여 선이 악이 될 수 없고 악이 선이 될 수 없지만, 불교에서는 선·악의 분별을 절대화하지 않고 상대화하는 차이가 있게 되는 것이다.

그러기에 진여眞如의 입장에서 보면 일체가 모두 참인 것이다. 불교가 본래적 존재인 일심 또는 진여를 파악하기 위하여 현상적 존재의 세계를 생멸生滅이라 이원화한 것은 본래의 심心을 이원적으로 보려 한 것

---

33) 『中庸章句』, 序, "心之虛靈知覺一而已矣, 而以爲有人心道心之異者, 則以其或生於形氣之私, 或原於性命之正."

이 아니라, 본래적 존재인 진여심을 파악하기 위하여 생멸심을 환망幻
妄·가상假相·무상無常이라 한 것이다. 그리하여 생멸심을 일단 번뇌망상
煩惱妄想으로 규정하고 그것을 진여심에 대하여 장애자로 보아 부정하고
있을 뿐이다.

불교에서 육신 없이 그대로 깨닫는 것은 각覺이라 말하지 않았다. 본
래적 진여심을 밝히기 위하여 수행적 방법으로 일단 환망의 세계를 부
정하는 것이다. 이 부정을 통해 본래적 자아인 불佛을 자각하여 불자체
인 일체의 덕성을 구족하게 된다. 그리하여 선가禪家의 말처럼 손가락은
달을 가리키는 도구이요, 손가락이 달은 아닌 것이다. 달을 보고 나면
손가락은 필요가 없다. 마치 피안에 도달하면 배는 버려야 하는 것과
같다. 그것을 끌고 육지에까지 가는 것은 어리석은 사람이다.

원효는 『열반경종요涅槃經宗要』에서

이미 건너가야 할 저 언덕이 없는데 어찌 떠나가야 할 이쪽 언덕이 있
겠는가? 떠날 곳이 없으므로 떠나지 않는 곳이 없으니 이것이 곧 대멸
大滅이다. 또한 이를 곳이 없으므로 이르지 않는 곳이 없으니 이것이
곧 대도大度이다.[34]

라고 하였다.

우리는 불교에서는 고정불변한 그 어떤 성性을 인정하지 않음을 보

---

34) 元曉, 『涅槃經宗要』(韓國佛敎全書 第1冊), "旣無彼岸可到, 何有此岸可離. 無所離故無所不離乃
爲大滅. 無所到故無所不到方是大度."

왔다. 여기에 성리학의 윤리적 행위규범으로 성性을 주장하는 것과 그 차원이 다름을 알 수 있다. 이때 차원은 가치의 우열이 아니라 그 발상과 주안점이 다르다는 것이다.

우리는 삼봉의 벽불론이 이론적으로는 그 시대에서 가장 체계적이었고 의도적이었음을 알 수 있다. 그러나 그의 논리 가운데 성리학적 이기理氣의 기氣를 도가道家와 불교佛敎의 입장을 전혀 무시하고 도가와 일치하는 것으로 이해한 점은 소홀한 감이 있다.

(3) 함허득통의 호교적 『현정론』

선초鮮初에서 불교의 탄압은 불교 외적인 형식이나 외호에 기인한 안일과 나태, 정체성에 의해 불교의 본래성인 상구보리上求菩提 · 하화중생下化衆生의 이상이 망각되고, 오히려 부패 타락의 양상이 그대로 방치되므로 선초의 역성혁명의 시대적 요청에 부응할 수 없었던 이유가 하나의 원인이 되기도 하였고, 다른 하나의 큰 이유는 조선조 건국에 필요한 국가경제의 재건을 위한 불교재산의 경제적 유용성에 기인한 것이기도 하였다.

이러한 이유에서 배불의 기치가 상승 고조될 때, 불교 입장에서 유불儒佛 간의 대립을 지양하기 위하여 유학자들의 인륜도덕설이 어떻게 불교 사상체계 안에서 긍정적으로 위치할 것인가를 모색하여 유교와의 상통성을 지적하고, 또한 그 당시 학자들이 불교의 본의를 잘 알지 못하고 불교비판을 하고 있다고 13개의 질문을 들어 일일이 답변한 것이 함허득통涵虛得通(1376~1433)의 『현정론顯正論』이다.

함허득통은 그의 『현정론』에서 본론에 앞서 유교의 오상五常에 불교의 오계五戒를 비교하면서 불교의 불살생不殺生은 유교의 인仁이요, 불투도不偸盜는 의義요, 불사음不邪淫은 예禮요, 불음주不飮酒는 지智요, 불망어不妄語는 신信이라고 하였다. 그는 또 유교가 사람을 다스릴 때는 덕행보다 정사政事나 형벌로써 함이 효과적이라 하였다.[35] 그러나

'침묵하되 이루고 말하지 않아도 믿음이 있게 되는 것'은 진실로 부처의 교화이다. 그리고 이와 겸하여 인과법을 제시한다. 상벌賞罰로써 보여 주면 겉으로만 따르는 데 지나지 않을 따름이다. 하지만 인과법因果法으로써 보여 주면 그 복종이 마음으로 심복하는 것이다. 지금 세상에서 그러함을 볼 수 있다. 왜 그러한가? 만일 상賞으로써만 권하고 벌罰로써만 금한다면, 악행을 그치는 이는 그 위세를 두려워하여 그치는 것이고 선행을 하는 이는 그 상을 이롭게 여겨 그렇게 하는 것이다. 그러므로 그들이 교화에 따르는 것은 겉으로만 따르는 것이지 마음으로 심복하는 것은 아니다. 만일 사람들이 현재의 곤궁하거나 영달한 까닭을 알고 싶어한다면, 간직한 종자種子를 보여 주고, 미래의 화복禍福을 알고자 한다면, 현재의 인연因緣을 보여 주므로, 영달한 자는 전생의 뿌린 종자에 기뻐하여 더더욱 힘쓸 것이고, 곤궁한 이는 전생에서 못 닦은 부분을 후회하여 저절로 힘쓸 것이다. 또한 미래에 복 받기를 원하는 자는 부지런히 선을 행할 것이고 후세에 화를 피하고자 하면 반드시 악을 행한 것을 삼가려 해야 한다.[36]

---

35) 『顯正論』, "儒以五常, 而爲道樞, 佛之所謂五戒, 卽儒之所謂五常也. 不殺仁也, 不盜義也, 不淫禮, 不飮酒智, 不妄語信也. 但儒之所以敎人者, 不以行德, 卽以政刑也."

36) 『顯正論』, "夫默而成之, 不言而信, 固吾佛之化也. 而兼以因果示之. 示之以賞罰, 則或不過面從

라고 하였다.

물론 유교에서도 현실적으로 형벌로 백성을 다스리는 것을 말하고 있지만, 공자와 맹자의 왕도정치는 오히려 백성으로 하여금 염치를 알게 하고 심복을 강조하고 있는 것이 사실이다. 함허득통은 이러한 심복이나 염치를 알아 덕과 예로써 백성을 다스린다는 것은 성인이 아니면 불가능하기 때문에 침묵으로써 다스리고, 말없이 믿게 하는 것은 불교의 교화법이라 강조한다. 그리고 그 교화법은 인과를 보이는 것이라 하였다.

그러나 실제적인 문제로, 모든 사람이 인과를 믿어야 함에도 불구하고 인과를 믿지 않는 사람이 많다는 현실은 불교의 이러한 통치이념은 하나의 이상에 불과한 것임을 말해 준다. 그러므로 함허득통은 불교적 방법과 유교적 방법이 절충되어야 함을 역설하고 있다. 나아가 그는 또 말하기를,

> 유자儒者의 오륜오상五倫五常은 경經으로써 정正을 지키는 것이요, 불자
> 佛者의 출가득도出家得道는 권權으로써 변變에 응하는 것이다. 그러므로
> 출가出家는 비록 상常에 반한다고는 하지만 도道에 합치하는 것이다. 불
> 자는 석釋으로써 부모의 명名을 나타내니 이는 곧 대효大孝요,…… 불자

而已. 示之以因果, 則服乃心服也. 今於世上, 目覩其然也. 何則. 若勸之以賞, 禁之以罰, 則止惡者, 畏其威而止之, 爲善者, 利其賞而爲之. 故其從化也, 面從而已, 非心服也. 若人欲知今之所以窮達者, 則示之以宿種, 欲知後之禍福者, 則示之以現因, 則達者欣前世之種善而益勸, 窮者悔前世之不修而自勉. 且邀福於後世者, 則孜孜於爲善, 避禍於後世者, 則必愼於爲惡也. 此則不服則已, 服則心服, 而未嘗有面從者也, 雖然安得使人, 人皆可以心服也. 其未能心服者, 則姑以賞罰而導之, 使駿駿然心悅而誠服也, 故示之以因果之外, 亦有賞罰之訓存焉. 所謂應攝受者而攝受之, 應折服者而折服之, 是也. 此則近於儒也, 所以儒與釋, 皆不可廢也."

는 군국君國을 위하여 기복하고 인파로써 민民을 선도하니 이는 곧 대
충大忠이다. 그러하거늘 불자를 어찌 불효불충不孝不忠이라 할 수 있겠
는가?[37)]

라고 하였다. 그러나 이러한 내용은 유학의 효와 충에 대한 직접적인
대응이 될 수 없다. 유학의 효는 부모를 직접 봉양하고 국가를 위하여
몸소 출사出仕하여 행하는 데 있기 때문이다. 함허의 이러한 내용은 불교
의 사회적 기능으로서 구체적인 윤리 행위보다 간접적인 효과를 말하는
것에 지나지 않는다. 따라서 함허의 논리는 실제적인 면보다 종교적인
감응을 더욱 강조한 것에 지나지 않는다. 여기에서 그 당시의 사회적
기능으로서 윤리적 생활의 기초를 정립하고 있었던 유가의 성리학적 이
론을 정면으로 비판하지는 못했다고 보이는 것이다. 이것은 어디까지나
불교로 유가의 충·효를 실천할 수 있다는 절충에 지나지 않는 것이다.
유가가 주장하는 충·효에 대하여 불교의 형이상학적 원리에 의한 보다
논리적이고 교학적인 비판이 선행되었어야만 했다는 아쉬움이 남아 있
는 것이다.

　　그러나 적어도 선초의 시대적 분위기에서 불교와 유교의 관계를 불
교적 입장에서 천명하여 불교의 입장을 옹호하고 유교와의 화해와 절충
을 유불의 이론을 통하여 상호 상통성을 말한 것은 득통이 효시임을 상
기할 필요가 있다.

---

37) 『顯正論』.

(4) 보우의 『일정론』

① 시대적 배경

조선왕조는 유교(특히 고려 말에 전래된 성리학)를 국가이념으로 건국되었음은 누구나 잘 아는 사실이다. 따라서 불교국가이었던 고려조의 사상, 행정, 경제, 사회체제의 정비가 요구되었다. 고려조는 모든 사회, 경제, 행정 등의 국가체제가 불교국가답게 모두 불교사상에 입각하여 수립되어 있었다.

조선조는 건국 초부터 유교국가의 기초를 확립하기 위한 일련의 계획적인 불교정풍작업이 진행되었다. 이 작업은 국가의 재정과 인적인 자원을 확보하는 한편, 왕권을 확립하기 위한 현실적인 요구에서 일어난 것이었다. 그러나 왕권을 중심으로 하는 유교주의자들의 강렬한 숭유정책에도 불구하고 왕실을 중심으로 하는 불교는 좀처럼 청산되지 못하였다.

본래 고려 말기에서의 유교의 진흥운동은 오직 정치적, 행정적인 방면의 주장에 의해서 힘을 얻었을 뿐 결코 이론투쟁의 정신적 소산은 아니었다. 현실적으로 유교주의자들이 생각하고 있던 이상적인 완전 유교국이 되기에는 불교의 사상은 그 뿌리가 깊었다. 불교는 이론적으로 인간교화 면에서 유교적인 교화주의보다 더욱 설득력이 높았고, 인간의 수많은 고통에 대하여 구원을 주는 종교적 역할을 하였다. 따라서 정책은 배불숭유이었지만, 개인생활이나 종교적 신앙으로는 오직 불교에 귀의하고 있었다.

이러한 상황에서 왕실은 실권적 유교주의자들이 불교를 근본적으로 말살시키려 다양한 배불정책을 입안 제출하였으나 왕은 이를 쉽게 승낙하지 않았다. 때문에 억불정책의 실천은 왕의 의지에 의하여 다소 그 강도가 다르게 나타났다고 볼 수 있다. 그 실례로 태조의 배불정책은 그가 당시 국사였던 무학대사와의 관계에 의하여 그 열정에 찬 유교주의자들의 이념적 주장에 비하면 극히 미약했음을 사실史實이 증명한다.

그러나 적어도 유교주의 국가로서 경제·행정정책의 기반을 확고히 하는 태종조의 정책은 배불정책의 이념을 그대로 드러냈다. 태종 6년 (1406) 정월, 의정부는 전국의 사찰을 조계종曹溪宗·총지종摠持宗 합슴 70사寺, 천태소자종天台疏字宗·법사종法事宗 합 43사, 화엄종華嚴宗·도문종道門宗 합 43사, 자은종慈恩宗 36사, 중도종中道宗·신앙종神仰宗 합 30사만 남도록 건의하고 있다. 또 3월에 선·교 각종이 남길 사사寺社를 정하고 토전土田·노비의 수를 정하였다. 이때부터 배불은 정책화됨으로써 성종 때 도첩을 법으로 정착시킬 때까지 불교 탄압은 부침이 무상하였다.

세조가 즉위(1456~1469)하자 그는 지금까지의 배불정책을 외면하고 호불護佛하였다. 그는 불교에 대한 신심이 두터웠기 때문에 조정의 수많은 반대를 누르고 승려의 도성 출입을 자유롭게 하였고, 도승度僧·선시選試의 법을 제정했다. 또 승려가 범죄의 혐의가 있으면 반드시 국왕에게 계청啓請해서 허가 받도록 하였다. 그러나 세조의 이러한 숭불호법崇佛護法 사업도 성종이 즉위하면서부터는 척불정책으로 전환된다.

성종은 즉위 다음 해(1471) 6월에 도성 중의 염불소念佛所를 폐지하고,

12월에는 간경도감刊經都監을 그만두게 하였다. 4년 8월에는 사족士族들의 부녀가 삭발 출가하는 것을 금하였다. 6년에는 도성 내외의 니사尼寺 26 소所를 헐어버리게 하였다. 그리고 23년 3월에는 도첩의 법을 정리시키기에 이른다. 그리고 도첩이 없는 승려는 모두 정역定役과 군정軍丁으로 충당시켰다. 이리하여 금승禁僧의 법을 세워 도승을 금하고, 승려를 환속시켜 불승을 사태沙汰시켰으므로 사원은 텅텅 비었다. 그러면 세조조에는 숭불·호불이 성행되었는데 왜 성종조에는 이러한 상황이 반전되어 억불·숭유로 강화되었는가?

세조는 그 당시 시행하던 도첩제度牒制를 완화하여 현실화시켰다. 즉, 승려가 되고자 하면 우선 교학이나 선학의 본산에서 『금강경』과 『심경』 및 『진언다라니능엄주眞言陀羅尼楞嚴呪』에 대한 시험에 합격한 후에 예조禮曹에 정전丁錢으로 정포正布 30필匹을 바치도록 하였다. 그러나 이러한 도첩제의 시행은 소기의 효과가 없었다. 따라서 세조 11년에는 무도첩승無度牒僧은 군적에 편입한다고 강권强權을 발동하기도 하였다. 그러나 이러한 정책을 강력히 시행하여도 무도첩승은 날로 증가되어 가고 있었다. 이는 물론 신심信心이 있어 승려가 되고자 하나 예조에 바칠 정전이 없어서 도첩을 갖지 못하는 경우도 있었겠지만, 무엇보다도 군역제도의 문란 때문에 국역國役을 기피하려는 수단으로 승려가 된 양민이 적지 아니하였던 것이다.

따라서 무도첩승의 증가는 민정民丁의 확보라는 점에서는 국가의 중대한 문제였다. 그러므로 유교주의자인 유신儒臣들은 이 기회를 이용하여 무도첩승을 색출하여 환속시키고, 도첩제를 엄격히 시행하고 나아가서 불교 자체도 뿌리 뽑아 없애려는 급진적인 억불책을 서둘렀다. 성종 때의 정극인丁克仁이나 김종직金宗直, 현석규玄碩圭 등은 강경한 유교주의 자로 성종의 결심을 재촉하여 성종 8년에는 무도첩승 색출을 더욱 철저히 하였으며, 마침내 도첩제 자체의 폐지에까지 이르게 되었다.

다음 왕인 연산군은 즉위 2년에 흥유억불興儒抑佛을 명하고 9년에는 승도僧徒의 도성 내 출입을 금하였다. 연산군은 본래 성격이 황음무도하여 정사에 뜻을 두지 않고, 성균관을 기락妓樂의 장소로 삼은 것은 물론 선종 회소인 흥천사와 교종 회소인 흥덕사 및 대원각사를 폐하였다. 심지어는 삼각산의 각 사원에 거주하는 승려를 쫓아내어 폐사가 되게 하고 성내의 니사尼寺를 헐어 니승尼僧을 관방의 노비로 삼기도 하였다. 이와 같이 인륜에도 어긋나는 불교 박해는 마침내 승과까지 시행치 못하게 하였던 것이다.

이처럼 연산조에는 그의 횡포로 인하여 불교의 존재성이 완전히 무시되기도 하였다. 중종반정에 의하여 즉위한 중종은 유신의 정치를 베풀어 태학·성균관을 중수하고 유풍儒風을 진작하였다. 따라서 사림士林의 재진출과 재생산의 길이 열리게 되었다.

한편 불교에 대한 정책은 중종의 생모 정헌왕후貞憲王后 윤씨尹氏의 신불信佛에 의해 연산군 때 폐불된 불교를 복구하기 위한 움직임이 있긴 했으나, 이미 중종이 그 당시 철저한 사림士林에 의해 옹립되었기 때문에 흥불의 엄두를 낼 수 없었다. 따라서 마침내 중종 2년에는 승과가 완전히 폐지되고 말았다.

이와 같이 승과가 폐지되었다는 사실은 결국 선종과 교종의 종단 자체까지도 폐지되었다는 의미이다. 이제까지 국가의 제도권에서 보호받던 선·교 양종은 그들 종단자체의 자생력과 자립성이 없었기 때문에 불교는 그 존재 의미가 무의미하게 되는 위기에 처하였다.

이후부터 선·교 양종으로 나누어졌던 종단이 무종파의 혼합적인 현상으로 전락되는 원인이 되었다. 그 당시 유생들의 불교에 대한 횡포도 적지 않았는데, 그 중에서도 중종 4년에 몇 사람의 유생이 청계사의 경첩을 훔쳐간 사실과, 5년 11월에 흥천사의 사리각에 방화한 사건을 예로 들 수 있다. 중종 5년에는 각도의 혁파된 사사寺社의 국토를 향교에 속하게 하고, 7년에는 흥천사, 흥덕사의 대종을 총통銃筒으로 주조케 하고 원각사를 헐어 그 재목을 민가에 나누어 주게 하고 또 경주의 동불銅佛을 부수어 군기를 만들게 하였다.

이제 불교는 사실상 제도 속에서 의존할 기둥이 없어졌으며 불교 자체의 존립 위기에 처해 있었다. 더구나 유교주의적 정치이념은 정치·경제·사회·사상·행정면에서 그 기초가 확립되었다. 이러한 시대에 보우는 탄생하였다.

② 생애와 행적

보우普雨대사의 호는 허응虛應 또는 나암懶庵이라고도 한다. 그의 출생 연월일에 대해서는 확실한 자료는 없지만 연구결과에 의하면 배불정책이 가장 극심하여 사실상 불교세력이 꺾여 있었던 중종 4년(1509)으로 추정하고 있으며, 그가 죽은 해는 명종 20년(1565)이 확실하다. 또한 그의 출가 연도에 대해서도 많은 설이 있으나 15세 이후의 일이었음이 추론되고 있다.

그는 일찍이 부모를 여의고 그 당시의 교육 풍토에 따라 한학을 공부하여 유학에도 능통하여 있었으며, 유교를 배운 후 15세를 전후해서 삭발 출가하여 불문에 들어간 것 같다. 그리고 그 후 모든 대장경을 섭렵하여 그의 이름은 젊었을 때부터 잘 알려져 있었다고 보인다. 그는 이미 유명한 불교의 대표자로 인정받았다. 그 증거로는 『명종실록』에 보면 "승도의 으뜸가는 사람은 보우이다. 그가 처음에 금강산에서 수륙대재를 올리자 가깝고 먼 곳으로부터 사람들이 구름처럼 모여들었다"[38]라고 씌어 있다. 물론 이 실록을 쓴 사신史臣은 보우대사를 참된 스님으로 보고 기록하고 있지는 않다. 오히려 교활하고 간교한 변설로 현혹하여 인기를 얻었고 그것을 통하여 한성의 권력자들과 친교를 맺게 된 것이라고 비방, 왜곡하기 위하여 기록한 것이다. 하지만 이것은 오히려 그의 성가聲價가 그 당시 얼마나 높았는가를 입증하는 것이기도 하다.

보우를 최초로 연구하여 『허응당집해제虛應堂集解題』를 쓴 일본의 역사학자 다카하시 도루(高橋亨)는 보우가 불교중흥을 꾀하기 위해 노련하고 차원 높은 정치를 통위하여 입신양명과 함께 계략을 쓴 것으로 보고 있다. 이는 전적으로 편견에 지나지 않는다. 오히려 그의 그러한 태도는 식민지 사관에 입각하여 있음을 노골적으로 드러낸 것이다. 보우의 철저한 불교중흥의 의지가 교활한 정치적 술수에 의하여 이루어졌다고 하

---

38) 『朝鮮王朝實錄』, 명종 7年 壬子, "史臣曰, 僧徒之首, 普雨也. 雨初寓金剛山, 倡爲水陸淨齋, 遠近雲聚, 唯其所言, 得貨如山."

는 견해는 식민지하의 민족적 저항의식과 호불호교적 의지를 약화시키고자 하는 사상적 식민주의 사관의 일단과 다르지 않다.

사실 보우가 문정왕후에게 인진引進되어 봉은사 주지로 임명된 것과는 상관없이, 이미 문경왕후는 어린 명종의 기복을 위하여 신불信佛에 심취되어 있었으며(명종이 12세 때 즉위, 또한 大尹, 小尹 등 척신에 의한 암투와 갈등이 심화되었다. 따라서 명종 즉위 1년에 을사사화가 일어났다.) 종묘사직을 지키기 위하여 불교에 귀의하고 또한 불교중흥을 꾀하겠다는 굳은 신념을 갖고 있었다. 따라서 다카하시 도루가 주장하는 봉은사 주지직을 갖기 위한 오랫동안의 음모가 있었다는 것은 인정하기 어렵다. 그것은 오직 문정왕후의 의지와 당시 불교계의 대표적 인물인 보우의 자연스러운 만남이라고 해도 과언이 아니다.

그러나 보우는 이러한 기회에 불교중흥을 위하여 철저하게 불교의 제도권화에 힘을 기울였다. 그가 문정왕후의 추천에 의하여 봉은사 주지가 된 것은 1548년 12월이었다. 1550년에는 선·교 양종을 다시 세우고 1551년에는 양종 승과를 다시 세워 승도첩僧度牒을 주고 봉은사를 선종찰禪宗利로, 봉선사를 교종찰敎宗利로 지명하였다. 그리고 보우는 판선종사 도대선사判禪宗事都大禪師로 임명되었다.

이리하여 쇠퇴하여 지리멸렬된 불교중흥의 한 시대가 열리고 있었다. 그러나 이러한 불교중흥도 한 시기였다. 왜냐하면 모든 유신들은 보우를 요승으로 몰아붙여 불교의 보수반동에 제동을 걸고 나오게 된 것이다. 그러한 과정에서 유신들이 보우를 적으로 보고 그를 요승, 권승으로 몰아쳤다고 봄이 타당하다.

보우의 생애 중 35세 이전에는 철저한 수행에 여념이 없었으며, 봉은
사 주지로 있으면서는 오직 불교중흥에 헌신하여 후세에 영원한 역사적
기록의 하나가 된 임진왜란 때의 승군僧軍이 나올 수 있는 기초를 닦아
놓은 스님이었다. 그는 1565년 제주도에서 56세를 일기로 비명에 갔다.
그는 유교주의 정치이념의 희생물이 되었고, 그의 발자취는 후에 승병
의 근원이 되는 위대한 불교의 순교자이었음을 알 수 있다. 이러한 점에
서 그의 사상을 재조명할 이유가 있는 것이다.

③ 저술과 사상

가. 저술

보우대사의 저술로는 『허응당집虛應堂集』, 『선게잡저禪偈雜著』 등이 있
다. 『허응당집』은 보우대사가 제주도에서 피살된 지 8년 되는 해인 선조
6년(1573)에 문인 태균太均이 편찬하고, 직지사 주지 중덕유정中德堆政이 발
문을 짓고 아울러 교정을 보았다. 이 책의 「시詩」부는 상하로 구분되어
있는데, 이는 내용적인 구분이 아니고 저작된 연대적 순서에 의한 구분
이다. 즉, 상권에는 그가 금강산에 공부하러 가서부터 문정대비에게 인
진되어 봉은사로 가기 직전까지의 저작이 실려 있고, 하권에는 봉은사
에 가게 된 동기부터 임종까지의 저작이 실려 있다. 상권에 실려 있는
시와 게는 모두 2백 47수이고 하권은 3백 76수이며, 권3의 「나암잡저懶庵
雜著」에 30편의 잡문이 있다.

그의 저술은 이미 보아 온 것과 같이 시詩·게偈·잡문雜文이기 때문

에 체계적인 저술이 없다. 따라서 그의 사상을 살피기란 극히 어렵다. 그러나 여기저기서 산견되는 그의 사상의 편린을 잡아 그가 생각했던 사상이 무엇인가를 살피고자 한다.

나. 참마음과 돈오

보우대사는 깨달음의 세계에 대하여 명백히 알고 있었다. 마음을 깨달아야 부처가 되지만 우리가 말하는 마음은 무엇인가? 그는 마음을 진심眞心과 허망심虛妄心으로 나누어 보고 허망심이란 곧 진심의 묘한 작용에 의한 영상이라 보았다.

> 그대들은 비록 온갖 마음을 참마음의 작용이라 하지만 그것은 진실이 아니요, 묘한 작용은 영상에 지나지 않느니라. 만일 영상에 집착하여 진실한 마음이라 생각한다면 영상이 사라질 때에는 이 마음은 반드시 사라진다.…… 허망한 마음도 자신의 형상이 없는 데 대상을 잡아 제 몸을 이룬다.…… 그것은 마치 거울 속의 형상과 같고 물속의 물결과 같다. 물을 모르고 물결에 집착하면 물결이 사라질 때 마음도 사라지며 거울을 모르고 형상에 집착하면 형상이 사라질 때 마음도 사라진다. 젖는 성질은 무너지지 않고 거울의 본체가 늘 밝은 줄 알면 물결은 본래 공한 것이요, 형상은 저절로 없어지는 것이다.[39]

이는 진실심은 물과 같고 허망심은 물결에 비유하여 우리의 생각 하나하나는 모두가 이 허망심이다. 진실심과 허망심의 차이는 일어난 생

---

39) 『懶庵雜著』, 「示小師法語」.

각에 집착하면 그것이 곧 허망심이요, 일어난 마음에 집착하지 않고 따라가지 않으며 이 마음이 늘 밝은 줄 알면 그것이 진실심이라고 하였다. 그러면 부처는 무엇인가?

> 부처는 한 생각도 생기지 않으면 그것이 곧 부처이다. 그리고 만일 이
> 뜻만 깨치면 지위나 절차를 따르지 않고 바로 묘각妙覺의 자리에 오를
> 것이다.[40]

그는 마음에 한 생각도 일어나지 않는 것이 바로 부처라 하였고, 또한 이러한 부처의 경계는 오랫동안의 수행을 통해 점차로 익어서 깨치게 되는 것이 아니라고 하였다. 마음에 한 생각도 생기지만 않으면 바로 그 순간이 곧 깨달음의 세계인 것이다. 따라서 일체의 상相에 집착하지 않고 상을 여의면 곧 깨침이 이르게 된다. 그리고 미오迷悟에 대해서는 다음과 같이 말하고 있다.

> 삼계에는 별다른 법이 없고 다만 이 한 마음이 만든 것이니 일체의 허
> 망한 경계들은 다 생각의 움직임으로 생긴 것이다. 만일 생각이 스스
> 로 생기지 않으면 모든 경계는 곧 본체가 없어지리니 그 움직인 생각
> 을 돌이켜 알면 생각도 저절로 고요해질 것이다. 그러므로 모른다고
> 잃은 것 없고 깨쳤다고 또한 얻은 것이 없나니 이 머무는 곳이 없는
> 참마음은 많아지거나 적어지지 않는 것이다.[41]

---

40) 『懶庵雜著』, 「示小師法語」.
41) 『懶庵雜著』, 「示小師法語」.

그는 생각이 움직이지 않고 일념불생하는 곳에 깨침이 있고 부처가 있음을 여실히 밝히면서, 이 일념불생이 곧 진실심이라고 하였다.

다. 유·불 융화와 독창적 『일정론』

보우대사는 그 시대의 교육적 풍토에 의하여 불교뿐만 아니라 유교적 교양을 폭넓게 가지고 있었다. 그의 시문이 그렇고, 나아가 유교로 말하면서 공맹孔孟뿐만 아니라 일반적으로 잘 읽지 않는 장자의 『남화경南華經』까지 숙독하여 이해가 깊었다. 따라서 그는 배불정책이 극성하여 불교의 생명이 극미할 정도로 유지되고 있을 때 어떻게 하면 불교와 유교가 서로 상통함을 보여 줄 수 있는가 하는 데 고심하였다.

마침내 그는 그가 공부한 교양을 바탕으로 불교와 유교가 상통·융합할 수 있다는 증거를, 고금을 통하여 불교와 유교는 공인된 가르침이라는 것과, 그 구체적인 상통성으로서는 공자가 말한 상常(五常)이나 불교의 권權(방편교)은 손의 손등이나 손바닥과 같은 것이라고 하였다. 즉, 유교의 오상五常인 인의예지신仁義禮智信과 불교의 방편교를 상동相同한 것으로 보았다. 물론 이러한 견해는 매우 피상적이었지만 일반적인 근거로 제시하였던 것이다.

그러나 이보다 더욱 중요한 것은 불교와 유교의 상통성을 절충적 융화설로 제시한 것이 아니라 오히려 '일정一正'이라는 독창적 개념을 가지고 불교의 일심一心과 유교의 중中을 합일시키려 했던 점이다. 그는 불교의 일一은 일심一心이요, 정正은 심心의 순수함이요, 유교에서의 일一은 일기一氣요, 성실誠實이요, 중中으로 보았다. "성誠은 천지지도天地之道요 성지자誠之者는 인지도人之道"라고 할 때 이는 명백히 천도天道와 인도人道의 합일을 일정一正으로 보려 했던 것 같다.

그는 『일정론一正論』에서 다음과 같이 주장하고 있다.

> 일一이란 일一도 이二도 삼三도 아니며 성실하여 허망하지 않은 것이니 곧 하늘의 이치를 말한다.…… 정正이란 치우치지 않고 사라지지 않으며 순수하여 섞임이 없는 것으로서 곧 사람의 마음을 말한다.……[42]

일一이란 진실한 마음을 말한다. 따라서 보우는 일심의 일一과 유학인 『대학』의 성의정심誠意正心의 정正을 합하여 일정一正이라고 하여 불교와 유교의 상동성相同性을 창의적으로 설명하였다고 보인다.

라. 역사적 위치와 불교의 호교적 의지

이제까지 보아 온 바와 같이 보우대사는 불교가 가장 핍박받고 이제 그 존립의 가치까지 위기에 처해 있었던 시대에 태어났고 또한 살았다. 불교배척 이념은 거의 불교를 말살하려는 세력으로 화하기까지 하였던 것이다. 그러나 풍전등화의 위기 속에서도 문정대비와 같은 호불론자가 나와 그나마 그의 아들인 명종을 통하여 불과 5년밖에 재시행되지 않았던 선·교종의 부활과 도첩의 성행은 후세에 한국불교의 국가적 기여와 불교 자체의 명맥을 잇는 중요한 계기가 되었던 것이다. 보우대사의 사

---

42) 『懶庵雜著』.

상은 그 당시의 사회적 여건으로 말미암아(연산군의 폐불과 중종의 억붕책으로 약 43년간 도첩이 폐지되었다.) 훌륭한 자질이 있는 사람들이 승가에 입문을 하지 않았고, 따라서 불교의 존재는 미미하여 명맥이 위태로웠던 상황이었기 때문에 일정설 이외의 뚜렷한 독창적 체계는 없다.

그러나 1550년 선교 양종이 다시 세워지고 그가 문정대비를 움직여 일으킨 불교중흥운동은 역사적 의의가 크다. 예를 들면 승시僧試가 실시되고, 판종사제도判宗事制度가 생기고, 도첩제가 재실시됨으로써 불교가 재기의 기회를 가질 수 있게 된 사실이다.

연산군 이후 약 47년간 소멸되어 가던 불교는 보우의 노력으로 다시 부활되어 약 15년간 융성한 도약기를 가질 수 있었다. 그러나 이것 역시 1566년에는 다시 양종제가 폐지되고 도첩제를 중지하니 또다시 수난의 길을 걷게 된다. 그러나 15년이라는 세월 동안 불교의 부흥은 커다란 기반을 만들었다.

선교 양종의 인정과 도첩제의 시행은 종래에 천하게 대우받던 승려가 이제 사회적 공인을 받아 그 신분이 높아졌고, 이 시기에 출가한 승려들이 1593년 임진왜란이 일어나자 모두 중견으로서 승군으로 참여, 일본의 침략에 대응하여 조직적인 투쟁을 한 것은 역사적 의의가 있다고 본다. 그 증거로 1544년에 사명당泗溟堂 유정惟政(1544~1610)이 탄생하고 1555년에는 서산휴정 대사가 교종판사로 임명된 것도 우연한 일이 아니다. 이러한 점에서 우리는 적어도 보우대사의 호교적 열정이 임진왜란에 승군이 참여할 수 있는 초석을 놓았다는 점에서 그의 역사적 의의를 발견하는 것이다.

4) 조선조 불교의 호교적 의지

성리학의 이기론적 기초는 인간은 누구나 심心이 있기 때문에 스스로의 기질氣質을 변화시킬 수 있다고 보았으나 일단 현賢·불초不肖에 의하여 사회적 신분제도가 확립되는 이론의 근거가 되었다. 그러나 그러한 사회적 신분계급의 구분은 마침내 세습적 직업을 갖게 함으로써 하나의 신분적 계층사회를 형성하였다. 이것은 유가가 민본民本·위민爲民이라고 주장하고 또 누구나 성인이 될 수 있다고 하면서 그 사상이 일단 한 시대의 이데올로기가 되면서부터 성인과 군자, 군자와 소인의 인격적·도덕적 구분이 신분의 계급으로 확장됨을 볼 수 있다.

이에 비하여 불교는 오히려 그러한 사회적 계급과 신분을 초월하여 인간에게 있어서 불성佛性의 공유성을 인정하고, 인간의 차이는 단지 오悟와 미迷의 차이가 있을 뿐으로 신분적 계급의 차이를 인정치 않는다. 따라서 성리학보다 더욱 평등과 자유 민주에 의한 화해사상이 깃들어 있다고 보인다. 이러한 점에서 불교는 성리학자들의 합리적 현실주의와 관료적 치민주의와는 서로 일치될 수 없었다. 그러나 우리가 주의 깊게 볼 것은 불교의 이러한 자유·민주·평등 사상이 어떠한 이유에서 조선조의 신분적 계급의 사회질서에 저항하지 못하고 오히려 억압에 순응하지 않으면 안 되었던가 하는 점을 사상사적으로 생각해 보아야 한다는 것이다.

단견이지만 그것은 불교의 교리에 대한 해석과 이해가 시대에 적응하여 이루어지지 않았고, 고식적인 인습과 의식에 파묻혀 종교로서의 사회적 기능을 발휘하지 못하였기 때문이 아닌가 한다. 그 이유는 불교가 당시의 민간사상과 도참·무복에 영합하여 참다운 인간의 각성覺性을 회복하려는 교리적 연구와 수행이 밑받침되어 있지 않았기 때문이다. 이러한 맥락에서 당시의 호불·호교론도 불교의 교리를 통한 적극적인 반박이라기보다는 수동적이고 절충적인 변론이 앞섰던 것으로 보이는 것이다.

오늘날 우리는 내외의 도전에 직면해 있다. 여기서 '내內'라는 것은 불교 내부의 미신적 경향이고, '외外'라는 것은 새로운 사조에 의한 종교 철학의 도전이다.

이러한 도전에 스스로를 지키고 인간의 미망을 깨쳐서 각覺의 세계를 재현시키기 위해서는 과거의 미온적이고 소극적인 절충적 이론을 전개할 것이 아니라, 보다 적극적이고 진보적인 의식을 가지고 불교 자체의 교리를 다시 한 번 정리하는 성찰이 있어야 할 것이다. 인습적인 논리로써 "현대 사상의 어떤 것도 모두 불교에 있는 것이야" 하는 포괄적인 우수성을 주장할 것이 아니라, 개념 하나 하나를 분석하고 그것에 의한 오늘의 우리 의식이 요구하는 정신 상황에 피와 생명을 넣어 주어 인도해야 할 것이다.

그것이야말로 제3의 배불론에 대한 오늘의 『현정론』과 『일정론』이 될 것으로 믿는다. 불교는 만병통치의 영약은 아니다. 유가가 사회윤리와 일용사의 가정 윤리를 고차적인 교양으로 승화시켰다면, 이제 불교는 인간의 영혼을 구제하고 고뇌로부터의 해방인 해탈의 세계를 지시하는, 보다 구체적이고 이론적인 체계를 통한 절실한 신심을 확립하여 이

시대의 배불론을 극복해야 할 것이다.

그것은 자기 살을 도려내는 아픔이 전개되는 혁신적 개혁이 요청되는 것이다. 그리고 나아가서는 불교의 사회적 기능을 되살려 실천적 보살행이 따라야 한다.

우리는 보우의 『일정론』의 독창성 속에서 보우의 철저한 현실 참여를 상기할 수 있다. 보우는 확실히 함허득통보다 철학적 이론을 제시하였음을 보았다. 그것은 오히려 절충보다 '일정一正'이란 논리로 철저화되었다. 오늘의 불교는 보다 이론적인 면에서 현대 사상을 독창적으로 종합할 수 있는 철학적 개념의 확립이 요청된다.

조선조에서 성리학과 불교는 이론적으로는 절충적 화해를 하려고 노력하였다. 그것은 보우에 들어와 이론과 현실 면에서 호교적護敎的 의식이 뚜렷이 드러남을 보아도 알 수 있다. 그러나 그 이후에는 그러한 노력이 약화되었다고 보이는 것이다.

2. 성리학 전성기의 배불론

불교의 뿌리는 깊었고, 쉽게 나약해지지 않았다. 아무리 정치적으로 성리학적 이념에 불타 있는 집권 유자儒者들이 제도적으로 억불하였으나 불교 신앙면으로서 그 저력이 남아 있었다. 그것은 서기 1539년 중종中宗 34년에 "전라도 승 3천여 명을 추쇄推刷하여 군적軍籍에 붙여 올렸다"라는 기록으로 보아도 알 수 있다. 오늘날의 조계종曹溪宗의 승이 모두 만 명이 넘지 않음을 생각할 때 팔도八道 중 전라도 승만이 3천여 명이나 되었다는 것은 아직도 불교가 그 세력이 확보되었음을 미루어 알 수 있다. 이럼에도 불구하고 표면적으로 억불은 모든 사회적 신분 질서에까지 영향을 미치고 있었고, 불교는 대외적인 행세를 할 수 없었다. 동시에 성리학의 이념은 정치·경제·사회 전반에 걸쳐 국민 의식에 영향을 주고 있었다.

이 시대의 성리학의 대가는 역시 퇴계退溪 이황李滉(1501~1570)과 율곡 栗谷 이이李珥(1536~1584)를 들 수 있다. 이들은 모두 배불을 주장하였으나 그 심도深度에서는 서로 차이가 난다.

1) 퇴계의 배불론

퇴계退溪는 다음과 같이 말한다.

군자가 도를 강론하고 말을 세우는 것은 어찌 한때를 위한 계책이겠는

가. 또 이단의 학문을 배척하는 것 같은 일은 어찌 지금 세상에 그러한 사람이 있고 없는 것을 알아서 먼저 물리치는 일이겠는가. 또 성인의 무리가 되지 못하면 문득 양묵楊墨의 무리가 되는 것이요, 중립하여 양쪽을 다 화평하게 하는 이치는 없다. 가령 내가 저쪽 이단을 행하고 보면 비록 온 세상에 한 사람도 불교를 배우는 자가 없더라도 이미 금수나 오랑캐의 지경에 빠지고 있는 것이다. 그러니 어찌 오직 남을 빠뜨리는 것뿐이랴. 내가 이미 간사한 무리에 빠지고 있는 것이다.[43]

이와 같이 이단異端을 행하면 현인賢人의 길을 막는 것이고 또 불교를 행하지 않더라도 불교를 배우면 이미 금수나 오랑캐의 지경에 빠진다고 보아 무조건 불교를 반대하였다.

내가 불경을 보고 그 간사하고 세상을 요망한 것을 밝히려고 생각하고 마치 처음에는 그 얕고 깊은 것을 시험하려 했지만 마침내는 물에 빠지는 걱정이 있을까 두렵다. 다만 마땅히 성현聖賢의 글을 읽어서 아는 것은 다 얻고 믿는 것은 다 얻어야 하고 이단의 문자 같은 것은 전연 모르는 것도 또한 해롭지 않다.[44]

퇴계는 배불의 근거를 이론적인 면에서 찾았다고 보기에는 어렵다. 도리어 무조건 감정적으로 불교에 대하여 비판하고 있다. 심지어 문자

---

43) 『退溪文集』, 권10, 「答盧伊齋」, "凡君子講道立言, 豈直爲一時計. 若排異學, 亦豈問今世其人之有無, 而爲之前卻乎. 且不爲聖人之徒, 則便爲楊墨之徒, 無中立兩和之理. 假使吾有涉於彼, 則雖擧世無一人學禪者, 我已陷人於禽獸夷狄之域矣. 豈惟陷人, 我已自陷於邪詖之徒矣."

44) 『鶴峯集』, 권5, 「退溪先生言行錄」, "嘗曰, 我欲看佛經, 以覈其邪通, 而恐如涉水者, 初欲試其淺深, 而竟有沒之虞耳. 學者但當讀聖賢書, 知得盡信得及, 如異端文字, 全然不知, 亦不妨也."

까지 배우는 것을 금기하였을 정도이다. 이는 불교의 교리의 득실이 무엇인가 연구하기 전에 이미 불교는 그러한 가치도 없는 것으로 이해하는 입장에 서 있었다. 이는 이미 이 시대에서는 불교의 존재가 사회적으로 교리적 비판의 대상에 오를 정도로 그 위치가 되어 있지 않았고 배불의 기세가 제도적으로 확고하였음을 알려 주고 있다.

이는 상대적으로 성리학적 지도이념이 철저하게 보편화되었음을 알수 있다. 이는 삼봉 정도전이나 함허涵虛가 배불排佛과 호불護佛의 차원과 엄청난 차이가 있는 것이다. 조선조 초에는 삼봉이 오히려 불교의 이론적 약점을 이론적으로 비판하려 하였고, 함허는 불교와 유교가 서로 절대적 반대가 아님을 절충하려 한 태도와 대조적인 것이다.

2) 율곡의 불교 비판

율곡栗谷은 한때 금강산으로 가서 불가에서 공부한 사람이기도 하다. 그러나 그는 1년 만에 하산하여 때때로 불교를 비판하였다. 먼저 그가 올린 상소문 중 보우普雨에 관한 것을 살펴보자.

지금 보우의 일은 온 나라가 한결같이 분하게 여기어 그 고기를 저며 내고자 합니다. 태학太學에서 소疏를 올려 항의하고 삼사三司에서 글을 번갈아 올렸으며…… 전하께서 온 나라의 공론은 믿으려 않으시고 요망한 중 하나만을 옹호한다 합니다.…… 보우는 시역弑逆의 죄를 지었으며 전하께서는 원수를 놓아 준 과실이 있다 하였으니 이것은 진실로 너무 과격한 말이어서 신臣은 감히 믿지 않으나 전하께서 보우에게 죄

가 없다 하시는데 이르러서는 신은 적이 괴탄怪嘆하는 바이며, 만일 전
하께서 보우를 단연코 죄가 없다 하시어 귀양 보내시겠다는 뜻을 보이
지 않으신다면 이것은 사기가 꺾이고 간언을 올릴 것이 막히며…….45)

이것은 율곡이 동서화평東西和平을 주장한 것과 같이 한 무리는 보우
를 참형에 처할 것을 주장하고 왕은 죄가 없다고 말하는 데 대하여 화평
和平의 입장에서 죄를 인정함과 더불어 그 죄에 대한 형벌을 일등一等 감
減하여 귀양 보내는 것이 옳다고 간청한 것이다. 여기에서 그가 배불이
나 호불적 입장이 아니라 하나의 사실을 놓고 화평론적和平論的 입장을
취하였음을 알 수 있다. 그러기에 이 상소문을 들어 율곡의 배불론의
근거로 삼으려 하는 일부의 논의는 온당치 않다고 보인다.
   율곡은 16세기 당시 불교의 이론을 수용하면서 또한 이론적으로 비
판하려고 애쓴 한 사람이다.

석가釋迦의 말은 정밀한 것도 있고 또 거친 것도 있다. 거친 것은 윤회
응보輪廻應報의 말을 가지고 죄와 복을 넓혀 어리석은 사람들을 유인하
여 분주하게 공양供養하게 할 뿐이다. 그 정밀한 것은 심성心性을 몹시
말한 것으로서 이치를 아는 것을 마음으로 삼고 마음을 만 가지 법의
근본으로 삼는다. 또 마음을 아는 것을 성품으로 삼고 성품을 견문見聞
의 작용作用으로 삼는다. 적멸寂滅을 가지고 종지宗旨로 삼고 천지와 만
물은 환상幻相으로 여긴다. 망령되게 속세를 떠나는 것을 옳은 도로 여

---

45) 『栗谷全書』, 권3, 「論妖僧普雨疏」, "今妖普雨之事, 擧國同憤, 欲磔其肉. 以至國子抗疏, 兩司交
章, 玉堂進箚,……殿下不信擧國之公論, 而護一妖僧.……夫以爲普雨負弑逆之罪, 殿下有釋怨之
失者, 此固過激之論, 而臣未敢盡信也. 至若殿下以普雨爲無罪者, 則臣竊怪嘆, 亦未敢信服焉."

기고 떳떳한 인륜을 질곡桎梏으로 여긴다. 그 용공用功하는 요점은 문자
를 쓰지 않고 바로 인심人心을 가리켜 성품을 본다고 하고 성불하여 깨
달은 뒤에야 바야흐로 더욱 점점 수련한다고 한다. 상근上根의 사람은
혹 갑자기 깨닫고 갑자기 수련되는 자도 있다. 달마達摩는 양梁나라 무
제武帝 때에 중국에 들어와서 비로소 그 도를 전했으니 소위 선학禪學이
라는 것이 이것이다. 당唐나라에 이르러 크게 성해져서 그 부처들이 천
하에 퍼져 눈썹을 치켜 올리고 눈을 깜박 거리면서 방할棒喝하고 크게
웃으면서 서로 인증印證했다. 대개 아무런 뜻이 없는 것을 가지고 도를
얻었다고 하고 선악善惡을 의존하지 않았다. 만일 뜻으로 생각해서 얻
어지면 모두 이것을 망령된 소견이라 한다. 만일 여기에 이르지 않으
면 반드시 한 두 구절의 아무런 의미도 없는 화두話頭('狗子無佛性, 庭前栢
樹子.')를 가지고 무한한 묘리妙理로 알고 있다.46)

율곡이 불교적 이론을 비판한 것은 바로 윤회응보설輪廻應報說과 선학
禪學의 직지인심直指人心·견성성불見性成佛과 불립문자不立文字·교외별전敎
外別傳에 대한 불합리성과 비현실성에 그 근거를 두고 있다. 즉 돈오점수
頓悟漸修에서 돈오와 점수를 비난하고 무의무상無意無相을 배척한다.

그러나 율곡의 윤회응보에 대한 비판을 볼 때 그 자체가 가지고 있
는 이론적 체계는 비판하지 못하고 있음을 알 수 있다. 오히려 그것의

---

46)『栗谷全書』, 권20,「聖學輯要」, "佛氏之說, 有精有粗. 粗者, 不過以輪廻報應之說, 廣張罪福,
誘脅愚迷, 使之奔走供奉而已. 其精者則極論心性, 而認理爲心, 以心爲萬法之本. 認心爲性, 以性
爲見聞作用. 以寂滅爲宗, 以天地萬物爲幻妄. 以出世爲道, 以秉彝人倫爲桎梏. 其用功之要, 則不
立文字, 直指人心, 見性成佛, 頓悟之後, 方加漸修. 若上根之人, 則或有頓悟頓修者. 達磨於梁武
帝時, 入中國, 始傳其道, 所謂禪學者是也. 至唐而大盛, 其徒遍天下, 揚眉瞬目, 棒喝大笑, 以相印
證. 大槪以無意爲得道, 不論善惡. 若以意思而得, 則皆以爲妄見. 必也任情直行, 不用意思, 然後
乃以爲眞見. 其未及乎此者, 則必以一二句無意味話頭. 若狗子無佛性, 庭前栢樹子之類."

수단에 의한 부수적 폐해를 지적했을 뿐이다. 불교의 윤회설은 인간을 물질적 육체와 영혼으로 나누어 볼 때 육체는 낳기도 하고 죽기도 하지만 영혼 즉 마음은 영원하다는 이론 구조에서 나온 것이다.

그러나 유학은 육체나 영혼은 영원하지 않고 죽는다는 유한성 속에서 출발한다. 따라서 불교와 유교는 그 이론의 출발점 자체가 다르다. 여기에 비판의 한계가 있다. 그리고 율곡은 선학이 화두話頭를 들고 있는데 대하여 심성心性의 그림자만 비슷하게 알고 크게 깨달았다는 것을 비판한다. 사실 깨달음의 세계가 객관적 비판의 척도가 없고, 경험적으로 증명하기에는 대단히 어렵다. 여기에 돈오와 점수의 불교와 유교의 방법적 차이가 있음도 사실이다.

따라서 율곡의 불교 비판은 퇴계보다는 치밀하고 그 내용면을 비판하였으나 절대적인 이론체계의 확립을 통한 비판에는 아직 도달하지 못하였음을 알 수 있다. 이와 같이 불교에 대한 성리학자로의 비판은 불교의 피상적 의식 세계에 국한되었지 본질적인 면에 대한 비판은 아직 정립되지 못하고 있었다. 이것이 성리학의 전성시대의 불교비판의 한 특징이라고 보이는 것이다. 이와 같이 이론적 비판의 한계로 인하여 불교는 조선사회에서 그 명맥을 유지하고 지하에서만이라도 도도히 흐르고 있었다. 그 한 예로는 특히 조정의 후궁 가운데 신앙적으로 기복祈福과 원당願堂 불사佛事가 이루어짐을 볼 수 있다.

율곡의 『석담일기石潭日記』(선조 7, 1574)에 보면 다음과 같은 기록이 있다. 사간원에서 의영고義盈庫의 황납黃蠟(밀로 만든 초)이 이미 대궐로 들어간 것을 알고 아뢰기를 전하께서 쓰실 것을 유사有司가 건공하지 않는 것이 없는데 궁중에 그렇게 많은 밀을 별반 쓸 곳이 없는 것이고 보면 이것은 반드시 남에게 알릴 수 없는 떳떳하지 못한 의도에서 나온 것입니다.…… 지금부터라도 부정한 공물供物을 들여 놓지 마시고 성회聖懷를 청천백일 같이 환하게 보이시어 뭇 신하로 하여금 앙견仰見케 하십시오.[47]

하였다. 이에 대한 임금의 대답은 다음과 같다.

의영고의 물건은 내가 요청하여 쓸 뿐이다. 뭇 신하들이 감히 말할 것이 아니다. 예전에 양무제梁武帝가 입이 써서 꿀을 찾았으나 얻지 못하였다 하니 지금 이와 같은 일을 당할 줄은 몰랐다. 시사時事가 이 지경이니 어찌 마음이 아프지 않으랴 하였다.[48]

이는 시중에서 임금이 불상을 만든다 하기도 하고 불사佛事를 일으킨다고 하는 소문이 들려와 이를 의아하게 생각하고 있는 즈음에 수은水銀과 황랍을 들여오라는 영令에 대한 임금의 진의를 알기 위한 질문이었다. 그러나 왕은 오히려 노기를 띠어 말하고 사간원을 비롯한 3사司가 모두 일어나 소를 올리고 사간원에서는 다섯 번, 율곡은 동료들과 함께 사직하고 들어가 아뢰기까지 하였으나 왕은 오히려 시중의 소문을 낸 사람을 탐문수색 국문하라는 추상같은 명을 내렸던 것이다.

---

47) 『栗谷全書』, 권29, 「經筵日記」, "殿下之所用, 有司莫不供進, 宮中別無許多用蠟之處, 此必出於邪岐曲徑, 不可使聞於人. 請自今以後, 勿進非正之供, 而洞示聖懷, 若靑天白日, 使羣下得以仰見也."

48) 『栗谷全書』, 권29, 「經筵日記」, "該司之物, 在予量用而已. 非羣下所敢容言者也. 昔者, 梁武口苦, 索蜜不得, 不料再見於今日也. 時事至此, 寧不痛心."

이로 미루어 보면 조정의 선비들은 모두 불교를 배척하여 불상을 모시는 것을 반대하였으나 궁중의 어느 내밀한 곳에서는 불상을 모시고 불공을 올리고 기도가 행하여졌음을 알 수 있다. 비록 성리학적 정치이념이 철저하게 시행되고 성리학의 전성기였으나 불교는 지하에서 믿음의 대상으로 건재하고 있었다.

3. 임란 이후의 유불대론

1) 시대적 배경과 불교의 새로운 인식

임진왜란壬辰倭亂은 조선 중기의 사상사를 전혀 다른 차원으로 전개시켰다. 특히 유교와 불교의 관계는 첨예화된 배불론에 새로운 불교인식의 시각을 대두시켰다고 보아도 과언이 아니다. 15·16세기가 성리학의 전성기라면 17·18세기는 예학禮學의 시대라고 볼 수 있다. 물론 한국유학사에서 성리학性理學과 예학은 떨어질 수 없다. 하지만 적어도 성리학적 이론인 이기론理氣論과 심성론心性論보다 예학에 준하는 예론禮論의 문제가 제기되는 것은 새로운 시대에 적응하려는 성리학의 다른 시대적 접근이라고 볼 수 있다.

어째서 이러한 이론이 새로운 문제로 제기되게 되었는가. 이것은 그 시대적 배경을 무시하고 생각할 수 없다. 그것은 임진란 및 병자호란 등 국가적인 대혼란기가 직접 영향을 미치고 있다. 임란을 당하여 국가사회가 무정부적 혼란에 빠졌을 때 국가의 기강회복과 왕권회복을 부르짖고 일어날 수 있었던 신분은 명문·호족이었으며 그 중에서도 신분이 사회적으로 우위에 있던 문반文班이며 그 지방에서 대표적 인물이었고 또한 의병義兵의 핵심을 이룬 인물들은 왕과 충의로 맺어졌고 인격적으로 단순 소박하고 이들은 지방관을 통하지 않고 직접 왕과 접할 수 있는 중산층으로 의병 승군僧軍의 중심인물로 형성되었다.

이들은 사회의 서민이 아니고 지식층으로 집권세력과 언제나 직접

통할 수 있는 중산계층이었다. 중산층이 중심이 된 구국참전救國參戰은 곧 유교교육의 충의忠義가 성공적으로 실현되었음을 알 수 있다. 그러나 전쟁이 끝나자 사회의 각계각층은 새로운 질서에 입각하여 재편성되어야 함은 당연한 일이다. 왜냐하면 양란兩亂에 의한 사회 및 국가기강의 문란, 그 밖에 전후에 순절한 사신死臣·열녀烈女 등에 관한 포상문제, 적지敵地에서 오욕汚辱된 부녀자婦女子의 이이離異 문제는 개인의 차원을 넘어선 사회문제였다.

따라서 15·16세기의 정신이었던 극기克己를 중심으로 한 심성론적 개인의 수양에 의해서만 이러한 문제가 해결되기란 극히 어려운 시대적 입장이었다. 두루 아는 바와 같이 조선사회는 예禮를 근간으로 세워진 종법宗法 사회였고, 이 사회의 질서를 유지시켜 준 것이 강상綱常, 즉 삼강오륜三綱五倫이었다. 성리학은 강상의 내면적인 덕에 관심을 두고 각 개인으로 하여금 그 덕목을 의식적으로 실천케 한 것이다. 그런데 이러한 강상이 전란으로 인하여 하루아침에 무너진 것이다. 양란의 혼란과 양란 후의 사회나 국가의 기강확립은 개인의 수양에만 의존할 수 없었다. 양란 후 무엇보다도 먼저 강상의 재건이 요청되었고, 이를 위한 외형적 요구로서 예禮의 문제에 관심이 돌려졌다. 국가기강의 확립을 위해서 객관적 윤리규범인 예학이 시대적 요청에 의하여 발달된 것이다.

우리가 예학하면 우암尤庵 송시열宋時烈(1607~1689)과 백호白湖 윤휴尹鑴(1617~1680) 간의 예법禮法에 관한 예론禮論 논쟁만을 연상하고 이는 곧 당쟁의 산물로 간단히 이해하고 넘어가려는 피상적인 견해가 있다. 그러나 이제까지 말한 바와 같이 임란·호란의 양란으로 흐트러진 민심을 수습하고 사회기강을 확립하려는 지식인들의 두 가지 주장임을 긍정적 입장에서 새롭게 인식해야 함도 요청된다.

하나는 전후의 엄청난 의식변화에도 불구하고 성리학의 이념을 그대로 고수하려는 학파요, 또 하나는 이를 수정하려는 학파이다. 전자의 대표자는 사계沙溪 김장생金長生(1548~1631)을 이은 송우암이라 한다면 후자의 대표는 한강寒岡 정구鄭逑(1543~1620)를 계승한 윤백호였다. 학문적으로는 전자는 주문공朱文公의 가례家禮를 중심으로 성리학 체계를 고스란히 지키려는 데 반하여 후자는 고례古禮를 중심으로 성리학은 비판하고 한학漢學으로 돌아가려는 데서 분기점이 놓인다.

따라서 우리는 종래의 역사 인식에서 이 시대를 당쟁시대라고 규정하고 있으나 오히려 예학시대禮學時代로 설명함이 타당하다고 보인다. 이러한 시대적 상황의 변천에 당하여 유교의 배불은 어떠한 변화가 있었는가.

임진란 중의 승군활동은 당시 집권자나 국민들에게 종래의 출가出家, 멸인륜滅人倫, 무군無君, 무부無父의 부정적 인식에서 새로운 생산적 긍정적 인식을 준 것이 사실이다. 불교사 연표만 보더라도 임란 이후 약 70년간(顯宗 1년 1660년 양민으로 삭발하고 僧尼가 되는 것을 금하고 환속케 함을 제외하고)은 불교에 대한 탄압이 임란 이전보다 현저히 줄어들었다. 이는 물론 승僧을 승군僧軍으로 편성하여 호국의 대열에서 축성築城 등 실제적이고, 생산적인 일에 종사하기도 하였지만 사회나 국가 기강 확립에서 이미 유불儒佛이 대립하여 어떠한 이익도 없게 되었던 때문이기도 하였다. 이미 유불儒佛이 여러 면에서 융섭融攝되고 있었다고 보인다.

2) 서산의 『삼가귀감』

서산西山(1520~1604)은 선조宣祖가 의주로 옮겼을 때에 나아가 뵈오니 선조는 "나라의 난리가 이러하니 그대가 능히 구제하려느뇨?" 하고 말하니 서산은 "나라 안 승려로서 늙고 약한 이는 절을 지키며 아침저녁으로 부처님께 기원하고 젊은 장정들은 신이 통솔하고 적을 물리치겠나이다"49) 하고 팔도십육종도총섭八道十六宗都總攝으로 임명되어 제자들로 하여금 각지에 의병승 5천 명을 모집케 하고 전쟁에 나아가 국군을 도와 싸워 크게 공을 세웠다. 서산의 의병승은 배불의 논거를 약화시켰으며 이로부터 불교의 사회적 위치는 한동안 정립定立되기도 한다.

그는 『삼가귀감三家龜鑑』을 저술하였다. 『삼가귀감』은 『선가귀감禪家龜鑑』, 『도가귀감道家龜鑑』, 『유가귀감儒家龜鑑』을 가리킨다.

『선가귀감』의 서문序文에서는 다음과 같이 말하고 있다.

옛날에 부처 배우는 이들은 부처님의 말씀이 아니면 말하지 않았고 부처님의 행실이 아니면 행하지 않았었다. 그러므로 그들이 보배로 여기는 것은 오직 패다라(貝葉)의 거룩한 글뿐이었는데 지금 부처 배우는 이들은 전하여 가면서 외는 것이 세속 선비들의 글이요, 청하여 지니는 것이 벼슬아치들의 시뿐이다.50)

---

49) 『한글대장경 151: 한국고승─청허당집』(동국역경원 간), p.28.
50) 『禪家龜鑑』, 「序」, "古之學佛者, 非佛之言, 不言, 非佛之行, 不行也. 故所寶者, 惟貝葉靈文而已. 今之學佛者, 傳而誦則士大夫之句, 乞而持則士大夫之時, 至於紅綠, 色其紙, 美錦, 粧其軸, 多多不足, 以爲至寶, 吁, 何古今學佛者之不同寶也. 余雖不肖, 有志於古之學, 以貝葉靈文, 爲寶也."

이와 같이 불교를 배우는 사람들이 불교의 참다운 본질은 배우지 않고 유교적인 공부만 하는 데 대하여 올바른 불교공부를 하도록 이 책을 지었다고 함이다.

서산은 불교에 자주적이고 주체적인 면을 보여 주고 있다. 그는 불교와 유교를 비교하지 않고 불교의 귀감으로 삼아야 할 말씀을 간추려 『선가귀감』을 썼고, 도가道家에서 귀감으로 삼아야 할 글을 『도가귀감』에 실었고, 유가儒家에서 귀감으로 삼아야 할 것을 『유가귀감』에 실었다. 결코 불교와 유교의 절충적 비교를 하지 않았으며 오히려 유가공부儒家工夫에 열중하고 있는 그 당시의 일부 승려를 비난하고 그들을 격발하기 위하여 『선가귀감』을 지었다고까지 말했다. 그에게는 유儒·불佛의 상통相通이나 상이相異의 비교, 절충 및 타협이 아니라 불가의 높은 진리를 민주적이고 주체적으로 이해하고 있음을 볼 수 있다.

3) 진묵의 유·불 절충

진묵대사震默大師(1562~1633)는 출가승이면서도 효심이 지극하였다. 그리고 그는 유자儒者들과도 깊이 사귀었다. 초의의순草衣意恂(1786~1866)이 지은 진묵조사의 『유적고遺蹟考』에서는 이렇게 적고 있다.

유儒·불佛은 길이 같지 않다. 그런데도 우리 유씨儒氏들이 이따금 부도浮屠(부처·돌탑·僧의 뜻이 있으나 여기에서는 出家僧을 의미한다)와 더불어 놀았는데 그 부도는 우리 유씨와 상종하여 논 이가 그 이름이 더욱 나타나니 어째서인가? 아마도 같지 않은 가운데서 혹 같은 바가 있어서이리라. 봉곡鳳谷(金東準, 1575~1661) 선생 같은 분은 사계沙溪의 고제高弟로서 도학道學을 창조하여 밝혔으며 진묵대사震默大師는 여래如來의 응신應身으로서 선禪과 교敎를 아울러 닦았으니, 다 한때의 위대한 인물이다.51)

진묵대사는 유씨와 함께 유·불을 논하였으며 또한 그는 효성이 지극하여 출가한 사람으로서 어머니를 절 가까운 곳에 모셔 봉양하였는데 어머니가 세상을 떠나자 제문을 짓고 슬피 울었다. 만경萬頃 북면北面의 유구산維邱山에 장사하였는데 마을 사람이 묘에 소제하고 술을 따르면 농사에 신의 도움이 있으므로 지금까지 그 일을 제하지 않는다고 한다. 이를 보고 의순意恂은 말하기를 "아 이상한 일이다. 진실로 효도에 독실하지 않았던들 어찌 이러하겠는가. 앞서 말한 같지 않은 가운데서 같은 것과 김선생金先生이 칭찬한 유자儒者의 행실行實이란 바로 이것인가"52)라고 하였다.

임란을 전후한 유·불의 대립은 그렇게 심각하지 않았으나 유자들은 기회가 있을 때마다 소를 올리곤 하였다. 그러나 한편 진묵스님과 봉곡과 같이 사적으로는 유·불의 사상적 내외內外와 전말前末을 서로 이해하면서 대화하고 있었음을 알 수 있다.

---

51) 『震默祖師遺蹟考』(韓國佛教全書 第十冊), 「序」(隱皐居士金箕鍾敍), p.876.
52) 위의 책, p.877.

I. 조선시대의 불교와 유교의 논쟁   91

4) 현종의 배불과 백곡의 유교관

(1) 현종의 배불과 백곡의 항소

현종顯宗(1659 즉위~1674)이 즉위하면서 임란 이후의 늦추어졌던 배불이 더욱 정책화되기 시작하였다. 현종 4년에는 서울 성내의 승니僧尼를 성외로 축출하고 선후先後의 내원당內願堂으로서 5천의 승니僧尼를 수용했던 자수慈壽·인수仁壽의 두 사원寺院을 폐하였으며 또 제사찰 소유의 노비와 위전位田은 모두 본사에 돌리게 하고 엄중히 니승尼僧을 단속하였다. 그러자 벽암 문하의 백곡처능白谷處能(1617~1680)이「간폐석교소諫廢釋教疏」를 올리니, 이는 조선 일대一代의 체제와 이론이 정연한 상소문이 되었다. 수백 년 간에 달하는 조선조의 척불斥佛에 대하여 백곡만이 척불의 부당함과 불교의 정당한 대우를 주장하였으며 그만한 상소는 보기 드물다. 그의「간폐석교소」는 폐불훼석廢佛毀釋의 부당不當·불가不可함을 논증하기 위하여 광범한 사례와 심원한 식견識見을 구사하여 항변 역설하여 국왕의 시정을 촉구하였다.

그는 이제까지 불교를 배척하는 이유를 여섯 가지로 분류, 이에 대하여 부당함을 비판하였다. 그의 6가지 분류는 ① 불교가 중화中華가 아닌 이방異邦(印度)의 종교라는 것, ② 삼대후三代後에 출현하여 상고上古의 법法이 아닌 시대가 다른 것이라는 점, ③ 인과응보의 그릇된 견해로 윤회를 무설誣說한다는 점, ④ 농사를 짓지 않고 놀면서 재물을 소모한다는 점, ⑤ 머리를 깎고 헌강憲綱에 잘 걸려 정교政教를 손상損傷하게 한다는 점, ⑥ 승려라 하여 사역을 기피하여 병역에 유실이 있다는 점 등을 들었다. 그리고 이 점에 대하여 그 논거가 부당함을 비판하였다. 나아가 불교를 믿는다 해서 현군충신賢君忠臣이 나오지 않는다는 것은 역사상 보지 못했고 오히려 중국의 숭불제왕崇佛帝王과 봉불대신奉佛大臣들을 열거하여 그들이 봉불奉佛하므로 치적과 공적을 남겼을망정 추호도 치국治國에 해롭지 않음을 역설하였다.

아울러 역대의 폐척지군廢斥之君과 배훼지신排毀之臣을 열거하여 중국의 역사 가운데 오히려 숭봉지신崇奉之臣과 호지지신護持之臣이 그 수에서 더욱 많음을 예시하고 전자는 인간적인 면이나 치국의 면에서 남긴 자취가 불행 밖에 없었다고 지적하였다.

더구나 중국에서 왕조의 패망이나 난세가 불승佛僧 때문이 아님을 논증하였고, 다시 문제를 우리나라에 돌려 삼국의 숭불흥국崇佛興國과 고려의 봉불奉佛 및 그들 제국帝國에서 불교가 치국에 유해하지 않았음을 언급하였다.

이와 같이 불교는 이제 군신들의 배불에 대하여 소극적이고 방어적인 자세에서 오히려 적극적이고 공격적인 자세로 당당하게 불교가 역사에서 유익하였지 해로운 종교가 아니었음을 항소하기에 이른다. 이는 오직 임란에서 의승義僧이 국가 방위에 기여하고 그것으로 인하여 불교의 위치가 강화되고 새로운 인식에 의함은 두말할 필요가 없다. 그리고 그 호교護敎, 호법적護法的 차원次元에 서서 유불儒佛의 이론적 융섭融攝에 초점이 맞춰지기 시작한다.

(2) 백곡의 유교관

백곡白谷의 시대만 해도 이제 유교가 보편화되고 동시에 유교적 지식
이 상식화되기에 이른다. 따라서 백곡의 사상도 그가 비록 불교의 출가
승이라 할지라도 유교적 사상이 많이 깔려 있다.

그는 『성명설性命說』을 지어 다음과 같이 말한다.

> 천天이 사람에게 준 것을 일러 명命이라 하고, 사람이 천에서 받은 것을
> 일러 성性이라 한다. 성性과 명命은 하나이다. 천명天命은 보기 어렵고
> 인성人性은 알기 쉽다.[53]

이 말은 『중용中庸』의 '천명지위성天命之謂性'을 풀어 말한 것이다. 나
아가 불가의 성性을 논하여 이렇게 말하였다.

> 맹자의 성선性善은 대개 천天에서 명命이요, 소원하여 보기 어렵고 사람
> 에서 성性은 친근하여 알기 쉽다. 그러므로 공자가 말하기를 구丘(공자)
> 도 정할 수 없는 것이 명命이다. 소위 장자莊子의 선성繕性(성을 다스림)
> 이요 양자楊子의 수성修性 등은 모두 사람의 성性을 말한 것이다. 불가
> 에서 혹은 성性 혹은 신분身分 등은 성性과 명命을 나누지 않고 합하여
> 말한 것이다. 따라서 성즉명性卽命이요, 명즉성命卽性이다. 이렇게 칭함
> 은 모두 사람 편에서 그러한 것이다. 학자는 마땅히 깊이 보아야 한다.
> 비록 삼교三敎의 성명性命의 설이 간략히 나누면 같기도 하고 다르기도

---

53) 『한글대장경 166: 한국고승 16』, p.243.

하지만 그것에 미혹은 없다.[54]

이러한 면에서는 이론적으로 불교와 유교 나아가 장자莊子에 이르기까지 성명性命에 대하여 나누어 보면 동同과 이異도 있겠지만 천天의 편에서 보면 미혹할 것이 없다고 보고 있다. 백곡白谷의 성명설性命說은 그것이 정확히 유가적인 성명설과 일치됨은 의심이 가지만 적어도 유가의 성명설을 불교의 신명설身命說과 비교하였음은 뛰어난 면이다. 그는 다시 『인의설仁義說』을 지어 다음과 같이 유불儒佛을 비교한다.

애인이물愛人利物은 인仁이고 수의제사隨宜制事는 의義인데 모두 아我의 성性에 있다. 인仁은 무겁고 의義는 가볍다. 의는 인에서 나오니 의는 인중仁中에 있고 인은 반드시 의인 것이다.[55]

그의 유교에 대한 해박한 지식을 엿볼 수 있다. 그의 이와 같은 지식 때문에 혹자는 그가 불교를 신信하지 않고 유학을 신信하지 않았는가 비난하지만 그것은 그가 항소한 내용으로도 오히려 호법적 차원이 강하였음을 알 수 있다. 이와 같이 유학적 지식은 그것은 이미 시대적 풍토에 의하여 유교의 보편적 지식에 불교를 말하기에는 불교적 지식만 가지고 유학적 지식에 상식화된 사람들을 설득시킬 수 없었기 때문에 오히려 불가에서도 유교를 배우지 않으면 안 될 시대 상황이기 때문이었다고

---

54) 위의 책, p.244.
55) 위의 책, p.245~246.

보인다. 이와 같이 이제 유·불의 절충을 넘어서 불교는 유가의 지식을 함께 교육하면서 유·불의 이론적 접근이 강화되고, 오히려 유가의 불교적 교육보다 불교의 유가 교육이 보편화되고 따라서 유·불은 대립보다 상호 융섭을 통하여 각자의 위치에서 영향을 주고받는다.

4. 결론

이렇게 볼 때 조선조의 초기, 조선조 건국과 때를 같이 해서는 정도전의 경우와 같이 성리학적 이론을 통하여 불교의 현상적인 의식과 본질적인 이론을 비판하려고 노력한다. 그것은 여러 가지 이유가 있었겠지만 역시 조선조 전前 시대의 사상적 지도이념이었던 불교를 배척하고 새로운 성리학적 이념을 도입하기 위하여서는 무엇보다 이론적인 면에서 불교의 불합리성을 비판하지 않으면 안 되었을 것이다. 비록 그것이 불교적 입장에서 옳은 합당한 비판이냐 아니냐를 넘어서 그렇게 하지 않으면 안 되는 시대적 상황에 직면하였음을 알 수 있다.

조선조가 성리학적 정치이념이 보편화되고 배불의 제도적 장치가 권력에 의하여 마련되었을 때 불교에서는 어떠한 저항도 일어나지 못했다. 사실 함허가 나온 것도 삼봉 정도전과 동시대로서 그때만 해도 아직 배불의 제도가 정비되어 있지 않고 초창기였기 때문에 유·불을 절충하는 이론을 내세울 수 있었다. 그러나 성리학의 전성기에는 유·불의 어떠한 관계도 성립되지 않았고 이제 배불이 상식화되어 유교적 입장에서나 불교적 입장에서나 유儒·불佛 대론對論이 문제가 되지 않는다. 이미 보아 온 바와 같이 퇴계만 해도 불교 이론의 장단長短을 따지지도 말고 처음부터 무조건 그 근방에 가지도 말라고 교육하였으며, 불교를 공부했다는 율곡도 불교의 선학을 비판하는데 그것마저 피상적이었다.

이 시대에는 서산휴정이 있었으나 그도 『삼가귀감』 서문에서 당시의 승려들이 불가의 참된 공부는 하지 않고 유가의 세속서世俗書나 시를 읽고 벼슬길을 찾아 헤매고 있는 현실을 통탄한 것을 보면 얼마나 성리학이 보편화되었는지 알 수 있다. 이러한 사회풍조에서 서산은 자주성을 갖고 불교의 요긴한 공부 길을 제시하기 위해 『선가귀감』을 저술하였던 것이다.

보우 또한 투철한 사명감으로 배불에 항거하여 문정왕후文定王后와 손을 잡고 불교 부흥을 위해 노력했으나 실패한다. 그러나 그의 독창적인 일정설一正說은 유儒·불佛을 융섭하는 새로운 개념이기도 하였다. 그의 이와 같은 자주적이고 독자적인 유儒·불佛에 대한 이론 전개는 이 시대에서 호교적·호법적 차원에서 높이 살 만하다.

배불의 기치는 임란을 전후하여 그 강조가 약화된다. 그것은 무엇보다 임란·호란 등 국가적 위기에서 무군무부無君無父라고 비난받던 불교계가 호국적 차원에서 의승義僧을 일으켜 전장戰場에서 공을 세우고 전쟁 후에는 방어적인 축성築城 공사에 자발적으로 참여함으로써 불교에 대한 새로운 인식이 싹트기 시작한다. 따라서 이 시대는 유불儒佛이 크게 대립되지 않고 동행한다. 진묵震默의 경우에서처럼 불에서 유교의 수용이 상호상식화 됨을 본다.

그러나 임란 후 70년이 지나서 현종이 그 동안 불교가 흥성함을 막기 위하여 배불排佛을 시작하고 이 배불에 정면으로 도전 항소를 올리니 그가 곧 백곡이다. 백곡의 항소는 조선조의 배불 역사 가운데 최초의 왕에 대한 항의로서 적극적, 공격적인 그의 자주적 입장에 서 있다.

이는 임란 후 유불儒佛의 역할 분담이 뚜렷해짐을 말한다. 종래까지는 불교가 정치적 이유에서 배척되었으나, 사상적인 면에서는 불교 사상은 한민족에 깊이 생활화되었었기 때문에 뿌리까지 뽑을 수 없었고 오히려 정치는 유교, 신앙은 불교라는 이중구조가 성립되고 있음을 알 수 있다. 백곡 이후의 불교계는 유불의 이론적 전개가 왕성하고 심지어 불교 가운데서도 논쟁이 빈번함은 불교의 위치가 서서히 되찾아지는 모습을 볼 수 있다.

결국 유불은 상호 융섭의 길을 걷기 시작함을 이해할 수 있다. 유불의 관계는 조선조 초기에는 절충, 중기의 독자성과 이론적 접근 등이 특징으로 나타난다.

Ⅱ. 불교와 유교의 인간관

1. 서언

인간관人間觀이라고 할 때 그것은 인간을 보는 관점을 가리켜 말하는 것이다. 따라서 본 논문은 유교와 불교에서는 인간을 어떻게 보았는가를 살펴보고자 하는 것이다.

이미 주지의 사실로서 동양사상에서의 인간에 대한 탐구는 인성人性이란 무엇인가? 인성은 무엇으로 구성되어 있는가? 그것이 선善인가 악惡인가라는 문제를 중심으로 하고 있다. 이와 같은 특성으로 인하여 문제는 다음과 같이 좀 더 세분화시켜 볼 수 있다.

인간은 무엇으로 되어 있는가? 인간의 본질은 무엇인가? 인간의 현상現象은 무엇인가? 인간의 이상상理想象은 무엇인가? 그리고 이를 실현하기 위한 방법은 어떤 것인가? 그래서 여기에서는 인간의 본성과 인간의 현상을 나누어 보고자 한다.

흔히 우리는 인간성 이해의 한 전형으로서 영혼과 육체의 문제를 든다. 물론 동양사상에도 또한 이러한 논의가 없는 것은 아니나 아무래도 중심은 삶과 죽음의 갈등으로 인한 현재의 고통이나, 현재 삶의 공고화鞏固化를 위한 윤리문제이다. 전자前者가 불교의 방향이라면 후자後者는 유교의 것이다.

유교와 불교는 그 사상의 변천과정이 다양하다. 특히 유교는 선진先秦·한당漢唐·송명宋明·청대유학淸代儒學으로 크게 나누어 볼 수 있고, 불교는 원시불교原始佛敎·대승불교大乘佛敎·화엄학華嚴學·유식학唯識學·밀

교密敎 등으로 대별할 수 있다.

그러나 여기에서는 유교 가운데 송대宋代의 성리학적性理學的 유교와 당대唐代의 대승불교大乘佛敎 및 『대승기신론大乘起信論』을 중심으로 유儒·불佛의 동이同異를 살피고자 한다.

사실 송대 성리학의 성립 배경에는 노장사상老莊思想의 영향 또한 무시할 수 없으나, 그보다 불교의 영향이 훨씬 컸다고 할 것이다. 또한 불교는 외래사상으로서 배척을 심하게 받기도 하였다. 성리학과 불교는 이와 같이 이중적 관계에 있는 것이다. 이 글은 이들의 인간관을 비교해 봄으로써 인간 이해의 한 전형을 그려 보고자 한다.

2. 인간에 대한 개념 정의

인간에 대한 정의는 매우 어렵다. 종래의 전통적인 철학 및 종교가 이러한 인간 해명을 그들의 중심문제의 하나로 다루어 온 사실을 미루어 보아도 알 수 있다. 인간이란 근본적으로 우주와의 관계 속에서 우주와 인간과의 형이상학적 관계를 탐구하려는 욕구를 지닌다. 철학이나 종교는 이러한 문제에 대한 해답의 추구라 할 수 있을 것이다.

유교 사상에서 이 현실은 떠나거나 피할 수 있는 무엇이 아니다. 인간은 이 현실 속에서 서로 부대끼면서 살아가는 존재이다. 따라서 항상 질서와 조화가 문제된다. 그리고 그 선결문제로서 도덕적 자각과 수양을 문제시한다. 한편 불교에서는 현재에 대한 불만이 하나의 인간조건이 된다. 현세는 고통이고 그 원인은 죽음이다. 그러나 현실이 고苦라고 해서 이 현실과 동떨어져 있는 어떤 다른 세계를 상정하는 것은 아니다. 우리가 살고 있는 이 세계가 바로 궁극적인 세계 자체이다.

유儒 · 불佛의 인간 이해에서 공통적인 출발점은 어떤 초월적 신에 의해 문제를 해결하려는 것이 아니라 현실 인간 자신이 책임을 지고 문제를 해결하려는 태도를 지닌다는 것에 있다. 따라서 순수한 철학적 사색에 근거하여 원죄의식原罪意識이나 둔세사상遁世思想이 없다는 점이 주요한 특징을 이룬다.

그렇다면 다음으로는 이 양자兩者의 여러 경전들에서 나타나 있는 인간 규정을 살펴보도록 하겠다.

1) 유가에서의 인간

유학에서는 인간을 천天·지地와 더불어 삼재三才라 하여 우주宇宙의 삼대三大 기본 요소로 보고 있다. 유학에서의 인간론은 일단 인간을 귀하다고 보고 현실에서의 그 책임과 지위를 논하는 방향으로 전개된다. 그런데 여기에는 항상 이 삼자 간의 관계가 문제되고, 그 가운데서의 인간의 위치에 역점이 두어지고 있다. 이러한 관계는 흔히 천인지제天人之際라는 말로 요약되는바, 그 실제적 내용은 천인합일天人合一, 천인상통天人相通, 천인감응天人感應 등이다. 그리고 또 천인지제는 자연과 사회의 총체적 관계를 나타내는 말이기도 하다.

특히 유학은 우주의 자연적 질서를 합리적인 것으로 보고 이 합리적 질서가 인간세계에 그대로 반영된다고 보고 있다. 그래서 유학은 자연과 사회의 합일 내지 조화를 이상으로 여기고 있는 것이다. 그런데 자연 즉 천天은 원래가 합법칙적合法則的이나 사회는 그렇지 못하다. 따라서 문제는 바로 어떻게 이 인간사회를 자연과 똑같이 합법칙적으로 만드느냐 하는 데 있다고 하겠다. 그리고 이 사회의 주인공은 인간인데 인간은 천지간에 가장 수승한 존재이기 때문이다. 이렇게 인간을 사회존재로서 파악한다는 면에서 유학의 인간규정은 심리학적이라 할 수 있다.

인간이 귀한 이유는 천지간에 가장 빼어난 기氣와 순일純一한 성품을 갖고 태어났기 때문이다. 『예기禮記』「예운禮運」의 "사람은 천지의 덕으로, 그 속에서 음양이 교감하고 귀신이 회통하니, 오행의 기 중에서 으뜸이다"[1]에 대한 공영달孔穎達의 소疏를 보면, "천지지덕天地之德과 음양지

교陰陽之交는 그 기氣이며, 귀신지회鬼神之會와 오행지수五行之秀는 그 성性이다. 그래서 주注에서 '이것은 기氣와 성性을 겸하여 순純하다고 한 것이다'라 하였다"2)라고 하는 데서도 그것을 알 수 있다. 인간은 수기秀氣와 수성秀性의 존재로서 만물의 영장이다. 이를 『상서尚書』 「태서상泰誓上」에서는 "천지는 만물의 부모요, 사람은 만물의 영靈이다"3)라고 한다. 만물의 영장이기 때문에 무엇보다 귀하다. 『백호통의白虎通義』 권5에서는 "천지의 일반적 경향은 사람을 귀히 여기는 것이다"4)라고 하고 있다.

인간이 다른 동물보다 귀하고 수령秀靈함은 정신적 · 육체적인 면 모두에서 그러하다. 소강절邵康節은 "사람을 만물의 영장이라 하는 까닭은, 눈이 만물의 색깔을 볼 수 있고 귀가 만물의 소리를 들을 수 있으며 코가 만물의 기를 흡수할 수 있고 입이 만물의 맛을 받아들일 수 있기 때문이다"5)라 하여 인간은 그 육체적 기능면에서 다른 동물보다 뛰어남을 말하고 있다. 그래서 그는 곧이어 "사람이란 사물의 지극한 것이다"6)라 한다. 한편 주렴계周濂溪는 정신적인 면에서의 빼어남을 "두 기氣가 서로 감응하여 만물을 변화 생성한다. 만물은 낳고 또 낳고 하여 변화가 끝이 없다. 오직 인간만이 그 빼어남을 얻어 가장 신령하다. 형체가 이미 생겨나면 정신이 지知를 낸다. 오성이 감동하여 선악의 분별이 생기고 만

---

1) 『禮記』, 「禮運」, "故人者, 其天地之德, 陰陽之交, 鬼神之會, 五行之秀氣也."
2) 『禮記正義』, 권22, "天地之德, 陰陽之交, 是其氣也. 鬼神之會, 五行之秀, 是其性也. 故注云, 兼此氣性純也."
3) 『尚書』, 「泰誓上」, "惟天地萬物父母, 惟人萬物之靈."
4) 『白虎通義』, 권5.
5) 『皇極經世書』, 「觀物內篇」, "人之所以能靈于萬物, 子爲其目能收萬物之色, 耳能收萬物之聲, 鼻能收萬物之氣, 口能收萬物之味."
6) 『皇極經世書』, 「觀物內篇」, "人也者, 物之至者也."

사가 생겨난다"[7]라 한다. 말하자면 사람에게는 영성靈性의 지知가 갖추
어져 있으므로 고귀하다는 것이다. 특히 주자朱子는 이에 대해 "사람과
만물이 태어남에 태극의 도를 갖추지 않은 것이 없다. 그러나 음양오행
의 기질이 번갈아 운행함에 사람이 품수한 것만이 홀로 그 빼어남을 얻
어 그 마음이 가장 신령하다. 그래서 그 본성의 온전함을 잃지 않게 되
었다. 이른바 천지의 마음이라는 것이 사람의 극치이다"[8]라 한다. 이것
은 주자가 정이천程伊川의 이른바 의리義理와 기질氣質의 구분에 의해 설
명한 것으로 기氣로써 마음을 말하는 것이기도 하다.

　주자는 이상의 인간관을 보다 체계화하여 인간의 우수성을 구체적
으로 밝히고 있다. 주자에 의하면 만물은 이理와 기氣로 되어 있으며 인
간 또한 그러하다. 즉 주자는 이렇게 말한다.

　천지간에는 이와 기가 있다. 이는 형이상의 도로서 만물이 생겨나는
　근본이며, 기는 형이하의 그릇으로 만물이 생겨나는 도구이다. 따라서
　사람과 사물이 생겨남에는 반드시 이 기를 품수 받은 연후에 형체가
　있게 된다.[9]

　사람이 생겨나는 까닭은 이理와 기氣의 합으로부터이다.[10]

7) 『周敦頤集』, 「太極圖說」, "二氣交感, 化生萬物. 萬物生生, 而變化無窮焉. 惟人也, 得其秀而最
　靈. 形旣生矣, 神發知矣. 五性感動, 而善惡分, 萬事出矣."
8) 『近思錄』, 「道體」, "朱子曰, 蓋人物之生, 莫不有太極之道焉. 然陰陽五行氣質交運, 而人之所稟
　獨得其秀, 故其心爲最靈. 而有以不失其性之全. 所謂天地之心而人之極也."
9) 『朱子全書』, 「答黃道夫書」, "天地之間, 有理有氣. 理也者, 形而上之道也, 生物之本也, 氣也者,
　形而下之氣也, 生物之具也. 是以人物之生, 必稟此理, 然後有生, 必稟此氣, 然後有形."
10) 『朱子語類』, 「性理一」, "人之所以生, 理與氣合而已."

그러나 이기理氣로 구성되어 있다는 면에서는 인人과 물物이 똑같지만 만물 중에서 특히 인간이 빼어난 것은 인간만이 정기正氣·통기通氣를 얻었기 때문이라고 한다. 즉,

하나의 기로부터 말하자면 사람과 사물이다. 이·기를 품수 받아 생겨 나지만 그 정밀하고 조박한 것으로 말하자면 사람만이 그 바름과 통함 을 얻고, 사물은 기의 편벽됨과 막힘을 얻는다. 오직 사람만이 그 바름 을 얻은 까닭에 이가 통하여 막힘이 없다. 그런데 사물은 그 편벽됨만 을 얻었기 때문에 이가 막히어 알지 못하는 것이 있게 된다.[11]

라 하고 있다.

이상에서 보면 유교에서의 인간 규정은 심리적인 면과 생리적인 면 으로 되어 있으며, 이 두 면 모두에서 여타의 동물에 비해 수승한 존재 라고 정의하고 있다. 그러나 여타 동물과의 비교에서 정신적 면이 더 중요시됨을 알 수 있는데, 특히 이것은 『맹자孟子』에게서 비롯하고 있는 것이다. 맹자는 육체적인 면을 소체小體, 정신적인 면을 대체大體라 하고, 소체인 면에서는 인간이나 금수禽獸가 별 차이가 없으나 대체인 면에서 인간의 독특함 내지 우수성이 있음을 다음과 같이 말하고 있다.

공도자가 묻기를 "다 같은 사람인데, 어떤 사람은 대인이 되고 어떤 사람은 소인이 되는 까닭은 무엇입니까?"라 하자, 맹자께서 말씀하시

---

11) 『朱子語類』, 「性理一」, "一氣而言之, 則人物. 皆受是氣而生, 自精粗而言, 則人得其氣之正且通 者, 物得其氣之偏且塞者. 惟人得其正, 故是理通而無所塞. 物得其偏, 故是理塞而無所知."

기를 "자기의 큰 몸을 따라가면 대인이 되고, 자기의 작은 몸을 따라가면 소인이 된다"라고 하셨다. "다 같은 사람인데 어떤 사람은 큰 몸을 따라가고 어떤 사람은 작은 몸을 따라가는 것은 무엇 때문입니까?"라 묻자, "귀와 눈이라는 기관은 생각하지 않고서 밖의 사물에 가리어진다. 밖의 사물이 보고 듣는 관능에 접촉되면 관능이 그것을 끌어당길 뿐이다. 마음이라는 기관은 생각한다. 생각하면 사리를 알게 된다. 생각하지 않으면 사리를 알게 되지 못한다. 하늘이 우리에게 부여한 것을 비교하여 먼저 자기의 큰 것을 확립시켜 놓으면 자기의 작은 것을 빼앗아 가지 못하게 된다. 이것이 대인일 따름이다"라고 하셨다.[12]

맹자는 생각하여 사리를 분별할 줄 아는 데 인간의 특징이 있다고 보는 것이다. 즉 생각하는 존재라는 것이다. 그러면 다음으로 불교에서의 인간 규정을 살펴보기로 하겠다.

2) 불교에서의 인간

대승불교의 학자들이 인간의 참된 알맹이를 심心으로 보고 있다는 것은 주지의 사실이다. 그들은 이 심을 인간과 우주의 근원으로 보았고, 동시에 이러한 심은 불성佛性 · 진여眞如 · 본각本覺 · 원각圓覺 등으로 대치되어 쓰이고 있다. 그렇기 때문에 불교에서의 인간해명은 바로 이 심의

---

12) 『孟子』, 「告子」, "公都子問曰, 鈞是人也, 或爲大人, 或爲小人, 何也? 孟子曰, 從其大體爲大人, 從其小體爲小人. 曰, 鈞是人也, 或從其大體, 或從其小體, 何也? 曰, 耳目之官不思, 而蔽於物. 物交物, 則引之而已矣. 心之官則思. 思則得之. 不思則不得也. 此天之所與我者, 先立乎其大者, 則其小者弗能奪也. 此爲大人而已矣."

해명을 통하여 이루어지는 것이다.

특히 불교의 인간성 해명은 그것이 삶과 죽음, 현실과 영원의 이중성을 바탕으로 죽음이라는 문제를 어떻게 극복해 가는가를 밝혀 봄으로써 더욱 분명해질 것이다. 왜냐하면 불교는 인간에 관해 진실하게 알려주는 것만을 목적으로 하는 학문이 아니라, 인간의 현실적 차안此岸의 양상인 고통과 빈곤, 죄악적 행위, 시기질투, 우매, 대립과 투쟁, 잡다雜多와 차별差別, 유한有限과 변화, 쇠멸衰滅과 죄고罪苦에 대하여 이상적 피안理想的彼岸인 해탈解脫과 풍요, 무욕無欲과 지혜智慧와 자비慈悲, 순일純一과 평등, 무한無限, 절대불변, 정복淨福의 길인 인간성 본래의 자리로 되돌아가게 하는 것을 염원하고 가르치는 교리이기 때문이다.

불교에서는 인간계가 오취五趣 가운데의 하나 또는 육도六道, 십계十界 가운데 하나로 지칭된다. 오취는 오악취五惡趣, 오도五道, 오유五有라고도 하는데 취趣라 함은 중생이 업인業因에 의하여 나아가는 곳을 말한다. 즉 지옥地獄·아귀餓鬼·축생畜生·인간人間·천상天上의 오종五種을 지칭한다. 한편 육도六道라 함은 중생이 그가 지은 업인業因에 따라 윤회하는 길을 여섯으로 나눈 것인데, 지옥도地狀道·아귀도餓鬼道·축생도畜生道·아수라도阿修羅道·인간도人間道·천상도天上道를 말한다. 이 가운데서 인간의 위치는 가장 나쁜 상태를 벗어나 좋은 존재 상태에 근접하여 있다.

그러나 불교에서는 이 육도들이 여전히 윤회의 미계迷界에 속해 있다고 본다. 최상의 존재 상태는 오계悟界로서 성문聲聞·연각緣覺·보살菩薩·불佛로 나누어지고, 인간은 수행을 통하여 이러한 세계에 들어갈 수 있다고 한다. 그러나 현재의 인간존재는 여전히 미계迷界의 상태에 머무르며 고苦의 세계를 헤매고 있다.

불교의 여러 경전들에서 인간의 정의를 찾아보면, 총명聰明·승의勝意·미세微細·정각正覺·지혜증상智慧增上·능별허실能別虛實·성도정기聖道正器·총혜업소생聰慧業所生 등 여덟 가지 뜻을 내포하고 있다. 그리고『대비바사론大毘婆娑論』권142에는 "능히 생각을 가지고 일을 꾸미고 사유 관찰하는 까닭에 말노사末奴沙(manus)라 이름한다"13)라고 하였고, "인간은 신身·어語·의意의 묘행妙行을 조작하므로 인간이라는 생을 받아 생을 상속하여 고苦를 받고 있으므로 인취人趣라 한다"14)라 하고, 또 "교만이 많으므로 사람이라는 이름을 갖는다"15)라 한다.

한편『대반열반경大般涅槃經』제18에서는 "생각을 가지고 있고 신구身口가 유연하여 교만을 가지고 있으나 이 교만을 능히 파괴할 수 있으므로 인간이라 한다"16)라고 하고 있다. 이를 정리해 보면 인간이란 육체와 더불어 생각하는 능력을 가지고 있는 존재임을 알 수 있다.

한편『구사론俱舍論』에 의하면 인간은 색色·수受·상想·행行·식識이라고 하는 오온五蘊으로 구성된 존재이다. 말하자면 인간은 눈(眼)·귀(耳)·코(鼻)·혀(舌)·몸(身)·생각(意)이라는 감각기관을 가지며, 여기에 따라 색色·성聲·향香·미味·촉觸·법法이라는 감수기능感受機能을 가지고, 생각할 줄 알며 이를 실천할 수 있고 총명한 마음이 있는 존재라는 것이

---

13)『大毘婆娑論』, 권142.
14) 같은 책, 같은 곳.
15) 같은 책, 같은 곳.
16)『大般涅槃經』,「梵行品之三」, "人者名日能多恩義, 又復人者身口柔軟, 又復人者名有憍慢, 又復人者能破憍慢."

다. 그런데 색色·수受·상想·행行은 언제나 변화될 수 있는 물질과 관계되어 현출되는 것이고, 이에 비해 식識은 파멸破滅하지 않는 영원한 생명의 본체원本體源으로 팔식八識 또는 '진여의 마음'이라 할 수 있다. 여기서는 인간의 본체를 마음으로 보고 있음을 알 수 있다. 그리고 인간은 그 구성면에서 변화와 불변이라는 두 가지 이질적 요소를 지니고 있음을 알 수 있다.

인간이 고통 속에서 헤매게 되는 이유는 바로 변화의 세계를 상주불변常住不變으로 고집하는 데 있다. 현실에 존재하는 것은 모두 독립불변獨立不變의 실체를 가지지 않으매 서로 의존하여 있고 끊임없이 생멸하는 존재이다. 모든 존재는 연기緣起의 연속적 계열에 있을 뿐 고정성固定性이란 결코 없다. 인간도 결국 이 연기의 계열에 있는 것이므로 육체나 정신, 유한이나 무한이라는 절대적으로 그 어떤 하나만을 선택하여 주장할 수 없는 것이다.

한편 '진여眞如의 마음'을 불성佛性이라고도 한다. 따라서 모든 인간은 이 불성을 지니고 있다. 그런데도 현실적으로 인간이 고통의 세계를 벗어날 수 없는 연기의 틀 속에 머무는 것은 무명無明이라는 무지無知에 의해 이를 깨닫지 못하기 때문이다. 즉 이 참된 불성은 깨닫지 못하고, 끊임없는 가변可變을 두고 불변不變을 희구하는 것이 인간이다. 그러므로 그 욕구는 채워질 수 없는 것이다. 여기에 따라 고통이 생기게 되는 것이다. 고통 중에서도 제일은 죽음이다. 따라서 이 고의 해탈에 대한 절실한 요구가 있게 되는 것이다. 이렇게 고통의 존재로서의 인간성 문제는 인간의 현상現象과 본질本質의 문제에로 귀착되게 되는 것이다.

이상과 같은 일련의 과정을 불교에서는 연기론緣起論이라고 하는바
『잡아함경雜阿含經』제12에

소위 연기법緣起法이란 이것이 있음으로써 저것이 있고, 이것이 일어남
으로써 저것이 일어나는 것을 말한다. 다시 말하면 무명이 일어남을
인연으로 하여 결국은 커다란 고가 모여 있는 데 이르게 됨을 말하는
것이다.17)

라 하고, 또 『증일아함경增壹阿含經』제46에

무명의 연緣에서 행行이 있고, 행의 연에서 식識이 있으며, 식의 연에서
명색名色이 있고, 명색의 연에서 육처六處가 있으며, 육처의 연에서 낙樂
이 있고, 낙의 연에서 통痛이 있으며, 통의 연에서 애愛가 있고, 애의
연에서 수受가 있으며, 수의 연에서 유有가 있으며, 유의 연에서 생生이
있고, 생의 연에서 사死가 있다. 사의 연에서 근심과 슬픔과 고통과 번
뇌가 셀 수 없게 되는 것이다.18)

라 한 것들이 이를 말한 것이다.

그러나 이것이 있어서 저것이 있게 되는 것을 연기법에서는 증법增法
이라 하고 이것이 없으면 저것도 없어지는 것을 감법減法이라 한다. 따라
서 무명無明이 없어지면 행行이 없어지고, 행이 없어지면 식識이 없어지

---

17) 『雜阿含經』, 「因緣經」, "所謂此有故彼有, 此起故彼起. 謂緣無明行, 乃至純大苦聚集."
18) 『增壹阿含經』, 「牧牛品」, "所謂無明緣行, 行緣識, 識緣名色, 名色緣六入, 六入緣更樂, 更樂緣
痛, 痛緣愛, 愛緣受, 受緣有, 有緣生, 生緣死. 死緣憂·悲·苦·惱·不可稱計."

고, 이리하여 노사老死의 근심과 슬픔, 고통과 번뇌가 없어지게 된다. 결국 일체의 고온苦蘊은 멸해질 수 있는 것이다. 그러므로 인간고人間苦란 본래 있는 것이 아니라 이 상대적 차원의 부정에서 나온 일종의 허구인 것이다. 말하자면 설명은 비록 이중적으로 하고 있으나 인간의 근본 실상은 고뇌가 없는 마음의 세계인 것이다.

이상에서 보면 불교가 인간의 현실을 무명無明으로 시작하는 연기緣起의 계열로 설명한 것은 고정불변의 어떤 실체가 있다고 고집하는 우리 사고의 타성을 전환시키기 위한 것이었음을 알 수 있다. 따라서 불교에서의 인간성 탐구도 또한 그 근본적인 내면의 차원으로 들어갈 수밖에 없다고 하겠다.

그러면 다음으로 유儒·불佛에서의 본질적 인간성 규정은 어떻게 하고 있는지를 살펴보도록 하자.

3. 인간의 본질 및 본성관

1) 유가적 입장

우리는 앞에서 유가의 인간관이 심리학적 입장에서 전개됨을 보았다. 그리고 그 존재 구성면에서는 생리적 면과 심리적 면 모두를 갖추어 있다고 설명함을 보았다.

심리학적으로 간주된 인간관은 '인성人性이란 무엇인가?', '그것이 선인가 아니면 악인가?' 하는 문제로 요약된다. 이러한 인간관은 바로 이 현실에서의 인간의 책임을 중시하는 데에서 비롯되는 것이기도 하다.

인성人性이란 무엇인가? 인성 문제는 주지의 사실대로 인간의 본질에 관한 윤리적 문제이다. 따라서 그것은 시대와 사람에 따라서 매우 다양하게 그리고 매우 복잡하게 전개되어 왔다. 그러나 중국에서의 그것은 천天의 권위에 대한 회의로부턴 시작하였다는 점에는 이론의 여지가 없을 것이다. 이것은 중국 고대인의 사고 방향이 자연에서 인간에로 전환되었음을 나타내는 것이기도 하다. 그런데 중국에서의 인성문제는 항상 '인간이면 어떠해야 하는가?'라는 문제에 주로 관심이 있었는데, 이 때문에 논의는 주로 인성의 선악문제에 집중되었던 것이다.

유학이 지향하는 사상적 목표는 '천인합일天人合一'을 성취하는 데 있다. 그리고 이것은 '내성외왕內聖外王'으로 대칭되기도 한다. 이때 '내성內聖'은 수기修己·정덕正德의 '위기지학爲己之學' 측면이요, '외왕外王'은 경세지학經世之學으로서의 안인安人의 측면이다. 그러나 이 둘은 상자相資·상보相補의 긴밀한 관계를 가지는 것으로 어느 하나라도 빠져서는 안 되는 것이다. 문제는 시대의 흐름에 따라 위기지학爲己之學으로서의 유학이 이론적 장애에 봉착되게 되었다는 것이다. 다시 말하자면 천인합일에서 인간성의 완전한 실현여부의 표준을 왜 자연 천天에 두었는가? 즉 진리 표준에 관한 객관적 타당성의 문제가 제기되었다는 것이다.

원래 『삼경三經』에 나타나 있는 천은 주로 '명덕신벌明德愼罰'하는 존재이고 인간은 '이덕배천以德配天'하는 존재이다. 이러한 관계에서 천인합일의 관념은 자연적 귀결이었으며, 그 방법은 덕德의 수양이었다. 그런데 덕의 수양에는 인간이 덕을 쌓을 수 있는 가능성이 전제되어 있어야 한다. 바로 이러한 이유로 해서 인성의 논의가 선악善惡 문제를 중심으로 전개되게 된 것이다.

중국 고대에는 각 학파와 사상가에 따라 성선설性善說 · 성악설性惡說 · 성유선유악설性有善有惡說 · 성선악혼설性善惡混說 · 성무선무악설性無善無惡說 · 성삼품설性三品說 등이 있었다. 그러나 여기에 하나 주목할 사실이 있는데 성선설과 기타 제설諸說과의 차이점이다. 사실 유학에서 인간성 문제에 대한 최초의 철학적 탐색은 공자의

사람의 천성은 서로 비슷하지만, 습성으로 서로 멀어진다.[19]

이다. 이것은 사람이란 태어나면서는 서로 비슷한 경향성傾向性을 지닌

---

19) 『論語』, 「陽貨」, "性相近, 習相遠也."

다는 것을 말함이다. 인간은 누구나 이 사회에 태어나면서 똑같은 출발점을 갖는다는 것이다. 실제 현실에서의 인간은 너무나 다양하다. 그래서 공자도 바로 이어서 말하기를 "상지와 하우는 옮길 수 없다"[20]라 한다. 그러나 현실의 인간을 자세히 살펴보면 공통적으로 지향하는 것이 있다. 다시 말하면 사람들은 심리적으로 공동의 지향성 갖는다. 이것을 일러 성상근性相近이라 하는 것이다. 그리고 또 공자는 "교육만 있으면 차이가 없다"[21]라고 하였으므로 이 공동의 지향성은 바로 교육 가능의 근거가 되는 것이다.

한편 맹자는 "사람의 성이 선한 것은 마치 물이 아래로 흐르는 것과도 같다"[22]라 하여 인간의 공통적 경향성은 바로 선을 지향하는 것임을 분명히 한다. 맹자는 이를 더욱 강조하여 "사람이면 누구나 요순堯舜이 될 수 있다"[23]라고 하고 또 "요임금과 순임금도 일반 사람과 같다"[24]라고 한다. 말하자면 인간은 누구나 심리적 소질素質로서 선善을 지향하며 이런 점에서 인간은 평등하다는 것이다.

이에 비해 앞의 다른 인성론人性論들은 선악을 존재론적存在論的으로 규정하고 있다. 성무선무악설性無善無惡說을 제외하면 선악이 이미 결정되어 있는 것이다. 성무선무악설 또한 이렇게 선악의 결정은 부정하지만 그것이 존재론적인 언명임에는 분명하다.

---

20) 『論語』, 「陽貨」, "唯上知與下愚不移."
21) 『論語』, 「衛靈公」, "有敎無類."
22) 『孟子』, 「告子」, "人性之善也, 猶水之就下也."
23) 『孟子』, 「告子」, "人皆可以爲堯舜."
24) 『孟子』, 「離婁」, "堯舜與人同耳."

송宋의 정이천程伊川은 인성론에서의 이러한 문제를 해결하고자 하였다. 그래서 그는 "사람의 성性은 이理"25)라고 주장하게 된다. 그런데 이 개념은 주희에게 계승되어 다시 본연지성本然之性과 기질지성氣質之性으로 나누어지게 된다. 송유宋儒들은 이렇게 본연本然·기질성氣質性으로 성선性善·성악性惡 등의 논의에 대하여 통일을 가져오게 되는데, 본연성本然性은 천리天理로서 조용하고 또 부동의 것이며 진정한 인간성의 영역에 속하는 것으로 서술하는 반면, 기질성氣質性은 변화하고 사람에 따라 서로 다른 특성을 이루는 것으로 보면서 항상 이차적 속성으로 간주한다.

이상에서 말한 것을 다시 원전을 찾아 부연설명하면 다음과 같다. 우선 장횡거張橫渠는 "허虛와 기氣가 합쳐져 성性이라는 이름이 있게 된다"26)라는 대전제 아래 천지지성天地之性과 기질지성氣質之性을 구분한다. 천지지성은 태허太虛로부터 온 것으로 무유불선無有不善이나, 음양이기陰陽二氣로부터 온 기질지성에는 악의 가능성이 내재되어 있다. 장횡거에서는 이미 천성이 인간에 내재하므로 학문을 하거나 성인聖人을 이루는 것과 같은 선은 자기를 반성하여 '천지지성'을 체인하는 데 있으며, 인간의 정욕情欲 및 그 밖의 불선한 것은 '기질지성'으로부터 온다고 한다. 이렇게 인간이 본질면에서 이중적 구조를 지니고 있다는 사상은 그 후 정호程顥·정이程頤가 주희朱熹에로 연결되어 '성즉리性卽理'의 관점을 제시하게 된다. 즉 그들은 인간에게 '천리天理'의 천명지성天命之性이나 의리지성義理之性과 인체人體를 구성하는 '기氣'의 기질지성이 있다고 한다.

---

25) 『近思錄』, 「道體」, "程子曰, 性卽理也."
26) 『正蒙』, 「太化」, "合虛與氣有性之名."

성은 실리實理로서 인·의·예·지를 모두 갖추고 있다.[27]

라고 하여 주희는 사물의 이理가 모두 나에게로 포섭될 수 있음을 강조하였다.

이리하여 주희에 와서 비로소 본연本然·기질氣質 성性의 통일이 이루어지는데, 여기에는 주목할 만한 것이 하나 있다. 소위 성性이라고 할 때 생지위성生之謂性으로서의 생리적生理的·물질적物質的 본능과 정신적·심리적 면의 양면성을 인정하면서 생리적 본능을 극복하는 심리적 세계를 더 중시하게 되고, 실제로 인간의 본성은 선악의 객관적 대상의 유무有無에 의한 것이 아니라 심心의 순수와 잡됨에 의하여 선악이 구분된다는 설명이다. 이 결과 그것은 마침내 엄연히 존재하고 있는 생리적 욕구의 세계를 너무 무시하게 되는 경향을 낳았다.

더욱이 송대에서는 육체는 정情으로 생리적 면이며, 심心은 성性으로 심리적 면이라는 이분법二分法을 갖게 되었다. 그러나 이 두 가지는 불가분리不可分離이므로 성선性善만으로는 안 되게 되어 정악情惡도 주장하게 된다. 한편 심리적 방면에서도 심미발心未發은 정靜으로 성性의 영역이며, 심이발心已發은 동動으로 정情의 영역에 속한다. 또 전자를 천리天理라면 후자는 인욕人欲의 세계이다.

성리학의 출발점은 바로 인간이 공통적으로 선을 지향한다는 것을 이론적으로 보증하고자 하는 데 있었다. 현실적 인간이 반드시 선만을

---

27) 『朱子語類』, 권5, "性是實理, 仁義禮智皆具."

지향하는 것은 아니다. 현실적 인간은 매우 다양한 모습으로 나타나게 된다. 그러나 성리학자들은 이러한 차별성에 근거해서는 아무런 논의도 할 수 없다고 믿었다. 중요한 것은 우리 인간에게 공통적 경향성으로 선을 지향하는 마음이 있고, 이것이 인간을 다른 동물로부터 구별시켜 준다는 것이다.

그들에 의하면 성性은 이理로서 있게 되고 바로 인의예지仁義禮智이며 따라서 윤리적 근거가 된다. 여기서 인의예지가 이理라 함은 그 통시성通時性 내지는 보편성普遍性을 말하는 것이다. 그러므로 그것은 한 시대 한 지역에 국한되는 것이 아니다. 그러므로 이것은 인간의 연속성連續性을 인정하는 것이기도 하다. 따라서 인간은 성은 이로서 가지고 있기 때문에 그리고 그것이 존재의 규범으로 전제되기 때문에 혈연적 관계를 중시하게 되는 것이다.

윤리적 소당연지칙所當然之則, 즉 인의예지仁義禮智로서의 성性과 소이연지고所以然之故로서의 이理가 전제되기 때문에 인간성은 자손의 연속이라는 혈연으로 이어져 가는 것이다. 이것을 "계속 이어가는 것이 선"[28]인 것이다. 따라서 인간성은 자손으로 계속 연속되고 그 자손의 윤리성은 효孝로 유지된다.

이렇게 유가儒家에서는 성을 전제로 해서 세계의 긍정肯定이 이루어지고 사회 내의 윤리적 존재로서 인간이 결정되게 된다.

---

28) 『周易』, 「繫辭」, "繼之者善也."

2) 불교의 입장

불교에서는 일체의 존재현상을 연기로써 설명한다는 것에 대해서는 앞에서 살펴본 바 있다. 십이연기十二緣起의 가치적 연기계열緣起系列은 고온생기苦蘊生起의 유전연기流轉緣起에서 고온이멸苦蘊離滅의 환멸연기還滅緣起에로의 방향을 지닌다. 이러한 연기설緣起說은 인간의 근본적인 고苦의 원인을 해명하고 이것을 극복하는 과정을 설명한 것이고, 우리가 바라보는 현상계에서 항구 불변적인 것이라고는 아무 것도 없다는 것을 말하고자 하는 것이다.

한편 연기설은 무명이나 각覺, 어느 일방만을 집착하는 것을 경계한다. 그렇게 되면 이미 한 존재를 이원적으로 쪼개서 구별하는 것이 되기 때문이다. 이렇게 인간이 가지고 있는 생각들의 오류를 지적하고 그것을 통하여 참된 인간성을 발견하고자 하는 것이 불교의 연기론이다.

불교는 기본적으로 인간의 고정불변한 본성은 없다는 데서부터 출발한다. 현실에서의 인간은 인연의 소생일 뿐이다. 따라서 그것은 허망한 것일 뿐 참된 것이 아니다. 그리고 삼계三界에서는 정신적인 것이거나 물질적인 것 모두가 고정불변한 것이라고는 없다. 불교에서 인간성이라 할 만한 것은 심心뿐이다. 원효는 이에 대해,

일심一心 밖에 다시 다른 법이 없다. 다만 무명으로 인하여 일심을 잘 모르는 데서 모든 파랑波浪이 일고 육도六道를 헤매게 되는 것이다. 비록 육도의 파랑인 일어나지만 일심의 바다에서 벗어나지는 않는다. 파

랑이 일심으로부터 일어나기 때문에 육도가 지어지는 것이다.[29]

라 한다. 그러나 일심이라는 실재實在가 따로 있는 것은 아니다. 계속해
서 말하기를,

> 육도 또한 일심을 벗어나지 않는 것이므로 능히 동체대비同體大悲를 일
> 으킬 수 있는 것이다.[30]

라 한다. 말하자면 초인간적인 일심만 실재하고 그 밖에 다른 모든 한계
상황限界狀況의 존재가 부정된다면 어떻게 그들을 구제할 수 있겠는가?
따라서 일심이란 무명만 들어내면 되는 것이다. 그러나 무명은 실체가
아니고 이미 광명光明의 진여眞如를 안고 있는 것이기 때문에 이 진여만
드러나게 하면 되는 것일 뿐 제거해야 할 실체가 있는 것은 아니다.

그렇다면 이러한 일심은 어찌하여 인간성의 양면으로 나타나고 있
는가?

> 법이라 말한 것은 중생의 마음을 이름이니 이 마음이 곧 일체 세간과
> 출세간의 법을 거두어 들였으니 이 마음을 의지해서 마하연摩訶衍의 뜻
> 을 나타내 보였나니 어찌함인고? 이 마음의 진여상眞如相이 곧 마하연
> 의 체體를 보이는 까닭이며, 이 마음의 생멸인연상生滅因緣相이 능히 마

---

29) 『大乘起信論疏記會本』, "一心之外更無別法. 但有無明迷自一心, 起諸波浪流轉六道. 雖起六道
之浪, 不出一心之海. 良由一心動作六道."
30) 『大乘起信論疏記會本』, "六道不出一心, 故能起同體大悲."

하연의 체體·상相·용用을 보인 까닭이니라. 의義라고 말하는 것은 곧 세 가지가 있으니 무엇을 셋이라 하는가? 첫째는 체대體大이니 이르되 일체법이 진여평등하여 더하고 덜하지 않는 까닭이요, 둘째는 상대相大이니 이르되 여래장如來藏이 한량없는 성공덕性功德을 구족한 까닭이요, 셋째는 용대用大이니 능히 일체 세간과 출세간의 착한 인과를 생하는 까닭이다. 그리고 일체의 제불諸佛이 본래 탄(乘) 바인 연고며, 일체 보살이 다 이 법을 타고 여래지如來地에 이른 연고니라.31)

여기서는 먼저 법이란 우리의 마음, 곧 중생심衆生心임을 말하고 이것이 세 가지 의미를 가진다고 한다. 첫째 마음이란 그 자체가 크다는 것이다(體大). 왜냐하면 일체법一切法이 진여평등眞如平等하고 부증불멸不增不滅인 까닭에서이다. 둘째, 마음은 그 모방이 크다는 것이다(相大). 왜냐하면 여래장如來藏으로 무량無量한 속성을 그 특징으로 하기 때문이다. 셋째, 마음은 그 작용이 크다는 것이다(用大). 왜냐하면 마음이란 일체의 세간世間이나 출세간出世間의 선인善因과 과果를 일으키는 까닭에서이다.

이상은 마음을 주체로 하는 인간성이 본체면에서는 순수하고 영원히 변치 않으며, 언제나 하나이고 늘고 주는 일도 없으며, 그래서 아무런 차별이 없음을 말한 것이다. 그리고 마음은 헤아릴 수 없는 속성을 가지고 있고 이것을 여래장如來藏이라 하며, 바로 이 여래장은 정신적인 것이든 물질적인 것이든 간에 온갖 훌륭한 일을 다 일으키는 것이라는

---

31) 『大乘起信論』, "所言法者, 謂衆生心, 是心則攝一切世間法出世間法, 依於此心顯示摩訶衍義, 何以故. 是心眞如相, 卽示摩訶衍體故, 是心生滅因緣相, 能示摩訶衍自體相用故. 所言義者, 則有三種, 云何爲三. 一者體大, 謂一切法眞如, 平等不增減故, 二者相大, 謂如來藏, 具足無量性功德故, 三者用大, 能生一切世間出世間善因果故. 一切諸佛本所乘故, 一切菩薩皆乘此法, 到如來地故."

것을 알 수 있다. 우리 마음에 갖추고 있는 체體·상相·용用 삼대三大가 모두 무한한 것으로 이 마음을 밝혀 그것을 온전히 구현하는 데서 미계迷界를 벗어날 수 있게 된다. 그러므로 이 마음 의지하지 않고서는 부처가 될 수 없는 것이다.

마음의 참된 속성을 원효의 말을 빌려 정리하면 다음과 같다. 즉 ① 광명光明을 지닌 대지혜大智慧·대지광명大智光明, ② 온 세상 만물을 남김없이 비추는 것(遍照法界), ③ 있는 그대로 진실히 분명하게 아는 것(眞實識知), ④ 그 본성이 밝고 깨끗한 것(自性淸淨), ⑤ 깨끗하고 서늘한 것(淸凉), ⑥ 변함이 없는 것(不變), ⑦ 그 스스로 존재하는 것(自在) 등이다.

그러나 비록 우리의 마음이 이와 같이 절대평등絶對平等, 자유自由, 자재自在의 면을 가졌다 하더라도 현실적인 우리의 마음은 번뇌와 망상의 고통 속에 있다. 따라서 전자가 인간성의 본래적인 면이라면 후자는 그 현실적 면이다.

이와 같이 마음이란 비록 참다운 법이긴 하지만 본래적인 면과 현실적인 면이라는 이중 구조를 갖는다. 하지만 이 양자는 서로 떨어져 있는 절대분리의 두 가지는 아니다. 『대승기신론』에서는 '심진여心眞如'와 '심생멸心生滅'이라는 말로써 이를 설명하고 다만 인간성의 본질은 일심一心임을 강조한다. 다시 그 구조를 좀 더 살펴보면,

심진여心眞如는 바로 이 일법계一法界의 대총상법문체大總相法門體니 이른바 심성心性이 생生도 아니요, 멸滅도 아님을 이름이다. 그러므로 일체의 모든 법은 오직 망념妄念을 의지하여 차별이 있게 되었으므로 만약

심념心念만 여의면 곧 일체경계一切境界의 상相이 없어진다.[32]

라 한다. 즉 심진여란 참되고 한결같은 본체로서의 마음이고, 말로써 설명할 수 있는 것이 아니다. 한편

심생멸心生滅이란 여래장如來藏을 의지하고, 거기로부터 생멸심生滅心이 있게 된다. 이른바 불생불멸이 생멸과 더불어 화합하여 있지만 하나도 아니고 서로 다른 것도 아니니 이것을 이름하여 아뢰야식阿賴耶識이라 한다. 이 식識에 두 가지 의미가 있어, 능히 일체법을 거두기도 하며 일체법을 내기도 한다. 그 하나는 각覺이며 다른 하나는 불각不覺이다.[33]

라고 했다. 심생멸은 여래성이라는 마음의 본체에 무명이 끼어들어 생멸을 일으킨 것이다. 그러나 생멸과 불생불멸은 별개의 물物은 아니다. 그렇다고 똑같다고 할 수도 없다. 하나가 아니면서 다른 것도 아닌 이것을 일러 아뢰야식이라고 한다. 그리고 천지만물은 모두 여기에서 나오고 다시 거기로 들어간다.

따라서 아뢰야식은 우주만유宇宙萬有를 함장含藏하여 있는 것이다. 이 아뢰야식은 진실하고 한결같은 영원한 깨달은 마음(覺)이기도 하지만, 또한 깨닫지 못한 마음(不覺)이기도 하다. 이것은 인간적 조건하에서 그

---

32) 『大乘起信論』, "心眞如者, 卽是一法界大總相法門體, 以心本性不生不滅相. 一切諸法皆由妄念而有差別, 若離妄念則無境界差別之相."
33) 『大乘起信論』, "心生滅者, 依如來藏故有生滅心. 所謂不生不滅與生滅和合, 非一非異, 名爲阿黎耶識. 此識有二種義, 能攝一切法, 生一切法, 云何爲二. 一者覺義, 二者不覺義."

마음이 어둠에 가려지게 되었기 때문이다. 이러한 무명은 태어나면서부터 주어지는 근본불각根本不覺과, 인간으로서 살아가면서 파생하게 된 지말불각枝末不覺으로 나누어진다. 그러나 인간은 각覺으로 되돌아 갈 수 있는 능력을 지닌 존재이다. 따라서 후천적인 수행을 통하여 깨달음에 복귀할 수 있는 것이다. 이것을 일러 시각始覺이라 한다.

『대승기신론』에서 말하고 있는 인간의 본성관本性觀에 따르면 우리 인간의 마음에는 그렇게 될 수 있는 여래장이 있으며, 이 여래장을 근거로 생멸하는 마음이 있게 된다. 또 이 양자의 관계는 하나도 아니면서 별개의 것도 아니다. 여래장 자체는 각이나 불각에 가려 동요를 시작한다. 인간은 무명으로 말미암아 세상의 만물을 차별 짓게 된다 등으로 정리할 수 있다.

우리 인간성은 본래 일심으로 진여眞如 · 불성佛性 · 각覺이지만, 이것이 인간조건인 무명에 의하여 현실의 번뇌 · 망상으로 전개되고, 따라서 바람직하지 못한 세계가 나타나게 되었다. 그러나 바람직하지 못한 세계라고 해서 우리가 버릴 수 있는 것은 아니다. 바로 이 세계가 인간의 조건이기 때문이다. 그리고 이 세계를 벗어나 별도로 바람직한 세계가 있는 것도 아니다. 불교에서의 인간성 해명은 일단 인간의 현실성을 부정하지 않고, 이러한 불안과 불평 등 잡다의 세계에서 이를 어떻게 극복하느냐 하는 것을 문제 삼는다.

이상에서 우리는 불교에서는 인간성을 일심一心 · 아뢰야식阿賴耶識 · 여래장如來藏 등으로 규정함을 보았다. 그리고 이것이 곧 불성佛性임을 보았다. 다시 여래장이라는 말을 조금 더 음미해 보면, 이는 현실적으로서의 여래가 아니지만 근본적으로는 모든 중생이 불여래佛如來임을 말하는 것이다. 『열반경涅槃經』에서의 "모든 중생은 다 성불할 수 있는 불성을 지니고 있다"[34]라는 말과 같은 것이라 하겠다. 그러면 다음으로는 이상에서 논술한 것을 근거로 양자의 동이同異를 살펴보도록 하겠다.

---

34) 『大般涅槃經』, 「獅子吼菩薩品」, "一切衆生, 悉有佛性."

4. 유·불의 동이

엄밀한 의미에서 이 양자의 동이를 논할 수는 없다. 왜냐하면 이 양자는 그 성립배경이나 시대적 상황이 다르며, 애초의 지향점 또한 현격하게 다르기 때문이다. 따라서 여기에는 그 유사성과 차이성이라는 개연적 분석만이 존재할 뿐이다.

1) 차이점

유儒·불佛 인간관人間觀의 차이점은 크게 네 가지 방면에서 고찰해 볼 수 있다.

첫째, 유가에서는 본성을 인정하는 반면 불교에서는 그러한 본성은 없다고 한다. 불교에서 인간의 본성이라 할 수 있는 것은 심心, 즉 불성佛性 뿐이다. 그러나 불성이라 하여 어떤 객관적 성질을 말하는 것은 아니다. 불교에서 불성을 말하는 것은, 중생들로 하여금 저하하고 용렬한 마음을 여의게 하기 위함이고, 교만하고 저하한 품격의 사람을 여의게 하기 위함이요, 허망한 집착을 여의게 하기 위함이요, 진실한 법을 비방하지 않게 하기 위함이요, 아집을 여의게 하기 위함이라는 다섯 가지 이유에서이다. 따라서 진정한 인간의 본성은 불성으로 자성自性을 고집하지 말아야 한다.

본성을 인정하느냐 인정하지 않느냐 하는 문제는 세계를 긍정하느냐 부정하느냐 하는 문제로 귀착되게 된다. 물론 유가나 불교는 똑같이 이 세계를 벗어난 다른 세계를 인정하는 것은 아니다. 이 세계란 우리가 벗어날 수 있는 그러한 세계가 아니라 바로 우리가 발붙이고 살아가야 할 그런 세계이다. 또 바로 이 세계가 각覺의 세계이지 각의 세계가 따로 있는 것은 아니다.

따라서 여기서의 긍정과 부정이라는 말은 가치적 긍정과 부정이다. 다시 말하면 유가의 이 세계는 우리는 벗어날 수 없는 세계이기 때문에, 또 우리가 발붙이고 살아야 할 유일한 세계이기 때문에 적극적으로 참여해야 할 세계이다. 반면 불교에서의 이 세계는 무명으로 가득 차 있는 세계이며, 그래서 본래의 청정이 회복되기를 기다려야 하는 세계이다. 이런 의미에서 불교는 그 세계를 부정한다. 이러한 입장의 차이에서 유가는 세간적으로 나아가게 된 반면 불교는 출세간적 방향으로 나가게 된 것이다.

둘째, 유가의 인간관이 도덕적 입장에 서 있다면 불교의 그것은 인생적 입장에 서 있다. 유가에서는 인간을 사회적 존재로서 파악한다. 인간은 이러한 사회적 관계에서 떠날 수 없는 존재이다. 유가의 본성관은 바로 이러한 관계들에서 공통적으로 지향하게 되는 심리적 소질을 가리키는 것이었다. 따라서 유가는 항상 규범의 실현을 통한 도덕적 인간성을 밝히려 한다.

그러나 불교는 인간의 현실적 고뇌를 어떻게 극복하느냐 하는 인생론적 입장에서 인간성을 해명하고 있다. 물론 불교도 현실의 차별상의 다양한 인간 존재의 양상을 부정하지는 않는다. 그러나 이러한 차별상은 바로 '나'의 인간적 조건에 의해 맹목적으로 받아들여진 무명에 의하여 일어난 가상에 불과하다. 하지만 이 차별상의 세계는 진여심을 영원히 간직하는 세계이다. 내가 일심을 깨달을 때 그 진여심은 여실하게 드러나게 되는 것이다. 따라서 불교는 자아의 자주적 주체성을 강조하게 된다.

셋째, 과거·현재·미래로 이어지는 시간계열 인정에서 양자는 뚜렷한 차이점을 지닌다. 유가에서는 개인의 육체와 마음은 언젠가는 변화되어 소멸하고 마는 것이다. 따라서 사후死後의 세계를 인정하지 않는다. 다만 자손이 그 연속성을 받아나갈 뿐이다. 이에 비해 불교는 윤회輪回를 강조하여 과거·현재·미래를 인정한다. 따라서 유가에서는 혈연적 관계를 중시하나 불교는 출세간出世間을 강조한다.

넷째, 유가는 사후가 없어 구원이 없으나, 불교는 구원이 있다. 그래서 유가에서는 천인합일天人合一의 성인을 최종적 목적으로 하나, 불교는 해탈이 궁극적 목표이다. 윤리적인 면에서 유가의 윤리는 본질적이지만 불교의 윤리는 방편적이다.

유가에서의 성性은 이理로 있고, 그것은 인의예지이며 윤리적 근거가 되는 것이다. 반면 불교에서의 성은 부증불멸不增不滅·불생불멸不生不滅로서 해탈의 근거가 된다.

2) 유사점

이 양자兩者는 이 세계가 인간이 살아가야 할 유일한 세계임을 인정하는 데서 공통적 출발점을 갖는다. 그리고 현실적으로 악의 요소가 존재한다는 것을 인정하면서도 그것이 인간의 본질이 아니라 하는 데서도 일치한다. 그러한 것은 인간의 본질적 속성이 아니라 다만 가상에 불과하다는 것이다.

유가와 불교는 현실적인 인간 구조가 정신적(心理的) · 육체적(生理的)으로 되어 있다고 보는 점에서도 일치한다. 이 두 가지는 하나는 아니면서도 분리시킬 수도 없는 어떤 것이다. 그래서 여기에는 육체를 초월해야 한다는 관념 같은 것은 없고 다만 극복이라는 관념만 있다. 이러한 경향은 그 결과가 어찌되었든 간에 양자 간에 공통의 인식선이 있음을 암시하는데, 그것은 우주와 인간이라는 문제에서 바로 인간에 중심을 두게 되었다는 것이다. 이들은 똑같이 인간이야말로 무한생명의 원천을 지닌 주체적 자각의 존재라고 본다. 따라서 여기에는 원죄의식原罪意識으로 인간을 옭아매는 그런 관념은 전혀 없다. 그리고 이러한 인간관은 인간성에 관한 절대긍정의 신뢰와 책임성과 자유를 인식하게 한다.

또 한 가지 성리학적性理學的 입장에서 불교와 일치하는 면이 있는데 수행을 강조한 결과에서 나온 것이다. 즉 성리학에서는 소당연지칙所當然之則으로서의 성性만을 너무 강조하게 되고, 또 심心의 미발未發을 강조하다 보니 자연히 "천리를 보존하고 인욕을 멸하는"35) 데로 나가게 되어 불교의 허무멸정虛無滅情의 세계와 동일하게 되었다는 것이다.

불교에서 진여심眞如心과 생멸심生滅心으로 나눈 데 대하여 성리학은 인욕人欲과 천리天理로 나눈 것이라든지, 불교에서 생멸심이 정靜으로 될

---

35) 『朱子語類』, 권12, "存天理, 滅人欲."

때 진여심이 드러난다는 것과 유가의 존천리存天理 멸인욕滅人欲 등은 유사한 방향을 지닌다 할 수 있다.

그러나 수행 면에서 양자의 유사성은 무엇보다 이미 살펴본 대로 심에서의 수행을 강조한다는 점일 것이다.

5. 결론

우리는 이상에서 인간에 대한 절대긍정의 정신과 주체적 자각의 존재로서의 인간을 보았다. 오늘날 마치 인간성은 교정되어야 할 것으로 생각하고, 인간성 안에 부도덕과 몰염치, 비정 그리고 악의 요소가 본질로서 내재해 있다고 인정하는 경향이 있지만, 유가나 불교에서는 이러한 죄악적 요소를 원초적으로 인정하지 않는다. 그러한 죄악적 요소는 인간성의 본질적 속성이 아니라 다만 우리가 본래 청정자성을 착각한데서 나타난 가상에 불과하다고 본다.

그리고 이러한 인간에 대한 절대긍정의 신뢰는 모든 인간은 평등하다는 평등사상에서 가능함을 보았다. 현실적 인간의 모습은 매우 다양하다. 이런 다양성의 입장에서는 절대 통일적 사고를 할 수 없다. 그래서 유가에서는 인간이 선을 지향하는 심리적 소질을 지녔다는 점에서 인간의 절대평등을, 그리고 불교는 모든 중생들이 불성을 지녔다는 점에서 인간의 절대평등을 주장하게 되었던 것이다. 그러므로 선善을 이루고 불佛을 이루는 것은 어디까지나 개인의 노력 여하에 달려 있는 것이다. 이런 점에서 이 양자는 주관적 관념론으로 떨어진다고 할 수 있으나, 반면 그것은 인간의 주체적 자각 노력을 강조하는 방향으로 전개되어 왔음을 부정할 수는 없다.

마지막으로 성리학과 불교를 결론적으로 비교하여 말하자면, 성리학은 본성의 존재를 확인하는 데까지 이론체계를 확립하는 데는 성공하였으나 성즉리性卽理를 천리와 인욕으로 대칭對稱함으로써 불교의 수양법을 따르게 되었고, 오히려 심心에 치중, 유가 본연의 윤리성 이론 체계화립에 한계점을 노출시켰다 할 것이고, 불교는 형이상학적 종교성을 강조하는 데는 성공하였으나 사회성의 극복에 대한 새로운 시도가 요청된다고 하겠다.

Ⅲ. 한국불교에서의 지와 행

1. 깨달음과 실천

지知와 행行의 문제는 먼저 지란 무엇을 의미하고 행이란 무엇인가를 해명해야 할 것이다. 그리고 다시 지와 행의 관계를 논함 이 순서일 것이다. 그러나 여기서는 지의 의미나 행의 의미를 다시 논하기 전에, 일반적인 의미에서 지는 이론적인 지식의 의미로서, 행은 실천과 실행의 의미로서 한정하여 주로 이론지理論知와 실천인 수행의 관계를 다루고자 한다.

지식과 실천의 관계에서 우리가 생각할 수 있는 몇 개의 패턴이 있다. 즉 첫째, 알면서 동시에 그 내용을 실천하는 경우, 둘째, 알면서 실천하지 않는 경우, 셋째, 모르면서 실천하는 경우, 넷째, 모르고 실천하지 않는 경우이다. 이 네 가지 경우에서 첫째와 넷째는 우리의 논의에서 제외되는 것이다. 알면서 그 내용을 실천하는 경우나 모르기 때문에 실천하지 않는 경우는 엄연히 다르기 때문이다. 그러나 둘째와 셋째의 경우는 중요하다. 즉 알면서 실천하지 않는 경우와 모르고 실천하는 경우이다. 문제는 이 두 경우가 있기 때문에 지식과 실천의 문제를 논하게 되는 것이다.

따라서 어떻게 이 두 가지 경우를 알면서 실천하는 경우로 만들 것이냐 하는 문제가 주제가 되는 것이다. 여기에서 행行이 먼저냐, 지知가 먼저냐 하는 선후의 문제도 제기될 수 있고, 또 지와 행이 동일한 것이냐 다른 것이냐 하는 문제도 역시 제기될 수 있다.

역사적으로 본다면 서양철학에서는 지와 행이 차별이 있는 경우와 지와 행의 합일合一의 경우가 있었다. 즉 소피스트들은 지와 행을 다른 것으로 보았기 때문에 지식을 가지고 매명賣名하기도 하였지만, 소크라테스에서는 오히려 지知와 행行은 하나이었기 때문에 지식은 매명의 대상이 아니라 참다운 지식은 덕德이요, 동시에 행을 하지 않으면 안 된다고 믿었고 또 그렇게 생활하였다.

물론 동양에서 선진시대先秦時代의 철학자라고 할 수 있는 공자孔子의 경우만 보더라도 지행합일知行合一의 입장에 있음을 알 수 있다. 그에게서 이론지理論知에 해당하는 '지식'과 실천지實踐知에 해당하는 '실천'의 문제에서 동일한 입장이 아니면 오히려 이론지보다 실천지를 더욱 높이 찬양하였다.

『논어』에서도 "제자는 집에 들어가서는 효도하고 밖에 나오면 공손하고, 삼가면서 신의가 있고, 널리 사람을 사랑하되 인仁을 친히 해야 한다. 실천하고도 남음이 있으면 문장을 배운다"[1]라고 하여 먼저 실천을 하고 그 다음 남은 힘이 있으면 학문을 하라고 말하고 있다. 물론 이때의 학문의 의미는 엄격한 의미에서 서양의 학문 규정과 서로 다른 뜻이 있긴 하지만 여기서는 일단 지식을 학문과 같은 뜻으로 이해하여 적용해 보았다.

동양이나 서양의 고대에서는 대부분 지식과 실천의 문제는 동일한 문제가 아니면 실천 우위의 입장에 놓여 있음을 볼 수 있다. 이러한 입

---

1) 『論語』, 「學而篇」, "弟子入則孝, 出則弟, 謹而信, 汎愛衆而親仁. 行有餘力, 則以學文."

장과 상관하여 불교에서 지知와 행行은 어떠한 관계에 있는가?

불교에서 지와 행은 넓은 의미에서 수행에 속한다. 본래 불교에서 이론지, 즉 지식이란(물론 漢文의 지혜와는 의미가 다름) 사량·분별에 의하여 얻어진 식견들로서 이것은 순수한 절대지絶對知인 각覺의 길을 방해하는 요소로 생각하고 있다. 그 실례로서 선찰禪刹에서는 그 입구에 "이 문 안으로 들어오면 지해를 갖지 말라"(入此門內, 莫存知解)라는 경구를 붙인 것으로도 능히 알 수 있다. 즉 불조佛祖인 각覺의 길로 들어오려는 사람은 세속적인 지식과 알음알이를 버리라는 뜻이다. 그렇기 때문에 지知란 범부의 소유물로, 깨닫지 못한 사람이 행하는 바이다.

이러한 의미에서 본다면 지知란 불교에서는 인식과 사량·분별의 결과로서 간주하여 크게 문제시하지 않는 것 같다. 그러나 이 점은 불교의 한 분파로서 선종禪宗이 발전하면서 이와 같은 현상이 더욱 부각되었음을 간과해서는 안 된다.

불교에서는 지知의 이론에 해당하는 부분은 교敎라 하여 소위 경經·율律·논論 삼장三藏의 경·론을 말한다. 경·론은 부처님의 깨달으신 세계를 그대로 말씀으로 전한 것이다. 따라서 그 말씀을 체계화하고 통일시킨 것이다. 이러한 경·론이 이론적이지만 실천해야 할 바이다. 이것은 각覺의 세계를 논리적으로 체계화했기 때문에 이것을 통하여 각의 세계로 진입하게 되는 것이다.

그러나 이러한 경·론이 곧 나의 깨달음 그 자체는 아닌 것이다. 그렇기 때문에 내가 직접 깨달음의 길로 가는 직접적인 방법이 무엇이었으며, 그 길을 부처님이 행하신 그 직관적인 방법을 따르라는 데서 소위

"불립문자不立文字 · 교외별전教外別傳 · 직지인심直指人心 · 견성성불見性成佛"
의 선종禪宗이 발전하게 된 것이다. 이러한 선문禪門과 교문教門의 관계는
최초 단계에서는 그렇게 큰 문제로 대립되지 않았으나 시대의 흐름에
따라 심각하게 이원적 대립이 생기기도 하였다. 물론 부처님의 위치에
서 본다면 그것은 대립되어져야 할 바가 아닌 것이다.

여기서 경·론은 각覺의 안내 역할뿐이라는 관념이 생겼고, 오히려
직접적인 실천을 통한 각覺의 길로 선문禪門을 중시하는 경향이 생겼다.

불교에서 지와 행의 문제는 이러한 입장에서, 교教는 지知를 대표하
는 의미에서 경·론을 체계적 이론지에 해당시키고, 행行은 실천으로서
각覺의 직접적 체험으로 선禪 또는 수행修行으로 바꾸어 이 문제를 살펴
볼 필요가 있다고 생각한다.

따라서 한국불교의 위대한 불교사상가들은 이 지와 행을 어떻게 이
해하였으며, 동시에 이 둘의 갈등을 어떻게 극복하였는가를 시대적으로
고찰하려고 한다. 먼저 원효(신라), 의천(고려), 지눌(고려), 그리고 서산(조
선)의 입장을 볼 것이다.

2. 원효의 지관쌍운

불타佛陀는 곧 무쟁삼매無諍三昧 그 자체이다. 무쟁無諍이란 무엇인가? 규봉圭峰은 말하기를, "무쟁無諍이라 함은 중생을 고뇌케 하지 않고 능히 중생으로 하여금 번뇌가 일어나지 않게 함"[2]이라 하였고, 육조六祖는 "마음에 생멸生滅이 없고 거래去來가 없어 언제나 본각本覺이 비추어 있다"[3], 또 "공空 중에 명암의 다툼이 있고 성性 중에 사정邪正의 다툼이 있으나 생각 생각에 언제나 정正하며 일념의 사정邪正이 없는 것"[4]이라고 말했다.

이것을 보면 '무쟁'이라 함은 마음의 오고 가는 바가 없고 또한 일어나는 바가 없어, 따라서 없어지는 바도 없는 본각 그 자체로서 여여如如한 그 체상體相을 말한다. 그리고 비록 공空 가운데 다툼이 있고 사邪와 정正이 있으나 생각이 그것에 집착됨이 없어 일념이 움직이지 않는 그 각체覺體를 이름하였다.

불타가 이와 같이 무쟁無諍의 체상體相인데 대하여 원효는 화쟁和諍을 지향하였다. 불타의 세계가 이미 사정邪正이 없고, 명암明暗이 없고, 시비是非와 대립對立이 없는 절대세계라면, 아직 사정邪正이 있고, 시비是非 · 대립對立이 있는 이 세계에서 이것을 지양하여 참된 조화의 세계를 지향한 것이 원효의 화쟁사상和諍思想이다.

---

2) 『金剛經五家解』, p.178, "無諍者, 不惱衆生, 能令衆生不起煩惱故."
3) 『金剛經五家解』, p.179, "心無生滅去來, 唯有本覺常照."
4) 『金剛經五家解』, p.179, "空中, 有明暗諍, 性中, 有邪正諍, 念念常正, 無一念邪, 心卽是無諍三昧."

원효의 화쟁이란 이 세속에서의 온갖 생멸生滅의 원리를 조화·통일로 전환하는 근원적인 원리였다. 그렇다면 무엇에 대한 대립이고 시비인가, 그리고 무엇에 대한 화쟁和諍인가?

원효는 "용수龍樹와 같이 대승불교의 개척자만도 아니고, 또는 지의智顗와 같이 대·소승교의의 총정리와 회삼귀일會三歸一의 일승건립一乘建立한 자만도 아니라 대大·소小, 성性·상相의 대립으로 인한 백가의 쟁론을 화회和會하여 일미一味의 진실로 귀일歸一시킴을 그 사명으로 하였다."5)

이와 같이 원효는 중국불교의 대大·소小, 성性·상相, 공空·유有의 교파가 서로 대립됨을 뚜렷이 보고 화쟁을 주장하여 본래 부처의 자리인 무쟁無諍의 위位에 가도록 그 시대 불교에 일대 전환점을 주었던 것이다. 따라서 참된 지와 행의 세계를 수많은 논論, 소疏, 종요宗要, 별기別記, 의義, 장章 등을 통하여 진실로 귀일시켜 일체의 시是·비非를 끊으려 했던 것이다.

우리는 여기서 원효가 어떻게 지와 행의 일면 대립적인 것처럼 보이는 갈등을 해결하였는가를 살펴본다. 원효는 『대승기신론해동소大乘起信論海東疏』에서 『기신론起信論』의 "중생으로 하여금 의혹을 제거하고, 사특한 집착을 버리게 하고, 대승의 정신正信을 일으켜서 불종佛種이 끊어지지 않게 하기 위함이다"6)라는 문장을 다음과 같이 소疏하였다.

---

5) 李鍾益, 『元曉의 根本思想』, p.5.
6) 元曉, 『大乘起信論海東疏』(佛敎學硏究會), p.345, "爲欲令衆生除疑捨邪執, 起大乘正信, 佛種不斷故."

중생이 생사의 바다에 깊이 빠져서 열반의 언덕에 오르지 못하는 것은 의혹과 사집邪執 때문이다. 그러므로 지금 중생을 교화하는 요점은 그들로 하여금 의혹을 제거하고 사집을 버리게 하는 것이다. 일반적으로 의혹을 논하자면 많은 갈래가 있겠지마는 대승을 구하는 자는 의혹하는 바가 두 가지가 있으니, 첫째는 법을 의심하는 것이니 발심發心에 장애가 되고, 둘째는 문門을 의심하는 것이니 수행에 장애가 된다.[7]

대승자大乘者란 일심一心을 구하는 사람이다. 다시 말하면 각覺을 구하는 사람이다. 이러한 사람이 두 가지 종류의 의심 때문에 발심發心과 수행修行이 되지 못한다는 것이다. 그것의 하나는 법을 의심하는 것이요, 둘째는 수행문을 의심하는 것이다. 여기에서 법이란 우주의 진리 그 자체가 어떤 것이냐 하는 이론적인 추구를 의미하는 것이며, 수행문은 실천을 말한다고 볼 수 있다. 이와 같이 원효는 지知와 행行을 의심하는 데서 하나는 발심發心을 장애하고 하나는 수행修行의 실천을 장애한다고 보았다. 그렇다면 이 지와 행의 의심이 어떻게 극복될 것이냐? 인간은 지와 행 가운데 어떤 것이 옳은 것인가 의심하는 것이 그의 현실적 존재가 아닌가? 여기에서 원효는 그의 특유의 논법을 전개하여 지와 행을 극복할 수 있는 새로운 개념을 도입함을 본다.

원효는 더 나아가 법을 의심하는 종류와 수행문을 의심하는 내용이 어떤 것인가를 설명하여,

---

7) 『大乘起信論海東疏』, p.346, "所以衆生長沒生死之海, 不趣涅槃之岸者, 只由疑惑邪執故也. 故今下化衆生之要令, 除疑惑而捨邪執, 汎論疑惑, 乃有多途, 求大乘者所疑有二, 一者, 疑法障於發心, 二者, 疑門障於修行."

법을 의심한다는 것은 의심하기를 대승의 법체法體가 하나인가 많은가? 만약 하나라면 다른 법이 없을 것이니, 다른 법이 없으므로 모든 중생이 없을 것이다. 보살이 누구를 위하여 큰 서원誓願을 발한단 말인가? 만약 법체가 많은 것이라면 일체一體가 아니다. 일체가 아니므로 남과 내가 각기 구별되는데 어찌하여 동체대비同體大悲를 일으키겠는가. 이런 의혹으로 능히 발심을 하지 못할 것이다.[8]

라고 말한다. 이것은 부처님의 법, 즉 진리의 교리가 다시 말하면 이론이 일一이냐, 다多냐 하는 사량 분별을 말하는 것이다. 우리는 부처님의 법이 하나냐, 많은 것이냐 하고 의심하면서 '일一'이라면 중생이 있을 수 없으니 누구를 위하여 서원을 낼 것이냐고 반문하고, 또 '다多'라면 어떻게 다多가 하나(一)가 되어서 동체대비同體大悲라는 부처님의 깨달은 세계에 옮겨갈 수 있는가 하는 의심들인 것이다. 이미 이러한 의심이 정리되지 못하면 실천으로 나아갈 수 없는 것이다. 따라서 진리 추구에 대한 마음이 일어나지 않는 것이다. 그러기 때문에 발심의 장애가 된다고 말한 것이다.

'발심發心'이란 기신起信이다. 그런데 신信이란 무엇인가? 원효는 "신信은 결정적으로 그렇다고 여기는 것이다"[9]라고 말하였다. "이른바 이치가 실로 있음을 믿으며(信理實有), 닦으면 얻을 수 있음을 믿으며(信修可得), 닦아서 얻을 때에는 무궁한 덕德이 있음을 믿는다는 것이다."[10]

8) 『大乘起信論海東疏』, p.346, "謂作此疑, 大乘法體, 爲一爲多. 如是其一, 則無異法, 無異法故, 無諸衆生. 菩薩爲誰發弘誓願. 菩是多法, 則非一體. 非一體故, 物我各別, 如何得起同體大悲. 由是疑惑不能發心."
9) 『大乘起信論海東疏』, p.336, "故言起信, 信以決定謂爾之辭."

이렇게 본다면 원효에서 '신리실유信理實有'는 곧 이치·이론이요, '신수가득信修可得'은 곧 수행인 행行으로서 실천인 것이다. 따라서 원효에서는 믿음을 전제로 하여 이치인 지와 실천인 행이 극복되는 것임을 알 수 있다. 원효는 결코 지와 행을 완전히 둘로 이원화해서 보진 않은 것 같다.

우리는 원효가 지와 행의 이원론적인 처리를 하였는가, 하지 않았는가를 더욱 천착하기 전에 도대체 수행의 의심은 무엇인가를 살펴보고 넘어가자.

> 문門을 의심한다는 것은 "여래가 세운 가르침의 길이 많은데 처음에 어느 길에 의해서 실천을 할 것이며, 만약 전부 다 따르자면 대번에 깨달아 들어갈 수 없을 것이요, 만약 하나나 둘의 가르침의 길에 의한다면 어느 것을 버리고 어느 것을 취할꼬?' 하는 이런 의혹으로 하여금 능히 수행을 시작하지 못할 것이다.[11]

다시 말하면 수행문이 하나냐 둘이냐, 어떤 방법이 실천의 궁극적 방법이냐 하고 실천함은 없이 그 방법을 의심만 한다면 우리의 수행은 실행될 수 없을 것이라는 면을 강조한다. 따라서 우리는 먼저 믿음을 내어야만 그 이치에 대한 사량 분별이 없게 되고, 실천의 방법도 따지지 않게 되어 곧바로 각覺의 세계에 들어가게 된다고 보고 있는 것이다. 그

---

10) 『大乘起信論海東疏』, p.336, "所謂信理實有, 信修可得, 信修得時, 有無窮德."
11) 『大乘起信論海東疏』, p.346, "言疑門者, 如來所立教門衆多, 爲依何門初發修行, 若共可依, 不可頓入, 若依一二, 何遣何就, 由是疑故, 不能起修行."

러한 이유와 근거를 원효는 이렇게 말한다.

그러므로 지금 논에서 두 가지 의혹을 제거하기 위하여 일심법一心法을 세우고 두 가지 문을 열었다. 일심법을 세운 것은 처음의 의혹을 제거한 것이니 대승법은 일심一心이 있고 일심一心의 밖에 다른 법이 없다. 다만 무명無明이라 함은 스스로 일심을 통하여 일어난 것으로 여기에서 모든 파랑을 일으켜서 육도六道에 유전流轉한다. 비록 육도의 물결을 일으키나 일심의 바다에 벗어나지 아니하는 일심이 움직여서 육도를 만들었으므로 중생을 널리 건지겠다는 큰 서원을 발할 수 있을 것이요, 육도가 일심에서 벗어나지 않으므로 능히 동체대비를 일으키니, 이와 같이 의혹을 제거하여 큰 발심發心을 할 수 있다.[12]

이와 같이 원효에게는 지와 행이 본래 따로 있는 것이 아니었다. 다만 일성에서 나온 것으로 동출이명同出異名에 지나지 않는 것이다. 이 일심에서 벌어진 것이기 때문에 결국 일심의 벌어진 그 자체를 알면 그것이 지知요, 그것을 그대로 행行하면 그것이 실천인 것이다. 그리하여 이 이치인 지적인 면과 실천인 수행의 면을 더욱 확실히 한다.

이치가 있음을 믿는다는 것은 체대體大를 믿는 것이다. 일체의 법을 얻을 바가 없음을 믿기 때문에 곧 평등법계가 실로 있음을 믿는 것이다. 닦아서 얻을 수 있음을 믿는다는 것은 상대相大를 믿는 것이다. 무궁한

---

12) 『大乘起信論海東疏』, p.347, "故今爲遣此二種, 立一心法, 開二種門, 立一心法者, 遣彼初疑, 明大乘法, 唯有一心, 一心之外, 更無別法. 但有無明迷自一心起諸波浪流轉六道. 雖起六道之浪, 不出一心之海, 良由一心動作六道, 故得發弘濟之願, 六道不出一心, 故能起同體大悲."

공덕의 용用이 있음을 믿는다는 것은, 이것은 용대用大를 믿는 것이니, 용대는 하지 못하는 바가 없기 때문이다. 만약 사람이 능히 이 세 가지 신信을 일으키면 능히 불법에 들어가서 모든 공덕을 발생시키고 모든 마魔의 경계에서 벗어나서 위없는 도에 이르는 것이다.[13]

이와 같이 이치요, 지知 자체는 법法으로서 체대體大요, 수행修行과 행行으로서의 실천은 상대相大인 것이다. 그리고 체대體大와 상대相大에 의한 구체적인 용대用大, 이 셋은 본래 하나인 것이다. 따라서 우리는 지와 행을 분별할 것이 아니라 지가 곧 행임을, 행이 곧 지임을 알아야 하고, 또 그것이 부처님의 깨달으신 바이다. 우리가 결코 지와 행을 하나로 보지 못하고 이법理法인 이치는 머릿속에만 있고 실제로 실천될 수 없는 것이라고 생각한다면 그것은 믿음을 장애하는 것이다.

원효의 입장은 오히려 일심一心의 분별이 지와 행인데, 분별되어 나온 지와 행을 문제 삼는 그것이 잘못이라는 것이다. 우리는 일심지원一心之源에 환귀해야 하는데 그것은 지와 행을 둘로 나누어 보지 않는 데 있는 것이다. 그것은 일심一心의 체體가 상相과 용用으로 나눔의 과정에 지나지 않는 것이다.

원효는 일심一心·이문二門·삼대三大로써 그의 논리를 전개시켰다. 종래의 지식이 다 이론이다 하는 따위, 또는 행行이다 수행修行이 다 실천이다 하는 것은 모두 일심一心의 기신起信에서 지양됨을 볼 수 있다. 그렇

---

13) 『大乘起信論海東疏』, p.336, "此中信實有者, 是信體大. 信一切法不可得故, 卽信實有平等法界. 信可得者, 是信相大. 具性功德熏衆生故, 卽信相熏必得歸原. 信有無窮功德用者, 是信用大. 無所不爲故, 若人能起此三信者, 能入佛法生諸功德, 出諸魔境, 至無上道."

다면 이러한 지양은 구체적으로 어떻게 이루어지는가? 원효는 이문二門을 설명하는 자리에서 진여문眞如門과 생멸문生滅門을 나누어 말한다.

> 의법疑法은 진여문을 의지해서 지행止行을 닦고, 의문疑門은 생멸문에 의지해서 관행觀行을 닦아서, 지止와 관觀을 쌍으로 닦으매 만 가지 행이 구비해지므로 이 두 문에 들어오면 모든 문을 다 통달할 수 있다.[14]

진여眞如 자체는 말을 떠난 것이요, 형상이 없는 것이다. 따라서 이것은 법法이요 지知이다. 그러나 이러한 지知나 법法이 본래 자체가 그러한 것인데 그것에 대하여 이렇다 저렇다 생각을 내어서 따지게 된다면, 이미 지知 자체는 멀리 사라지고 지知는 생멸生滅을 가져와서 그 본체가 보이지 않는다.

따라서 여기에서 지행止行을 닦아서 그 이법에 대한 사량·분별을 쉬는 것이다. 결국 원효가 보는 입장은 진리는 일심一心 이외의 다른 것이 아닌데 우리는 이론지에 의하여 본래의 그 모습을 잃게 된다고 보는 것이다. 지止란 "모든 그릇된 대상을 설정하는 것을 멈추는 일이다."[15] 비교하면, 지知란 이것이냐 저것이냐 생각을 일으키는 데서 어떤 것은 옳고 어떤 것은 그르다 하고 자기 경계를 설정하는 것들이다. 지止란 이것을 하지 않는 것, 즉 정定에 놓는 것이다. 원효는 말한다.

말한바 지止는 일체의 경계상을 그치게 하는 것이니 사마타관奢摩他觀

---

14) 『大乘起信論海東疏』, p.347, "依眞如門, 修止行, 依生滅門, 而起觀行, 止觀雙運, 萬行斯備."
15) 『大乘起信論海東疏』, p.581, "云何修行止觀門, 所言止者, 謂止一切境界相."

에 수순隨順한 때문이다. 먼저 분별로 말미암아 모든 외진外塵이 생하였는데 지금 각혜覺慧로써 외진의 상相을 부쉈으니 진상眞相이 이미 그쳐지매 분별하는 바가 없으므로 사마타관이라 이름한 것이다.[16]

따라서 지止는 모든 법法에 분별하는 바가 없음을 말하는 것이다 그러나 분별하는 바가 없는 데서 다시 무분별지無分別智를 얻는다고 함으로 분별의 지知가 아닌 그 위에 무분별지를 세웠음을 본다. 그리고 구체적으로 이 마음의 세계를 보는 행行의 면에서 관행觀行을 닦으라 했는데, 이것은 생멸生滅의 세계에 대한 대답이다. 우리는 현상계가 시시각각으로 변화됨을 인식하고 살아간다. 그러나 원효에게 있어서 객관적인 현상계는 일심一心 이외의 다른 것이 아니기 때문에 이 일심一心이 어떻게 생멸生滅하고 있는가를 보는 것이 곧 관행이다.

관행은 어떤 원인과 계기로 이와 같은 마음의 동요가 생겼는가, 그리고 그것은 어떻게 하면 없어지는가 하는 것을 분별적으로 관찰하는 것이다.[17]

이것은 우리의 행위의 조종자인 마음의 동요를 반성하여, 일어난 마음을 가라앉혀 지혜의 길로 인도하는 원리적 실천인 것이다.

---

16) 『大乘起信論海東疏』, p.581~582, "初略中言謂止一切境界相者, 先由分別作諸外塵, 今以覺慧破外塵相, 塵相旣止, 無所分別, 故名爲止也. 次言分別生滅相者, 依生滅門, 觀察法相, 故言分別, 如瑜伽論菩薩地云, 此中菩薩卽於諸法, 無所分別, 當知名止, 若於諸法, 勝義理趣, 及諸無量安立理趣, 世俗妙智, 當知名觀, 是知依眞如門, 止諸境相, 故無所分別, 卽成無分別智. 依生滅門, 分別諸相, 觀諸理趣, 卽成後得智也. 隨順奢摩他觀義, 隨順毗鉢舍那觀義者, 彼云奢摩他."
17) 『大乘起信論海東疏』, p.581, "所言觀者, 謂分別因緣生滅相, 隨順毗鉢舍那觀義故."

원효는 지止와 관觀을 쌍운雙運하여[18] 서로 닦으라 말하고 있다. 그는 이론지理論知가 일어나는 바탕을 보라 말하였고, 행위의 근원을 보라고 말하였다. 이것은 곧 내면적 자각을 의미하는 것이다. 따라서 지知와 행行에서 지와 행을 같이 닦으라 했지만, 그때의 지知는 분별하고 있는 이치와 세계에 따라 가는 것이 아니라 그것으로부터 해방되는 것이다. 해방이라 함은 사량·분별을 쉬는 것이다. 그러한 의미에서 정定인 것이다. 정定이란 일정한 곳에 그 본체 자체에 있는 것이다. 이리저리 생각을 따라다니는 것이 산란인 것이다.

관행觀行의 의미도 역시 마찬 가지이다. 마음의 근원을 살펴 행위하는 것이다. 따라서 원효의 지·행은 결국 지와 행이 서로 다르냐 또는 지知가 먼저냐 하는 등의 문제보다 지知는 쉬어야 할 것(止)이요, 행行은 그 근원을 보아서(觀) 행위해야 할 것이었다. 그것은 바로 일심一心의 두 가지 나눔에 지나지 않기 때문이다. 따라서 지知는 지止로써 행行은 관觀으로써 닦으라 했다.

우리가 이해하는 서구적 앎, 즉 지知의 개념은 무엇을 안다는 능동적 사고의 추리였다. 그러나 원효가 보는 지知는 오히려 앎을 멈추는 일(止)이었다. 앎을 멈춤으로써 진정한 '지'가 나온다는 새로운 이론이 있음을 볼 수 있었다. 그리고 우리의 상식은 이론적인 인식이 있어야 행위 즉 실천이 있다고 보아 왔다. 그러나 원효의 행行의 개념인 관觀에서는 그 자체 독립적으로 마음의 생멸生滅의 원인을 오히려 잘 관찰하여 일어난

---

18) 『大乘起信論海東疏』, p.581, "云何隨順, 以此二義, 漸漸修習, 不相捨離, 雙現前故."

마음의 근원을 가라앉히는 데서 구체적인 행위가 바르게 일어남을 제시해 주고 있음을 본다. 이것 역시 종래에는 행위를 동적이고 구체적인 '움직임'으로 보았지만, 원효에서는 행위이기 이전에 그 마음의 동기를 가라앉히는 데 진정한 행위가 있음을 보여 준다. '동기를 따라서' 또는 '행위의 결과를 참작하여서'라는 동기론이나 결과론적 사고보다 그렇게 일어나는 마음의 동요됨의 근원을 쉬게 함으로써 참다운 실천이 있음을 확인해 주었다.

원효의 입장에서 본다면 이론지를 무시하고 실천만을 중요시했음이 아니라 오히려 이론지의 본질을 회통會通하는 방법으로 지止를 주장하였고, 실천도 실천만을 중요시한 것이 아니라 실천행위의 근원을 밝혀 그 위에서 행위하도록 말하고 있다. 따라서 이론으로서의 지知와 행위로서의 실천을 지양하였던 것이다. 그리고 이 둘이 서로 일심一心 위에 건립된 것임을 알려 준 것이다. '선禪이다', '교敎다' 하는 말이 원효 시대에는 뚜렷이 나타나지 않았다. 그 후의 선교禪敎의 대립이 심각해질 때 이미 원효는 그 사상 속에 이 둘의 화쟁和諍을 제시하였음을 본다.

그에게서 의법疑法인 지知나 의문疑門인 행行은 모두 수행 속에 내포되고, 그것은 이들이 일심一心의 미迷한 데서 벌어진 것이었다. 따라서 지나 행은 모두 일심一心의 근원에 들어가는 것을 방해하는 것이었다. 그러므로 지행知行의 화쟁和諍은 곧 지止와 관觀이었다. 지止와 관觀은 일심一心에 돌아가는 방법이지 그 자체로 독립적인 가치가 있는 것이 아니었다.

3. 의천의 교관병수

본래 원효에서는 수행방법으로 선禪을 중요시하였으나 그렇다고 교
敎를 배척한 것은 아니었고 오히려 이 둘의 화쟁和諍에서 그의 통불교적
교파 초월의 입장을 견지했다. 특히 원효나 의상이 다 같이 화엄학을
통달하고 중요시하였지만, 의상은 그 입각지立脚地가 당나라 현수賢首 법
사의 화엄학을 전승한 것을 가미·육성한 것이 주류이고, 원효는 자기의
독특한 내용과 방법으로써 창안한 것이 크게 이채롭다. 다시 말하면 원
효는 화엄교리도 소의所依한 바는 아니나 여기 집착하지 아니하고 동일
한 불법에 우열이 없고 다만 중생의 근기가 다를 뿐이고 『화엄경華嚴經』
과 다른 경과는 총總·별別의 상이相異는 있으나 우·열의 차이는 없다고
하며, 모든 경전을 동일시하고 특히 『대집경大集經』, 『금강삼매경金剛三昧
經』, 『열반경涅槃經』, 『무량수경無量壽經』 등을 모두 숭상하며 취하였으나,
의상대사는 오직 『화엄경』만 제일의第一義로 삼고 다른 것은 부차적인
것으로 고집하였음[19]을 보아서도 그의 불교적 태도를 알 수 있다.

불교의 이론적인 천명闡明에서 누구보다 철저하였다고 할 원효만 하
더라도 화쟁의 논리적 추구와 지관수행止觀修行의 뗄 수 없는 관계를 역
설하였으며 몸소 산수山水에서 좌선한 것이 전해지고 있다.[20] 우리는 원
효가 이론과 실천의 궁극적 근원을 파헤치고 그 위에서 실천해 왔음을
보았고, 또한 이 둘의 대립될 소지를 척파하고 동시에 화쟁함으로 일체

---

19) 趙明基, 『高麗大覺國師와 天台思想』(東國文化社 刊, 1964), p.45.
20) 朴鍾鴻, 『韓國思想史』(瑞文文庫, 1972), p.148.

의 교파를 하나로 귀일시켜 백가쟁의百家諍議를 화쟁하였음을 보았다. 이론과 실천 중에서 하나만을 고집하면 진정한 불법은 일어나지 못하는 것이다. 그러나 나말여초羅末麗初에서 혼란기를 당하여 우리 불교는 오교 구산문五敎九山門이 정립되면서 교敎·선禪의 갈등이 심각하게 일기 시작했다.

불립문자不立文字·이심전심以心傳心의 교외별전敎外別傳으로써 이른바 순선純禪을 종지로 하는 선종禪宗이 전래되어 구산九山에서 각기 종풍을 진작함에 이르러 교敎와 선禪은 마치 대립의 양상을 띠는 것처럼 보이게 되었다. 더구나 나말여초의 어수선한 난세를 겪는 동안에 불교의 이론적 탐구는 위미부진萎靡不振의 퇴세頹勢를 면할 길이 없었고, 따라서 철학적으로 새삼 논의될 만한 업적도 없었다고 짐작된다. 이러한 시기에 교관병수敎觀幷修의 기치를 선명하게 드러내어 한국불교의 전통적인 화쟁정신和諍精神을 중흥 선양한 사람이 바로 의천이다.[21]

우리는 이미 원효의 화쟁이 의천에서도 보임을 이제부터 살펴보아야 하겠다. 지와 행의 이원적 갈등에서 그것의 하나만 주장하는 것이 아니라, 그것을 서로 지양하여 화쟁하고 통일적인 불교의 통화統和의 원리를 찾으려 했고, 또 그 속에서 철학적인 꽃이 피었던 생생한 모습을 볼 수 있는 것이다. 대립은 발전을 가져오는 계기를 만들며 동시에 그 대립을 지양하는 화쟁정신에서 불교는 성숙된 것이었음을 본다. 그것은 곧 이론과 실천의 갈등의 연속 속에서 이것의 지양이 새로운 사상의 모

---

21) 『韓國思想史』, p.148.

태를 형성하는 기초임을 보여 준다.

의천에게서도 예외는 아니었다. 의천義天(1055~1101)은 우선 그 당시 세력이 왕성했던 선禪에 대하여 비판의 화살을 던진다. 이미 그때의 선禪은 교敎를 떠나 있었다. 하나로 치우쳐 그것만을 고집하고 있었다. 이러한 면에 대하여 의천은 그것의 '비非'를 지적하는 것이다. 의천은 그 누구보다도 원효의 화쟁을 높이 받들었으며 원효를 존경해 마지않았다. 그 예로 의천이 원효 성사聖師를 여불숭배如佛崇拜하여 친히 분황사까지 행차하여 그의 불전佛前에 예배하고, 또 "해동교주 원효보살은 백가이쟁지단百家異諍之端을 화和하여 일대지공지론一代至公之論을 얻으니 제자가 일찍부터 불승佛乘을 사모하여 선철지간先哲之間을 역시歷視하였으나 무출성사지우無出聖師之右"22)라 하는 제문을 올렸다.

이것을 보아도 그가 원효를 얼마나 존숭했는지 알 수 있고, 또한 그의 학문적 태도도 여기에서 배워 의상같이 『화엄경』만 고집한 것이 아니라 모든 경전의 중요성을 역설하여,

구사俱舍를 불학不學하면 소승지설小乘之說을 부지不知하고, 유식唯識을 불학不學하면 시교지종始敎之宗을 부지不知하고, 기신起信을 불학不學하면 종돈지지終頓之旨를 불명不明하고, 화엄華嚴을 불학不學하면 원융지문圓融之門에 난입難入하니 오교五敎의 궁극에 달하자면 어찌 겸학兼學을 아니 할까보냐. 근세의 학자는 돈오頓悟를 자청自請하고 권소權小는 멸시하면서 성상性相을 담론하므로 왕왕 조소를 받는 자가 있으니 이것은 모두

---

22) 『大覺國師文集』, 第16, 「祭芬皇寺禮曉聖像」.

겸학을 아니한 까닭이라.23)

하여 학문의 편견을 경계하였던 것이다. 여기에서도 보는 바와 같이 돈
오頓悟라 하면 선禪을 말하는 것으로 돈오頓悟만 알고 교敎 이론에 입각한
경전을 무시해서는 안 된다는 뜻을 은연중에 암시하고 있는 것이다. 또
한 대각국사 의천은 그 당시의 불교계의 시폐時弊를 논하여

　　원래의 선禪은 교敎를 적籍하여 선을 습習하나, 금일의 선禪은 교敎를 이
　　離하여 선을 설說하니 그의 명名을 집執하고 그의 실實을 망忘하여 백폐
　　百弊가 여기에서 생하니, 이에 금인今人은 교사矯詐의 폐弊를 구하여 고
　　성정순지도古聖精醇之道에 복귀 아니치 못할 것이다. 논하고 또 논하기
　　를, 소위 세상의 명사는 심心은 명名에 탕蕩하고, 지智는 이利에 혼혼하
　　여 학學은 점점 부천浮淺해지며, 전적을 섭렵하고 문구를 책렬磔裂하여
　　치아지간齒牙之間에 치치하니 후학지배後學之輩는 오승誤承하고 유차謬差
　　를 습습襲하니 이 속폐俗弊를 구하고 정도를 밝히고자 함이라.24)

한 것이 국사의 학문적 태도요, 시폐時弊의 자각이었다. 여기에서 우리는
국사가 종파의 대립이 얼마나 악폐가 있는 것인가를 말하였음을 볼 수
있다. 또한 선종이 이론적 체계인 경을 무시함으로 얼마나 오승誤承의
잘못을 저지르는가를 힐난하였다.

─────────────

23) 『大覺國師文集』, 第1, 「刊定成唯識論單科序」.
24) 『卍續藏經』 第二編 第六六套 第二冊, 「別傳心法議後序」, "甚矣, 古禪之與今禪, 名實相違也, 古
　　之所謂禪者, 藉敎習禪者也, 今之所謂禪者, 離敎說禪者, 說禪者, 執其各, 而遺其實習禪者, 因基
　　詮而得其, 旨救今日矯詐之弊, 復古聖醇精之道."

실천을 주로 하는 선종도 이심전심以心傳心을 실수實修하는 것이 본면목
이나, 구이지학口耳之學으로서 일법一法을 인득認得하였다고 자족을 하
며 조박지말糟粕枝末로써 자아를 주장하니, 국사는 "구구말학군부지區區
末學君不知, 구분치선단시비九分癡禪端是非"라 하여 대책大嘖을 하였다.[25]

　이것을 보아도 실천인 선禪을 진정한 수행으로 하지 않고, 또 경을
통하여 부단히 자성함이 없이 귀로 듣고 입으로 말하는 것을 주워들어
서 곧 선禪의 본지인 이심전심의 세계에 순입한 것처럼 떠드는 병폐를
지적하였다.
　이러한 사상은 이미 언급한 바 있지만 신라 중엽 이후 선종이 전래
하여 점점 세력을 얻게 되니 왕실이 또한 이것을 보호하게 되어 한층
발전함에, 나말에 이르러서는 전 세계가 선교이종禪敎二宗으로 전단專斷되
고 동시에 선도와 교도와는 그의 교리로써 투쟁하게 되어 교계는 일대
파란을 일으키게 되었다. 그리고 여초에 태조 자신이 선종을 신앙하고
이것을 외호하였기 때문에 선파의 세력이 당당하였으나, 현종 이후에
이르러서는 화엄·법상 등의 교종이 세력을 얻어 선종에 반항하게 되었
다. 불도佛徒의 수행도 선이나 교의 일방에 편집하여 각각 불佛의 뜻을
얻었다 하고 타他를 배척하는 까닭에 국사는 이것을 바로잡고자 하였다.
　의천에 의하면,

　대저 법은 언상言像이 없는 것이나 그렇다고 언상을 떠난 것도 아니다.

---

25) 『文集』, 第19, 「日公禪師退差雪峯三章」.

언상을 떠나면 도혹倒惑하고, 언상에 집착하면 진眞을 혼미케 된다. 단지 세상에 완전한 재능이 적은 만큼 사람들이 그 아름다움을 갖추기가 곤란하여서 교를 공부하는 사람은 내적인 것을 버리고 외적인 것을 구하는 일이 많게 되고, 선을 익히는 사람들은 밖의 연경緣境을 잊고 내적으로 밝히기를 좋아 했다. 그 둘이 다 편집偏執한 것이요 똑같이 이변二邊에 구속됨이라, 있지도 않은 귀각鬼角의 장단을 싸우며 공화空花의 농담을 다툼과 같다.[26]

고 하여 교와 선이 각기 상보하여 내외를 겸전해야 한다는 점을 주의하고 있다.

여기서 우리는 교인 이론을 연구하는 사람은 외적인 데 나아가 그의 명名을 좋아함을 볼 수 있으나, 그 교는 내적인 실천의 근원인 선의 말 없는 세계를 깊이 통찰하여야 한다고 주장하여 내·외, 선·교 겸수를 선양하고 있음을 여실히 본다.

그리고 이러한 이원적 대립은 본래 법이 언상言像을 떠나 있으면서 언상을 떠나 말할 수 없는 그 자신의 성질이 그러하기 때문임을 강조하고 있다. 그것은 곧 일이이一而二요, 이이일二而一인 세계가 곧 법의 본질이기 때문이다. 그리하여 의천은 끝까지 선교禪敎의 원융圓融을 따져 겸수를 주장하고 이것을 곧 근본지학根本之學이라 보았다.

선을 한다는 사람들이 진정한 실천의 세계인 실천 자체의 근원을 진

---

26) 『文集』, 第3, 「講圓覺經發辭第二」, "夫法无言像, 非離言像. 離言像則倒惑, 執言像則迷眞. 但以世寡全才, 人難具美, 故使學敎之者, 多棄內而外求, 習禪之人, 好忘緣, 而內炤. 並爲偏執, 俱滯二邊, 其猶爭兎角之長短, 用空花之濃淡."

실되게 자성하여 수행함이 없이, 이미 말과 상으로 의논할 수 없는 법을 몇 마디 듣고 말로써 흉내를 내려고 하는 것은 참다운 선이라 할 수 없고 그것은 돈오頓悟에 들어감도 아님을 천명한다. 그래서 그 당시 공부하는 사람들이 스스로 돈오를 말하여 권소權小를 멸시하지만 성상性相을 담론하다가 왕왕 사람들의 웃음거리가 된다고 말하였음은, 다름이 아니라 실천을 통하여 진정 돈오에 들어갔으면 교인 이치나 이론이 막힘이 없어서 서로 그 성상이 일치되어야 함에도 불구하고, 교에 나타난 성상에 어긋나게 되니 이것은 필시 선을 바르게 하지 못하였음이 아니면, 선에 의한 돈오의 세계를 말로써 표현 못하기 때문이다. 깨달은 바를 이론에 맞게 언표할 수 있도록 겸학하기를 권하였음을 알 수 있다.

의천이 결코 선을 무시하였거니 경시한 것은 아니다. 오히려 교관병수教觀幷修의 필요성을 역설했음을 보여 주는 것이요, 따라서 교를 떠난 선의 편집을 경계한 것이다. 의천은 말하기를,

> 이 마음은 그의 체體가 청정하고, 그의 용用이 자재하며, 그의 상相이 평등한 것이니, 이것은 불분이분不分而分이다. 비록 그처럼 삼의三義를 설하기는 하지마는 성범은 본래 일체요, 의지함과 바름은 둘이 아니다. 미혹하면 번뇌생사요, 깨치면 보리열반이다. 이것을 마음에 미루어 생각하면 마음이 되고, 물物에 미루어 생각하면 물이 된다.[27]

라고 하여 결코 돈오의 깨침을 도외시한 것이 아니라 오히려 그 자리에

---

27) 『文集』, 第4, 「題未詳」, "此心其體淸淨, 其用自在, 其相平等不分而分. 雖說三義, 聖凡一體依正不二. 迷之則煩惱生死悟之則, 菩提涅槃. 推之於心則爲心也, 推之於物則爲物也."

서 보아야만 생사·열반이 둘이 아님을 알 수 있다고 피력하는 것이다. 물론 의천이 교敎의 입장에서 선을 말한 것은 사실이다. 그는 선禪보다 교敎에 대한 저술이 많고 학문이 해박함도 주지의 사실이지만, 그가 선을 얼마나 중요시하였는가를 살펴보면 이제 그가 왜 교선의 병학과 일치를 주장하게 되었는가를 알 수 있다.

의천은 말하기를,

제법은 모두가 동일성이어서 차별이 없는 것이니 눈이 부딪치는 것이 그대로 보리菩提요, 기機에 임하여 도 아닌 것이 없다. 그것은 실로 불제자이었던 기바耆婆가 의약의 처방이 훌륭하여 그의 손만 닿으면 초목이 모두 약재 구실을 함과 같다. 다만 그 법체法體가 자성을 지키지 않고 물에 감하여 움직이며 연을 따라 변하기 때문에 중생이 허망전도 虛妄顚倒하여 무량의 고통을 받으면서도 스스로 깨닫지 못하니 참으로 연민할 노릇이다.28)

라고 하였다. 여기서 보이는 바와 같이 그는 깨달음의 세계에서 말로써 제법의 동일성으로 평등성을 보았고, 선에서 말하는 물물이 보리자성이고 또한 도라는 뜻을 확실히 알고 있었다. 그가 이와 같이 선을 뚜렷이 알고 있었으므로 자신 있게 겸수를 주장할 수 있었다고 믿어진다.

의천은 이렇게 말한다.

---

28) 『文集』, 第4, 「華嚴經啓講辭」(缺張으로 未詳), "一切諸法, 皆同一性, 無有差別……觸目是菩提, 臨機何不道者. 良以耆婆之手, 草木皆藥故也. 俱其法體, 不守自性, 感物而動, 隨緣而變, 故衆生虛妄顚倒……受無量苦, 不自覺, 眞可憐憫."

이 법은 중생에서는 만혹萬惑이 되고, 보살에서는 만행萬行이 되며, 여래에서는 만덕萬德이 된다. 일경一境 속에 일체지一切智요 일체지一切智 속에 제법계諸法界라. 먼저 삼관오교三觀五敎로써 법의法義를 연궁研窮하여 입도入道의 안목眼目으로 삼아야 한다. 실로 이 보법普法을 떠나서 다른 방법으로 성불할 수 없는 것이다. 관觀을 배우지 않고 경經만 공부한다면 비록 오주인과五周因果를 듣는다 하여도 삼중성덕三重性德에는 달하지 못하고, 관觀만 공부하고 경經을 배우지 않으면 비록 삼중성덕三重性德을 깨달아도 오주인과를 분별치 못한다. 그러므로 관은 배우지 않을 수 없고 경은 공부하지 않을 수 없는 것이니, 대경大經을 천수하되 관문觀門을 배우지 않는다면 비록 경에 능통한 강주라고 할지라도 나는 믿지 않는다. 혹은 편사偏邪에 빠지고, 혹은 성리聲利에 현혹되며, 혹은 만심慢心하고, 혹은 게으르며, 있는 것 같기도 하고 없는 것 같기도 하여 죽을 때까지 그 도에 들어가지 못한다.[29]

여기에서 '오주인과五周因果'란 소신인과所信因果·차별인과差別因果·평등인과平等因果·성행인과成行因果·증인인과證人因果를 말하며, 삼중성덕三重性德이란 교중敎重·행중行重·증중證重을 말한다. 우리는 의천이 경經만 배우고 관觀을 배우지 않으면 영원히 그 도道에 들어갈 수 없다고 말한 대목에서, 그가 교관병수敎觀幷修로써 지知와 행行을 둘로 보지 않고 행行 없는 지知는 무용無用이요, 지知 없는 행行은 밝지 못함을 강조한 것을 볼

---

29) 『文集』, 第16, 「示新參學徒緇秀」, "此法在衆生, 爲萬惑, 在菩薩, 爲萬行, 在如來, 爲萬德……於一境中一切智, 一切智中諸法界.……莫若先以三觀五敎, 研窮法義, 用爲入道之眼目也. 良由離此普法, 更無異略得成佛. 不學觀, 唯授經, 雖聞五周因果, 而不達重三性德, 不授經唯學觀, 雖悟三重性德, 則不辨五周因果. 夫然則觀不得不學, 經不得不授也.……是知傳大經而不學觀門者, 雖曰講主, 吾不信也.……或失於偏邪, 或失於聲利, 或慢或怠, 若存若亡, 故終其身而不能入其道."

수 있다. 그는 교敎의 체험을 곧 관觀으로 보았기 때문에 오히려 들어가는 문門은 교敎였지만 나오는 문門은 선禪임을 암시해 준다.

우리는 이제까지 의천에서의 지知와 행行, 즉 교敎와 선禪의 입장을 보았다. 의천은 원효의 화쟁사상을 중흥시켜 교와 선의 이원적 대립을 지양하여 교선병수를 강조함을 본다. 어느 한쪽을 두둔하는 것이 아니라 출발과 종착의 확인으로서의 교敎와 선禪이었다.

특히 의천이 말년에 천태종을 중흥 진작시키려고 하였음은 교종과 선종을 다리 놓아 융합시킴에 있어, 좌선지관坐禪止觀의 수행을 중시하는 천태교관天台敎觀이 보다 포괄적이며 선종과도 통할 수 있는 것이라 생각하여 천태종을 연구하고 그것을 선양했다고 믿어지는 것이다.

결국 천태종의 중흥을 위한 의천의 노력이 그 당시 불교계의 교·선의 갈등을 해소하려는 입장으로부터 기인하였다는 점에서 살펴보면, 의천이 얼마나 한국불교의 통화적統和的 화쟁사상和諍思想에 철두철미하였는가를 알 수 있다. 그것은 또한 지知와 행行의 대립을 극복하려는 의지였음을 알 수 있다.

4. 지눌의 선교일원

　신라불교를 계승한 고려불교는 대각국사 의천의 출세에 의하여 획기적 선불교를 창설하게 되고 그 면모를 일신하게 되었다. 당시의 불교계는 오교구산五敎九山 전부가 신라의 법계를 계승하였으나, 교파敎派와 선파禪派와는 세력 간이 서로 각축하던 상황에 빠져 있었다. 이러한 문제점을 해소하기 위해 채택한 대각국사의 통일 이념은 교관병수의 화쟁정신이었다. 그는 화쟁의 방도 면에서 천태종을 신설함으로써 선교禪敎합일合一의 사상을 전 불교계에 전파하도록 하였다. 이 때문에 선종도 교리적으로는 천태의 관법에 섭수되었고, 종래의 대립적 항쟁은 해소되고 화합의 이념과 실천이 발생할 수 있었다.[30]

　선교의 대립을 의천은 교관병수로써 화합하여 지와 행의 병수로서의 일치 또는 지양을 달성했다. 의천의 이러한 노력이 간곡했음에도 불구하고 고려 초·중반의 불교계는 오히려 의천이 가고 난 후부터 더욱 선교의 대립이 극심하게 되었다. 특히 고려 광종 9년(985)에 관리 등용의 과거제도를 시행함에 따라 승과가 병설되어 다수의 승려가 여기에 응하게 되었다. 이 승과에는 선종선禪宗選과 교종선敎宗選이 있어서 여기에 합격하면 대선법계大選法階를 받게 되어, 점차로 승계하여 교종에서는 승통僧統, 선종에서는 대선사大禪師라고 하는 법계위法階位에 오르게 되었다.

　그리고 이들은 국왕의 정치와 학문·인격의 도야를 위하여 사부가

---

30) 趙明基, 『高麗大覺國師와 天台思想』, p.5.

되었다. 즉 국가 최고 고문격인 국사 또는 왕사를 승통이나 대선사 중에서 모시게 되는 것이다. 이러한 대우를 받게 되는 승려들은 그들의 높고 고귀한 임무를 수행으로 전념하지 않고 오히려 허송세월로 보내는 경향이 많았다. 특히 지눌知訥(1158~1210) 당시에 불교계의 타락상은 말이 아니었다. 거기다가 선종은 선종만을 비호하고 교종은 교종만을 고수하여 선교禪教가 서로 내왕이 없을 뿐만 아니라 비방·공격하는 사태까지 일어나게 되었던 것이다.

그리하여 선禪은 교외별전教外別傳이라는 구호 아래 교教를 멀리하고, 교教는 교대로 선禪을 무시하여 서로 그 대립이 심각하였다. 이러한 불교적 풍토에서 지눌은 과연 불어佛語인 교教와 심종心宗이 다른 것일까 하는 의심이 오랫동안 사라지지 않고 있었다. 그래서 선승禪僧인 그는 이러한 의문을 풀기 위해 직접 대장경을 열람하였던 것이다. 그는 먼저 화엄종의 관행문觀行門을 의심하여 그 계통의 경전을 보았다.

그는 말하기를,

대정大定 을사년 가을에 나는 처음으로 하가산에 숨어 살면서 항상 선문의 '마음이 곧 부처'라는 말에 마음을 두어, "이 법문을 만나지 못하면 영원히 수고만 하고 정인의 경지에 이르지 못하리라" 하였다. 그러나 화엄교의 깨쳐 들어가는 문은 과연 어떤 것인가 하고 끝내 의심하였다. 그리하여 강주에게 가서 물었더니, 그는 "일과 일의 걸림이 없음을 觀하라"라고 대답하고 다시 경계하기를, "그대가 다만 제 마음만 觀하고 일과 일의 걸림이 없음을 觀하지 않으면 곧 부처가 된 결과의 원만한 덕을 잃을 것이다" 하였다. 나는 대답하지 않고 잠자코 생각하기를, '마음을 가지고 일을 관觀하면 장애가 있어 한갓 제 마음만 어지럽게 할 것이니 어찌 끝날 때가 있겠는가. 다만 마음의 지혜만 깨끗하면 한 털과 세계가 융합할 것이니 그것은 반드시 바깥 경계가 아닐 것이다.' 그리하여 산으로 돌아와 심종心宗에 계합하는 부처님의 말씀을 구하여 3년 동안 대장경을 열람했다.31)

라고 하였다. 여기서 지눌은 심종心宗인 선의 이치와 교인 대장경의 말씀 속에 일치되는 점이 있다고 믿고, 그 일치점을 찾고자 3년 동안 교를 공부했다고 한다. 그리하여 그는 마침내 『화엄경』 「출현품出現品」의

한 티끌이 대천세계를 머금었다는 경책의 비유와 그 뒤에 통틀어서 말하되, 여래의 지혜도 그와 같아서 중생들 마음에 갖추어져 있지만 어리석은 범부들은 그런 줄을 깨닫지 못한다.32)

라는 구절에서 선교禪敎가 둘이 아님을 확인하고 읽던 책을 내려놓고,

부처님이 입으로 말씀하신 것은 교敎요, 조사祖師님이 마음에 전한 것은 선禪이다. 부처님과 조사님의 마음과 입을 필연 어긋나지 않을 것인데 어찌 그 근원을 궁구하지 않고 각기 제가 익힌 곳에 편안하여 망령되이 논쟁함으로써 헛되이 세월을 보내겠는가.33)

31) 『知訥』(韓國高僧傳, 佛敎硏究會 刊), 권2, 「華嚴論節要」, p.3, "大定乙巳秋月, 余始隱居 下柯山, 常以禪門卽心卽佛, 冥心以謂非遇此門, 徒勞多劫莫臻聖域矣. 然終疑華嚴敎中悟入 之門……."

32) 『韓國高僧傳』, p.3, "至閱華嚴經出現品, 擧一塵, 含大千經卷之喩, 後合云如來智慧, 亦復如是, 具足在於衆生身中, 但諸凡愚, 不知不覺, 予頂戴經卷……."

라고 말하였다. 이에 의하면 그는 확실히 선禪은 부처님이 마음으로 전한 것이요, 교教는 입으로 전한 것이기에 선교禪教는 둘이 아님을 명백히 말하였다. 이렇게 볼 때 지눌에서 마음의 실천이나 입의 이론은 모두가 그 근원이 하나인 것이요, 따라서 마음은 곧 입으로 표현되는 것이기에 본래 마음과 입의 표현은 하나이어야 한다고 믿고 있었음을 알 수 있다.

그리고 그것은 동시에 이론적인 지知나 실천적인 행行이나 본래 그 근원에서는 하나여야 한다고 이해하였다. 이론적인 지知로 인하여 행行이 일치되는 것이 아니라 본래 지知와 행行은 그 근본을 하나로 하고 있음을 말하였다. 그것이 둘로 분별되는 것은 참다운 불佛의 세계가 아니요, 어리석은 범부의 미혹의 산물임을 보여 주고 있다. 그리고 선교禪教, 즉 행行과 지知의 둘이 아님은 그것의 형태적인 면보다 그것이 곧 자성불自性佛의 세계에서 동일한 것임을 더욱 역설함을 보는 것이다.

지눌이 주장한 선교일원禪教一元의 원리라 함은 교학상教學上 선禪이나 교教가 다 일불一佛이 구설口說·심전心傳이라는 형태적 관점도 있지만, 요는 교教나 선禪이나 다 같이 자성불自性佛을 찾아내는 데 있었다. 따라서 교선教禪의 일원一元은 자성불의 발견이나 성취에서 모두가 조도적助道的 입장이요, 그 자체가 독립적인 도道 자체, 자성불 자체가 아닌 것이다. 따라서 교教·선禪은 모두가 자성불의 이상에 도달하는 하나의 수단이었다. 그 수단을 가지고 이것이 옳다, 저것이 옳다고 주장하는 것은 오히려 어리석은 일로 목적을 흐려 놓을 수 있는 것이다. 지눌에서 이 둘의

---

33) 『韓國高僧傳』, p.4~5, "世尊說之於口, 即爲教, 祖師傳之於心, 即爲禪. 佛祖心口, 必不相違豈可不窮根源, 而各安所習妄興諍論."

화합은 불교의 근원에 도달하고자 하는 이상에서였다.

지눌은 종래의 선교이원관禪敎二元觀에 대하여 스스로 의심하고, 스스로 그 의심을 바탕으로 간절히 탐구하여 선교일원관禪敎一元觀으로 화회和會하여 화쟁和諍의 사상을 높였다. 그는 결코 지知와 행行이 이질적인 것이 아님을 보았다. 철저한 지知는 철저한 행行을 낳고, 철저한 행行은 철저한 지知가 있음을 알고 있었다. 그리고 이들은 모두가 자성불을 이루는 과정이었던 것이다. 그렇기 때문에 국사는 종래의 선교이원론에 의하여 공부의 길을 잘못 들고, 어떤 이는 선禪에만 의존하고, 어떤 이는 교敎에만 의존하고 그 시대의 추세에 빙거하여 이양과 세속적 출세에만 탐닉된 일부 속배들을 선禪으로 융섭融攝하고 사회적 대립 갈등을 해소시키려 하였다. 지눌은 다음과 같이 말하였다.

어떤 이가 묻기를, "요즘 마음을 닦는 사람이 널리 배우고 많이 들어 법을 설하여 사람들을 제도하면 곧 마음을 안으로 비추어 닦는 일에 손실이 될 것이요, 만약 남을 이롭게 하는 행이 없으면 고요함만을 취하는 무리들과 무엇이 다르겠는가?' 하였다. 그때 국사께서는 대답하되, "그것은 각기 그 당자에게 달려 있으므로 한결같이 말할 것이 아니다. 만일 말로 인해 도를 깨닫고, 교로 인해 종지를 밝히며 법을 선택하는 눈을 갖춘 사람은 비록 많이 들어도 이름을 명목名目과 상相에 집착하는 생각을 일으키지 않는다.
비록 남을 이롭게 하더라도 자기와 남을 구별하여 미워하거나 사랑하는 생각을 끊고, 자비와 지혜가 점차로 원만해져 환중寰中에 계합하면 그는 진실로 실행할 수 있는 사람이다. 만일 말을 따라 소견을 내고,

글을 따라 이해를 지으며, 교를 쫓고 마음이 미迷하여 손가락과 달을 분별하지 못하고, 명예와 이양을 취하려는 마음을 잊지 못하면서 법을 설하여 사람을 제도하려는 이는 더러운 달팽이가 스스로도 더럽히고 남도 더럽히는 것과 같다. 그러므로 그는 문자법사文字法師이니 오로지 닦고 명예를 구하지 않는 이라 할 수 있겠는가."[34]

교教를 고집하거나 선禪에 편착偏着하지 않고 서로 융섭하여 정혜定慧를 같이 닦아 종지宗旨에 다다르면 어찌 탓할 것이 있겠는가. 이것은 선교禪教가 서로서로 돕고 조도助道가 된다는 것을 말함이니, 꼭 선禪에서 얻는 깨달음이 교教에 의한 깨달음만 못하다는 것도 아니요, 교教에 의한 깨달음이 선禪만 못한 것이 아니요, 서로 공부의 길이 됨을 지적하고 있다. 이 둘은 우리가 부처가 되는 두 길일 뿐이다.

일반적으로 교教에 밝으면, 즉 지知가 있으면 사회적 지위에 오르면서 그 지知의 참뜻을 모르고 내면적인 행行이 뒤따르지 못할 경우가 있고, 내면적 행行이 뛰어나나 그 세계를 표현하는 지知가 미치지 못할 경우도 있는 것이다. 이 둘의 장점과 약점이 서로 보완되어 진정한 불佛의 위치에 올라야 되는 데도 불구하고 이것을 서로 나누어 하나만을 진리인 양 생각하는 데서 진정한 달의 모습을 볼 수 없다는 것을 지적하고 있는 것이다. 지와 행, 교教와 선禪은 모두가 자성불에 이르는 보완적 조

---

34) 『普照法語』, 「定慧結社文」, p.23, "今時修心人, 若博學多聞, 說法度人, 則損於內照, 若無利他之行, 則何異趣寂之徒耶. 答, 此各在當人不可一向. 若因言悟道, 藉教明宗, 具擇法眼者, 雖多聞而, 不起認名執相之念. 雖利他而能斷自他, 憎愛之見, 悲智漸圓, 妙契實中則誠當實行者也. 若隨語生見, 齊文作解逐教迷心, 指月不分未忘名聞利養之心, 而欲說法度人者, 如穢蝸螺, 自穢穢他. 是乃世間文字法師, 何名專精定慧不求名聞者乎."

도助道에 불과한 것이다.

지눌의 선교일원의 원리는 자심自心을 밝히는 데 있다. 자심이 밝혀
지는 것이 곧 자성불이 드러남이기 때문이다. 따라서 그의 선교화쟁禪敎
和諍의 원리는 자심 이외의 그 어떤 것에서 불佛을 구하지 않는 데 있다.
자심 이외에서 불을 구하는 그것이 쟁諍이요, 대립임을 보여 주었다.35)

우리는 이제까지 지눌의 선교일원관을 살펴보았다. 여기서 또한 지
知와 행行의 문제가 극복됨을 보았다. 지눌은 자심自心을 설정했지만 사
실 이 자심의 극복까지 전제하였다. 그것은 지와 행, 또는 선교에서 정
혜定慧의 문제를 하나로 융섭하는 원리를 제시하였으니 그것이 곧 무심
합도문無心合道門이다. 지눌은 또한 말하기를,

　　지금 또 조사祖師의 가르침에 의하면 다시 한 문門이 있으니 그것은 가
　　장 간단하고 중요한 것으로 이른바 무심無心이다. 왜 그러냐 하면 마음
　　이 있으면 마음이 편하지 못하고, 마음이 없으면 스스로 즐겁기 때문
　　이다.36)

라고 하였다. 여기에서 무심無心은 지知와 행行의 구속을 받지 않는 지와
행의 근원임을 보여 주어 지·행의 세계를 극복한다. 원효의 무음無音에
비교할 만하다.

---

35) 宋錫球, 「普照의 和思想」, 『佛敎學報』(東國大學校 佛敎文化硏究所 刊, 1978), p.245.
36) 『法集別行錄節要幷入私記』(安震湖 編), p.44, "今依祖敎, 更有一門, 最爲省要, 所謂無心. 何者
　　若有心, 則不安, 無心則自樂."

5. 서산의 선교관

조선조에서 소위 지행知行의 문제라 할 수 있는 선교禪敎에 관하여 명쾌히 언명한 분 중의 한 분은 서산대사西山大師(1520~1604)라 할 수 있다. 서산대사는 선교에 관하여 어떻게 이해하고 있었는가. 그의 주저인 『선가귀감禪家龜鑑』이나 『선교석禪敎釋』·『선교결禪敎訣』 등에서 선교의 의의를 상세히 밝히고 있다. 그는 먼저 『선가귀감』에서 선교를 다음과 같이 정의 내렸다.

세존께서 세 곳에서 마음을 전하신 것은 선지禪旨가 되고 부처님이 한 평생 말씀하신 것이 교문敎門이 되었다. 그러므로 선禪은 부처님의 마음이요, 교敎는 부처님의 말씀이다.[37]

이것은 삼처전심三處傳心은 선지禪旨이고 49년의 설법說法은 교문敎門이라는 말이다. 이것에 대하여 서산대사는 주해註解를 붙여

세 곳이란 것은 다자탑多子塔 앞에서 자리를 절반 나누어 앉으심이 첫째요, 영산회상靈山會上에서 꽃을 들어 보이심이 둘째요, 사라쌍수 아래에서 관곽 속으로부터 두 발을 내어 보이심이 셋째이니, 이른바 가섭존자迦葉尊子가 선禪의 등불을 따로 받았다는 것이 이것이다.…… 그러므로 선禪과 교敎의 근원은 부처님이시고 선과 교의 갈래는 가섭존자

---

37) 『禪家龜鑑』(法通社 刊), p.170, "三處傳心者, 爲禪旨, 一代所說者, 爲敎門. 故, 曰禪是佛心, 敎是佛語."

와 아난존자이다. 말 없음으로써 말 없는 데 이르는 것은 선禪이요, 말 있음으로써 말 없는 데 이르는 것은 교敎이다. 또한 마음은 선법禪法이고 말은 교법敎法이다. 법은 비록 같은 것이지만 그 뜻은 하늘과 땅같이 현격하다. 이것이 선과 교의 두 길이 다른 점이다.[38]

라고 말하였다.

이와 같은 서산대사의 입장에는 선禪을 어디까지나 우위에 두고 교敎를 열위에 두고자 하는 암시가 있음을 본다. 이것은 『선가귀감』에서,

그러므로 만약 누구나 말에서 잃어버리게 되면 꽃을 드신 것이나 빙긋이 웃는 것 이 모두 교敎의 자취만 펼 것이요, 마음에서 얻으면 세상의 온갖 잡담이라도 모두 교 밖에 따로 천한 선지가 될 것이다.[39]

라고 말한 점에서도 볼 수 있는 것이다. 이러한 점을 더욱 쉽게 풀이해서 말하기를,

법은 이름이 없는 것이므로 말로써 이를 수 없고, 법은 모양이 없는 것이므로 마음으로 헤아릴 수도 없는 것이다. 무엇이냐 말하여 보려고 한다면 벌써 근본의 마음의 자세를 잃는 것이요, 근본 마음 자체를 잃게 되면 부처님이 꽃을 드신 것이나 가섭존자가 웃으신 것이 모두 썩어 버린 이야깃거리만 될 것이다. 마음에서 얻은 이는 장꾼(市場)들의

---

38) 『禪家龜鑑』, p.170, "三處者, 多子塔前, 分半座一也, 靈山會上擧拈花二也, 雙樹下, 槨示雙趺三也, 所謂迦葉, 別傳禪燈者, 此也. 一代者四十九年間所說五敎也……."
39) 『禪家龜鑑』, p.171, "是故, 若人, 失之於口, 則拈花微笑, 皆是敎迹, 得之於心則世間麤言細語皆是敎外別傳禪旨."

잡담이라도 다 법사의 설법이 될 뿐 아니라 새 노래와 짐승의 울음까지도 한 이치를 바로 말하는 것이 될 것이다.[40]

라고 함을 보아 서산대사의 선교관禪敎觀을 알 수 있다.

그는 선禪의 특징을 "내가 한 마디 말하려 한다. 생각을 끊고 인연 대상을 향한 집착심을 잊고(絶慮忘緣) 일 없이 우두커니 앉았더니, 봄이 오매 풀이 저절로 푸르구나"[41]에 주해를 붙여 다음과 같이 말한다.

생각을 끊고 인연 대상을 향한 집착심을 잊었다(絶慮忘緣)라 함은 마음에서 얻은 것을 가리킴이니 이른바 일 없는 도인이다. 어디에나 얽힘 없고 애당초 일 없어서 배고프면 밥을 먹고 고단하면 잠을 자네. 맑은 물과 푸른 메에 마음대로 오락가락, 고기 잡는 바닷가와 술잔 파는 밤거리에 걸림 없고 물듦 없이 고요하게 지내가리. 세월은 지나가나 내 알 바 아닐 터인데, 봄 되면 예와 같이 풀잎이 푸르구나. 이것은 특별히 한 생각 일어날 때에 돌이켜 살피게(一念廻光返照) 하려 함이다.[42]

이에 대하여 "교는 오직 일심一心을 전하는 법에 지나지 않는다"(敎門惟傳一心法)라고 하였다. 또 일심이 거울의 체體와 같다는 데 대해서 선은 그 성性인 광光이라 하였다. 거울이 아무리 있어도 광光이 없으면 무용지

---

40) 『禪家龜鑑』, p.171, "法無名故, 言不及也, 法無相故, 心不及. 擬之於口者, 失本心王也, 失本心王則世尊拈花, 迦葉微笑盡落陳言, 終是死物也. 得之於心者, 非但街談, 善說法要, 至於鶯語, 深達實相也……."

41) 『禪家龜鑑』, p.171, "吾有一言. 絶慮忘緣, 兀然無事坐, 春來草自靑."

42) 『禪家龜鑑』, p.171, "絶慮忘緣者, 得之於心也, 所謂閑道人也, 於戱, 其爲人也. 本來無緣, 本來無事, 飢來卽食, 困來卽眠. 綠水靑山, 任意逍遙, 漁村酒肆, 自在安閑. 年代甲子, 總不知, 春來依舊草自靑. 此別歎一念廻光者."

물이라는 뜻[43]으로 이해할 수 있는 것이다. 그래서 이를 "선문유전견성법禪門惟傳見性法"이라 말하였다.

이와 같이 서산대사는 선禪의 입장에서 교敎를 부정하거나 무시한 것이 아니라 교敎는 어디까지나 필요함을 역설하여, '부처님께서 일생 동안 말씀하신 것'이라든가, 또는 '부처님의 말씀'이라든가, 또는 '말 있는 데서 말 없는 데로 이르는 것'이라든가 라고 하여 결국 교敎는 언어와 밀접한 관계를 맺으면서 일심을 전하는 법임을 뚜렷이 했음을 알 수 있다. 결국 일심 그 자체를 체득하는 선법과 일심의 모습을 전하는 교법을 나누어 보았지만 그것은 결코 내·외가 서로 다른 것이 아니었다. 교敎 역시 일심一心을 전하는 도구로서 필요한 것이었다.

그의 선교관을 종합해 보면 선禪은 깊고 교敎는 얕은 것이라고 했다. 그러나 선이 깊고 선의 입장에 처했다고 하여 교를 비방하거나 무시하지는 않았다. 오히려 교는 교로서 필요함을 말하였고 교와 선을 대립의 개념으로서 이해하진 않았다.[44] 그러면 그가 선교의 대립을 지양한 논리는 무엇이었던가?

첫째로 선이나 교는 모두 부처님의 깨달음에서 시작된 것이고, 그것은 일심一心·일법一法 위에 나누어진 것이라는 논리에 근거하고 있음을 본다.

둘째는 그의 『심법요초心法要妙』에서 말하기를,

---

43) 禹貞相, 「西山大師의 禪敎觀에 對하여」(趙明基博士 華甲紀念 佛敎史學論叢), p.480.
44) 權奇悰, 「西山의 和思想」, 『佛敎學報』 第15輯(1978年度刊), p.260.

선교는 일념중一念中에 일어난 것으로 심의식心意識이 미치는 곳 즉 사
량에 속하는 것은 교이며, 성의식이 미치지 않는 곳 즉 참구에 속하는
것은 선이다.[45]

라고 하여 선교는 일념 중에 분별로 일어난 것임을 명백히 하였다. 따라
서 일념의 생멸은 지요, 생멸이 없음은 곧 선이었다. 이로써 우리는 교
는 지에 속하고 선은 행에 속함을 볼 수 있다. 따라서 지행知行은 본래
하나에서 일어난 것이기에 서로 대립될 수 없는 것으로 여기고 있음을
보고, 또한 행을 앞에 놓은 것을 알 수 있다.

---

45) 西山, 『心法要抄』, "禪敎起於一念中, 心意識及處, 卽屬思量者, 敎也, 心意識未及處, 卽屬參究
者, 禪也."

6. 선禪과 교敎는 각覺의 방법

원효의 지행관知行觀에서 지행은 독립된 별개의 것이 아니다. 이들은 모두가 일심一心이 미迷한 데서 일어나는 마음의 두 가지 모습이다. 그렇기 때문에 일심은 진여문과 생멸문으로 나누어진다.

마음 자체는 모양도 없고 냄새도 없는 무상·무성·무취한 것이지만, 이것은 무명無明에 의한, 다시 말하면 인간 조건에 의한 분별이다. 따라서 원효에게서 문제된 것은 생멸의 세계였다. 이 생멸의 세계가 어떻게 일심의 근원에로 돌아갈 수 있는 것인가. 이러한 것을 통틀어서 수행이라 보았고, 그 수행은 곧 지止와 관觀이었다.

우리가 문제 삼는 지知라는 것, 즉 이론지인 지식이 따로 그것대로 독립한 실재냐 하면, 원효에서는 그런 것이 아니었다. 그것이 우리로 하여금 유익하고 가치 있는 삶을 전개시키는 것이냐 하면 그런 것이 아니었다.

그것은 진리 자체인 일심서 분별된 것이었기에 진정한 삶과 앎은 그 지知 자체를 꿰뚫어 보아야 한다고 보았다. 결코 지금 나타난 현실적인 지를 가지고 우리의 근원적인 진리라 할 수 없다. 그 근원적이고 본질적인 지를 알기 위해서는 그 지의 일어난 바탕을 보아야 했다. 지는 결국 우리의 생각, 즉 사량을 떠나 일어나지는 않는다. 따라서 사량인 비교·분석의 근원을 보아야 했다. 그 방법을 원효는 지止라고 한 것이다. 진실한지를 문제 삼았지 지와 행의 관계에 치중한 것은 아니었다.

지知 자체는 무엇인가? 그리고 지를 우리는 어떻게 획득할 것인가? 그것이 그의 중요한 문제였다. 그렇기 때문에 그에서 지의 본질을 알기 위해서는 일체의 생각에 의한 경계를 따르지 말고 쉬라고 말한 것이다. 지라는 것은 곧 쉬라는 것이다. 원효에게서 원음圓音46)은 무음無音이었다. 따라서 원음이 일심이라면 일심은 곧 무심無心이었다. 이때의 무음이나 무심은 결코 없는 것이 아니라 두 개의 대립을 지양하는 원리였다.

우리는 원효를 통해서 우리의 대립으로 인한 일체의 현상의 전개에서 그 대립의 근원은 일심의 미혹에서 나오고, 이 일심으로 돌아가는 것은 곧 무심의 진리를 아는 데 있음을 보았다. 오늘날 우리는 이론과 실천을 문제 삼고 있다. 이론이나 실천이나 모두가 이원적 대립이다. 그뿐만 아니다. 존재와 가치, 일一과 다多, 전체와 개체, 현상과 본질 등의 철학적 문제 역시 원효의 화쟁의 논리를 통하여 극복될 수 있는 것이다. 이러한 것들은 모두 일성 위에 분별로 건립된 것으로 우리가 이것을 실재인 양 착각하고 있는 것이다. 이것을 원효는 지와 관 둘을 닦음으로써 해결했다.

고려에 들어오면서 이러한 방법론적인 문제들이 뚜렷이 대립되게 되고, 그것은 사회와 국가의 권력 장악에까지 미치는 하나의 세력으로 파쟁화하게 된다. 이것을 의천은 원효의 정신을 이어받아 교관병수로 그 해결을 주장하게 되었고, 본격적으로 체계화한 것은 지눌이었다. 지눌은 이론적인 교나 실천적인 선이 모두 부처님으로부터 나온 것이라

---

46) 『元曉』(韓國高僧集), p.357. 원효는 圓音과 一音의 말에 대하여 無音이라고 설명하고 있음을 본다.

하여, 선은 부처님의 마음이고 교는 말씀이라는 데 동의하여 모두가 자성불로부터 나온 두 가지이니 이것은 둘이 아니라 하나라고 본다. 그렇기 때문에 이 둘을 하나로 회통하는 논리로 무심합도문無心合道門을 연다.

지눌은 "무심無心이라 하여 마음이 없다는 것은 아니다. 그것은 마치 빈 병이라 할 때 병 속이 비었다는 말이지 병까지 없다는 말이 아니다"[47]라는 비유로 부심無心을 설명하고 있다. 서산 역시 지눌의 불심佛心·불어佛語를 인정하여 선교는 비록 선이 교의 우위에 있으나 교도 필요하다는 것을 역설하고 있다.

우리는 이제까지 한국불교에서 선교관禪敎觀을 통하여 철학상의 지행문제를 살펴보았다. 한국불교사상은 언제나 선·교, 또는 지·행의 이원적 대립과 지양 속에서 발전하여 왔음을 보았다. 따라서 그들이 이 문제를 일원적으로 지양하는 데 독창적인 논리를 전개하고 있음을 보았다.

그들은 공히 선이나 교를 그 자체가 목적이 아니라 각覺의 방법으로 보았음을 알 수 있다. 이것은 오늘날 지나 행을 하나의 독립적 가치로 보는 견해에 대하여 뚜렷한 시사를 주고 있다. 지나 행 그 자체가 곧 가치 있는 것이 아니다. 그것들은 하나의 근원에서 둘로 나누어진 것들이다.

따라서 이 둘의 근본은 바로 원효나 의천이나 지눌이나 서산의 화쟁과 통일의 논리에서 이루어질 수 있는 것이다. 존재와 가치, 전체나 개체의 철학적 문제도 이들의 이원적 대립에서 해결할 것이 아니라 화쟁

---

47) 知訥, 『眞心直說』, "或曰人若無心, 便同草木, 無心之說, 請施方便, 曰今云無心, 非無心體, 名無心也. 但心中無物, 名曰無心. 如言空瓶, 瓶中無物, 名曰空瓶, 非瓶體無, 名空瓶也."

의 논리인 일심이라든지 무심이라든지 하는 새로운 논리의 전개가 필요한 것이다.

'지知다', '행行이다'라 주장하는 이원적 대립의 극복을 곧 한국불교사상의 발전과정으로 보고 싶다. 최근세의 이원적 대립의 지양은 차후에 기회를 갖기로 한다.

지식이나 실천은 그 자체에 목적이 있는 것이 아니라 보다 높은 차원의 세계의 지향에 있다. 그것은 곧 진리에 도달하는 길에 지나지 않는다. 만약 그것에만 의존하여 있는 한 진리는 보이지 않을 것이다. 따라서 한국불교의 발전과정에서도 지식이나 실천, 즉 교敎나 선禪 중에 하나만을 주장하였을 때는 쇠퇴하였고, 이 둘의 대립이 불조의 근본 뜻인 각覺을 바탕으로 지양되었을 때 더욱 흥성하였음을 본다. 대립을 무조건 금기하고 악으로 볼 것이 아니라, 모든 존재의 조건인 이 대립을 어떻게 극복하고 지양하는가 하는 문제를 중요시해야 한다. 오늘의 한국불교도 이러한 점에서 본다면 교의 보다 차원 높은 연구와 선의 진실한 수행이 병행되어야 하리라 생각한다.

Ⅳ. 지눌의 인간관

1. 생애와 사상단계

지눌知訥의 입적 익년인 고려 희종 7년(1211) 김부식의 자子 김군수가 찬撰한 국사國師의 본비本碑에 의하면 국사의 휘는 지눌知訥, 자호를 목우자牧牛子, 시호를 불일보조국사佛日普照國師라 하였다. 속성俗姓은 정鄭씨로 부친 광우光遇(國學學正, 교수 이상의 학감)와 모친 조趙씨 사이에 고려 18대 의종 12년(1158) 황해도 서흥군에서 탄생하였다.

어려서 병이 많았는데 백방의 의약이 무효하므로 부父가 불전佛前에 발원發願하고 출가시켰다. 나이는 8세였다. 조계의 운손雲孫 종희선사宗暉禪師에게 투신하여 득도하였다. 25세 때 정월에 도성都城 보제선사普濟禪寺에서 개최한 「담선법회談禪法會」인 승과에 응시하여 합격하였다.

승선僧選에 합격한 지눌은 10명의 동지들에게 말하기를, "이 회를 파한 후에 명리를 버리고 산림에 은둔하여 정혜定慧로 균수均修하여 예불禮佛과 전경轉經함을 집로執勞하고…… 달사達士와 진인眞人의 높은 행을 따르자"[1]라고 그의 이상을 피력하면서, 당시에 승려들이 진실한 수행과 이타행원利他行願을 떠나서 명문名聞과 이양利養을 위한 입신영달만 추구하는 풍조를 개탄하였다. 그는 무엇보다도 불법에 빙의憑依하여 아인我人을 장식해서 이양의 길에 구구區區함[2]을 신랄히 비판하였다.

---

1) 『普照法語』(金吞虛 譯, 定慧結社文), p.1 後面, "罷會後, 當捨名利, 隱遁山林, 結爲同社, 常以習定均慧爲務, 禮佛轉經, 以至於執勞運力, 各隨所任而經營之, 隨緣養性, 放曠平生, 遠追達士眞人之高行, 則豈不快哉."

2) 『普照法語』(金吞虛 譯, 定慧結社文), p.1 前面, "然返觀我輩, 朝暮所行之迹, 則憑依佛法, 裝飾我人, 區區於利養之途, 汩沒於風塵之際, 道德未修, 衣食斯費, 雖復出家, 何德之有."

승려들의 참된 수행이 부족함을 깨달은 지눌은 그 자신의 수도를 위하여 창평 청원사[3]에 머물면서 하루는 『육조단경六祖壇經』을 보다가 "진여자성眞如自性이 생각을 일으키어 육근六根이 비록 견문각지見聞覺知나 만상萬象에 물들지 아니하고 진성眞性이 항상 자재自在하다"[4]라는 구句에 이르러 홀연히 계오契悟하니, 무한한 법열이 일어나 불전을 돌며 그 구句를 외우고 생각하면서 의기양양하였다고 한다.

다음 28세 되던 해에 하가산下柯山(지금 경북 예천군 鶴駕山) 보문사에 이주하여 대장경을 열람하면서 『화엄경』「출현품」의 "일진함대천경권一塵含大千經卷"의 비유를 들고, "여래 지혜가 또한 이와 같다. 중생의 몸에 모두 다 구비되어 충족되어 있는데, 다만 무릇 어리석은 이들이 이를 알지 못할 뿐이다"[5]라 함에 이르러 "정재경권頂載經卷 불각운체不覺隕涕" 하도록 기쁨에 넘쳤다고 하니, 그가 얼마나 공부에 끈질기고 쉼이 없었는가를 우리가 가히 짐작할 만하다. 그러나 지눌은 "금일今日 범부凡夫의 최초 신입문信入門"을 아직 상세히 깨닫지 못하여 애쓰던 중 이통현李通玄의 『화엄론』에서 다음과 같이 십신초위十信初位를 주석한 것을 보았다.

---

3) 창평 청원사를 오늘의 전남 평창이라고 주장하는 사람도 있으나 金昤石 교수는 경기도 가평 현등사, 혹은 강원도 청평사(文殊院)가 아닌가 하는 주장을 하고 있다. 필자는 김 교수의 설인 경기도 가평설을 따른다. 그 이유는 지눌이 탄생한 곳이 황해도 서흥이고 경기도는 황해도와 연접되어 있어 지눌이 지리를 잘 알았을 것이고, 또 3년 후에는 경북 예천군으로 이주하게 되는데 나주에서 직접 예천으로 국토의 西東을 가로지르는 역정은 극히 어렵다. 오히려 경기도에서 경북 예천, 예천에서 公山의 居祖寺, 거조사에서 지리산 상무주암, 상무주암에서 松廣寺의 순이 타당하다고 본다. 따라서 경기도 가평군 현등사 설을 따른다.

4) 『六祖壇經』, "眞如自性起念, 六根雖有見聞覺知, 不染萬境, 而眞性常自在."

5) 『지눌』(한국고승집, 불교학연구회 편), 「華嚴論節要」, 序文, pp.3~4, "如來智慧. 亦復如是, 具足在於衆生身中, 但諸凡愚, 不知不覺."

우선 보살 경계의 깨달음은 세 가지가 있는데, 첫 번째의 깨달음은 자기의 신심身心이 본래 불법계이라는 사실이다. 자성이 청정하고 오염된 바가 없기 때문이다. 두 번째의 깨달음은 자기의 신심身心의 분별하는 성性이 본래 능소能所의 구별이 없고, 본래 지불智佛을 움직여 분별하는 것이 아니라는 사실이다. 세 번째의 깨달음은 자기의 마음이 정사正邪를 잘 선택하는 묘한 지혜가 문수보살이라는 사실이다. 신심信心의 초발심에서 이러한 세 가지 깨달음을 우선으로 삼아야 한다.[6]

여기에서 책을 덮고 오득悟得의 경외심警異心에 충만하여 말하기를,

세존이 입으로 말한 것은 교敎요, 조사가 마음으로 전한 것은 선禪이다. 부처와 조사의 마음과 입은 필연코 서로 어긋나지 않는 것인데, 어찌 그 근원을 궁구하지 않고 각기 제가 익힌 바에 안주하고 망령되이 쟁론함으로써 헛되이 세월을 보내겠는가?[7]

라고 하였다. 즉 부처님이 입으로 말씀하신 것이 곧 교敎이고, 조사祖師가 마음으로 전한 것이 선禪이므로 불조佛祖의 심心·구口가 둘이 아니고 다르지 않다는 것을 확신하였던 것이다. 이때에 당하여 지눌은 선교의 일치를 주장하게 되고 이것이 상위相違하지 않기 때문에 더욱 교와 선을 쌍수雙修하는 공부를 게을리하지 않았던 것이다.

---

6) 前揭書, pp.3~4, “覺首菩薩者有三, 一覺自身心, 本是法界. 自淨無染故. 二覺自身心分別之性, 本無能所, 本來是不動智佛. 三覺自心善簡擇正邪妙慧, 是文殊師利. 於信心之初, 覺此三法名爲覺首……."

7) 前揭書, pp.4~5, “世尊說之於口, 卽爲敎, 祖師傳之於心, 卽爲禪. 佛祖心口, 必不相違, 豈可不窮根源……."

40세 되던 해 봄에 승려 2·3인과 함께 의발衣鉢을 싸 가지고 지리산 상무주암을 찾아 은거하연서 외연外緣을 물리치고 내관內觀에 전심하여 정혜定慧를 연마하다가, 남송南宋 임제선臨濟禪 계통系統의 대혜종고大慧宗杲 선사禪師(1088~1162)의 어록을 입수하여 열람하는 중에

> 선은 고요한 곳에서도 있지 않고 시끄러운 곳에서도 있지 않으며, 사량분별思量分別하는 곳에서도 있지 않고 일용응연日用應緣하는 곳에서도 있지 않다. 그러나 고요한 곳, 시끄러운 곳, 일용응연처, 사량분별처를 다 버리고서는 참입參入할 수 없다.[8]

의 구句를 읽고 홀연히 안개하여 깨달음의 공부는 정처靜處, 요처鬧處, 일용응연처日用應緣處, 사량분별처思量分別處를 가림이 없이 두루 있음을 확신하였다. 이것을 이종익 교수는 심기心機의 3단계로 나누어

제1단계 『육조단경六祖壇經』에서 심기일전心機一轉
제2단계 『통현화엄通玄華嚴』에서 심기일전心機一轉
제3단계 『대혜어록大慧語錄』에서 심기일전心機一轉[9]

으로 분류하여 사師의 수중과정修證過程을 세 단계의 심기일전心機一轉으로 연결하고 있다.

---

8) 『大慧普說』, 권3, p.442 後面, "禪不在靜處, 亦不在鬧處, 不在日用應緣處, 不在思量分別處. 然第一不得捨却靜處鬧處日用應緣處思量分別處參."
9) 이종익, 「普照國事의 사상체계」, 『동방사상논총』, p.268.

지눌은 그 자신 깨달은 바를 조금도 과장함이 없었다. 그의 수도과 정은 그가 조금씩 깨달은 경지를 확인하고 그것을 발전시키는 도정이었다. 그가 도달한 세계를 다른 사람에게 자랑하기에 앞서 그는 그의 세계를 다지는 수도를 하였다. 이러한 생애의 과정이 곧 그의 사상적 기본체계를 이루고 있는 돈오점수頓悟漸修를 통하여 역력히 전개되었던 것이다. 그는 결코 남의 이론을 그대로 받아들이지 않았다. 그가 쉼이 없이 닦아가는 도중에 얻어진 세계를 교敎의 입장에 있는 경經으로 증명하고, 그 경에서 선인들의 조술祖述을 다시 자기 것으로 만들어 한 발자국 한 발자국 넘어 갔던 것이다. 그러기 때문에 더욱이 그가 "이즉돈오理卽頓悟, 승오병소乘悟幷消, 사비돈제事非頓除, 인차제진因次第盡"[10]이라는 말을 인용하고 있음은 우연한 일이 아니다. 이치를 따지면 돈오頓悟이지만 인간의 경험으로 얻어진 습관적 관념과 행위는 단박 없어지지 않기 때문에 차제次第를 둔다는 것이요, 동시에 점점 나아가면서 수도를 하지 않으면 안 된다는 것이다.

지눌은 결코 깨달음의 세계를 허황되게 생각하지 않았다. 그는 즉심시불卽心是佛임을 철저하게 확신하였으나 그 길은 곧 그 자신이 체험하여 '되'(成)는 세계임을 강조하였다. 따라서 그에게는 돈오頓悟도 중요했지만 점수漸修도 또한 중요문重要門이었다. 이제 『수심결修心訣』에 나타난 그의 근본정신을 살펴보자.

---

10) 『普照法語』, p.42 前面.

2. 『수심결』의 구성

『수심결修心訣』은 다른 그의 저작과 같이 많은 경을 인용하여 이론적 체계를 완성시킨 것은 아니다. 오직 그가 깨닫고 실천해야 할 그의 철저한 철학과 신앙이 무르익어 녹아 나온 저술이다. 그가 인용한 경전만 보더라도 불과 7개의 경전을 각각 1~2회씩 전 9회만 인용했을 뿐이다. 그리고 다른 인용문은 단지 '여경如經에 운云' 등으로 하여 그 인용 경전을 밝히지 않고 있다. 그가 인용한 경전의 이름과 회수·내용을 살펴보면 다음의 표와 같다.

저자	회수	내용
임제臨濟	1	四大不解說法聽法 虛空不解說法聽法 只汝目前 歷歷孤明勿形段者 始解說法聽法
귀종歸宗	1	僧門歸宗和尙 如何是佛 宗云我今向汝道 恐汝不信 僧云和尙誠言 焉敢不信 師云卽 汝是僧云如何保任 師云一翳在眼空花亂墜
규봉圭峯	2	深明先悟後修之義曰識氷池而全水 借陽氣以鎔消 悟凡夫而卽佛資法力以熏修氷消則 水流潤方呈漑滌之功
조계曹溪	2	心地無亂自性定 心地無癡自性慧……
유심결唯心訣	1	聞而不信尙結佛種之因學而不成猶盖人天之福
금강경金剛經	1	於此章句 能生信心者 當知是人 己於無量佛所 種諸善根
고선사杲禪師		往往利根之輩 不費多力 打發此事……

『수심결』의 서술방식은 모든 경전이 그러하듯이 묻고 대답하는 대

화법을 사용하고 있다. 그 대화는 자기의 사상을 그대로 전달하려는 주관적 물음과 대답이 아니고 오히려 그 당시 시대적 배경에 입각한 불교 사상의 유통에 대한 당시의 상황을 묻고 대답하는 방편을 적용했다. 동시에 그는 그 시대의 불교를 믿고 실천하는 승려들의 고질적인 병을 누구보다 정확히 꿰뚫어 보고 있음을 알 수 있다. 그러기 때문에 그의 『수심결』의 물음도 먼저 그 시대의 타락한 승려의 구도 방법을 신랄히 비판하고 그 비판하는 과정에서 불교의 근본사상을 밝히는 방법을 응용했던 것이다.

먼저 지눌은 『수심결』의 대요大要를 밝히고 9회에 걸친 질문과 응답으로 이끌어 나간다.

대요大要에서는 번뇌煩惱가 화택火宅 같은 이 세계에서 긴 고苦를 받을 것이 아니라 이러한 윤회를 벗어나기 위하여서는 불佛을 구해야 한다는 신앙의 대상에 대한 확신을 피력한다.

> 그 불佛은 곧 마음이다. 이 마음은 다른 데 있는 것이 아니라 곧 신중身中에 있는데, 이 신身이란 생멸이 있으나 마음은 허공과 같아서 단斷하지 않고 변하지 않는 것이다. 따라서 자심自心이 곧 진불眞佛이요, 자성自性이 곧 진법眞法이다. 마음 밖에 불佛이 따로 없고 이 마음을 여의고 불을 구하는 것은 모래를 쪄 밥을 지음과 같다.[11]

---

11) 『普照法語』,「修心訣」, p.38 前面, "三界熱惱, 猶如火宅.……欲免輪廻, 莫若求佛, 若欲求佛, 佛卽是心. 心何遠覓, 不離身中, 色身是假, 有生有滅, 眞心如空, 不斷不變.……不滅自心, 是眞佛, 不滅自性是眞法.……修種苦行, 如蒸沙作飯, 只益自勞爾……."

라고 말함으로 오직 불은 "이 마음"(是心)임 을 강조하고 있다.

이러한 대요大要에 따라 지눌은 제1문問은 "만일 불성佛性이 이 몸에 있다 한다면 불성이 범부凡夫를 떠나 있지 않음도 분명한데 어찌 지금 우리들이 불성을 보지 못합니까?"[12] 하여 대요 가운데 있는 "불즉시심佛卽是心, 심하원멱心何遠覓, 불리신중不離身中"이라는 문장에 대하여 더욱 상세히 밝힐 것을 스스로 물음으로 제기하게 되는 것이다.

제2문은 "당신이 말하는 견성見性이 만일 참으로 견성이라면 곧 성인이다. 성인이라 한다면 마땅히 신통변화神通變化의 힘을 나타내어 뭇사람들과 그 모습과 행이 다름이 있어야 하거늘, 어째서 오늘날 마음 닦는 사람들이 한 사람도 신통변화를 발현함이 없습니까?"[13] 하여 그 당시의 수심修心하는 승려들의 잘못을 비판하고자 질문을 던진다. 즉 수도하는 목적이 모두 신통변화의 신비스러운 행위를 원하고 있는데 진정한 불교의 수심修心은 신통변화를 구하는 데 있지 않음을 논증함으로써 불교의 진면목을 드러내고 그 시대의 불교를 비판한다.

제3문은 제2문에서 견성見性의 본질을 논하면서 지적했던, 진정한 견성은 신통변화의 세계에까지 도달하나 그 세계에 도달하는 자는 상근기上根機의 사람이거나 돈오점수頓悟漸修의 공부를 끊임없이 계속하여 깨달음에 의지해 닦아서 점점훈습漸漸熏習하는 자라 하여 돈오점수의 공부를 주장한 데 대해서 더욱 깊은 질문을 발한다. "돈오점수의 공부가 모든

---

12) 前揭書, p.39 前面, "問若言佛性, 現在此身, 旣在身中, 不滅凡夫, 因何我今, 不見佛性, 更爲消釋, 悉令開悟."
13) 前揭書, p.41 前面, "問汝言見性, 若眞見性, 卽是聖人. 應現神通變化, 與人有殊, 何故今時, 修心之輩, 無有一人, 發見神通變化耶."

성인이 밟은 전철이라 한다면 이미 단박 깨달음(頓悟)일진대 어찌 점수漸
修를 빌려 공부할 것이며, 만일 점점 닦음(漸修)일진대 어찌 '단박 깨달음'
(頓悟)이라 말할 수 있을까. '돈頓'과 '점漸'을 설명해 주시오"14) 하고 본격
적인 돈오점수를 밝히게 된다.

제4문은 "어떤 방법으로 일념회기一念廻機하여 문득 자성을 깨달을 수
있습니까?"15) 하여 돈오의 구체적인 방법을 묻는다.

제5문은 제4문의 물음에서 쉽게 깨닫지 못한 사람을 위하여 다시 돈
오頓悟의 방법을 물어 "상상上上의 사람은 들으면 곧 쉽게 알거니와 중하
中下의 사람은 아직 의혹이 없지 않으니 방편을 말씀하여 어리석은 사람
을 알게 하여 주십시오"16) 한다.

제6문은 "나의 분상分上에 의거하면 어떤 것이 이러한 공적영지空寂靈
知의 마음입니까?"17) 이것은 마음을 깨달은 상태의 참 모습은 공적영지
空寂靈知의 마음을 간직하는 것이라고 한 주장에 대하여 다시 구체적으로
설명을 요하는 물음이다.

제7문은 "이미 이 이치를 깨달아서 다시 계급이 없을진대 어찌 뒤에
닦음을 빌려 점점 훈습을 닦아 점점 이룸을 가지는 것입니까?"18) 이 물
음은 제3문을 더욱 구체적으로 전개한 것이다.

제8문은 "후수문後修問 가운데 정혜定慧를 평등하게 가진다는 뜻을 명

14) 前揭書, p.43 前面, "問汝言頓悟漸修兩門, 千聖軌轍也, 悟卽頓悟, 何假漸修, 修若漸修, 何言頓
悟, 頓漸二義, 更爲宣設, 令絶餘疑."
15) 前揭書, p.43 後面, "問作何方便, 一念廻機, 便悟自性."
16) 前揭書, p.44 前面, "問上上之人 聞卽易會, 中下之人, 不無疑惑, 更設方便, 令逆義趣入."
17) 前揭書, p.45 前面, "問據悟分上, 何者, 是空寂靈之心耶."
18) 前揭書, p.47 後面, "問理悟此理, 更無階級, 何段後修漸熏漸成耶."

료히 깨닫지 못하겠으니 다시 선명히 말씀하시어 주십시오"[19] 함으로써 점수漸修에 따르는 공부가 정혜定慧인데 이 정혜를 어떻게 이루는 것인가를 명료하게 말씀을 해 달라는 간청이다.

제9문은 "당신이 말하기를 '단박 깨달음'(頓悟) 뒤에 닦는 방법으로 정혜등지定慧等持가 있다고 하고, 이것에는 두 종류가 있어 그 하나는 자성문정혜自性門定慧요, 다른 하나는 수상문정혜隨相門定慧라 하였다. 자성문정혜는 적寂과 지知를 마음대로 운전하여 원래 무위無爲이기 때문에, 한 생각도 정情이 나지 않아 연緣을 잊는 힘을 빌리지 않는다. 이것은 오직 '단박 깨닫는 자'의 자성을 잃지 않는 정혜등지定慧等持요, 수상문隨相門은 이치를 칭합해서 산란을 조섭操攝하고 법法을 간택해 공空을 관觀하여 혼침昏沈과 산란을 균등히 조절하여 무위無爲에 들기 때문에 이것은 점문열기漸門劣機의 행하는 바라 하였으니, 이 모두가 한 사람이 행할 바라면 먼저 자성문에 의지하여 정혜를 쌍雙으로 닦은 연후에 다시 수상문의 대치對治하는 공을 씀이 되는 것인가? 그렇지 않으면 먼저 수상문을 의지하여 혼침昏沈과 산란을 균조均調한 연후에 자성문에 듦이 되는 것인가? 자성정혜를 의지한다면 그것 자체가 적寂하고 지知하여 다시 대치對治의 공功이 없는 것인데 어찌 수상문의 정혜를 취할 것인가?…… 다시 만일 먼저 수상문의 정혜로써 대치對治의 공功을 이룬 연후에 자성문에 들어간다면 이것은 완연히 이 점문漸門 가운데 열기劣機를 깨닫기 전에 점점 훈습熏習함이니 어찌 돈문개자頓門箇者가 먼저 깨닫고 뒤에 닦아서

---

19) 前揭書, p.50 前面, "問後修門中, 定慧等持之義, 實未明了, 更爲宣說, 委示再迷引入解脫之門."

공功 없는 공功을 쓴다고 말할 수 있겠는가? 만일 일시요, 전후가 없다면 이문二門의 정혜가 돈점頓漸이 다름이 있으니 여하히 일시에 병행할 수 있겠는가? 곧 돈문頓門의 개자箇者는 자성문을 의지하여 마음대로 운전하여 공功을 잊고, 점문열기漸門劣機는 수상문에 나아가 대치對治하여 공功을 수고롭게 하나니, 이문二門의 기機가 돈頓과 점漸이 같지 않고 우優와 열劣이 교연皎然하여 어찌 먼저 깨닫고 뒤에 닦는 문門 가운데 아울러 이종二種을 해석하느냐가 문제이다. 이것을 자세히 설명해 달라."20) 즉 돈오頓悟하여 점수漸修하는 데 다시 돈문頓門의 자성정혜의 수修가 필요한가. 이미 자성정혜는 돈오했을 때 이루어진 것이 아닌가. 따라서 점수에 돈오의 내용이 들어가므로 공부하는 것이 의심스럽다고 지적한다.

이와 같이 지눌은 그의 『수심결』에서 그 당시의 불교가 타락되어 신통변화를 구하고 불교를 이양利養과 영달의 수단으로 여겼던 잘못된 생각을 시정하기 위하여 불즉시심佛卽是心이라는 신앙의 내용과 이것을 참으로 깨닫는 방법으로 돈오頓悟와 점수漸修, 정혜등지定慧等持를 차분한 대치對治의 문답법으로 밝혔다.

---

20) 前揭書, p.52 後面~53 前面, "問據汝所判, 悟後修門中, 定慧等持之義, 有二種, 一自性定慧二隨相門定慧, 自性門則曰任運寂知, 元自無爲絶塵而作對何勞遣蕩之功, 無一念而生情⋯⋯判運此是頓門箇者不離自性, 定慧等持也⋯⋯."

3. 지눌의 인간관

1) 불이란 무엇인가

불교의 신앙목표는 곧 불佛이 되는 것이다. 불은 범어의 Buddha로서 '깨닫는다'라는 뜻이다. 그렇다면 무엇을 깨닫는단 말인가? 깨달음의 대상이 있어야 할 것이다. 지눌은 불은 다른 것이 아니라 곧 마음이라고 말한다. 불즉시심佛卽是心[21] 만약 우리가 불佛을 구한다면 이 마음이 불佛인 것이요, 마음을 어찌 멀리서 찾을 것인가? 마음은 곧 몸을 떠나 있지 않다. 그러나 이 색신色身, 즉 물질로 구성된 육체는 언제나 나고 멸함이 있기 때문에 고정불변의 존재가 아니요 가짜이다. 그러나 진심은 허공과 같아 부단불변不斷不變이다. 따라서 형체가 있는 이 몸이 곧 불佛이 아니라 이 몸을 작용하고 있는 심心이 곧 불佛이라고 말한다.

지눌은 다음과 같이 말한다. "백해百骸는 궤산潰散하여 불로 바람으로 돌아가지만 일물一物(眞心)은 장영長靈하여 천지를 덮는다."[22]

다시 말하면 불佛은 마음이라 할지라도 그 마음이 그저 불佛인 것이 아니다. 마음은 인간이면 누구나 가지고 있다. 범부凡夫의 입장에서 보면 누구나 가지고 있기 때문에 불佛이 될 가능성이 있다는 것이고, 불佛이 된 입장에서 보면 마음을 가지고 있는 사람이 곧 불佛이 되는 것이다. 따라서 그는 세존의 말씀을 인용하여

---

21) 前揭書, p.38 前面, "佛卽是心, 心何遠覓, 不離身中……."
22) 前揭書, p.38 前面, "百骸潰散, 歸火歸風一物長靈蓋天地也."

일체 중생을 관觀하니 여래如來의 지혜덕상智慧德相이 갖추어 있다. 또 일체 중생의 갖가지 환화幻化가 다 여래如來의 원각묘심圓覺妙心에서 나온다.[23]

라고 말하였다. 그러므로 비록 인간들이 여래가 된 마음을 가지고 있다 하더라도 그것이 곧 불과佛果의 성취가 되는 것은 아니다. 불佛의 위치에서는 마음이 곧 불佛로서 마음과 불佛이 이분되어 나누어 있지 않지만, 마음이 곧 불佛이라는 믿음과 그것에 의한 수행을 하지 않고, 망상을 가져 마음과 불佛을 둘로 나누어 가진 자에게는 비록 불佛의 가능성이 내재해 있다 하더라도 아직 불佛은 아닌 것이다. 그것은 마치 금광에 금이 있지만 그것을 캐내지 않으면 아직 금이 아닌 것과 마찬가지다. 따라서 마음을 밝힌 사람이 곧 불佛이다. 지눌은 또

과거의 모든 부처들도 다만 이 마음을 밝힌 사람이시며, 현재의 모든 현성賢聖도 또한 이 마음 닦은 사람이시며, 미래의 수학하는 사람도 마땅히 이 법을 의지할 것이니라.[24]

라고 힘주어 말하였다. 그러면 과연 이 불佛의 구체적인 모습은 어떠한 것인가?

지눌은 불佛을 어떤 형체를 가지고 있는 것이 아니라 모든 형체의

---

23) 前揭書, p.38 前面, "世尊云普觀一切衆生見有如來智慧德相. 又云一切衆生種種幻化皆生如來圓覺妙心."
24) 前揭書, p.38 後面, "過去諸如來, 只是明心底人, 現在諸賢聖亦是修心底人, 未來修學人, 當依如是法."

작용, 즉 운동의 근거요 본질로 보고 있다. 결국 불佛인 마음은 우리의 육신을 떠나 있는 것이 아니라 바로 이 육신에 있지만 이 육신의 어디에 있는가? 육신의 작용인 일체의 희로애락의 작용 그 자체가 곧 이 불성에 의한 것이다.

네가 12시 가운데 배고픈 줄 알고, 목마른 줄 알고, 찬 줄 알고, 더운 줄 알고, 혹 성내고 혹 기뻐함이 곧 불성이다. 그것이 마치 너의 감각 을 담당하고 있는 육신이라 한다면, 실제 이 육신은 지地·수水·화火· 풍風 네 가지로 구성되어 있기 때문에 그것 자신은 정식情識이 없으니 어찌 보고 듣고 깨달아 알 수 있을까?[25]

불佛은 형상과 같이 시간과 공간에 의하여 제약할 수 있는 것이 아니 다. 규정지을 수 없고 제약할 수 없는 것이기 때문에 그 자신 영원하고 자유인 것이다. 불성이 곧 작용이라는 것을 지눌은 이견왕異見王과 바라 제존자婆羅提尊者와의 대화를 통해서 말하고 있다.[26] 더 나아가서 우리의 육신이 모든 작용의 근원이 아니고 곧 마음이 근원이라는 것을 주장하 기 위하여 그는 다음과 같이 말한다.

만일 이 육신이 운전運轉한다고 말할진대 어째서 사람이 한 생각이 끊 어져 목숨을 버릴 때, 아직은 육신이 괴란壞爛치 아니하였는데 눈이 스

---

25) 前揭書, p.39 後面, "在汝身中, 汝自不見, 汝於十二時中, 知飢知渴知寒知熱, 或瞋或喜竟是何物, 且色身是地水火風四緣所集, 其質頑而無情, 豈能見聞覺知, 能見開覺知者, 必是汝佛性……."
26) 前揭書, p.40 前面, "尊者曰, 見性是佛, 王曰, 師見性否, 尊者曰, 我見佛性, 王曰性在何處, 尊者 曰, 性在作用."

스로 보지 못하며, 귀가 능히 듣지 못하며, 코가 향기를 가리지 못하며, 혀가 담론하지 못하며, 몸이 동요하지 못하며, 손이 집착執捉하지 못하며, 발이 움직이지 못하는가? 이것은 능히 보고 듣고 동작함이 반드시 이 너의 본심이요, 이 너의 육신은 아니다.[27]

또 육신의 주체가 곧 마음이요, 이 마음의 구체적 모습은

이미 상모相貌가 없기 때문에 대소大小가 있을 것인가. 대소가 없기 때문에 또한 변제邊際가 있으랴. 변제가 없기에 내외가 없고, 내외가 없는 고로 원근遠近이 없고, 원근이 없는 고로 피차가 없고, 피차가 없는 고로 왕래가 없고, 왕래가 없는 즉 생사生死가 없고, 생사가 없는 즉 고금古今이 없고, 고금이 없는 즉 미오迷悟가 없고, 미오가 없는 즉 성聖이 없고…… 본래 공적空寂하고 영지靈知하는 청정한 심체心體이어서 이 중생의 본원각성本源覺性을 깨달아 지키는 자는 일여一如한 데 앉아서 동動치 않고 해탈하고…….[28]

라 하여 불佛은 청정한 마음을 깨달아 지키는 자로서 심心 그 자체가 되어서 본래 하나인 마음으로 되돌아가는 것이다. 우리 인간은 대상을 보는 눈과 눈을 작용하는 것 둘이 있다고 분별하고 있다. 그리고 마음에는 마음이라고 아는 주체와 마음이라는 객체가 둘이 있다고 생각한다. 그

---

27) 前揭書, p.45 前面, “有人一念命終, 都未壞爛, 卽眼不自見, 耳不能聞, 鼻不辨香, 舌不談論, 身不動搖, 手不執捉.……必是汝本心, 不是汝色身也.”

28) 前揭書, p.46 前面, “旣無相貌, 還有大小磨, 旣無大小, 還有邊際磨. 無邊際故無內外, 無內外故, 無遠近, 無遠近故, 無彼此, 無彼此則無往來, 無往來則無生死, 無生死則無古今, 無古今則無迷悟, 無迷悟,則無聖,……空寂靈知, 淸淨心體…….”

러나 불佛은 주객이 따로 있는 것이 아니라 하나인 것이기 때문에 시간
과 공간을 초월하고 있는 것이다. 그 자리를 지눌은

　네가 또한 까마귀 울고 까치 지저귀는 소리를 듣느냐? 대답하되 네 듣
　습니다. 네가 너의 듣는 성性을 돌이켜 들어라. 또한 허다한 소리가 있
　느냐? 대답하되 이 속에 이르러서는 일체의 소리와 일체의 분별을 다
　가히 얻지 못하겠나이다.…… 이러한 때를 당하여 이것이 허공이 아니
　냐? 원래 공하지 아니하여 밝고 밝아 어둡지 않습니다.[29]

라고 말한다. 이와 같이 불佛의 자리는 듣는 성性과 들려지는 대상이 분
별되어 있지 않은데서 이루어지는 것이요, 이것은 한 순간만이 아니라
일체의 시간 중에 그렇게 '되어 버린'(成) 세계이다. 여기에 어디 감히 말
을 붙일 수 있을까. 그러기에 그것은 여러 가지 말로 여래如來, 진여眞如,
공空, 본원각성本源覺性, 공적영지空寂靈知 등의 말로써 표현하는 것이다.
　불佛은 망념에 의하여 주主·객客이 나누어져 있지 않은 상태이기 때
문에 그것은 영원하고, 자유하고, 불변하고, 항상 존재하는 것이다. 그리
고 그것은 마음이다. 그 마음은 그대로가 아니라 일단 부정을 거친 마음
이다. 따라서 마음을 깨달으면 불佛이 되는 것이다.
　이러한 지눌의 주장은, 우리가 느끼는 일체의 고뇌는 이러한 무변無
邊·자유自由·허공虛空의 마음을 그대로 깨닫지 못하고, 하나의 현상을

---

29) 前揭書, p.45 後面, "汝還聞鴉鳴鵲噪之聲磨. 曰聞. 曰汝返說汝聞性. 還有許多聲磨. 曰到這裏
　　一切聲一切則分別, 俱不可得曰奇哉奇哉.……一切聲一切分別總不可得旣不可得當伊磨時, 莫是
　　虛空磨. 曰元來不空, 明明不昧, 曰作磨生, 是不空之體, 曰無相貌……."

보고 그것이 곧 고정불변하는 마음의 본체인 양 집착하는 데 그 원인이 있다는 점을 철저히 밝히고, 그럼으로써 불佛은 이러이러한 형상이라는 선입관을 일언지하에 타파하고 있다. 우리 범인凡人은 '불佛'은 이러한 것이라는 자기 나름대로의 개념을 설정하고, 그러한 규정 속에 들어가지 않는 것은 불佛이 아니라고 말한다. 그러나 '불佛'은 그와 같이 말로 또는 어떤 일정한 현상으로 뇌험惱驗되는 것이 아니다.

이것은 어디까지나 지눌이 그 시대의 타락된 불교관을 파사현정破邪顯正하는 가장 중요한 사상의 요점이었다. 불佛이란 복을 주고 우리에게 신통묘용神通妙用을 주는 것이 아니다. 만약 행복과 신통묘용을 주는 대상이라면 그것은 어디까지나 객관적 존재로서 실재하여야 할 것이다. 그리고 그것은 틀림없이 외계에서 구할 수 있는 것일 것이다.

'불佛'은 그러한 객관적 실재로 형상을 가진 것이 아니고 오직 우리의 내면적 세계인 '마음'에 있다. 따라서 궁정이나 찾아다니며 복을 대신해서 빌어 주는 데 '불佛'이 있지 않음을 강조하여 올바른 불교관을 확립하려는 끈질긴 노력의 하나였다. 결코 '불佛'은 자기 개인의 이양利養이나 부귀영화를 누리기 위한 수단이 아닌 것이다.

지눌의 이와 같은 '불佛'에 대한 정확한 개념은 불교가 잘못 알려지고 시행되고 있음을 준열히 비판하는 것으로 정법안장正法眼藏의 참다운 불관佛觀을 나타낸 것이라고 보인다. 결코 불은 인간을 떠나 있을 수 없다. 그리고 그 인간이란 '마음이 주인'으로 있는 인간으로, 곧 진리당체眞理當體이다. 이것은 나를 여의고 있지 않음도 명백한 것이다. 그러면 이러한 마음을 어떻게 깨달아 '불佛'이 '될'(完成) 것인가?

2) 돈오와 일념회기

지눌의 일관되고 체계적인 사상은 돈오頓悟와 점수漸修를 밝히는 것이었다. 지눌이 살고 계시던 고려 초기는 이미 불교가 개인적인 행·불행과 복福·덕德·출세出世의 기원을 위주로 한 궁정불교로서 참다운 깨달음에 의한 수행이 없었다. 수행을 한다 하더라도 그저 명리의 수단으로 했을 뿐이다. 더군다나 신앙의 대상에 대한 확고한 믿음이 없이 입으로만 깨닫는다고 말하고 있을 뿐 무엇을 깨달을 것인가를 알지 못하고 있었다. 여기서 지눌은 『수심결』을 저술하여 마음을 닦는 참다운 비결을 널리 세상에 공포했던 것이다.

지눌은 이미 『수심결』 대요에서, 마음이 곧 불佛이라는 믿음을 갖지 않으면 아무리 어려운 고행을 통한 공부를 한다 하더라도 그것은 한갓 도로에 지나지 않음을 강조하여 이렇게 말하였다.

> 자기의 마음을 관觀하지 않고 마음 밖에 불佛이 있고 성性 밖에 법이 있다고 믿어 이 정情을 굳게 집착해서 불도를 구하고자 하는 자는, 비록 오랜 겁을 지나도록 몸을 태우고, 팔을 태우며, 골骨을 뚜드리어 수髓를 내며, 피를 내어 경經을 쓰며, 장좌長坐하여 눕지 않으며, 한 번 먹어 묘시卯時에 재齋하며, 일대장교一大藏敎를 전독轉讀하여 갖가지 고행을 하더라도…….[30]

---

30) 前揭書, p.38 前面, "今之人迷來久矣, 不識自心, 是眞佛, 不識自性, 是眞法, 欲求法而遠推諸聖欲求佛, 而不觀己心, 若言心外, 有佛, 性外有法, 堅執此情, 欲求佛道者, 縱經塵劫, 燒身燃臂, 敲骨出髓刺血寫經, 長坐不臥, 一食卯齋, 乃至轉讀一大藏敎, 修種種苦行……."

그것은 불佛이 될 수 없는 수고로움만 더하는 것이라고 비판하고 있다. 진정한 불佛이 되는 공부는 오직 마음이 부처라는 믿음 이외의 다른 세속적인 영화를 구함에 있지 않음을 명백히 하고 있다. 이것은 오늘날 우리들에게 깊은 반성과 자극을 주는 것이며, 그저 막연히 수단으로서 불교를 믿고 그것을 수행하는 것은 참된 불교인이 아님을 뚜렷이 밝혀 준다. 그러기 때문에 지눌은 먼저 돈오頓悟, 즉 '단박 깨달음'을 주장한다. 그렇다면 무엇을 '단박 깨달을' 것인가? 그리고 그 깨달은 상태는 어떤 것인가?

> 비록 도道를 배우되 선후先後를 알지 못하고, 이理를 설說하되 본말本末
> 을 분간치 못하는 것은 사견邪見이다. 대저 도道에 들어감의 문이 많으
> 나 간단히 말하면 돈오頓悟와 점수漸修 양문兩門에 지나지 않는다.[31]

라고 말하여 먼저 공부하는 데 돈오頓悟와 점수漸修를 말한다.

지눌은 말한다.

> 돈오라 함은 범부가 미혹할 때에 사대四大로 몸을 삼고 망상으로 마음
> 을 삼아서 자성自性이 참된 법신法身인 줄 알지 못하고, 자기영지自己靈
> 知가 이 참 불佛인 줄 알지 못하고 마음 밖에서 불佛을 찾아서 파파波波
> 히 허랑虛浪하게 달리다가, 홀연히 선지식善知識이 들어가는 길을 지시
> 하매 일념에 광光을 돌이켜 자기 본성을 보면, 이 성지性地는 원래 번뇌

---

31) 前揭書, p.41 後面, "學道而不知先後, 說理而不分本末者, 是名邪見. 不名修學, 非唯自誤⋯⋯
  夫入道名聞以要言之, 不出頓悟漸修兩門耳."

가 없고 무루無漏의 자성이 본래 스스로 구조具足하여, 곧 제불諸佛과 더불어 분호分毫도 다르지 않기 때문에 돈오頓悟라 한다.[32]

자기 본성을 돌이켜 보아 이것이 곧 번뇌가 없고 그것이 곧 부처라는 깨달음을 돈오頓悟라 한다. 이것은 다른 사람이 너의 마음이 본래 부처이고 본래 번뇌가 없는 것이라고 가르쳐 주어 그것을 이론적으로 따져 결론에 도달하는 방법이 아니라, 스스로 스스로의 마음을 회광廻光하여 보아 진정 고정불변하는 객체로서의 번뇌가 있지 않다는 것을 깨닫는 것이다. 따라서 돈오頓悟는 일념一念을 돌이켜 반조返照하는 회광반조廻光返照에서 얻어지는 것이다. 그렇다면 어떻게 하여 일념에 기機를 돌이켜 자성을 깨달을 수 있는가?

지눌은 다음과 같이 말한다.

다만 너의 자심自心이어니 다시 무슨 방편을 써 그것을 가지리오. 방편을 가지고 앎을 구함은 비유하건대 사람이 자기가 자기 눈을 보지 못하고 눈이 없다고 다시 봄을 구하는 것과 같아, 이미 이 자기의 눈이어니 어떻게 다시 보리요. 만일 잃지 않은 줄 알면 눈은 봄이 되는 것이다. 다시 봄을 구하는 마음도 없거니와 어찌 보지 못한다는 생각이 있으리오. 자기영지自己靈知도 또한 이와 같아서 이미 자기 마음이어니 어찌 다시 앎을 구하리오. 만일 앎을 구하고자 할진대 문득 알아 얻지 못함이니 다만 알지 못한 줄 알면 이것이 곧 견성見性이다.[33]

---

32) 前揭書, p.43 前面, "頓悟者, 凡夫迷時, 四大爲身, 妄想爲心, 不知自性, 是眞法身, 不知自己靈知, 是眞佛也, 心外覓佛波波浪走, 忽被善知識, 指示入路, 一念廻光, 見自本性, 而此性地, 原無煩惱無漏智性本自足足, 卽與諸佛, 分毫不殊, 故頓悟也."

이처럼 본래 자기에게 있는 이것이 곧 자심이요, 그것 자체가 방편인 것이다. 따라서 방편을 다시 쓰는 것은 자기의 영지靈知를 잃어버리게 되는 것이다. 그리고 그것을 다른 말로 표현하면 공적영지空寂靈知의 마음이다. 깨닫는다는 것은 공적영지空寂靈知의 마음을 깨닫는 것이다. 그리고 이때 외계에 휩쓸려 본래의 자기 면목인 마음을 잃고 있다가, 자기의 마음을 되찾아 돌아오는 계기를 회광반조廻光返照라 한다.

> 모든 법法이 꿈과 같고 허깨비와 같아 망념妄念이 본래 고요하고, 티끌의 대상이 본래 빈 것이니, 모든 법이 공空한 데서 영지靈知가 어둡지 않고, 이 공적영지심空寂靈知心이 바로 너의 본래 면목이다. 역시 삼세제불三世諸佛과 역대조사歷代祖師와 천하선지식天下善知識의 비밀이 서로 전한 법인法印이다. 그러므로 이 마음을 깨치면 진실로 단계를 밟지 않고 바로 부처의 지위에 올라 걸음마다 삼계三界를 넘고 집에 돌아가 단박 의심을 끊는 것이다.[34]

이와 같이 지눌은 마음을 공적영지空寂靈知한 것으로, 또한 모든 부처들의 비밀히 서로 전한 법인法印으로 확신하고 공적영지심空寂靈知心의 참모습을 말로써 할 수 없으나 말로써 할 수 있는 데까지 추구한다.

그리하여 이 일심一心을 청정심체淸淨心體, 본원각성本源覺性이라 말한

---

33) 前揭書, p.44 前面, "只汝自心, 更作什麼方便. 若作方便, 更求解會, 比如有人, 不見自眼, 以謂無眼, 更欲求見, 旣是自眼. 如何更見若知不失, 卽爲見眼. 更無求見之心, 豈有不見之想. 自己靈知, 亦復如是, 旣是自心, 何更求會. 若欲求會, 便會不得, 但知不會, 是卽見性."

34) 前揭書, p.44, "諸法如夢, 亦如幻化故, 妄念本寂, 塵境本空, 諸法皆空之處, 靈知不昧, 卽此空寂靈知之心, 是汝本來面目. 亦是三世諸佛, 歷代祖師, 天下善知識, 密密相傳底法印也. 若悟此心, 眞所謂不踐階梯, 徑登佛地, 步步超三界, 歸家頓絶疑."

다. 공적영지空寂靈知의 마음에서 일어난 생각들을, 그 생각이 곧 독립 실재하고 고정불변하게 계속 존재한다는 집착이 곧 망상이다. 돈오頓悟는 망상이 허깨비라는 것을 홀연히 깨달아 본래 일심으로 되돌아가는 것이다. 그렇다면 '단박 깨달음', 즉 돈오頓悟는 한 번인가 수없이 많은가? 만약 돈오頓悟는 단 한 번이라면 거기에는 단계와 차별이 있을 수 없는 것이고, 만약 점수修道에 따라 돈오가 수없이 일어난다면 그것은 차별과 단계가 있을 것이다. 이에 대하여 지눌은 경經의 말을 인용하여, "이치로는 '단박 깨달음'인지라 깨달음을 따라 아울러 녹이려니와 일은 단박 사라지는 것이 아니므로 점차로 사라진다."[35]

여기서 우리는 명백히 돈오頓悟에서 불지佛地에 들어가는 것이지만 오랫동안 익혀 온 습기習氣, 즉 일(事)을 없애기 위해 새로운 수도가 필요함을 역설함을 본다. 그리고 사事, 즉 '일'이라 함은 인간이 태어나면서부터 가지고 있는 일체의 관념과 삶을 영위하면서 만들어진 모든 사량思量 분별分別, 습관, 타성 등을 말하는 것이다.

지눌은 다음과 같이 말한다.

이미 성인에 더하지 않고 범부에 모자라지 않을진대 불조佛祖가 어찌 사람과 다르리오. 사람과 다른 바는 능히 스스로 심념心念을 두호하심이니, 네가 만일 신信해서 의정疑情이 단박 쉬고 장부丈夫의 뜻을 내어서 진정한 견해를 발하며 친히 그 맛을 맛보아서 스스로 자긍自肯하는 땅에 이르면, 곧 이 마음 닦는 사람의 해오解悟한 곳이 됨이라. 다시

---

35) 前揭書, p.42 前面, "如經云, 理卽頓悟乘悟併消, 事非頓除因次第盡."

계급과 차제次第가 없을새, 고로 이것을 돈頓이니 저 신인信因 가운데 제불諸佛의 과덕果德에 계합하여 분호分毫도 다르지 아니하여 신信을 이룬다 함이니라.36)

이처럼 오悟라 하는 것은 불佛과 범부凡夫가 동체임을 믿어서 의정疑情이 단박 쉬고 진정한 견해를 일으키어, 스스로 직접 그 맛을 보아 스스로 자긍自肯하는 경지가 곧 해오解悟인 것이다. 아직 의심이 있고 심념心念을 두호하지 못하고 그 세계를 체험하지 못했다면, 그것은 오悟의 땅이 아닌 것이다. 여기에 어찌 거짓이 있는가? 깨닫고 깨닫지 못함은 누구보다 자기 자신이 가장 잘 알고 있는 것이다. 이와 같이 지눌은 인간을 무한가능성의 근원으로 보았다. 따라서 인간 즉 내가 깨닫고 그것을 확인하는 것이다. 여기에 돈오頓悟는 추호도 의심이 없기 때문에 차제次第가 있을 수 없고 차별이 있을 수 없다. 돈오頓悟는 단 한 번이지 시간상에서 변하는 것이 아니다.

3) 점수와 정혜쌍수

일념회기一念廻機에 의하여 나 자신과 불佛이 동체임을 깨침에서, 그것은 수행에 따라 점진적으로 되는 것이 아니라 단번에 이루어진다는 의미에서 돈오頓悟라고 했는데 어째서 다시 점수漸修를 해야 하는가?

---

36) 前揭書, p.47 前面, "旣不增於聖, 不少於凡, 佛祖奚以異於人. 而所以異於人者, 能自護心念耳, 汝若信得及, 疑情頓息, 出丈夫之志, 發眞正見解, 親嘗其味, 自到自肯之地, 則是爲心人, 解悟之處. 更無階級次第, 故云頓也."

지눌은 돈오점수頓悟漸修를 설명하여,

비록 돈오점수頓悟漸修가 최상근기最上根機의 사람이 들어가는 문門이라 하지만, 만약 과거를 거슬러 올라가 보면 이미 이 다생多生에 깨달음을 의지해 닦아서 점점훈습漸漸熏習해 온지라, 금생에 이르러 듣자마자 곧 발오發悟하여 일시에 단번에 마침이니 이것 역시 선오후점先悟後修의 근기이다.[37]

라 하여 말은 돈오돈수頓悟頓修라 하지만 깨닫지 않고 수도修道만 하여 증오證悟되는 것이 아니라, 먼저 깨닫고 점수漸修를 계속하다가 우리가 보는 세계에서 일시에 불佛이 되는 것처럼 보이는 것일 뿐이라고 한다. 이역시 먼저 깨닫고 나중에 닦는 공부를 하는 것이다. 그러면 도대체 점수漸修란 무엇인가?

지눌은 다음과 같이 말한다.

비록 본성이 불佛과 다름이 없음을 깨달으나, 비롯함이 없는 습기習氣를 마침내 단번에 없애기 어려운 고로, 깨달음을 의지해 닦아서 점점 훈습해 공功이 이루어 성태聖胎를 장양長養하여 오래오래 하매 성聖을 이루므로 점수漸修라 하니, 비유컨대 어린아이가 처음 난 날에 모든 근根의 구족具足함이 타인으로 더불어 다름이 없으나, 그러나 그 힘이 충실치 못한지라 자못 세월이 지나야 비로소 사람이 됨과 같으니라.[38]

---

37) 前揭書, p.42 前面, "雖曰頓悟頓修, 是最上根機得入也, 若推過去已生多生, 依悟而修, 漸熏而來, 至於今生, 聞卽發悟一時頓畢."

38) 前揭書, p.43 前面~後面, "漸修者雖悟本性, 與佛無殊, 無始習氣, 卒難頓除故, 依悟而修, 漸熏

이것은 곧 해오解悟를 의미하는 것이다. 인간은 무시이래無始以來로 습기習氣를 가지고 있기 때문에 이 습기는 하루아침에 벗겨질 수 없다. 그것은 마치 저 산이 금광인 줄 알지만 그 산의 모든 것이 금이 아니고, 금만을 파내기 위하여서는 그것에 필요한 수단이 있어야 하는 것과 같다. 따라서 지눌은 깨달음 이후의 점수漸修를 더욱 상론하여

> 범부凡夫가 비롯함이 없는 광대겁廣大劫에 옴으로 오늘에 이르기까지 오도五道에 유전하여, 살아오고 죽어감에 아상我相을 굳게 집착해 망상전도妄想顛倒와 무명훈습無明熏習으로 오래 더불어 성性을 이루었으니, 비록 금생今生에 이르러 단번에 자성이 본래공적本來空寂하여 불佛과 다름이 없음을 깨달았으나, 이 구습舊習을 갑자기 없애 끊기 어려운 고로 역순경계逆順境界를 만나매, 진희瞋喜와 시비是非가 치연熾然히 일어나고 멸滅하여 객진번뇌客塵煩惱가 전과 더불어 다름이 없으니, 반야般若로써 공을 더하여 힘을 얻어 무명을 대치對治해야 한다.[39]

고 말하고 그것을 비유한 경經의 말씀을 인용하여 다음과 같이 말한다.

> 깨달음이 비록 불佛과 같으나 다생의 습기習氣가 깊은지라 바람은 머무르되 물결은 오히려 솟고, 이치는 나타나되 생각은 오히려 침노한다.[40]

功成, 長養聖胎, 久久成聖故云漸修者也, 比如孩子, 初生之日, 諸根具足, 與他無異, 然, 其力未充頗經歲月, 方始成人."

39) 前揭書, p.48 前面, "凡夫, 無始廣大劫來, 至於今日, 流轉五道, 生來死去, 堅執我相, 妄想顛倒, 無明熏習, 久與成性, 雖到今生, 頓悟自性, 本來空寂, 與佛無殊, 而此舊習, 卒難除斷故, 逢逆順境, 瞋喜是非, 熾然起滅, 客塵煩惱, 與前無異, 若不以般若, 加功着力, 焉能對治無明."

40) 前揭書, p.48 前面, "如云頓悟雖同佛, 多生習氣深, 風停波尙湧, 理現念猶侵."

인간이 아무리 이치로서는 깨달았지만 그것이 실천을 통하여 '됨'(成)이 더욱 중요한 것을 주장한다. 범부凡夫가 불佛이지만, 불佛 곧 성인이 되는 것이 이상理想이다. 그러한 불의 세계에 잠시도 쉼이 없고 또 망상에 집념이 없으려면 어떻게 해야 하는가?

> 깨달음 이후(悟後)에도 모름지기 오랫동안 조찰照察하여 망념이 홀연히 일어나거든 도무지 따르지 말고, 손損하여 또 손損하여 하염없는 데 이르러야 비로소 구경究境에 이르니 천하天下 선지식善知識이 깨달은 뒤에 소 먹이는 행行이 여기에 있는 것이다.[41]

지눌은 왕왕 똑똑한 사람이 그리 힘 안 들이고 약간 깨쳤다고 문득 용이한 마음으로 수치修治하지 않고 망념을 따라 헤매는 것은 오직 이 목우행牧牛行의 정신이 없기 때문이라고 말한다.

여기서 지눌은 인간이 가지고 있는 습기習氣가 구체적으로 무엇인가를 밝히지 않았지만 인간의 무명無明, 즉 어리석음(迷)으로 인하여 발생한 가지가지의 허깨비를 지칭하는 것 같다. 그것은 곧 '있다', '없다', '선善하다', '악惡하다', '옳다', '그르다' 등의 기타 우리의 육근六根에 의하여 생겨진 육식六識, 육경六境 등 일체를 말함이다. 그런 것들이 본래 일심一心에서 일어나고 일심으로 돌아가는 것인데 그것이 실재한다고 망상을 갖는 것을 말하는 것 같다.

---

41) 前揭書, p.48, "悟後, 長須照察, 妄念忽起, 都不隨之, 損之又損, 以至於無爲 方始究竟, 天下善知識, 悟欲牧牛行, 是也."

망념妄念이 본래 공空하고 심성이 깨끗한 줄 '단박 깨달아서' 악惡에 끊되 끊어도 끊음이 없고, 선善에 닦되 닦아도 닦음이 없는지라 이에 참으로 닦고 참으로 끊음이다.[42]

깨달은 자의 점수漸修는 어디에 주착住着됨이 없고, 선·악을 분별하지 않는 자리의 닦음이기에 닦음이나 끊음이 자유자재한 것이다. 따라서 점수漸修는 깨달음이 없이 이루어지지 않는다. 깨달음을 밑받침으로 하여 행하는 점점 닦음이 진정한 점수漸修이다. 깨달음이 없는 점수는 일시적인 점수이지 영원한 불지위佛地位에 들어가는 수행이 아니다.

이러한 점수漸修는 곧 오悟의 경지에서 완전히 그렇게 된 증오證悟의 세계를 말한다. 돈오頓悟에 아직 습기習氣가 있다면 이것은 해오解悟이다.

지눌이 먼저 '깨달음' 후에 닦으라고 한 것은 '깨달음' 전에 수修가 없다고 하는 것은 아니다. 비록 '깨달음' 전에 수修가 있을 수 있지만 그 수행修行은 진실한 수행이 아니라는 것이다.

용공用功을 잊지 않아 염념훈수念念熏修를 다하지만 부딪치는 곳마다 의심이 나서 걸림이 없지 못하며 한 물건이 가슴 가운데 걸려 있음과 같아서 편안치 못한 상相이 항상 나타나 앞에 있는지라. 날이 오래고 달이 깊어서 대치對治하는 공功이 익으면 신심身心의 객진客塵이 마치 경안輕安한 것 같은 것이나, 비록 다시 경안하더라도 의심의 뿌리가 끊이지 않음이 돌로 풀을 누름과 같아 생사경계에 자재할 수가 없는 것이

---

42) 前揭書, p.48 後面, "己先頓悟妄念本空, 心性本淨, 於惡斷斷而無斷, 於善修修而無修此乃眞修眞斷矣."

니, 그래서 닦음이 '깨달음' 전에 있음은 진수眞修가 아니라 한다.[43]

이것을 보아 지눌 당시의 고려에서 선오후수先悟後修의 사상이 아마도 일반 통념으로 성행된 것이 짐작이 되지만, 지눌이 스스로 후를 목우자牧牛子라고 한 뜻도 깨달음 이후(悟後)의 수행을 중시한 소치요, 그의 신조를 그대로 상징한 것 같다.[44] 그리고 이것은 그 당시 일반적인 승려들이 진실된 오후悟後의 수행은 하지 않고 조금만 깨닫는 것 같으면, 곧 그가 더 수행에 힘쓰지 않고 세속적인 이해득실을 따져 개인의 복을 추구하고 권력 주위에서 편안한 생을 유지하려는 타락상을 단호히 비판한 한 단면이기도 하다.

그러면 오후悟後의 수행인 점수漸修는 어떻게 할 것인가? 그것은 오직 정定과 혜慧의 두 문밖에 없다. 정定은 어떠한 것이며 혜慧는 무엇인가?

지눌은 우리의 본래 마음의 상태를 '공적영지空寂靈知'라고 말하였다. 그러나 이 공적영지空寂靈知가 드러나려면 정定과 혜慧로 닦아야 한다. 공적空寂은 정定이요, 영지靈知는 혜慧이다. 따라서 일심一心이 공적空寂하려면 정定을 닦아야 하고, 영지靈知를 발發하려면 혜慧를 닦아야 한다. 그렇다고 정定과 혜慧, 공적空寂과 영지靈知가 본래 둘이 있는 것은 아니다. 이 둘은 모두 하나의 자성自性 위에 체體·용用의 두 의義로 나누어 본 것이다. 즉 지눌은

---

43) 前揭書, p.49 後面, "在悟前則雖用功不忘, 念念熏修, 着着生疑, 未能無礙如有一物, 礙在胸中, 不安之相, 常現在前. 日久月深, 對治功熟, 則身心客塵, 怡似輕安, 雖復輕安, 疑根未斷, 如石壓草, 猶如生死界, 不得自在, 故云, 修在悟前非眞修也."
44) 朴鍾鴻, 『韓國思想史』(서문문고판), p.198.

만일 법法과 의義를 말한다면 이理에 드는 천 가지 문門이 정혜定慧 아님이 없으니, 그 강요綱要를 취한다면 자성自性 위에 체體와 용用의 두 의義이니 전에 이미 말한 공적영지空寂靈知가 이것이다. 정定은 체體요, 혜慧는 용用이다. 체體에 즉卽한 용用이기 때문에 혜慧가 정定을 떠나 있지 않고, 용用에 즉한 체體이기 때문에 정定이 혜慧를 떠나 있지 않아서 정定이 곧 혜慧요 적寂하되 항상 지知하고, 혜慧가 곧 정定이기 때문에 지知하되 항상 적寂이다.45)

라고 말하고 더 나아가 조계스님의 말씀을 인용하여 심지心地가 '어지러움이 없음'(無亂)을 '자성정自性定'이라 하고, 심지心地가 '어리석음이 없음'(無癡)이 '자성혜自性慧'라고 못 박고, 우리가 이와 같음을 깨달아서 쌍수정혜雙修定慧해야 한다고 주장한다.

지눌은 점차로 닦아 가는 데 있어서 인간의 근기根機에 따라 두 개의 문을 설명하고 있다.

첫째의 문은 돈문개자頓門箇者의 쌍수정혜雙修定慧이요, 둘째의 문은 점문열기漸門劣機의 사람이 닦는 쌍수정혜雙修定慧이다.

돈문개자頓門箇者의 닦는 행은 어떠한 것일까? 지눌은 "마음대로 적寂과 지知하여 차遮와 조照가 둘이 없는 것"46)이 곧 특수한 근기를 가진 자가 닦는 정혜定慧이고, "만약 적적寂寂으로써 연려緣慮를 다스리고 뒤에 성성惺惺으로써 혼주昏住를 다스린다 하여 선후先後를 대치對治하여 혼침

---

45) 前揭書, p.50 後面, "若說法義, 入理千門, 莫非定慧, 取其綱要則但自性上, 體用義, 前所謂空寂靈知, 是也定是體, 慧是用也卽體之用故, 慧不離定, 卽用之體故, 定不離慧, 定則慧故, 寂而常知."
46) 前揭書, p.50 後面, "任運寂知, 遮照無二則是爲頓門箇者, 雙修定慧也."

과 산란을 균조均調해서 정靜에 드는 자는"[47] 점문열기漸門劣機의 수행하는 방법이다. 그러기 때문에 이것은 아직 올바른 정혜定慧라 할 수 없다. 따라서 지눌은 정定과 혜慧를 둘로 나누어 보지 않는다.

> 깨달은 자에서는 본래 적寂하고 본래 지知함을 여의지 않고 마음대로 정定과 혜慧를 닦는 자가 되는 것이지만, '깨닫지' 않고 닦는 사람에게는 비록 성惺과 적寂을 평등하게 가진다 이르나 정靜을 취하여 행함을 면치 못함이니.[48]

본래 적寂하고 본래 지知함을 가진 '깨달은' 자가 수행하는 바와는 다른 것이다. 진정으로 '깨닫고' 수행하는 모습은 다음과 같다.

> 달達한 사람 분상分上에 정定과 혜慧로 평등하게 가지는 의義는 공용功用에 떨어지지 아니하여 원래 스스로 하염없어서 다시 특지特地의 시절時節이 없는지라, 색을 보고 소리를 들을 때에도 다만 이러하고, 옷을 입고 밥을 먹을 때에도 다만 이러하며, 똥 누고 오줌 눌 때에도 다만 이러하고, 사람을 대하여 접화接話할 때에도 다만 이러하며, 내지 행주좌와行住坐臥와 혹 말하고 혹 묵수함과, 혹 희喜하고 혹 노怒하는 일체 시時 가운데 낱낱이 이와 같아서, 빈 배가 물결에 멍에 메어 높고 낮음을 따라 출렁이고, 흐르는 물이 산에 전轉하매 굽음을 만나며 곧음을 만남과 같아서 마음마음이 앎이 없어서 금일에 마음대로 달리고 명일에도

---

47) 前揭書, p.50, "若言先以空寂, 治於緣慮, 後以惺惺治於昏住, 先後對治, 均調昏亂, 以入於靜者, 是爲漸門劣機所行也."
48) 前揭書, p.50 後面, "雖云惺寂等持, 未免取靜爲行, 則豈爲了事人, 不離本寂本知, 任運雙修者也."

마음대로 달리어 중연衆緣을 수순隨順하되 막힘이 없고 걸림이 없으며, 선과 악에 끊지도 않고 닦지도 아니하여 질직質直해 거짓이 없어서 보고 들음이 심상尋常한 지라, 곧 한 티끌도 대對지을 게 끊어졌거니 어찌 보내어 탕진蕩盡하는 공功을 수고로이 하며 한 생각도 정情이 날 게 없는지라 연緣을 잊는 힘을 가차假借하지 않는다.[49]

이것이 바로 돈오자頓悟者의 자성문自性門 정혜定慧이다. 본래 '깨달은 자'는 이러한 자리에 들어가 있으므로 다시 점수漸修를 하는데 혼침昏沈이나 연緣을 잊을 생각이 없는 것이다. 그대로가 곧 점수인 것이다. 따라서 거기에는 따로 점수라는 말을 붙일 필요도 없다. 그러나 평범한 인간은 그러한 지위에 오르기에는 극히 어렵고, 또한 근기根機가 각자가 다르므로 우리에게 필요한 것은 '깨달음'의 완성자에서가 아니라 '깨달음'의 길에서 그 '깨달음'을 유지하는 수행이 문제이다. 지눌 역시 이 점을 중요시 하여 점수의 문을 나누어 설명한 것이다. '깨달음'의 정도의 차이에서 우리의 수행방법이 달라진다. 완전히 '깨달은 자'의 수행은 자성문 정혜인 것이다. 그러니 인간에서 근기의 차이는 그가 가진 업장業障에 의하여 얻어지는 것이다. 지눌은 이를 다음과 같이 밝히고 있다.

그러나 장障이 농후濃厚하며, 습習이 중重하고, 관觀이 열劣하며, 마음이

---

49) 前揭書, p.51 前面, "則達人分上, 定慧等持之義, 不落功用, 元自無爲, 更無殊地見色聞聲時, 但伊麽, 着衣喫飯時, 但伊麽, 屙屎送尿時但伊常對人接話時但伊麽, 乃至行住坐臥, 或語或默, 或喜或怒, 一切時中, 一一如是, 似虛舟舟浪, 隨高隨下, 如流水轉山, 遇曲遇直, 而心心無知, 今日騰騰任運, 明日任運騰騰, 隨順衆緣, 無障無礙, 於善於惡, 不斷不修, 質直無僞, 視聽尋磨, 則絕一塵而作對, 何勞遣蕩之功, 無一念而生情, 不假忘緣功."

떠서 무명無明의 힘이 크고 반야般若의 힘이 작아서 선·악 경계에 동動과 정靜이 서로 변환함을 면치 못하여 마음이 활담活淡치 못한 자는 연緣을 잊어 견탕遣蕩하는 공부功夫가 없지 못할지니, 저 이르러 육근六根이 경계를 섭攝하여 마음이 연緣을 따르지 않음을 이르되 정定이요, 마음과 경계가 다 공空하여 혹惑이 없는 줄 조감照鑑함을 혜慧라 함이니, 이것이 비록 수상문隨相門의 정혜定慧와 점문열기漸門劣機의 행할 바로서, 대치對治하는 방법으로서 만일 도거掉擧(망상)가 치성熾盛하거든 먼저 정문定門으로써 이리에 칭합稱合해 산란을 섭攝하여 마음이 연緣을 따르지 아니하여 본래本來 적寂寂한 데 계합契合하고 만일 혼침昏沈이 더욱 많거든 곧 다음에 혜문慧門으로써 법을 간택해 공空을 관觀해서 혹惑이 없는 줄 비추어서 본래 지知한 데 계합契合할지니, 정定으로써 난상亂想을 다스리고 혜慧로써 무기無記를 다스려서 동정動靜의 상相이 없어지고 대치對治의 공功을 마치면, 곧 경계를 대對하매 염념念念이 종宗에 돌아가고, 연緣을 만나매 마음마음이 도道에 계합契合하여 임운쌍수任運雙修하야 일없는 사람이 될지니, 이것이 참으로 정定과 혜慧를 평등하게 가져서 밝게 불성을 본 자니라.50)

지눌은 이와 같이 '깨달음' 뒤에 수행하는 방법 가운데 정定과 혜慧를 평등하게 가지는 의義가 이종二種이 있으니, 일一은 자성정혜自性定慧요, 이二는 수상정혜隨相定慧라는 것이다. 그런데 왜 깨달은 뒤 점문열기漸門劣機

---

50) 前揭書, p.52 前面, "然障濃習重, 觀劣心浮, 無明之力大, 般若之力小於善於惡境界, 未免被動靜互換, 心不活淡者, 不隨乎忘緣遣蕩功夫矣, 如云六根攝境, 心不隨緣謂之定心境俱空照鑑無惑謂之慧, 此雖隨相門定慧, 漸門劣機所行也, 對治門中不可死也, 若掉擧熾盛則先以定稱理攝散, 心不隨緣, 契乎本寂, 若昏沈尤多, 則次以慧門擇法觀空, 照鑑雖惑契乎本知, 以定治乎亂想, 以慧治乎無記, 動靜相亡, 對治功終則對境而念念歸宗, 遇緣而心心契道, 任運雙修, 方爲無事人若如是則眞可謂定慧等持明明佛性者也."

의 수상정혜隨相定慧를 쌍으로 닦는 것일까? 자성문정혜自性門定慧는 돈문 개자頓門箇者의 닦는 행으로서 마음대로 적寂하고 지知하여 원래 스스로 하염없어서 한 티끌도 대對지울 게 끊어졌거니, 한 생각도 정情이 날게 없어서 연緣을 잊는 힘을 빌릴 것이 없는 것이요, 수상문정혜隨相門定慧는 이理에 칭합稱合해서 산란을 섭攝하며, 법을 간택해 공空을 관觀하며, 혼침 과 산란을 균조均調함으로써 무위無爲에 드는 것이니, 이것들이 한 사람 에 있어 먼저 자성문정혜自性門定慧를 쌍雙으로 닦은 후에 다시 수상문隨相 門의 대치對治하는 공을 닦는 것이 되는 것인가? 만일 자성정혜自性定慧에 의지한다면 이미 스스로 적寂하고 지知하여 있는데 수상문정혜隨相門定慧 가 필요한가? 또한 자성문정혜自性門定慧로 먼저 '깨닫고' 다시 수상문정 혜隨相門定慧로 닦는다면 이것 역시 '깨달음' 뒤에 무엇 때문에 다시 수행 을 하는 것인가? 그것은 아직 완전히 깨닫지 못한 것이 아닌가?

> 자성정혜自性定慧로 닦는 자는 이 돈문頓門에 공功 없는 공功을 써서 아
> 울러 운전運轉하고 쌍雙으로 적寂하여 스스로 자성을 닦아서 스스로 불
> 도를 이루는 자요, 수상문정혜隨相門定慧로 닦는 자는 미처 '깨닫기'도
> 전에 점문열기漸門劣機의 대치對治하는 공을 써서 마음마음이 혹惑을 끊
> 어서 정靜을 취하여 행을 하는 자이니 이 두 문의 행하는 바가 돈頓과
> 점漸이 각각 달라서 가히 참란參亂하지 못하거니와, 그러나 깨달은 뒤
> 닦는 문門 가운데 겸하여 수상문隨相門 가운데 대치對治로 논한 것은 온
> 천히 점기漸機의 행할 바를 취함이 아니라 그 방편을 취하여 길을 빌리
> 고 숙박을 의탁할 따름이다.[51]

---

51) 前揭書, p.54 前面, "則修自性定慧者, 此是頓門用無功之功並運雙寂自修自性, 自成佛道者也."

지눌은 여기에서 명백히 '깨달음' 전의 수행은 진정한 수행이 아니라는 점을 밝히고 있다. 우리가 '깨달음' 전에 수행하는 방편인 수상문정혜隨相門定慧로 점점 닦는 것은 비록 깨달았으나, 그 '깨달음'의 정도가 있어서 기機가 승勝한 사람도 있고 기機가 열劣한 사람도 있어서 기機가 열劣한 사람이 그 방편을 의탁해서 닦는 것이니, '깨달음' 전에 닦는 수상문정혜隨相門定慧와는 다른 것이라고 말한다. 지눌은 또 불즉시심佛卽是心의 깨달음의 정도의 차이에 대하여 다음과 같이 말한다.

단박 깨달은 경계는 번뇌가 담박淡薄하고 몸과 마음이 경안輕安하여, 선善에 선善을 여의고 악惡에 악惡을 여의어서, 팔풍八風[52]에 동動치 않고 삼애三受[53]가 적연寂然한 자로 자성정혜自性定慧를 의지하여 천진天眞해 조작이 없어서 동動과 정靜이 항상 선禪이라 자연의 이리理를 성취하거니 이러한 사람에게는 대치對治의 방인 수상문정혜隨相門定慧가 필요 없다. 곧 병이 없으니 약을 구하지 않을 것이다. 그러나 비록 단박 깨달았으나 번뇌가 농후하고 습기習氣가 견중堅重하여 경계로 대對하매 염념念念이 정情이 나고, 연緣을 만나매 마음마음이 대對를 지어서 혼침과 산란의 부딪침을 입어서 적寂과 지知가 항상 그러함을 매각昧却하는 자는, 곧 수상문隨相門定慧를 가차假借하여 대치對治를 잊지 말고 혼침과 산란을 균조함으로써 무위無爲에 듦이 곧 마땅함이니, 비록 대치의 공부功夫를 가차假借하여 잠깐 습기習氣를 고루나 먼저 심성이 본래 깨끗하고

---

52) 八風(八法): 利, 衰, 毁, 譽, 稱, 譏, 苦, 樂의 八種. 이것은 세상에서 사랑하거나 미워하는 바로서 能히 사람의 마음을 흔들어 놓으므로 八風이라 한다.
53) 三受: 세 가지 감각(苦受, 樂受, 捨受). 1. 苦受는 외계의 접촉에 의하여 받는 괴로운 감각. 2. 樂受는 외계의 경계에 접촉하여 몸과 마음에 받는 즐거운 느낌. 3. 捨受는 苦受, 樂受에 속하지 않는 느낌.

번뇌가 본래 공空함을 단박 깨달은 고로 곧 점문열기漸門劣機의 오염汚
染으로 닦는 데 떨어지지 않는다.54)

깨닫지 못한 상태에서의 닦음은 항상 염념念念이 훈수熏修하나 착착着
着에 의심이 나서 능히 걸림이 없지 못함이 마치 한 물건이 가슴속에
걸려 있음과 같아서 편안치 못한 상相이 항상 나타나 앞에 있다가, 날이
오래고 달이 깊어서 대치對治하는 공功이 익은즉 몸과 마음의 객진客塵이
마치 경안輕安한 것 같으니, 비록 다시 경안輕安하나 의심 뿌리가 끊어지
지 못함이 돌로 풀을 누름과 같아서 오히려 생사경계에 자재함을 얻지
못하는 것이다. 따라서 진정한 닦음은 '단박 깨달'은 뒤의 닦음인 것이
다. 그리하여 수상문정혜隨相門定慧는 깨달은 사람에게 있어서는 쇠를 점
쳐 금을 이룸과 같은 것이다. 따라서 두 문門의 정혜定慧는 선후차제이견
先後次第二見이 있을 수 없다.

---

54) 前揭書, p.54 前面, "若煩惱淡薄, 身心輕安, 於善離善, 於惡離惡, 不動八風, 寂然三受者, 依自
性定慧, 任運雙修, 天眞無作, 動靜常禪, 成就自然之理, 何假隨相門對治之義也. 無病不求藥. 頓
先後悟, 煩惱濃厚, 習氣堅重, 對境而念念生情, 遇緣而心心作對, 被他昏亂便殺昧却寂知常然者,
卽借隨相門定慧, 不忘對治, 均調昏亂, 以入無爲, 卽其宜矣, 雖借對治工夫暫調習氣, 以先頓悟心
性本淨, 煩惱本空故, 卽不落漸門劣機污染修也."

4. 불은 생사와 열반 초월

지눌이 '선오후수先悟後修'를 내세우는 것을 탓하여, 깨달으면 곧 수修
도 같이 따르는 것인데 어찌하여 깨닫고 다시 수修를 할 필요가 있는가.
이러한 것을 보아 지눌은 철저한 오悟를 하지 못한 사람이 아닌가 하는
비판적 의문을 제기하는 사람도 없지 않아 있다. 그러나 이러한 비판은
지눌을 보다 참되게 이해하려 하지 않고 아직도 자기라는 아집에 사로
잡혀 망념이 수시로 일어나 헤매는 사람이다. 그리고 지눌의 참된 사상
을 자기 속에서 일념회기一念廻機하는 반조反照의 공功이 없는 사람이다.
지눌은 명백히 '오悟'의 세계를 자기 것으로 가졌고, 따라서 '오悟'와 '수
修'를 둘로 나누지 않았다. 그 자신의 세계에서는 오悟와 수修가 둘이 될
수 없었다.

물론 이 성性이 원래 번뇌가 없고 무루無漏의 지성智性이 본래 스스로
구족具足하여 불佛로 더불어 다름이 없는 줄 깨달아서 이를 의지하여
닦는 자는 이름이 최상승선最上乘禪이며 또한 이름이 여래청정선如來淸
淨禪이니, 만일 능히 염념念念이 수습修習하면 자연히 점점 백천삼매百千
三昧를 얻으리니 달마達磨 문하門下에 전전展轉히 서로 전하는 것이 이
선禪이라 하시니, 곧 '단박 깨닫고' '점점 닦는' 의義가 수레의 두 바퀴와
같아서 하나를 궐闕하면 옳지 못하니라.55)

---

55) 前揭書, p.48 後面, "頓悟此性, 元無煩惱, 無漏智性, 本自具足, 與佛無殊, 依此而修者, 是名最
上乘禪亦名如來淸淨禪也, 若能念念修習, 自然漸得百千三昧, 達磨門下, 展轉相傳者, 是此禪也,
則頓悟漸修之義, 如車二輪, 闕一不可."

하여 돈오頓悟와 점수漸修는 서로 깊은 관계에 있어 오悟하고 닦지 않는 것은 옳은 깨달음이 아니라는 점을 명백히 하고 있다. 사실상 오悟하면 동시에 수修가 따르게 마련이다. 이런 면에서 볼 때 오悟하고 닦지 않는 사람이 있을 것인가? 본질적으로 보면 오悟하고 닦지 않는 사람은 있을 수 없다. 그러나 세상에는 올바른 오悟, 즉 닦음이 병행하는 오悟 아닌 거짓의 오悟를 나타내어 사람을 속이는 경우가 많이 있는 것이다. 특히 지눌이 살고 있던 시대는 참다운 오悟를 함이 없이 불교를 빙자하여 세속적인 영화와 개인의 이양에만 힘쓰는 사람들이 많았다. 이러한 시대적 상황에서 승려는 타락되어 가고, 그 타락은 왕의 지배권력과 밀착되어 있어 진실된 내면세계의 추구보다 외적 형식이 더욱 치중되었다.

이러한 환경에서 지눌은 참다운 불교는 외적 세속의 이용물이 아니고 진정한 인간의 발견에 있다는 것을 즉심시불卽心是佛이라는 단적인 말로 표현하였던 것이다.

즉심시불卽心是佛을 주장한 것은 이미 그 시대에서는 불佛의 개념을 다른 것으로 보고 있었음을 의미한다. 그리고 마음을 밝히려는 진정한 노력이 없이 일상적으로 필요한 지식만을 요구하고, 또 그것만으로 불교의 수도인임을 자부하는 풍조가 있었음을 알 수 있다. 따라서 즉심시불卽心是佛은 그 당시에 국가적인 봉불奉佛의 형식인 백고좌강회百高座講會나 팔관회, 연등회에 필요한 교학적敎學的인 설법만을 마치 참된 불교적 수행과 깨달음의 표현으로만 생각하고 있음을 신랄하게 비판하고, 참된 불교적 수행의 요체要諦를 제시한 금과옥조라고 보아야 될 것이다.

또한 수행인이나 깨달은 자를 우리의 상식으로 따질 수 없는 신통변

화의 발현에서만 구별하려는 그 당시의 잘못된 '불佛'관觀을 지눌은 시대
적인 모든 어려움과 압박과 질시를 과감하게 극복하고 새로운 '불佛'관觀
을 정립하기 위하여 결사를 조직하고 새 불교운동을 전개하였던 것이
다. 지눌이 주장하는 돈오頓悟·점수漸修의 사상은 이와 같은 시대적 상
황을 참작하여 보아야 한다.

일부에서 주장하는 선오후수先悟後修는 있을 수 없다는 말은, 우선 오
悟의 개념 정의가 명확하게 되어지지 않으면 그 답변이 곤란한 것이다.
오悟면 그만이지 수修가 필요 없다는 주장은 먼저 오悟의 내용을 포괄적
으로 보아 그 개념 정의를 수修까지 포함하여서 보았기 때문에 일어나는
질문이다. 그러기 때문에 돈오頓悟하면 점수漸修까지 모두 이루어지는 것
이라 주장한다. 다시 말하면 돈오頓悟·돈수頓修라는 것이다.

지눌은 돈오頓悟·돈수頓修를 부정하지는 않는다. 그러나 돈오·돈수
의 구체적인 모습을 가진 인간을 지적하지는 않는다. 즉

> 돈오돈수자頓悟頓修者도 과거를 거슬러 올라가 보면 다생의 깨달음을
> 의지해 닦아서 점점훈습漸漸熏習해 온지라 금생에 이르러 듣자마자 곧
> 발오發悟하여 일시에 단박 마침이니, 실로 논하건대 이도 또한 먼저 깨
> 닫고 뒤에 닦는 최상의 근기根機이다.[56]

라고 말하면서 그러한 최상근기最上根機가 누구인가를 말하지는 않는다.
아니 말할 수 없다. 그것은 우리에게는 다만 선오先悟·후수後修의 인간

---

56) 前揭書, p.41 後面, "雖曰頓悟頓修, 是最上根機得入也, 若推過去, 已是多生, 依悟而修漸修而來,
至于今生爲聞卽發悟, 一時頓畢……."

이 더욱 절실하고, 그러한 상근기上根機의 사람은 드물고 볼 수 없기 때문이다. 참으로 보이는 불과佛果의 표현은 수修의 활동 속에서 여실히 나타날 뿐이다. 따라서 돈오頓悟는 내면적인 질적 변화요, 점수漸修는 외적인 표현인 것이다.

지눌이 돈오頓悟와 더불어 점수漸修를 주장하면서 점수漸修는 정혜定慧를 말함이라 할 때 이것은 이미 불교의 삼학三學으로 계戒·정定·혜慧를 의미한다고 보아야 할 것이다. 우리의 교주이신 석가께서도 깨달은 후에 계속해서 3학을 수행하셨고 그때의 3학은 중생교화이었다. 오悟로써 끝난 것은 '죽은 자'와 다를 바 없다. 3학의 실천이 곧 오悟의 경지를 드러내는 것이 아니고 무엇이란 말인가? 아직 3학에 따른 생활을 하지 않는다면 그것은 진정한 오悟가 아닌 것이다.

지눌이 힘주어 말한 것은 점수漸修가 포함된 돈오頓悟가 있을 수 있지만 그것은 이미 듣자 발오發悟하여 일시에 점수漸修까지 돈필頓畢한 것이기 때문에 구체적인 인간의 모습으로 나타나지 않는 것이라고 보아야 할 것이다. 돈오돈수頓悟頓修者를 말할 때, 과거를 거슬러 보면 이미 다생多生에 의오이수依悟而修하였다는 말을 실제로 한 인간의 실체적 윤회로 보아서는 안 될 것이다. 과거에도 수없이 많은 사람들이 돈오頓悟하고 그 돈오頓悟의 세계를 그때 그들의 현실세계에 실현하면서 살았던 선인들을 말하고, 그 선인들이 오늘 그대로 나타나는 것이 아니라 그러한 정신이 우리 주위에 남겨져 우리는 그러한 정신을 오늘에 듣고 우리도 그렇게 되어야 하겠다는 발심發心을 내게 된다는 뜻으로 보아야 한다.

이미 석가는 오늘에서는 현실적으로 실존하고 있는 인물은 아니다.

이미 가 버렸다. 그러나 그가 남긴 것은 그의 깨달음과 그것에 의해 중생교화했던 그 정신이 지금 우리 속에 있는 것이다. 따라서 우리 중에 가장 상근기上根機의 사람은 석가의 발자취를 듣자마자 깨닫고 그대로 중생을 교화해 나가고 석가와 똑같은 신信·해解·행行·증證에 이른 사람을 말하는 것이다. 그러나 이것은 우리 대부분의 사람들에게는 그렇게 하기도 어렵고 그것을 볼 수 있지도 못하다.

여기에서 지눌이 비록 오悟함은 시간적으로 단번에 알 수 있지만 그 아는 것을 이 현실의 인간세계에서 실천하도록 수修를 말한 것이라고 생각된다. 이때의 점漸이란 지속적으로 염념상속念念相續한다는 뜻으로 받아들여야 된다고 보인다.

지눌이 우리가 점수漸修하는 뜻을 밝히는 자리에서 과거의 훈습熏習을 한 번에 제除하기 어렵기 때문에 수修를 해야 한다고 말했다. 이때 이 말은 얼핏 보기에 과거를 전생前生으로, 현재를 현생現生으로, 미래를 내생來生으로 받아들여 잘못 이해하기 쉽다. 그러나 지눌의 이 말은 전생이 아니라 바로 내가 깨닫기 전에 지어 온 훈습熏習과 또 나 아닌 타자, 즉 중생계가 가지고 있는 전체의 미오迷汚의 상태를 말하는 것이다. 나만이 깨달았다고 수修하지 않는 것은 결국 나는 아무것과의 관계됨이 없이 홀로 살아야 한다는 것이다. 그러는 한에서 그것은 죽은 것과 같다.

지눌이 말하는 훈습은 내가 지은 것만이 아니라 일체 중생이 미迷한 데서 일어나는 일체의 훈습을 말하는 것이라 생각된다. 따라서 수修는 일체 중생이 교화될 때에 끝나는 것이다. 그리고 그것이 이루어지지 않는 한 우리는 영원한 수修에 있는 것이다. 지눌은 인간의 윤회문제도 이와 같이 점수漸修의 무한 속에서 파악했고, 또한 인간을 오悟해야 할 존재로 이해했다고 보인다.

지눌의 인간 파악은 결코 이상적이거나 허황한 것이 아니었다. 인간은 그 스스로 불佛임에도 불구하고 그 스스로 불佛임을 깨닫지 못한 한 미迷한 상태라는 것이다. 그러나 그 미迷한 상태는 다른 사람이 준 것이 아니라 자기 자신이 심心을 깨닫지 못하였기 때문이라고 말한다. 그러기 때문에 미迷와 오悟가 둘이 아니라고 말하기도 한다. 깨달은 사람이라야 자기가 깨닫기 전에 미迷했음을 알 수 있는 것이다. 그러고 오悟라는 것도 다른 데서 오는 우연적인 것이 아니라 자기 속의 미迷가 걷히면 오悟인 것이다. 지눌은 규봉圭峰의 비유를 들어 얼은 연못이 본래 전부 물인 줄은 알지만 그것이 태양열을 받아야 물이 되듯이 인간 자신도 본래는 오悟한 것인데 우리가 그것을 모르고 있고, 또 오悟하지만 얼음이 녹아야 물이 되듯이 아직 훈습熏習이 녹아 없어지지 않았기 때문에, 마치 얼음이 태양을 맞이하여 녹듯이 오후悟後의 점수漸修가 필요하다고 말하는 것이다. 이때의 얼음은 인간에서 습기習氣로서 나 자신뿐만 아니라 일체 중생에 의하여 만들어진 모든 미迷의 집결인 것이다. 그러기에 그 얼음이 다 녹아야만 수修가 끝나는 것이요, 또한 오悟가 완전히 드러나는 것이다.

근래에 말하는 오悟하면 다 불과佛果를 이룬 것이고 수修가 필요 없다고 하는 말은 이와 같이 지눌의 훈습의 제거라는 이론으로 보아 설명될 수 있다. 결코 돈오頓悟했다고 먹지 않고 말하지 않고 그 오悟의 내용을 펼칠 수는 없는 것이다. 말한다면 그 말은 이미 훈습熏習에 의하여 이루어진 것이 아니고 무엇이란 말인가? 여기서 선오후수先悟後修라는 정혜쌍

수定慧雙修의 근본이념이 그 시대적 배경과 더불어 훈습의 새로운 이해로서 해석되어야 하고, 이것이 곧 지눌이 본 인간의 참 모습이라고 보아야 할 것이다.

인간은 깨달아야 하고 그것을 현실 바로 이 세계에서 닦아 나아가야 하는, 다시 말하면 자기를 자기가 만들어 나가야 하는 존재이다. 인간은 불佛이면서 불佛이 될 가능태이다.

깨닫기 전에는 불은 불이되 결코 현실태로서 불은 아니다. 그러나 깨닫고 그 깨달음에 의하여 수행이 증證에 이루어질 때 불과佛果의 성취가 있다. 네가 곧 불이라 하지만 그것은 그 자신이 그가 불이란 것을 깨달아 중생과 불佛이란 분별이 없을 때의 말이지, 그렇지 못한 한 불성만 가지고 있을 뿐 아직 불의 현현은 이루어지지 않은 것이다. 내 자신이 불 자체이지만 불佛의 내용인 중생과 불, 생사와 열반, 방편과 지혜를 구별하지 않는 참 불이 되어 있어 자유자재하다는 말은 함부로 말할 수 없다. 끊임없는 형극의 길에서 마음의 작은 티끌까지도 집착이 없어질 때에 그 말을 자신 있게 할 수 있다. 인간은 불 그 자체이지만 깨닫기 전에는 아직도 불이 현현되어 있지 않은 가능적 존재이기 때문에, 불과 중생이 둘이 아님을 깨닫도록 즉심시불卽心是佛을 믿고 그것을 통하여 불과를 얻도록 수행해야 한다.

깨닫지 못한 한 불성佛性만이 내재해 있을 뿐 불佛의 나타남이 없다.

V. 지눌의 『간화결의론』 소고

1. 서언

공안선公案禪은 선수행禪修行의 방법상 탁월한 효과가 있었다. 이것은 조사祖師들의 오도悟道가 이것에 의거하였음을 선종사禪宗史는 증명하고 있다. 그러나 수행修行의 수단이나 방법에 너무 치중하고 완벽을 기하는 나머지 고정화固定化 또는 정식화定式化되어 생명生命을 잃고 타락하는 징조도 없지 않아 있었다. 공안선의 초기의 성격인 개성적個性的이고 자발적自發的인 생명력과 폭발적인 탄력성은 형식形式과 정형定形에 스스로 구속되어 자유성自由性이 결핍되기에 이르렀다. 이러한 결과가 선禪의 전역全域에 표면화表面化되고 있었다. 이러한 사실事實은 송대宋代에서 뚜렷이 드러난다.

당대唐代에 이미 이루어진 '불립문자不立文字 · 교외별전教外別傳'의 종지宗旨를 조술祖述 계승繼承하여 이를 보편화普遍化한 것이 송조선宋朝禪이다. 따라서 법회 시 신도信徒나 승僧을 모아 법문法門을 하되 그 상당시중上堂 시중示衆하는 내용도 경론經論의 강수講授나 연구研究에 의한 설법說法은 없고 불어佛語도 쓰지 않고 오직 교외教外의 선어禪語나 별전別傳의 선어禪語를 들어 보일 뿐이었다. 또 때때로 사람을 만나 문답問答을 하면서도 선사禪師는 다만 자기독창自己獨創의 답화答話를 내세울 뿐이며 언어言語나 문자文字로 표현表現하는 대신代身 직접直接 불권拂拳이나 갈喝(소리 지름), 봉棒(방망이질)의 신체적 행동으로서 보이게 되었으며 이른바 기관선機關禪의 유행流行을 보게 되었다. 이러한 상황狀況은 선사禪師의 진실眞實한 오증悟證의

면목面目은 알 수 없고 단지 허황하고 미신迷信의 길로 인도할 뿐 자발自發의 세계世界에 대한 참다운 탐구는 그 본질本質을 호도하고 퇴색시킬 여지가 많이 있게 되었다. 여기에 승도僧徒들은 불교佛敎의 기본인 계戒를 지키는 출가자出家者의 본분本分을 망각하고 오직 '갈喝'과 '봉棒'으로 부처님의 진실眞實을 보인다고 오인誤認하고 있어 그 타락은 이루 말할 수 없었다.

송대宋代의 승려 중에는 한 치 내지는 삼사 치나 될 정도로 손톱을 길게 기르고 장발長髮을 하여 머리털을 어깨 너머로 드리우고 구중口中에서는 취기臭氣를 내며 근접하기 어려울 정도이며 또 공공연히 축처양자蓄妻養子하고 있었으며 출가자出家者로서의 수도修道의 경력經歷을 밟지 않고 그대로 사원寺院의 주지住持가 되고 제산諸山의 장로長老로 군림하고 있는 자들이 상당히 많았다.[1] 이것을 미루어 보면 본래의 공안선公案禪의 개별적이고 생동력 있는 추구를 통하여 보편적 진리의 자각自覺과 자증自證의 방법으로 특수성과 우수성은 사라지고 오히려 타락된 모습으로 전락하기에 이른다. 이것을 자각한 이가 바로 송대宋代의 대혜종고大慧宗杲이다.

대혜종고大慧宗杲(1089~1163)는 그 당시 불교계 총림叢林의 실정을 너무나 잘 알고 있었다. 총림의 타락은 말할 것도 없고 선공부禪工夫에서도 공안선公案禪의 생명인 '직지인심直旨人心 · 견성성불見性成佛'의 직관적直觀的 자기생명自己生命의 체험을 도외시하고 오히려 선사들의 일언일구一言一句

---

1) 蔡楨洙,『大慧宗杲의 思想研究』,『東亞論叢』第13輯(東亞大學校, 1977), p.37.

를 사량思量하고 분별함으로 오입悟入보다 합리적 사고와 지적知的 분석에
의하여 알려고 하는 경향傾向이 짙었다. 그렇지 않으면 오히려 갈喝이나
봉棒으로 입을 막으려는 형식에 빠져 버리고 말았다. 말하자면 공안선이
가지고 있는 본래적 의미를 상실하고 있었음을 지적하는 것이다. 그것
은『벽암록碧巖錄』을 보아도 알 수 있다. 선사先師들의 깨달음을 지향하는
은밀한 노력과 신심信心이 먼저 있고 또 그것의 묘처불전妙處不傳에 본성
本性을 촉발觸發하는 자발력自發力이 있어야 하는데 일종의 지적知的 탐구
에 의하여 체험 없이 해결됨으로써 본래의 의미가 퇴전되게 마련이다.

『벽암록碧巖錄』에서는 고인古人의 개오동기開悟動機를 보인 사실, 즉 본
칙本則의 공안公案 이외에도 평창評唱, 착어著語, 송頌 등의 비판, 견해, 주석
이 붙어 있는 것으로 보아도 그것이 얼마나 지적 분석이 진행되어 있는
가를 알 수 있다.

공안公案은 우리의 사량思量, 계탁計度에 의하여 타파되는 것이 아니
다. 그것은 상대적인 지식知識을 줄 수 있을 뿐이다. 오직 지적 분석을
초월하여 전인적全人的이고 몰아적沒我的인 주체적 자각自覺을 통하여 절
대적 자성自性의 근원根源을 체험하는 데 그 목적이 있었던 것이다. 여기
에 그가 추구하는 정신의 내적 견인성이 문제인 것이다. 그것은 자각인
것이지 지적知的 기억이나 분석이 아닌 것이다. 물론 지적 노력도 자각을
이르는 총체 속에 하나의 부분은 될 수 있다. 그러나 공안公案은 주체적
의문이 생명의 근원에 부닥치고 그것이 절벽에 놓여 마치 백척간두百尺
竿頭의 상황狀況에서 진일보進一步하는 대용맹大勇猛과 결단決斷이 필요하게
된다. 따라서 그것은 어떤 지적 암시에 의해서는 안 되는 것이다. 그것

은 그 상황이 무너지면 다시 소멸되는 것이다. 시공時空에 존재하는 것이다. 그러나 공안公案의 오도悟道 결과는 시공時空과 생멸生滅에 좌우되는 것이 아니다. 바로 그 자체의 원리요 생명력인 것이다. 이것을 알고 있었던 대혜大慧는 그의 스승 원오극근圓悟克勤(1063~1135)이 편집한 『벽암록碧巖錄』을 불 질러 버렸다. 그리고 말하기를

요즈음 도道를 배우는 사람들은 승僧과 속俗을 가릴 것 없이 모두 두 가지 병病이 들었다. 많은 언구言句를 배워서 언구 가운데 기특한 생각을 낸다. 이것이 그 하나요, 또 한 가지는 언구로 하여 오입悟入한 다음 선禪의 본리本理는 언구 가운데 있지 않다는 말을 듣고 언구를 모두 버린다. 그리고 두 눈을 닫고 죽은 놈의 흉내만 내고 앉아 있다. 이를 정좌관심묵조靜坐觀心默照라 한다.[2]

이와 같이 대혜大慧는 당시의 선禪 풍조風潮가 언구言句의 지적知的 해석을 하는 무리를 공격하고 또 하나는 소위 묵조선默照禪 계통을 공격하고 있는 것이다. 그러나 묵조선을 공격하는 것은 묵조默照 자체보다 그것이 가지고 있을 수 있는 병폐를 더욱 비난하는 것이었다. 즉 대혜의 입장에서 본다면 묵조의 좌선坐禪 위주의 공부는 정처靜處에서는 망심妄心이 생하지 않음을 긍정하나 그렇다고 하여 이는 결코 망심妄心의 근주根株를 송두리째 절각絶却한 것이 아니고 다만 망심妄心이 생하지 않도록 억압抑壓하고 있는 상태에 불과한 것이며 따라서 오悟를 얻지 못한 사선死禪이

---

2) 『大正新修大藏經』(以下 大正이라고 함), 47卷, p.939, "近年叢林有種邪禪, 閉目藏睛觜盧都地妄想."

라는 것이다. 대혜의 입장은 좌선坐禪은 요처鬧處의 공부의 전제로서 필요하기는 하지만 여기에만 의지하여서는 견성오입見性悟入을 기약期約할 수 없다고 하는 데서 행주좌와行住坐臥, 희로애락喜怒愛樂의 일체시一切時에 제시공부提撕工夫하여 망심妄心을 속절速絶할 수 있는 방편方便으로서 이에 간화看活 우선優先의 기치旗幟를 표방標榜하게 된 것이다.[3]

대혜가 행주좌와行住坐臥, 어묵동정語默動靜의 선禪을 주장한 것은 그 당시의 사회적 상황에서 불교의 타락과 더불어 사대부들의 호응을 얻어 세간적인 수행을 연결하는 데서 중국인들의 세간적世間的 현실적 생활에 맞게 함으로 불교의 새로운 면모를 일신하기 위함도 있었다. 중국인들은 너무 출세간적出世間的인 것을 믿지 않으려 했기 때문이다. 당시의 불교계의 선禪공부의 본궤이탈本軌離脫이 또 하나의 문제이었다. 사실 대혜가 묵조선을 대립하여 간화선을 주장했다. 하지만 이것은 꼭 그렇게 만은 해석할 수 없다. 왜냐하면 공안선公案禪이나 간화선은 같은 의미이다. 이미 공안선은 대혜 이전에도 있었고 대혜도 이것을 중요시했다. 그러나 문제는 종래의 공안선이 너무 지적知的 희롱과 언구에 집착함으로 본래적인 공안선을 부흥시키고 재정립하기 위하여 공안선을 통일했다는 데 그 독창성이 있는 것이다.

이것을 보아 공안선의 바른길을 보이기 위하여 '간화선看話禪'이라는 이름을 붙인 것이라고 볼 수 있다. 그렇기 때문에 종래의 많은 공안公案에 대한 해석으로 인하여 선禪 공부인工夫人들이 잘못 들어가게 됨으로

---

3) 蔡楨洙, 『大慧宗杲의 思想研究』, p.384.

오히려 공안 가운데 오직 조주무자趙州無字 공안을 공안의 총칙總則으로 삼아 화두話頭 공안의 극치인 현성공안現成公案의 대성大成에 이념理念을 두었다.

대혜大慧는 부추밀富樞密에게 보내는 편지에서 다음과 같이 말하고 있다. "다만 망상전도妄想顚倒의 마음, 사량분별思量分別의 마음, 호생오사好生惡死의 마음, 지견회해知見會解의 마음, 흔정염뇨欣靜厭閙의 마음을 일시에 던져 버리고 그 던진 곳에서 공안을 잡아라. 어떤 중이 조주趙州에게 물었다. "개도 부처의 마음이 있습니까?" 조주는 말했다. "무無(없다). 이 무無의 일자一字는 허다許多의 악지악견惡知惡覺을 꺾는 몽둥이다. 유有다, 무無다 하는 분별分別로 얻지 못한다. 의근하意根下를 향해서 사량계탁思量計度하여 얻지 못한다. 양미순목처揚眉瞬目處를 향해서 노려보는 것으로도 얻지 못한다. 어로상語路上을 향해서 화계話計를 짓는 것으로도 얻지 못한다. 무사갑리無事甲裏에 누워 있는 것으로도 얻지 못한다. 거기처擧起處를 향해서 승당承當하는 것으로도 얻지 못한다. 다만 십이시十二時 중中 사멸의간四威儀間을 향해서 때때로 제기하고 권각擧覺하라"[4]라고 말하고 있음을 보아 그가 공안 중에 조주무자趙州無字를 총칙總則으로 삼았을 뿐만 아니라 십이시十二時 중 사멸의四威儀 즉 행주좌와行住坐臥에 항시 간절히 참구參究하여 공안의 생명력生命力을 유지시키는 데 전적인 강조强調를 한 것이다.

이것으로 미루어 보아 그는 간화선看話禪을 묵조선默照禪에 대립對立하

---

4) 大慧宗杲, 『書狀』(安震湖 編), p.52.

여 새로운 창출이 아니라 봉棒, 갈喝에 의한 기관선機關禪이나 형식적 문답問答이나 상량商量에 빠지는 명상名相에 집착한 지적知的 선禪에서 명상名相을 떠나 진정한 은산철벽銀山鐵壁을 향하는 선禪으로서 종파적 편견성이나 국한성을 넘어서서 전일적全一的 불법佛法의 견지見地를 지적하여 주고 교선敎禪의 대립對立이 없고 공안선公案禪의 본질本質로 환원하여 오종칠종五宗七宗의 분립分立을 보기 이전의 조도祖道의 근원으로 복귀하는 데 그 목적이 있었다.

이러한 간화선을 받아들인 지눌은 과연 간화선인 활구참선活句參禪을 어떻게 이해하였는가 살펴보자.

2. 지눌의 교선일원관

대각국사大覺國師 의천義天은 선교禪敎의 합일合一을 천태종天台宗을 개종開宗하고 교적敎的인 입장立場에서 융화融和코저 했고, 보조국사普照國師 지눌知訥은 선禪의 입장立場에서 선교禪敎를 합일合一하려고 하였다.

지눌의 특징特徵은 우선 그가 어떠한 과정을 통하여 공부하였는가를 보면 알 수 있다. 그의 심기변화心機變化를 보면 처음에 청원사淸源寺에서 『육조단경六祖壇經』을 열람閱覽하다가 진여자성眞如自性이 생각을 일으켜 육근六根이 견문각지見聞覺知하지만 만상萬像에 물들지 아니하고 항상 자재自在하다는 언구言句에 이르러 홀연忽然히 계오契悟한 바 있어서 무한無限한 법열法悅과 미증유未曾有의 환희歡喜를 느꼈다고 했다. 여기에서 국사國師는 우선 조계혜능대사曹溪慧能大師를 앙모仰慕하여 원사단경遠師壇經이라 하게 되었다.

두 번째는 28세 되던 해에 하가산下柯山 보문사普門寺에 이주移住하여 『대장경大藏經』을 열람閱覽하면서 당시 선교禪敎의 대립對立에 대하여 의혹疑惑하였고 끝에 불어佛語가 심종心宗에 계합契合하는 교의敎義를 탐구探求하다가 『화엄경華嚴經』「출현품出現品」에 '진중경위塵中經危'의 비유에 크게 감오感悟하였다. 그는 말하기를

대정사년大定巳年 가을에 나는 처음으로 하가산下柯山에 숨어 살면서 항상 선문禪門의 "마음이 곧 부처"라는 말에 마음을 두어 이 문門을 만나지 못하면 영원히 수고만 하고 성인聖人의 경지에는 이르지 못하리라

하였다. 그러나 『화엄경華嚴經』의 깨쳐 들어가는 문은 과연 어떤 것인가 하고 끝내 의심하였다. 그리하여 사師에게 가서 물었더니 그는 "일과 일의 걸림이 없음을 관觀하라"라고 대답하고 다시 경계하기를 "그대가 다만 제 마음만 관觀하고 일과 일의 걸림 없음을 관觀하지 않으면 곧 부처 결과의 원만한 덕德을 잃을 것이다" 하였다. 나는 대답하지 않고 잠자코 생각하기를 마음을 가지고 일을 관하면 장애가 있어 한갓 제 마음만 어지럽게 할 것이니 어찌 끝날 때가 있겠는가. 다만 마음의 지혜智慧만 깨끗하면 한 털과 세계가 서로 융합할 것이니 그것은 반드시 바깥 경계가 아닐 것이다. 그리하여 산山으로 돌아와 심종心宗에 계합契合하는 부처님의 말씀을 구하여 삼년三年 동안 『대장경大藏經』을 열람했다 하였다. 그리고 『화엄경華嚴經』을 열람하다가 한 티끌이 대천세계를 머금었다는 경책의 비유와 그 뒤에 통틀어서 말한 여래如來의 지혜智慧도 그와 같아서 중생衆生들 마음에 갖추어져 있지마는 어리석은 범부凡夫들은 그런 줄을 깨닫지 못한다.[5]

라는 말에 감루感淚하였다. 여기에서 지눌은 선禪과 교敎가 하나임을 자증自證하게 되는 것이다. 또 이통현李通玄의 『화엄론華嚴論』을 보다가 보살십신초위菩薩十信初位에서 자성自性 중의 근본부도지불根本不動智佛임을 사무쳐 깨닫고 비로소 십신초위十信初位에 들어간다 하였고 또 신身은 지智의 영자影子이며 국토國土도 또한 그러하다. 그러므로 "지혜智慧가 청정淸淨하면 영상影像이 밝아지며 대소大小가 상입相入함이 인다라망因陀羅網의 경계

---

5) 『知訥』(韓國古僧傳, 佛教學研究會 刊), 권2, 「華嚴論節要」, p.3, "大定乙巳秋月, 餘始隱居下柯山, 常以禪門卽心卽佛, 冥心以, 謂非過此門, 徒勞多却莫臻聖域矣. 然終疑華嚴教中悟入之門……."

境界와 같다"라고 한 문구文句에 이르러서 책을 덮고 탄식歎息하기를 "제불諸佛이 입으로 말한 것이 교敎가 되고 조사祖師가 마음에 전傳한 것이 선禪이다. 부처님과 조사祖師님의 마음과 입이 필연 어긋나지 않을 것인데 어찌 그 근원根源을 궁구窮究하지 않고 각기各己 제가 익힌 곳에 편안便安하여 망녕되어 논쟁함으로 헛되이 세월을 보내겠는가"6)라고 말함으로 제이第二의 마음의 전기를 맞이하게 되었다.

국사國師는 여기에서 불佛·조祖의 심心과 구口가 둘이 아님을 깨닫고 선禪과 교敎가 둘이 아님을 확신確信하고 선禪 수행修行을 하면서 그의 증득證得한 바를 교敎를 통通하여 설명證明하고 넓게 선포宣布하였던 것이다.

세 번째 마음의 전기는 40세 되던 해 봄에 승려 2·3인과 같이 의발衣鉢을 싸가지고 지리산智異山 상무주암上無住庵을 찾아 은거隱居하면서 외연外緣을 물리치고 선禪에 전심專心하여 정혜定慧로 연마하다가 그때에 처음 수입된 남송南宋 임제선臨濟禪 계통의 대혜종고大慧宗杲 선사禪師(1088~1162)의 법어法語인 서상언書狀言을 입수하여 열람하다가

> 선禪은 정처靜處에 있지도 않고 요처鬧處(시끄러운 곳)에도 있지 아니하고 일용응연처日用應緣處에도 있지 아니하고 사량분별처思量分別處에도 있지 아니하여 정처靜處나 요처鬧處나 일용응연처日用應緣處, 사량분별처思量分別處에 들어가더라도 곧 얻거나 없애는 것에 머물러 있지 아니한 것이 제일第一이라.7)

---

6) 『知訥』, 「華嚴論節要」, pp.4~5, "世尊說之於口, 卽爲敎, 祖師傳之於心, 卽爲禪. 佛祖心口, 必不相違, 豈可不窮根源, 而各安所習, 妄與諍論, 虛喪千日也."

7) 『大慧普說』, 권3, p.442 後面, "禪不在靜處, 亦不在鬧處, 不在日用應緣處, 不在思量分別處. 然

라는 말에 깨달음을 가져와 지금까지 가슴에 걸려 있던 정견情見이 탁 트이면서 마음의 안락安樂을 얻어 지혜智慧가 고명高明하여 대가大家에 더욱 추앙을 받게 되었다.

이 점을 보아서 국사國師는 중국에서 사법전승嗣法傳承의 예와 같이 스승이 제자에게 물음을 갖게 하고 그 물음이 화두話頭가 되어 간절히 의심을 하다가 대오大悟하여 스승의 인가를 받는 그러한 분위기에서 공부工夫하지 못했다. 그는 오직 홀로서 그의 공부를 점검하고 또 그 점검을 통하여 다시 향상일로向上一路로 매진하여 갔다. 그리고 그것을 확인하고 증명하는 것을 어떤 인격체의 스승이 있는 것이 아니고 경經을 통하여 형성되어 갔다. 지눌이 대혜大慧의 저와 같은 말에 계오契悟한 바는 이미 그의 대의단大疑團이 가슴에 맺혀 오다가 저 말에 대오大悟한 것이다. 중국의 선사들이 스승인 선사의 기연機緣에 의하여 깨달았지만 지눌은 그 기연機緣을 스스로 찾고 대오大悟했다는 데 우리 한국불교韓國佛教의 중요한 독창성獨創性을 인정하여야 한다고 본다. 그는 쓰러져 가고 타락해 가는 승단僧團의 현실에 실망하고 또 그러한 승단을 일으킬 만한 명안종사明眼宗師가 없음도 잘 알고 있었다. 그러기 때문에 홀로서 또는 뜻 맞는 선우禪友와 더불어 산 속에서 선禪을 참구參究하고 있었다.

이것은 한국불교가 중국불교의 종사宗師에 의하여 사법전승嗣法傳承이 이루어지지 않고 오직 부처님의 마음과 말씀이 둘이 아니기 때문에 언제 어디서나 마음이 부처임을 믿고 공부工夫해 나가면 깨달을 수 있다는

第一不得捨却靜處鬧處處日用應緣處思量分別處參, 忽然眼面方知是屋裏事."

선禪·교敎 합일合一을 제시하였다. 이로 인하여 한국불교의 독창성과 독립성을 유지하게 되었던 것이다. 그러기 때문에 국사國師는 공부하는 데 있어서 점검하는 방법까지 세심한 배려配慮가 있었던 것이다. 그것이 곧 국사國師의 지도이념指導理念으로 확립되었다.

제일전기第一轉機에서 견문각지見聞覺知 등等 만연萬緣 만경萬境에 물들지 않는 영묘자재靈妙自在한 진여자성眞如自性의 본체本體를 발견하였고 제이전기第二轉機에서는 불어佛語, 조심祖心이 둘이 아니며 자성自性 중에 자정무구自淨無垢한 부도지불不動知佛을 개오開悟하여 삼세제불三世諸佛과 일호一毫도 차별差別 없는 본래의 영광靈光을 철견徹見하므로(禪門見性位) 비로소 원교십신초위圓敎十信初位에 들어간다는 원돈신해圓頓信解의 원칙原則을 발명發明하였고 제삼전기第三轉機에서는 공적영지空寂靈知의 본래면목本來面目이 일체一切의 경계境界에 즉卽한 것도 아니고 여인 것도 아니면서 항상 활발발活潑潑하여 무애자재無碍自在한 대大 해탈解脫의 경지境地를 실증實證한 것이다. 이 삼전기三轉機는 국사國師가 자기완성과 더불어 아울러 이타利他 방편方便의 새로운 지도원리指導原理를 체계화하는 데 사상적 기반이 된 것이다. 국사國師는 그 제일전기第一轉機에서 정혜결사定慧結社를 하고 정혜쌍수定慧雙修와 성적등지惺寂等持의 일반적인 수행문修行門을 열었고 제이전기第二轉機에 의하여 원돈계불론圓頓戒佛論을 지어서 원돈신해문圓頓信解門을 세웠고 제삼전기第三轉機에 의하여서는 간화결의론看話決疑論을 지어서 경절활구선經截活句禪을 주창主唱하게 되었다.[8] 여하간 국사는 이와

---

8) 李鍾益, 『普照國師의 禪敎觀』, 『佛敎學報』 第9輯, p.81.

같이 선교禪敎를 둘로 보지 않고 하나로 보면서 그가 가진 독특한 수행 방법修行方法을 무사독학無師獨學으로 이끌어 개오開悟의 확신을 정립한 것을 오늘날 우리는 새로운 의미로 보아야 한다.

일부 학자는 선禪은 사법전승嗣法傳承과 법통法統의 계승이라는 면에서 지눌이 스승으로부터 깨달음을 인가認可받지 못하고 스스로 독학獨學, 경經을 통하여 간증間證했다는 데 이의異議를 제기提起할 수 있을는지 모르지만 우리는 오히려 이 면面을 더욱 자주적이고 독창적으로 볼 수 있다. 그는 스승이 없었다. 그러기에 인가認可를 받으려야 받을 수 없어서 원사단경遠師壇經으로 정혜쌍수定慧雙修를 세우고 성적등지惺寂等持로서 개오開悟의 세계世界를 확인하고 제자의 제접提接을 경절문經截門의 활구참선活句參禪으로 유도했던 것이다. 그가 지은 거의 현존의 저술 가운데 활구참선의 방법을 초기에는 말하지 않고 오직 후기에 저술된 것으로 알려진 간화결의론看話決疑論에서 제자들의 공부법을 제시한 것은 특히 중요하다. 그러기 때문에 그가 어떤 화두話頭를 들었는지는 명백하지 않다. 그러나 간화결의론看話決疑論에서 조주무자화두趙州無字話頭의 십종병十種病을 상세히 설명說明하는 것을 보아 그도 무자화두無字話頭를 들지 않았는가 추측할 수 있다.

그는 역대 중국의 많은 조사들과 같이 스승의 기연機緣을 받지 못한 것을 흠으로 잡을 수 있을는지 모르나, 그것은 너무나 선禪을 사법전승嗣法傳承 또는 종사적宗師的 종파宗派, 종통적宗統的 입장에서만 보는 협의에서 나온 말이다. 부처님의 깨달음을 살펴보더라도 종사宗師에 의한 것은 아니었다. 지눌은 오히려 그런 면에서 그의 의단疑團의 타파와 함께 부처님의 말씀을 중심에 두고 조사의 마음을 하나로 놓아 스스로 정혜定慧, 성적등지惺寂等持와 무심합도無心合道의 경절經截을 세웠던 것이다. 그리고 그것이 오늘날 선禪의 기본基本이 아닌가? 이 점에서 우리는 지눌의 높은 사상의 자주성과 독자성을 인정하여야 할 것이다. 그리고 바로 선지식善知識이 경經이라는 엄연한 사실로 증명되는 것이다. 문제는 내가 이 마음이 부처임을 믿고 자기의 내면적 수행을 어떻게 하느냐에 있다. 훌륭한 조사 선지식이 있다면 더욱 개발되기 쉽겠지만 그 경지도 부처님의 깨달으신 말씀인 경經에 벗어나지 않는 것이다. 우리는 이 점을 새로운 반성적 눈으로 보아 오늘날 공부인들의 불신과 불안·방황·혼란에 한 척도가 되어야 할 것이다.

3. 지눌의 『간화결의론』

지눌의 정신적 발전 단계는 명확히 선을 그을 수 있다. 그는 조사祖師의 선禪을 중요시하면서도 결코 교敎를 버리지 않았다. 수행修行의 방법은 선禪을 택하였지만 그가 그 수행修行에서 깨달은 바의 실증實證은 언제나 교문敎門에 의하였다. 그리고 거기에서 다시 한 단계 높은 정신적 차원을 개시하게 되었던 것이다. 그리고 최후의 무심합도無心合道의 경절문經截門에 도달到達하여 완전히 그의 경지가 유有·무無의 상대相對를 떠나고 경境을 여읜 세계에 들어간 것이다. 거기서 그는 간화看話를 통하여 돈오頓悟의 세계를 잘 보전하는 공부를 또 말하고 있다. 지눌이 돈오점수頓悟漸修를 주장한 것은 그가 공부하는 그 자체이었다. 간화看話를 설명하는 데 있어서 교문敎門의 원돈문圓頓門과 다르지 않다는 데서부터 설명이 되고 있다. 잘못하면 선禪의 세계는 불립문자不立文字, 교외별전敎外別傳이라 해서 그 말에 집착을 가져, 오히려 교敎의 수행문修行門의 내용을 무시하려고 하는 폐단을 없애기 위하여 바른 교문敎門과 선문禪門의 세계는 모두 불조佛祖의 마음과 말이기 때문에 결코 둘이 나누어질 수 없음을 설명하고 있는 것이다. 본래 불립문자不立文字다 교외별전敎外別傳이다 하는 것은 이미 설명한 바와 같이 교敎의 지식적인 면에서만 이해하지 말고 오히려 자심自心의 구체적인 실천 수행을 강조하는 데서 뚜렷이 드러나게 되는 것이었다.

이런 점을 알고 있던 지눌은 『간화결의론看話決疑論』도 역시 이러한

폐단을 없애 주는 데서부터 말하고 있다. 먼저 화두를 보는데 의심을
어떻게 해결하여 나가느냐 하는 방법을 제시하는 데 물음을 세운다. 즉,
어떤 사람이 목우자牧牛子(知訥의 號)에게 묻되 "화엄교華嚴教에 이미 법계法
界의 무애연기無碍緣起를 밝혀서 취사取捨할 바가 없거늘 어떤 까닭으로
선문禪門에 십종十種의 병病을 가려서 화두話頭로 보나이까" 하고 묻는다.
이것 역시 교문教門과 선문禪門의 차이差異를 묻는 것으로서 화엄교華嚴教
의 무진법계연기無盡法界緣起에 의하면 일심一心에 일어나는 모든 차별상差
別相은 본래 하나로 그것의 차별상이 없어서 취하고 버릴 것이 없는데
왜 선문禪門에서는 십종병十種病을 분별하여 화두話頭를 보느냐 하는 것이
다. 환언하면 소위 무자無字의 십종병이라고 선문禪門에서 말하는 것은
법계法界9) 즉, 심무진연기心無盡緣起의 본래本來의 상相이 차별差別이 없는
것인데 왜 그 연기緣起를 무시하여 다시 차별상差別相을 들어 설명하고
있느냐는 문제이다.

---

9) 十種病: ① 耳根下卜度: 꾀를 내어 생각하여 알아맞히는 것.
② 楊眉瞬目處教根: 눈썹을 오르내리고 눈을 껌벅거리는 곳에 들어앉아 있는 것.
③ 語路上作活計: 말길에서 알아 마침을 삼는 것.
④ 文字中引證: 글에서 끌어다가 인증을 삼으며 알려하는 것.
⑤ 擧起處承當: 들어 일으키는 곳에서 알아 마치려는 것.
⑥ 颺在無事用裡: 모든 것을 다 날려 버리고 일 없는 곳에서 들어앉아 있는 것.
⑦ 作有無會: 있는 것이라거나 없는 것으로 아는 것.
⑧ 作眞無會: 참으로 없는 것으로 아는 것.
⑨ 作道無會: 도리가 그렇거나 하고 일음알이로 짓는 것.
⑩ 將迷待悟: 깨치기를 기다리는 것.
이것은 오직 疑精을 해 나가는 데에 要點이 있는데 꾀를 내어 思量分別을 내는 데에서
깨닫지 못한다는 것이다. 이는 大慧宗杲가 지적한 열 가지 병통이다. 知訥의 看話決疑論
에서는 이것 역시 一心 無盡緣起로 本來 취하고 버릴 것이 없는데 왜 다시 취하고 버릴
것으로 十種病을 세웠느냐 하는 疑問이다.

이에 대하여 지눌은 대답한다.

요즘 어설프게 공부하는 무리들은 선문禪門의 화두話頭를 참구參究하는
데 있어서 그 오묘하고 은밀한 뜻을 알지 못하여 흔히 그런 의심을 가
진다. 그러나 진성연기眞性緣起의 의리義理의 분제分齊를 논론論論한다면 선
학禪學하는 사람인들 어찌 그 열 가지 선병禪病이 화엄華嚴의 법계연기
法界緣起와 같은 줄을 모르겠는가? 그러므로 경산徑山 대혜선사大慧禪師
가 말씀하시되 "평소에 지견知見이 많아서 증오證悟를 구하는 마음이
앞에서 장애障碍가 되기 때문에 자기의 정지견正知見이 능히 앞에 나타
나지 못한다. 그러나 이 장애障碍도 밖에서 옴도 아니요 또한 별다른
일도 아니라" 하였으니 어찌 간택揀擇함이 있겠는가? 이른바 열 가지
병病이란 증오證悟를 구하는 마음이 근본根本이 되었거늘 이미 말한 바
이 장애障碍가 또한 밖에서 옴이 아닐진대 어느 곳으로 좇아오며 별다
른 일이 아니라면 무슨 일이겠는가? 그러므로 그것은 전혀 성기性起의
덕德을 밝힌 것이다.[10]

이는 선문禪門의 십종병十種病이란 화엄華嚴의 법계연기法界緣起와 다를
바 없다는 것이다. 즉 차별差別의 현상계現象界에서 사사무애事事無碍를 의
미한다. 그러나 그것이 일어나는 면에서 보면 성기性起이다. 성기는 평등
법平等法의 이사무애理事無碍를 설설說說하는 것이다. 차별법差別法은 연기緣起로
서 "기이불기起而不起"이요 이는 성기性起의 "불기이기不起而起"를 의지 아
니해서 안 된다. 즉 기起인 연기緣起는 불기不起인 성性을 예상豫想하지 않

---

10) 『普照法語』(金谷虛), p.121, "或問牧牛子, 華嚴敎旣明法界碍緣起無所取捨, 何故禪門揀十
種病."

고서는 도저히 성립할 수 없는 것이다. 그렇다면 '기이불기起而不起', 즉 '불기이기不起而起'가 아니면 안 된다. 이는 이기二起는 일법상一法上의 이의二義로서 서로 내외內外·표리表裏를 이루고 있다.[11] 그러므로 여기에서 성기性起란 기起의 논리적論理的 근거根據로 "불기이기不起而起"의 일심一心의 체體를 설명說明하고 있는 것이다. 그렇기 때문에 십종병十種病도 사실상 본래 "불기이기不起而起"한 바인 것이다. 그것이 실체實體로 있는 것은 아니다. 그리고 그것은 오직 치구심馳求心의 소산所産이요 밖에서 나타난 것이 아니다. 그러므로 "불기不起의 기起"를 체험하는 데 중점을 두고 있는 것이다. 지눌은 그 주장主張을 더욱 강조하기 위하여 『원각경圓覺經』의 "일체장애一切障碍가 구경각究竟覺이니 득념得念이나 실념失念이 모두 해解이다" 한 것을 인증하고 있는 것이다. 그러나 이 의리義理가 아무리 가장 원만하고 묘妙하나 그것은 모두 정식情識과 듣고 알고 사량思量하고 상상하는 한계이며 헤아림이기 때문에 선문禪門에서 화두참구話頭參究하여 바로 꺾어 깨달아드는 문門에서 낱낱이 온전히 간택揀擇하는 불법지해佛法知解의 병病을 가리키는 것이다. 그러나 화두話頭의 무자無字는 한 덩이 불과 같아서 가까이 가면 면문面門을 태우기 때문에 불법佛法의 지해知解가 붙을 곳이 없다. 그러므로 "이 무자無字는 나쁜 지해知解를 부수는 연장이다" 한 것이다. 그러나 만일 부수고 부서지는 것이라도 취하고 버리며 분간하여 가리는 견해見解가 있으면 그것은 완연히 말의 자취를 인정해서 고집하여 제 마음을 흔드는 것이니 어찌 만족히 탐구하여 다만 화두

---

11) 金芿石, 『華嚴學槪論』(法輪社 刊 1974), p.214.

話頭만으로 제시자提撕者라 하겠는가? 선문禪門에서도 은밀히 전하는 뜻을 감당하기 어려워 교문敎門을 빌어 종지宗旨를 깨치는 이를 위해 직성연기 直性緣起인 사사무애事事無碍의 법法을 설설說함이 있으니 저 삼법문三法門에 초기初機가 얻어드는 체중현體中玄의 밝힌 바와 같다.12)

이와 같은 지눌의 말은 교문敎門의 의리義理가 아무리 원묘圓妙한 것이라 하더라도 정식情識으로 알고 듣고 헤아리는 한계이기 때문에 문자를 떠난 화두話頭의 참구參究를 제시提示하는 것이다. 그러나 이 화두참구話頭 參究도 하나의 각覺의 방법에 지나지 않지 그것 자체가 오悟는 아닌 것이다. 그러나 화두에 대하여 일단 말하여 "이 무자無字는 나쁜 지해知解를 부수는 연장이다"라고 말하면, 여기에 집착하여 부서지고 부수는 경계가 있다고 착각하여 한 생각 일어나는 그 자리를 보지 못하게 되는 것이라고 강조한다.13)그리하여 이 아무 의미 없고 재미없는 경절문徑截門을 들어가지 못하는 사람들을 위하여 교문敎門을 빌려 그 종지宗旨를 깨치게 하기로 하는 것이다. 이것은 어디까지나 선문禪門과 교문을 둘로 나누는 것이 아니라 서로 상의상보相衣相補의 역할에서 이해하고 있음을 본다. 다시, 지눌은 "화두話頭의 십종병十種病이 원교圓敎와 돈교頓敎의 신해문信 解門으로써 말하면 이 열 가지 병도 진성연기眞性緣起이므로 취하고 버릴 것이 없다. 그러나 거기에는 말할 수 있고 생각할 수 있는 길이 있어 듣고 알고 생각하기 때문에 초심의 학자들도 믿고 받들어 가질 수 있다.

---

12) 『普照法語』, pp.121~122, "故敎中亦云一切障碍卽究意覺, 得念失重無非解脫等是也, 然此義理雖取圓妙."

13) 『普照法語』, p.122, "云此無字破惡知惡解底器伏也, 若作能破所破, 取捨揀擇之見完是執認言迹……."

그러나 경절문徑截門으로써 말한다면 몸소 깨닫고 은밀히 계합契合하는 데 있어서는 말하고 생각할 수 있는 길이 없어 듣고 알고 생각하기를 용납하지 않기 때문에 비록 법계法界의 걸림 없는 연기緣起의 이치라 하더라도 도리어 말로 이해하는 장애가 될 터이니 만일 훌륭한 근기根機와 큰 지혜知慧가 아니면 어찌 그것을 밝힐 수 있겠으며 환히 깨달을 수 있겠는가?"[14]라고 말함으로 십종병十種病을 말하는 것은 말하거나 생각할 수 있는 길이 없어서 저와 같이 말하는 것이다. 이는 이미 모든 생각은 망념妄念이요, 이 망념이 일어나는 곳을 체험體驗하면 곧 그곳이 각覺이요 오悟의 자리인데 그 오悟나 각覺이 망념을 떠나 있지 않은 것은 더욱 여실如實한 것이다. 그러나 생각으로 생각을 지어가는 지해知解에서는 이미 생각이 일어나는 자리를 확인하고 그것을 깨달을 수 없는 것이다. 그곳은 이미 말로써 설명할 수 없다. 물론 오悟의 자리는 그 자신이 "나는 오悟입니다" 또는 "생각 없는 곳이요" 하고 말한 적이 없다. 다만 우리가 그렇게 문자와 언어를 빌려 말할 뿐이다.

지눌은 이것은 오직 경절문徑截門의 활구참선活句參禪을 통하여서만 들어갈 수 있다고 보는 것이다. 그렇다고 교敎를 버리는 것이 아니라 선禪으로 들어가기 전에 근기根機가 얕은 사람을 위하여 교敎의 말을 통하여 믿음을 내게 하는 데 목적이 있었다.

지눌은 활구참선을 말하는 데 있어서 한 생각이 일어나는 것은 바른 활구참선이 아님을 명백하게 하고 있다. 즉 그는 "한 생각이라도 완전히

---

14) 『普照法語』, p.123, "久若約圓頓信解門則此十種知解之病亦爲眞性緣起, 無可取捨, 然以有語路義路聞解思想故."

붙들고 돕는다거나 병을 부순다거나 하는 지해知解가 있으면 곧 뜻으로 헤아리는 병이 떨어질 것이니 어찌 활구活句로 참구參究하는 사람이라 하겠는가"15) 하였던 것이다.

지눌이 『간화결의론』에서 주장하고자 하는 내용은 이상의 예에서 본 것과 같이 선문禪門과 교문敎門이 다르지 않지만 선문은 말 없는 데로 가는 것을 역설하고 교문은 말 있는 데서 말 없는 데로 이르러야 하는데 그곳은 아직도 하나의 체증이 있어 말에 얽매어 있다고 보고 있다. 그리고 선문에도 여러 문이 있지만 특히 경절문徑截門을 주장하는 이유는 다른 문門은 아직 불법佛法의 지견知見이 마음에 있으므로 깨끗이 벗어나지 못하기 때문이라는 것이다.16)

지눌이 말한 화두(頭題)는 무자화두無字話頭와 정전백수자庭前栢樹子, 마삼근麻三斤 등이었다. 정전백수자, 마삼근은 초현문初玄門의 불법지해佛法知解를 부수는 것이었고, 무자無字는 모든 화두의 으뜸 되는 것이었다.

지눌은 대혜의 간화선看話禪을 높이 보았다. 그렇기 때문에 그는 그 당시의 봉棒, 갈喝은 하나의 쇠락한 것으로 보아17) 활구참선活句參禪으로 그의 공부를 삼았고 또 제자들에 교육했음이 확인되는 것이다. 이미 지눌은 그 당시 선계禪界의 퇴락 즉 지해知解에 의하여 화두를 참구하는 경향이 짙어있었기 때문에 그러한 길은 선禪의 참된 길이 아니고 또 무조건 봉棒이나 갈喝의 형식으로 인하여 참된 활구참선活句參禪이 된다고 보

---

15) 『普照法語』, p.123, "都無全提之解, 況有破病之念, 埋沒密旨也, 纔擬一念全提, 破病之解, 便落意根下卜度之病, 豈爲參詳活句老耶."
16) 『普照法語』, p.127, "然此人, 長有佛法知見在心不得脫灑……."
17) 『普照法語』, p.127, "或有依本分事祇對, 灑落知見, 入句中云, 破初玄門佛法知見……."

지 않았던 것이다. 그리고 "종래의 종사가 보이는 화두는 정전백수자庭前栢樹子, 마삼근麻三斤, 구자무불성狗子無佛性 등의 화두에서는 단적으로 보인 법은 없고 다만 재미도 없고 잡을 수도 없는 화두를 준 뒤에 경계하였다. 정식情識을 부수지 못하면 마음의 불길이 맹렬히 일어나리니 바로 이런 때를 당해서는 다만 의심하는 화두로 잡들어야 한다. 어떤 중이 조주趙州께 묻되 '개도 또한 불성佛性이 있나이까 없나이까' 조주가 말씀하시되 '없다'라고 대답했다. 그 '없다'를 잡들어 깨달으려 할 때는 좌左로 함도 옳지 못하여 우右로 함 또한 옳지 못함이니 있다 없다도 알려고 하지 말고 참으로 없다는 없음인가 하고 헤아리지 말며 도리를 알려고 하지 말고 생각으로 헤아리지도 말고 말로써 살 길을 찾지도 말며 일 없는 감옥에 있지도 말고 거擧를 일으키는 곳을 향하여 깨치기를 기다리지도 말고 아무 마음도 쓰지 않으므로 마음이 갈 곳이 없을 때에도 공空에 떨어질까 두려워하지도 말아야 한다. 거기야말로 참으로 좋은 경지이니 늙은 쥐가 갑자기 쇠뿔에 들어가 곧 죽는 것을 보리라. 이렇게 주각註脚을 내려 화두를 주었기 때문에 각자學者는 열 두 시간과 사위의四威儀 가운데에서 다만 잡들어 깨달으려 할 뿐이다. 그 심정의 도리道理는 이름을 떠나고 형상形相을 잃었다는 지해知解가 전연全然 없고 또 연기緣起가 걸림이 없다는 지해知解도 없으므로 한 생각이라도 불법佛法의 지해知解가 있으면 곧 열 가지 지해知解의 병病이 걸려 있게 된다"[18]라고 말함으로써 대혜大慧의 화두 주는 법法을 높이 보고 있다. 그것은 적어도 활구

---

18) 『普照法語』, p.128, "何者, 宗師所示庭前樹子麻三斤狗子無佛性等話頭, 都無端的所示之法, 但給沒滋味無摸索底話頭然後……."

참선活句參禪에서 한 생각 일어나는 그것이 이미 망견妄見임을 지적하고 또 그 십종병十種病은 스스로 혼자서도 얼마든지 반성反省을 하면서 자기의 견처見處를 스스로 점검할 수 있는 척도가 주어진 것이다.

이와 같은 척도가 있기 때문에 공부를 십이시十二時 사위의四威儀에 잡들어 깨달으려는 발심發心이 더욱 강할 수 있다는 것이다. 이것은 오직 화두를 간절히 의심하여 나가기를 바라는 것이었다. 본래 대혜는 『벽암록』을 불 질러 버릴 정도로 선禪의 본지本旨에 투철하여 그 어긋남을 지적했지만 사실상 화두가 십종병十種病이라는 것을 기준하여 공부하라 한 것도 역시 지적知的 단련의 일면이 아닌가? 화두에 무슨 방법이 있겠는가? 단지 간절한 언구言句에 대한 의단疑團뿐이 아니겠는가? 결국 대의단大疑團이 스스로 자생하지 않기 때문에 교육적이고 의도적으로 의단을 주고 그 의단의 끊임없는 지속을 통하여 대오大悟로 가는 것이 아닌가? 그러할진대 상근기上根機에게는 이러한 십종병十種病은 하나의 군더더기가 될 것이다. 그러나 제자의 제접提接을 위하여 근기根機에 맞게 이러한 방법을 사용하는 것은 크게 도움이 될 것이다. 지눌은 무사독학無師獨學이었다. 그렇기 때문에 그는 대혜의 십종병을 곧 그의 선禪공부의 자기 척도이었고 기준이 되었을 것이다. 그리고 그 방법을 제자에게도 사용했던 것이다.

4. 결어

지눌은 선禪은 마음이요 교教는 불佛의 말씀이라 하여 이들이 서로 상위相違하지 않음을 확신하고 스스로 선禪의 위치에서 무사독학無師獨學 참구參究하였다.

우리는 지눌이 그 시대에서 교종과 선종의 갈등에서 그래도 활구참 선活句參禪의 직절문直截門을 향하여 매진했으며 최후까지 불조佛祖의 근본 정신을 자주自主, 독립적獨立的으로 추구하였음을 높이 평가해야 한다.

대각국사大覺國師 의천義天의 천태종天台宗 개설 후에는 그것이 교적教的 인 면에서 선禪을 보려했기 때문에 위대한 선사禪師가 드물었다. 그러기 때문에 지눌 역시 선禪을 공부하되 스승을 구할 수 없었고, 또 선禪에 뜻을 두어 대장부大丈夫 일대사一大事를 오입悟入하려는 사람이 적었다. 이 러한 때에 지눌은 스스로 선문禪門에 몸을 던져 원사단경遠師壇經과 대혜 大慧의 무자화두無字話頭로 경절문徑截門을 열고 있었다. 지눌이 대혜의 정 처靜處, 요처鬧處, 일용응연처日用應緣處, 사량분별처思量分別處에서도 취하고 놓음이 없이 행行·주住·좌坐·와臥에 선禪이 있다는 말을 보고 크게 깨 친 것은 그 당시 선禪의 유행流行이 정처靜處에만 치중하던지 또는 요처鬧 處에만 치중하던지 또는 일용응연처日用應緣處, 사량분별처思量分別處에 취 하지 말라 하여 사실상 그 길을 한정시켰지 않았는가 한다. 그렇기 때문 에 지눌이 저 대문大文을 보고 마음에 계합契合했던 것이 아닌가?

지눌은 취하고 버리지 않는 그것은 진심직설眞心直說에서 무심無心이라 했다. 그러나 이 무심은 그저 아무 것도 하지 않는 것을 말하고 또는 어둠 속에 아무런 일 없음을 말하는 것이 아니라 오히려 보다 적극적인 활동活動 속의 그 당체當體였다. 그는 무심無心을 비유해 '공창空槍이라 해서 창槍까지 없다는 것이 아니라는 말로' 설명하고 있음을 보아도 알 수 있다.

우리는 지눌이 『간화결의론』을 대혜大慧의 영향을 받고 저술했음을 쉽게 이해할 수 있다. 그러나 사실 지눌 이전에는 화두에 대한 고려인의 저술을 아직 필자는 못 보았다. 이것을 보면 지눌은 이미 당唐에서 조사의 선기禪機가 불꽃 튀기던 것이 송宋에 와서 풀이 죽고 지해문知解門으로 전락할 때에 지눌은 그러한 활구참선活句參禪을 스스로 묵묵히 완성하여 자득自得·자오自悟하여 그것의 인가認可를 또한 스스로의 노력으로 교문敎門을 통하여 결정했던 것이다. 이것 때문에 사법전승嗣法傳承을 주장하는 선문禪門에서 지눌의 가치를 절하하려는 경향이 있지만 적어도 지눌은 그가 『간화결의론』을 저술하여 후세인들의 활구참선活句參禪을 한국적 모형으로 설정했고 고려에서는 처음으로 그는 대혜의 십종병十種病으로 후인을 제접提接했다는 데 더욱 높은 위치를 주어야 할 것이다. 그의 후세에게 저 무자화두無字話頭와 십종병十種病으로 직접 제접함으로써 조계曹溪 혹은 후선사修禪社에서 최초의 사법전승嗣法傳承을 하여 십육국사十六國師가 나왔다는 것은 지눌의 선맥禪脈이 아니라 할 수 없다. 더구나 그의 제자 혜담慧湛(1178~1234)에 의하여 『선문염송禪門拈頌』 30권이 저술된 것은 우연한 일이 아니다.

필자는 이 글에서 첫째, 지눌의 간화선看話禪이 선교합일禪敎合一의 입장에서 간화선看話禪과 교敎를 설명하려고 노력했음을 밝히려 했다. 그러나 지눌은 어디까지나 선적禪的인 수행修行을 스스로 견지堅持했다. 둘째, 지눌의 간화선은 대혜의 십종병十種病을 완전히 이해하고 그 영향을 받았다. 셋째, 지눌은 간화선을 경절문徑截門이라 하여 교敎로써는 선조佛祖의 세계에 미치지 못하는 것은 아니지만 아직 거기에는 지해知解라는 매개체가 있기 때문에 간화선의 활구참선活句參禪과는 다르다는 것을 확인했다. 지눌은 활구참선이야말로 어디에 매여 있지 않은 말 없음으로 들어가, 말 없는 데로 나오는 일이라 하여 무심합도無心合道를 말하였다. 넷째, 간화선을 통하여 한국불교 사상 상에서 독특한 독창적인 위치임을 밝히려 했다. 그것은 지눌이 처음으로 무사독학無師獨學으로 간화선의 세계를 『간화결의론』을 통하여 제시했기 때문이다.

　필자는 지눌의 간화선을 밝히려는 입장에서 그 예비적 논구를 하였다. 앞으로 지눌의 간화선에 관한 본격적인 연구가 있으리라 믿는다.

VI. 불교의 인성론
―『대승기신론』을 중심으로

1. 서언

인간성人間性이란 그렇게 쉽게 정의될 수 있는 개념은 아니다. 정의하기가 어렵다고 해서 인간성의 실재實在가 없는 것은 아니다. 종래의 전통적인 철학 및 종교가 이러한 인간성의 해명을 그들의 중심 문제의 하나로 다루어 온 사실을 미루어 보아도 알 수 있다. 인간이란 사회적 문제에 부딪쳐 그것을 해결하고 살아가는 측면이 있는가 하면 또한 그보다 근본적인 문제 즉 우주와의 관계 속에서 우주와 인간과의 형이상학적 관계를 탐구하려는 측면도 함께 가지고 살아간다. 이러한 문제에 대한 해답의 추구가 철학이나 종교의 형태로 나타나기도 한다. 철학이나 종교적 물음의 하나는 인간 또는 모든 사물현상事物現象의 궁극적 원인과 의미가 무엇인가를 제기한다. 다시 말하면, '나'라는 한 인간의 삶과 우주 또는 존재 전체와의 관계를 어떻게 보아야 하는가에 대한 질문이다.

불교에서는 이러한 문제가 제기되는 궁극적인 원인을 죽음에 대한 고통에서 보았다. 인간은 현세에서 불만을 의식하고 그것의 궁극적 의미를 추구한다. 인간의 고통 또는 현세에 대한 불만은 하나의 인간조건인 것 같다. 인간이 가지고 있는 이러한 인간조건의 궁극적인 원인을 어디에서 찾느냐에 따라 크게 두 가지 서로 다른 종교적 대답으로 나타날 수 있다.

그 하나는 초월적超越的 인격신人格神을 믿는 종교이고 또 하나는 그러한 인격신을 전제하지 않는 종교이다. 전자는 기독교, 이슬람교로 대표되고 후자는 불교, 힌두교, 도교의 종교관에서 찾아볼 수 있다.[1] 인격신을 믿는 종교는 궁극적 존재를 초월적인 것, 우리의 현실세계와 별개의 어떤 세계의 존재를 정립하고 있으며, 인격신을 인정하지 않는 종교는 궁극적인 실재를 우리가 살고 있는 세계와 별개로 있다고 믿지 않기 때문에 우리가 살고 있는 이 세계를 곧 궁극적인 세계 자체로 인정한다.

불교는 바로 우리가 지금 살고 있는 이 현실 세계를 궁극적인 존재와 일치한다고 믿고 있는 일원론一元論의 종교이다. 인간성의 해명도 인격적 초월신과의 관계에서 설명하지 않는다. 오히려 현실 인간 그 자신이 자신의 현실을 책임지고 자신의 고통을 현실 그 자리에서 해탈하고자 한다. 바로 이러한 점이 불교의 가장 두드러진 특징이다.

이원론적二元論的인 인격신을 내세우는 종교에서는 원죄原罪를 강조하는 데 비해 불교는 죄나 벌이 문제가 아니라, 인간의 해명 즉 어두움(無明)이나 어리석음으로부터 발생하는 착각을 현생 고통의 원인으로 간주한다. 그러므로 인간성의 해명은 바로 이 착각이나 착각의 근원을 파악함으로 이루어지고, 동시에 고통의 인간이 어떻게 이 고통을 극복하여 나가는가를 보여 주는 데 그 관건처가 있다. 불교는 바로 인간성의 해명을 이 무명無明에 의한 모든 양상을 설명하고 그것의 이해와 실천을 통하여 불佛(깨달음)이 된다고 생각한다. 따라서 불佛과 범凡(인간)과의 관계는 이원론二元論이 아니라 일원론一元論이기 때문에 인간성의 해명은 곧 불佛을 해명하는 것으로 대치될 수도 있다.

---

1) 朴異汶, 『노장사상』(문학과 지성사, 1980), p.70.

이제 우리의 논의는 현실 즉 차안此岸의 인간성과 이상 즉 피안으로서의 불(깨달음)의 관계를 밝혀야 한다.

인간성의 이해에서 서양철학의 개념을 기초로 하는 소위 신성神性과 수성獸性의 중간자中間子로서 인간성의 문제와 육체와 영혼의 문제가 대두될 수 있다. 물론 불교 교리상에서 이러한 문제가 대두되지 않는 것은 아니지만, 그래도 불교의 중심적 경향은 신성과 중간자로서 인간성의 문제보다, 삶과 죽음의 갈등으로 인한 현재의 고통의 문제가 더욱 직접적인 문제로 제기되었다. 그것은 석가釋迦의 출가 동기가 사문유관四門遊觀으로 인하여 이루어졌던 것만 보아도 명백하다. 따라서 불교는 생과 사, 현실과 영원, 유한과 무한의 이중성을 바탕으로 죽음의 해탈을 어떻게 극복하는가 하는 문제를 해명하는 지점에서 인간성이란 무엇인가의 의문과 해답이 해소된다. 불교는 인간에 관해 진실하게 알려주는 것만을 목적으로 하는 학문이 아니라 인간의 현실적 차안此岸의 양상인 고통과 빈궁, 죄악적 행위, 시기, 질투, 우매, 대립과 투쟁, 잡다와 순수, 차별과 평등, 유한과 무한, 상주常住와 쇠멸衰滅, 열반涅槃과 죄고罪苦에 대하여 이상적 피안彼岸인 해탈과 풍요, 무욕과 지혜와 자비, 순일純一과 평등, 무한, 절대, 불멸, 정복淨福의 길인 인간성 본래의 자리로 되돌아가게 하는 것을 염원하고 가르치는 교리인 것이다.2)

이러한 불교에서는 인간의 알맹이를 무엇으로 보고 있는가? 이러한 문제는 불교가 가지고 있는 교리의 특수성 및 교리발달의 다양성과 난

---

2) 李箕永, 『불교와 근대적 인간형』(동국대학교, 1967), p.97.

해한 용어로 인하여 서로 다른 관점을 가질 수 있다.

대승불교大乘佛教의 불교학자들은 인간의 참된 알맹이를 '심心'이라 하였던 것은 주지의 사실이다. 그리고 이 심(마음)은 인간과 우주의 근원이라 보았고 동시에 심은 불성佛性, 진여眞如, 본각本覺, 도각圖覺 등 여러 가지 용어로 대치되어 사용되어 왔다. 여하간 우리는 인간의 기본 원리가 심心이라는 견해에 동의하고 이 심心의 해명을 통하여 인간성을 밝혀 보고자 한다. 따라서 본 논문은 주로 대승경전大乘經典을 중심으로 다루어질 것이며, 목차 2는 대소승大小乘에 일관된 내용의 교리관계를 원용하고, 3과 4는 유식설唯識說과 『대승기신론大乘起信論』과 원효의 『대승기신론소大乘起信論疏』를 중심으로 전개되며, 5는 『열반경涅槃經』과 그 밖의 반야부般若部 사상을 중심으로 짜일 것이다. 그리고 끝으로 인간성에 관한 불교적 해명에 대한 몇 가지 의문점을 제기하고자 한다.

2. 인간의 존재구조

인간이란 말은 범어梵語로 말노사末奴沙(manus)의 역어譯語이다. 팔리어의 명칭은 manussa, 서장어西藏語 mi 또는 마나사摩拏史, 마여사摩如史라고 이름한다. 한편 인간은 오취五趣 중의 하나 또는 육도六道, 십계十界중의 하나로 지칭하기도 한다. 또한 인간계人間界・인계人界・인취人趣・인도人道라고 하기도 하고 단지 사람을 말하기도 한다.

불경佛經에서 나온 인간에 관한 기록을 살펴보면 다음과 같다. 『장아함경長阿含經』 제6 「전륜성왕수행경轉輪聖王修行經」에는,

한때 부처님께서 마라혜수摩羅醯搜에 계실 때 인간으로 유행遊行하셨다.[3]

라는 말이 보이며, 또 제20 「도리천품忉利天品」에는,

내가 저 때에 인간으로 태어나 몸(身)은 선행을 하고 입으로는 착한 말을 하고 뜻(意)으로는 착한 생각을 하였다.[4]

라고 기록되어 있다. 또 『중아함경中阿含經』 제36 「문덕경聞德經」에는,

천상과 인간을 일곱 번 왕래하여 고를 알았다.[5]

---

3) 『長阿含經』, 「轉輪聖王修行經」, "一時, 佛在摩羅醯搜人間遊."
4) 『長阿含經』, 「忉利天品」, "或有衆生身行善, 口言善, 意念善."
5) 『中阿含經』, 「聞德經」, "天上・人間七往來已."

라고 하였다. 이러한 예는 곧 인간은 오취五趣·육도六道 중의 하나임을 지적하고 있다. 오취라 함은 오악취五惡趣·오도五道·오유五有라고도 하는데 취趣라 함은 중생이 업인業因에 의하여 나아가는 곳을 말한다. 즉 지옥·아귀·축생·인간·천상의 5종을 지칭한다. 또 육도라 함은 중생이 그가 지은 업인에 따라 윤회하는 길을 여섯으로 나눈 것인데 즉 지옥도地獄道·아귀도餓鬼道·축생도畜生道·아수라도阿修羅道·인간도人間道·천상도天上道를 말한다. 따라서 인간은 이 육도윤회六道輪廻 중 다섯 번째에 해당한다.

모든 존재의 상태를 가장 나쁜 존재의 상태와 가장 좋은 존재의 상태로 나누어 볼 때, 인간은 가장 좋은 존재 상태인 천상은 아니지만, 그 존재 상태의 서열은 나쁜 존재 상태를 벗어나 좋은 존재 상태의 상위上位에 위치한다. 그러나 불교에서는 이 육도들도 아직은 미계迷界에 속해 있다고 본다. 최상의 존재 상태는 오계悟界로서 인간은 바로 이 오계에 직입直入할 수 있는 가능성을 가지고 있다고 한다. 오계란 인간의 수행을 통하여 얻어지는 단계를 말하며 그 단계를 성문聲聞, 연각緣覺, 보살菩薩, 불佛로 나눈다. 인간의 현실적 존재 상태는 미계迷界에 있는 것이다.

인간의 정의에 대한 경의 말씀은 『입세아비담론立世阿毘曇論』 제6에 의하면 총명聰明·선의膳意·미세微細·정각正覺·지혜증상智慧增上·능별허실能別虛實·성도정기聖道正器·총혜업소생聰慧業所生 등 여덟 가지 뜻을 내포한다고 보았다. 또한 『대비바사론大毘婆沙論』 권172에 의하면 인간의 성질을 "능히 생각을 가지고 일을 꾸미고 사유 관찰하는 고로 말노사末奴沙라 이름한다"[6]라 하였고 또 말노사는 "가명가상假名假相이다"[7]라고 하기도 하였고, 또 "인간은 신身 · 어語 · 의意의 묘행妙行을 조작造作함으로 인간이라는 생生을 받아 생을 상속相續하여 고苦를 받고 있음으로 인취人趣라 한다"[8]라고 하였다. 한편 "교만이 많음으로 사람이라는 이름을 갖는다"[9]하였고, "뜻을 적정寂靜케 함으로 사람이라 한다"[10]라 하였다. 또 『대열반경大涅槃經』 제18에서는 "생각을 가지고 있고 신身 · 구口를 가지고 있고 교만을 가지고 있으나 이 교만을 능히 파괴할 수 있으므로 인간이라 한다"[11]라고 하였다.

경經에서 산발적으로 나타난 인간의 정의란 육체를 가지고 있으며 동시에 생각하는 능력의 소유자임을 보여 준다. 한편 본격적인 인간의 정의는 『구사론俱舍論』 권1에 나타나 있는데 그에 의하면 인간이란 색色 · 수受 · 상想 · 행行 · 식識 오온五蘊으로 구성된 존재라고 보고 있다. 일반적으로 잘 알려진 사실이지만 오온五蘊에 대한 구체적 해설을 가할까 한다.

오온이란 Pañca skandha란 어語를 가지고 있는데 pañca는 다섯, skandha는 구성요소構成要素 또는 구성부분構成部分을 의미하는 말이다. 따라서 오온이란 다섯 가지 구성요소란 의미를 가지고 있다. 그 다섯 가지란 다음과 같다.

---

6) 『大毘婆沙論』, "以能用意思惟觀察所作事故, 名末奴沙."
7) 『大毘婆沙論』, "末奴沙者是假名假想."
8) 『大毘婆沙論』, "先造作增, 長下身語意妙行, 往彼生彼令彼生相續, 故名人趣."
9) 『大毘婆沙論』, "有說多憍慢故名人."
10) 『大毘婆沙論』, "能寂靜意故名人."
11) 『大般涅槃經』, 「梵行品之三」, "人者名曰能多恩義, 又復人者身口柔軟, 又復人者名有憍慢, 又復人者能破憍慢."

첫째, 색色(Rūpa)온蘊이라 함은 인간은 육체를 가지고 있다는 뜻이다. 그것은 물질을 의미하며 이 물질은 시간적으로는 변화·변천하는 것이고 공간적으로는 한 지점을 점령하는 것이다. 본래 범어 Rūpa란 '파괴된다'는 뜻을 가진 동사어근 rūp의 명사형으로 파괴되게끔 되어 있는 것이란 뜻이다. 이것이 발전되어 rūpa는 물질·형태·색채 등의 뜻을 가지게끔 되었고 그것이 중국에 와서 색色이라 번역되었던 것이다. 이러한 인간의 육체는 안眼·이耳·비鼻·설舌·신身·의意 등의 여섯 가지 기관으로 나뉘어져 있으며 이것을 육근六根이라 한다.

둘째, 수受(Vedanā)온蘊이라 함은 감수기능感受機能을 말한다. 인간은 감수기능을 가지고 있다. 수는 고수苦受·낙수樂受·불고불낙수不苦不樂受·사수捨受 등으로 구별된다. 고수는 불쾌감이요, 낙수는 쾌감이며, 불고불낙수는 쾌감·불쾌감도 아닌 무성적無性的인 것이다. 원어의 vedand란 vid 즉 안다는 뜻을 가진 동사어근에서 나왔다. 그러므로 아는 작용 또는 기능을 말하는 것이다. 그러면 우리의 이와 같은 감각작용을 일으키는 데에는 무엇을 통하여 감각하느냐 하면 안촉眼觸·이촉耳觸·비촉鼻觸·설촉舌觸·신촉身觸·의촉意觸의 육수六受 즉 육종의 감각적 기관을 통해서 감각하게 되는 것이다.

셋째, 상想(Samjnā)온蘊이라 함은 취상위체取像爲體라 정의된다. 인간은 상상想像, imagination하는 동물이라는 뜻이다. Samjnā라는 범어는 Sam + jnā이다. 이것은 '무엇을 가지고 비로소 안다'라는 말이다. jna는 '안다'라는 말, Sam은 '~과 더불어, ~을 가지고'란 뜻을 가진 접두사接頭辭이다. image를 만들어 안다는 말이다. 인간이 외계의 일체사물을 인식함에서 그 인식될 대상을 직접 인식하게 되는 것이 아니라 그것을 인식하기 전에 먼저 한번 그 대상을 우리의 마음에 그대로 받아들여 마음에 나타난 대상을 인식하게 되는 것이다. 인간이 동물과 다른 것은 동물도 색色이 있고 수受가 있지만 상想은 없다. 이것이 동물과 구별되는 계기가 되기도 한다.

넷째, 행行(Saṃskāra)온蘊이라 함은 행동한다는 뜻이다. '사四의 여餘를 명행온名行蘊'이라 한다. 사의 여란 색色·수受·상想·식識 등 사온四蘊에 해당하지 않는 것을 말한다. 범어의 Saṃskāra는 Sam+kāra로서 '무엇을 가지고 한다'란 뜻이다. 따라서 조작造作 또는 천류遷流의 의미가 행이다. 이것은 색色·수受·상想·식識에 의하여 행위가 이루어지는 것이기 때문에 부자유한 행위인 것이다.

다섯째, 식識(Vijñāna)온蘊 즉 인간은 의식意識있는 동물이다. 이 식이라 함은 인간의 정신적 주체를 가리키는 것으로 안·이·비·설·신·의 등 6종이 있다. 이것을 육식六識이라 한다. 인간은 이 육식으로부터 칠식七識, 팔식八識에 이르는 심층구조를 가지고 있다. 그것은 매우 본능적인 천박한淺薄한 지각적知覺的 단계로부터 절대적 자유며 만덕萬德의 근원인 진여眞如에 이르기까지 심천深淺의 차이를 나타낸다.[12] 인간의 의식이 흐려 있을 때 우리는 그러한 인간을 중생이라고 부르며 인간의 의식이 맑을 때 우리는 그러한 인간을 각자覺者라 부른다. 식識은 마음이라고 총칭總稱될 수 있다.

---

12) 李箕永, 『원효 사상』(圓音閣, 1967), p.304.

우리는 이제까지 인간의 구성요소構成要素를 통하여 인간의 모습을 보았다. 인간이란 색·수·상·행·식으로 구성된 존재이다. 색·수·상·행은 언제나 변화될 수 있는 물질과 관계되어 표현되고 현출되는 것이고 그러한 현상에 대하여 식은 파멸되지 않는 영원한 생명生命의 근본원根本源으로 팔식八識을 상정할 수 있다. 이 팔식은 대단히 복잡한 내용을 가지고 있지만 '진여眞如의 마음'을 본체라 할 수 있다. 그렇기 때문에 색色·수受·상想·행行과 다른 모든 것은 이 '진여의 마음'을 본체로 하여 나타난 상相이며 용用에 불과하다.13) 이러한 과정의 『구사론俱舍論』의 오위칠십오법五位七十五法에 의하여 잘 설명되어 있다. 그러나 대승에서는 우리 인간의 주체, 즉 알맹이를 일심一心이라 부른다. 따라서 우리는 이제부터 이 일심을 해명함으로 인간성을 보기로 하자.

---

13) 李箕永, 『원효 사상』(圓音閣, 1967), p.305.

3. 연기와 무명

인간은 오온五蘊으로 구성되어 있음을 보았다. 이 오온은 언제나 파괴되도록 되어 있으면서도 그 중의 식識은 영원히 변화되지 않는 어떤 주체이면서 동시에 변화의 주체가 되기도 한다. 물질적인 이 육체는 언제나 생生·노老·병病·사死의 무상을 벗어날 수 없다. 결국 인간이란 죽음의 존재인 것이다. 그런데 문제는 죽음을 어떻게 극복하느냐 하는 것이 우리의 문제이다.

불교는 이 죽음에 의한 인간人間 고苦의 현실을 어떻게 극복하여 고苦를 낙樂으로, 무명無明을 각覺으로, 죽음의 유전流轉을 열반의 영원으로 돌아갈 수 있는가를 밝혀 주고 그 길을 가르치고 있다. 따라서 비록 현실적 인간은 고苦이고 무명의 존재인 것처럼 보이기도 하지만 다른 한편 인간의 본성은 낙樂과 각覺으로 전환될 수 있는 무한능력자임을 지적하는 데 그 사상의 초점이 있기도 하다.

그렇다면 모든 고苦의 원인은 무엇인가? 이것만 밝혀지면 생사의 윤회도 벗어날 수 있는 것이다. 불교에서는 인간에서 노사老死의 고통은 인간의 참된 모습을 옳게 알지 못한 데서 오는 결박結縛이라고 본다. 그러므로 참된 인간의 존재양상을 알면 우리의 인간고는 해탈될 수 있다고 주장한다. 인간의 참된 존재 모습에 대하여 석가는 연기緣起라고 말하고 따라서 이 연기를 똑바로 보라고 가르치고 있다. 연기란 정신적인 것이나 물질적인 것이나 간에 현상계에 나타난 모든 것은 고정불변의 어떤 실체가 있다고 고집하는 우리 사고의 타성을 부정하는 내용이다.

따라서 현상의 본질은 그러한 사고의 선입견과는 다르다는 것이다. 그리하여 그는 연기라는 사상을 설명하여 다음과 같이 말하고 있다.

이것이 있음으로 저것이 있고 이것이 생김으로써 저것이 생긴다. 이것이 없음으로써 저것이 없고 이것이 없어짐으로써 저것이 없어진다.[14]

결국 모든 것은 독립불변의 고정된 실체를 갖고 있지 않으며 서로 의존하여 있으며 인연에 의해 생멸하는 존재라는 것이다. 제법무아諸法無我이니 제행무상諸行無常이라는 것도 여기에 그 뜻이 있다. 인간성에 관해서도 연기의 논리를 벗어날 수 없다. 인간성 자체가 윤리적으로 선이라든지, 악이라든지, 또는 아름다운 것이라든지 더러운 것이라든지 또는 유한하다든지 무한하다든지 하는 상주불변常住不變의 일정하고 고정불변의 본성이 따로 존재한다고 볼 수 없다고 이해한다. 왜냐하면 이미 일정한 본성이 있다 함은 연기의 논리에 어긋나고 또는 일정한 본성이 없다 함도 그것이 고정된 실제로 인정될 때 이것 역시 연기론이 주장하는 무고정성無固定性에 어긋나기 때문이다. 여기에 인간성이란 육체다 정신이다 또는 유한이다 무한이다 하는 절대적으로 그 어떤 하나만을 선택하여 주장할 수 없게 된다. 육체와 정신, 무한과 유한은 상의상자적相依相資的 관계를 가지고 있다. 여기에서 인간의 무한성은 단지 유한성의 상대로 제기되는 것뿐이다.

---

14) 『阿含經』, "此有故彼有, 此生故彼生, 此無故彼無, 此滅故彼滅."

실제로 우리 인간의 현실적 욕구는 상주불변하고자 한다. 그러나 상주불변코자 하는 우리의 소망이 채워지지 못하는 까닭에 고통이 수반된다. 욕구의 결핍缺乏은 심리적 고통으로 나타나기 때문이다. 이것을 불교에서는 '일체개고一切皆苦'라는 말로 표현한다. 인간욕구는 불변성을 요구하는데 현상은 가변하고 있기 때문에 불변과 가변 사이에 갈등이 나오게 되는 것은 사실이다. 이러한 갈등에 대한 해결의 소망은 또 다른 인간성의 일면으로 이 고苦의 극복으로 해탈이 절실하게 요구된다. 이러한 간절한 요구는 현상적 인간성의 나타남과 본질적 인간성의 내면의 문제로 제기되고, 이것은 인간성의 현실성과 본래성本來性의 문제로 귀착하게 된다.

이러한 문제는 존재의 양면성 즉 변화와 불변의 관계를 밝히게 된다. 이것을 곧 연기緣起라고 볼 수 있다. 불교에서는 일체의 존재현상을 연기로써 설명하기 때문에 현상계의 일체 존재에 대하여 독립·불변·영원·불멸의 그 어떤 것이 있다는 사고는 미혹迷惑이라 하기도 하고 그것을 또한 상견常見·아견我見에 대한 집착이라 하여 배척했다. 그러나 이에 대한 말로 무상무아無常無我라고 해서 문자 그대로 모든 것이 무無로 돌아가는 것은 아니다. 왜냐하면 그런 무의 생각은 사실에 있어 상견常見·유견有見을 뒤집어 놓은 것에 불과하며 같은 영역 같은 차원의 그릇된 생각이어서 역시 아견我見을 떠나지 못하고 있는 까닭이다.

이와 같이 인간이 가지고 있는 생각들의 오류를 지적하고 그것을 통하여 참된 인간성을 발견하고자 하는 것이 불교의 연기론이다. 인간성은 연기를 통하여 설명될 수 있다. 그러한 연기의 구체적 실상은 무엇인가? 『아함경阿含經』에서는 이렇게 말하고 있다.

비구들이여, 연기란 무엇일까. 비구들이여, 무명無明의 연緣에서 행行이
있고 행의 연에서 식識이 있으며 식의 연에서 명색名色이 있고 명색의
연에서 육처六處가 있으며 육처의 연에서 촉觸이 있으며 촉의 연에서
수受가 있으며 수의 연에서 애愛가 있으며 애의 연에서 취取가 있고 취
의 연에서 유有가 있으며 유의 연에서 생生이 있고 생의 연에서 노老와
사死의 근심과 슬픔과 고통과 번뇌가 생기는 것이다. 이와 같이 일체의
고온苦蘊이 모여 일어난다. 비구들이여, 이것을 기起라 한다. 그러나 무
명의 남김 없는 이멸離滅에서 행行의 멸滅이 있고 행의 멸에서 식識의
멸이 있고 식의 멸에서 명색名色의 멸이 있고⋯⋯ 촉觸⋯⋯ 수受 ⋯⋯
애愛⋯⋯ 취取⋯⋯ 유有의 멸에서 생生의 멸이 있으며 생의 멸에서 노사
老死의 근심과 슬픔·고통과 번뇌가 멸한다. 이렇게 하여 일체고온一切
苦蘊의 멸이 있다.15)

이 글 중에서 전반은 고온생기苦蘊生起의 유전연기를 말한 것이며 후
반은 고온이멸苦蘊離滅의 환멸연기還滅緣起를 말한 것으로 십이연기十二緣起
의 가치적 연기에 속한다. 십이연기설은 인간의 근본적인 고苦의 원인을
해명하고 이것을 극복하는 과정을 설명하고 있다. 인간의 노사老死는 인
간의 무명성無明性에 의하여 일어나는 것이고 역으로 무명이 멸하면 곧
노사가 멸하여 고통과 번뇌가 없어진다는 설이다. 인간은 무명을 가지

---

15) 『阿含經』, "謂緣無明行, 緣行識, 緣識名色, 緣名色六入處, 緣六入處觸, 緣觸受, 緣受愛, 緣愛取,
緣取有, 緣有生, 緣生老·死·憂·悲·惱苦, 如是純大苦聚集, 如是無明滅則行滅, 行滅則識滅,
識滅則名色滅, 名色滅則六入處滅, 六入處滅則觸滅, 觸滅則受滅, 受滅則愛滅, 愛滅則取滅, 取滅
則有滅, 有滅則生滅, 生滅則老·死·憂·悲·惱苦滅, 如是·如是純大苦聚滅."

고 있으며 동시에 무명을 멸하는 능력도 가지고 있다. 무명이나 무명이 멸한 각覺의 세계는 인간성의 표리表裏를 말하는 것이다.

연기설은 바로 인간 존재가 무명이 절대라고 보지도 않으며 또한 멸한 세계를 부정하지도 않는다. 바로 각의 세계가 체라면 그 용用이 무명에 의한 번뇌의 세계임을 보여 주는 것이다. 여기에서 무명에 집착한다든가 각에만 집착한다면 그것은 이미 한 존재를 이원적으로 쪼개어서 구별하기 때문에 그것은 연기를 모르는 것이다. 연기란 곧 상대적 차원을 인정하는 것이다. 이러한 상대성의 차원을 인정하느냐 안 하느냐에 따라 인간의 고가 나타난다는 것이다.

따라서 사실상 인간고人間苦란 본래 있는 것이 아니라 이 상대적 차원의 부정에서 나온 일종의 허구虛構요 가상假像으로 무실체無實體인 것이다. 불교는 이러한 연기를 똑바로 보지 못하고 상대성을 부정함으로 일어나는 번뇌와 그것으로 인한 선악의 절대적 분별행위에 의한 타락되어진 상태를 극복하는 데 있다. 불교에서는 그 극복의 방법이 이러한 바람직스럽지 못한 현상을 부정함으로써 이 현상을 타파하려는 것이 아니고, 이러한 현상을 그대로 인정하면서 그것의 근원적 실체성이 없음을 밝혀 똑바로 존재를 확인함으로써 인간의 본래성을 밝히려 한다. 그것이 곧 '번뇌 즉 보리菩提'라는 말로 단적으로 표현된다.

그리하여 이 현실의 소망스럽지 못한 모든 번뇌와 고통은 나 아닌 타자에 의하여 이루어진 것이 아니라 바로 나의 인간적 조건에 의하여 야기된 것이기 때문에 이것의 해결도 곧 나로부터 이루어진다고 본다. 따라서 인간 아닌 초월적 신이나 또는 어떤 신비적인 힘을 통하여 이 현실세계의 불평등 그리고 갈등을 해소하려는 것이 아니라 곧 인간에 의한 자기조건의 무명을 아는 데 있음을 가르쳐 준다. 그러면 도대체 이 무명이라는 인간고의 근거는 무엇인가.

무명無明(Avidya)이라 함은 무지無知의 뜻이며 맹목적 충동의식을 말한다. 이 무명을 소승小乘에서는 과거의 지은 업력業力이 무지·맹목적인 힘으로 나타나는 것이라고 해석하였고 대승大乘에서는 진여자성眞如自性을 스스로 깨닫지 못한 근본불각根本不覺이라고 하기도 한다.

『대승기신론大乘起信論』에서는 말한다.

> 하나인 진리를 잘 알지 못함으로 마음이 상응相應하지 못하며 홀연忽然
> 히 생각이 일어남으로 무명이라 한다.16)

여기에서 '부달일법계不達一法界'라는 말은 일법계一法界 즉 진여에 통달하지 못함을 의미하는 것이요, '심불상응心不相應'이라는 말은 원효에 의하면 "이 무명이 아주 미세한 것으로 아직 주객主客의 구별이 없는"17) 하나의 잠재적 의욕이며 충동적 힘이기 때문에 그렇게 말하는 것이다.

무명이 홀연히 일어난다고 할 때의 '홀연忽然'이라는 말이 극히 애매한 말이기 때문에 이에 대한 설명을 필요로 한다. 원효는 이 해석을 '무시이래無始以來의 무명無明'의 구절에서 '무시無始'란 말이 의미하는 바와 동일한 의미라고 말한다. 다음은 원효의 설명이다.

---

16) 『大乘起信論』, "以不達一法界故, 心不相應忽然念起, 名爲無明."
17) 『大乘起信論海東疏』, "此無明, 最極微細, 未有能所王數差別."

무명보다 근본이 되는 어떤 다른 염오染汚의 원인이 따로 있는 것이 아
니고 이 무명이 바로 근본됨으로 홀연히 일어난다고 말하는 것이다.
보살영락본업경菩薩瓔珞本業經도 도리의 이해에서나 생활상에서 번뇌를
내는 근본되는 자리를 사주지四住地라고 하는데 사주지보다 더 근본이
되는 것이 없으므로 그 경지를 무시이래 무명이 머무르는 곳이라고 하
고 있다. 이것은 무명 이외의 다른 근본이 없다는 말이며 그런 의미에
서 무시라고 했던 것이다. 지금『기신론起信論』에서 '홀연'히 라고 하는
그 뜻과 같은 것이다. 지금 여기에 무시니 홀연이니 한 것은 어느 것이
근본이고 어느 것이 그로부터 파생된 것이냐 하는 관점에서 말한 것이
지 시간의 전후를 따져서 그렇게 이야기한 것이 아니다.[18]

무명은 하나의 충동력衝動力 또는 생의 발동력發動力이다. 다시 말하면
맹목적 욕구이다. 이것은 본능적 의욕으로서 이치를 따져서 해명되는
것은 아니다. 유식학唯識學에서 말하는 아애집장我愛執藏이 그것이다. 따
라서 유식학은 제7식인 말나야식末那耶識은 무시無始의 과거로부터 아치我
痴·아견我見·아만我慢·아애我愛의 4번뇌의 씨앗을 지니고 그것이 발동
되어 안으로 육근六根의 심신心身기관을 내고 밖으로 육진六塵 경계를 연
기하게 된다는 원리도 바로 이 무명의 생명을 가리킨 것이다.[19]
　　『기신론起信論』에서는 근본 무명의 주체를 아뢰야식阿賴耶識이라 한다.

---

18) 『大乘起信論海東疏』, "第二中言心不相應者, 明初無明最極微細, 未有能所王數差別, 故言心不相
　　應, 唯此爲本, 無別染法能細於此在其前者, 以是義故說忽然起, 如本業經言四住地前更無法起. 故
　　名無始無明住地, 是明其前無別爲始. 唯此爲本, 故言無始. 猶是此論忽然義也. 此約細麤相依之
　　門說爲無前, 亦言忽然起, 非約時節以說忽然起, 此無明相, 如二障章廣分別也, 是釋上言自性淸淨
　　而有無明所染有其染心之句."
19) 李鍾益, 『佛敎思想大觀』, pp.86~88 참조.

이 아뢰야식이 곧 무명을 일으키기도 하고 각을 보이기도 한다. 『기신론起信論』의 설명을 들어 보자.

> 마음의 생멸은 여래장을 근거로 하여(그것 때문에) 생멸하는 마음이 있게 되는 것이다. 이른바 항구불변한 마음이 생멸하는 마음과 더불어 있지만 그 둘이 각각 다른 것도 아니요 또 하나인 것도 아니니 이것을 일컬어서 '아뢰야식'이라고 하는 것이다. 이 식에 두 가지 의미가 있어서 이 세계의 모든 사물을 하나로 내포하고 또 이 세계의 모든 사물의 다양성을 나타내기도 한다. 그 식의 두 가지 의미란 첫째 각覺(깨달음)이요, 둘째 불각不覺(어리석음)이다.[20]

이와 같은 아뢰야식은 각覺과 불각不覺을 동시에 가지고 있다. 무명은 바로 이 아뢰야식에 근거되는 것이다. 무명이 곧 불각, 즉 '어리석음' 무지에 해당되기 때문이다. 인간은 '아뢰야식'이 그 주인인 것이다. 따라서 인간성은 무명과 각의 양면성이 아뢰야식에 의하여 현실적으로 나타난다. 인간의 본성 가운데 이미 인간조건으로 이 무명이 내재되어 있다.

위에서 『기신론』의 설명에 의하면 인간은 무명의 불각不覺을 가지고 있으면서 각覺을 갈무리하고 있다. 그러므로 인간은 이미 각이지만 이 무지 즉 무명에 의하여 각이 드러나지 못하고 있다. 이 무명은 곧 번뇌를 가져오기 때문이다. 무명은 각 즉 불을 덮는 번뇌를 일으키는 고苦를 가져온다. 이 모든 것이 일심一心인 아뢰야식의 작동이다.

---

20) 『大乘起信論』, "心生滅者, 依如來藏故有生滅心. 所謂不生不滅, 與生滅和合, 非一非異, 名爲阿黎耶識. 此識有二種義, 能攝一切法, 生一切法. 云何爲二, 一者覺義, 二者不覺義."

일심一心에는 진여자성眞如自性으로 본래적 모습의 심心과 얽혀서 들고
(入)·나는(出) 생멸심이 있다. 이 진여심眞如心이나 생멸심生滅心은 모두 일
심 위에 나온 표리表裏에 지나지 않는다. 이것이 서로 별개로 떨어져 있
는 것이 아니라 일이이一而二요 이이일二而一로 나타난다. 우리는 무명의
근거가 바로 아뢰야식임을 밝혔다. 무명에 대한 다른 해석은 『원각경圓
覺經』이 잘 보여 주고 있다. 경에서는 이렇게 말한다.

어떤 것이 무명인가. 선남자善男子야, 일체중생이 끝없는 옛적부터 갖
가지로 뒤바뀐 것이 마치 어리석은 사람이 사방을 바꿔 아는 것과 같
으니 사대를 잘못 알고 자기의 몸이라 하고 육진의 그림자를 자기의
마음이라 한다. 비유하건대 눈병이 났을 때 허공 가운데서 헛꽃과 딴
달을 봄과 같다. 선남자야, 허공에 실은 꽃이 없건만 병자가 망녕되이
집착함이니 망녕된 집착으로 말미암아 허공자성을 미혹할 뿐 아니라,
또다시 저 꽃이 생기게 된 곳까지 미혹함에 이른다. 이로 말미암아 허
망하게 생사에 헤매니 그러므로 무명이라 한다.[21]

이것은 무명의 실체가 무엇인가를 밝힌 것인데 본래 무명이라는 것
도 없는데 우리가 착각을 일으켜 실체가 있는 것으로 오인한다는 것이
다. 그렇다면 착각하지 않았을 때 다시 말하면 무명으로 인하여 가려지
지 않은 본래적인 참 모습은 무엇인가. 이것을 원각경에서는 인간의 참
된 모습은 원각圓覺이라 밝히고 있다.

---

21) 『圓覺經』, "云何無明. 善男子, 一切衆生, 從無始來, 種種顚倒, 猶如迷人, 四方易處, 妄認四大,
爲自身相, 六塵緣影, 爲自心相. 辟彼病目, 見空中花, 及第二月. 善男子, 空實無花, 病者妄執,
由妄執故, 非唯惑此虛空自性, 亦復迷彼實花生處. 由此妄有輪轉生死, 故名無明."

무상無上 법왕法王이 큰 다라니문이 있으니 원각이라 한다. 일체청정한 진여와 보리와 열반과 그리고 바라밀波羅蜜을 흘러내어 보살들을 교수教授하나니 일체여래의 본기인지本起因地는 청정원각淸淨圓覺을 원만히 비춤에 의하여 무명을 영원히 끊은 뒤에 불도佛道를 이루셨다.[22]

우리의 무명無明은 모든 연기의 근원이지만 마침내 인간의 본성은 청정원각淸淨圓覺이라는 것이다. 이 청정원각임을 뚜렷이 비추어 보지 못하는 것이 곧 무명이라는 것이다. 그것은 본래 인간의 참된 모습은 무명이 아닌데 이 무명을 집착하여 인간의 일면만을 마치 고정불변의 실체로 보는 데서 일어난 잘못이다. 따라서 '연기를 보면 나를 본다'라는 부처님의 말씀의 뜻이 여기에 있다고 볼 수 있다.

본래 인간은 진여자성眞如自性이고 청정원각이다. 불佛이지만 무명에 의하여 번뇌가 일어나고 이것이 우리의 본래의 참 모습을 가리어 현실의 모든 세계가 벌어졌다는 것이다. 따라서 본래 인간은 중생으로 타락되고 무지한 존재가 아니라 절대, 영원, 자유, 해탈, 원각인데 이를 알지 못함으로 고苦라는 현상이 나온 것이다. 인간성의 표리인 무명無明과 원각圓覺을 연기緣起를 통해 살펴보았다. 그러면 이제 우리의 마음이 무명에 의해 어떻게 본래의 진여일심을 가리게 되는가를 살펴보자.

---

22) 『圓覺經』, "善男子, 無上法王, 有大陀羅尼門, 名爲圓覺. 流出一切, 淸淨眞如, 菩提涅槃, 及波羅蜜, 敎授菩薩, 一切如來, 本起因地, 皆依圓照淸淨覺相, 永斷無明, 方成佛道."

4. 인간성의 본래성과 현실성

『대승기신론大乘起信論』원효元曉의 소疏에 의하면, "일심 외에 다시 다른 법이 없다. 단 무명으로 인하여 일심을 잘 모르고 모든 파랑波浪이 일고 육도六道를 유전流轉하게 되는 것이다"[23)]라고 말하고 있다. 인간성도 사실 이 일심을 떠나 따로 있는 것이 아니다. 일심이 무명에 의하여 그 본래부터 청정한 자성自性이 가리어져 인간이 좋지 못한 한계상황이라 할 수 있는 지옥地獄·아귀餓鬼·축생畜生·수라修羅·인간人間으로 나뉘어 헤매고 천상天上의 기쁨을 맛보기도 한다. 그러나 여기에서 일심이 무명으로 인하여 미迷하여 육도六道의 세계로 윤회한다고 할 때 일심이라는 실재와 윤회라는 또 다른 실재를 인정해서는 안 된다.

만약 일심이라는 실재가 있고 한편으로 육도라는 실재가 있다면 어떻게 동체대비同體大悲를 일으킬 수 있으며, 여기에 오직 또 인간적인 일심만 실재하고 그 밖에 다른 모든 한계상황의 존재가 부정된다면 어떻게 그들을 구제한다는 말인가?[24)] 우리의 마음은 본질적으로 영원한 진리의 샘이다. 그러나 우리는 인간으로 태어나 살아오는 과정에서 진리

---

23) 『大乘起信論海東疏』, "一心之外, 更無別法. 但有無明迷自一心, 起諸波浪流轉六道. 雖起六道之浪, 不出一心之海, 良由一心動作六道, 故得發弘濟之願, 六道不出一心, 故能起同體大悲如是遣疑, 得發大心也."

24) 『大乘起信論海東疏』, "雖起六道之浪, 不出一心之海, 良由一心動作六道, 故得發弘濟之願, 六道不出一心, 故能起同體大悲如是遣疑, 得發大心也, 開二種門者, 遣第二疑, 明諸教門, 雖有衆多, 初入修行不出二門, 依眞如門修止行, 依生滅門而起觀行, 止觀雙運, 萬行斯備, 入此二門, 諸門皆達, 如是遣疑, 能ないし修行也, 捨起執者, 有二邪執, 所謂人執及與法執, 捨此二義, 下文當說, 下化生竟在於前也, 此下二句, 上弘佛道除彼二邊之疑, 得起決定之信, 信解大乘唯是一心, 故言起大乘正信也."

의 샘인 마음을 온전히 보지 못하고 온전히 드러내지 못하는 서글픈 상황에 빠진다.

일심을 온전히 드러내지 못하는 원인은 오직 전장前章에서 보아 온 무명에 의해서이다. 그러나 이 무명은 실체적인 것은 아니다. 이 무명이 비실체이기 때문에 어둠을 광명에 의하여 드러내듯이 무명을 없애는 것이 아니라 본래부터 광명의 순수한 청정을 드러내면 무명은 사라진다. 이 무명은 실체가 아니고 이미 광명의 진여를 함께 안고 있기 때문이다. 우리의 인간성도 바로 진여·청정인데 이것이 무명이라는 무지에 의하여 은폐되기 때문에 현실의 다양한 존재 양상이 벌어지는 것이다.

불교는 진여眞如와 무명無明을 이원적으로 보지 않는다. 진여가 본체이지만 무명에 의하여 벌어진 현실을 둘로 나누어 생각하지 않는다. 만약 이것이 나누어진다면 동체대비의 불교적 수행의 근거는 무너진다. 왜냐하면 서로 별개라면 우리가 어째서 현실의 차별세계에서 평등진여의 호소를 받아들일 이유가 있는 것인지의 의문이 생기며 서로 독립된 실재라면 어떻게 서로 간섭할 수 있는지의 물음이 발생하기 때문이다.

따라서 이상理想의 진여眞如가 별도로 있고 현실現實 윤회輪廻의 생멸生滅이 별도로 있을 수 없다. 생멸은 곧 진여의 다른 면이다. 생멸 속에 진여가 있고 진여 속에 생멸의 씨앗이 있다. 여기에서 '번뇌 즉 보리'라는 이론이 성립된다. 번뇌는 이미 보리를 함께 하고 있으나 우리는 번뇌를 실체로 보고 번뇌에 얽매이게 된다. 이 현실의 모든 상황이 번뇌를 주고 있다는 이유 때문에 인생人生을 원죄적인 죄악, 무가치, 불안과 공포, 슬픔과 괴로움의 현장으로 간주하는 경향이 있다. 이러한 생각의 결과로 인간성을 악惡이라 보기도 하고 고苦라고 보기도 하는 것이다.

그러나 불교에서는 인간성의 근본은 바로 진여·불성이라 보아 현실의 모든 좋지 못한 상황은 우리의 무명과 집착의 결과라고 본다. 인간성은 본래 진여·불성인데 이것을 그렇게 알지 못하기 때문에 고苦의 현실이 나타난다는 관점이다. 물론 여기서 불성이라고 할 때의 그 불佛의 성性이 고정불변한 어떤 실체적인 것이 아님은 명백하다.

인간성의 주체인 일심一心임을 보았다. 그 일심이 어떻게 하여 인간성의 양면으로 나타나고 있는지를 살펴보자.

『대승기신론大乘起信論』은 일심一心을 다음과 같이 설명하고 있다.

마음이란 큰 수레에 비교할 수가 있다. 큰 수레에는 세 가지 의미가 있다. 첫째, 마음이란 큰 수레는 그 본체가 크다(體大). 왜냐하면 일체법이 진여평등하고 부증불멸不增不滅인 까닭이다. 둘째, 마음이란 큰 수레는 그 모양이 크다(相大). 왜냐하면 여래장如來藏으로 무량한 속성을 그 특징으로 하기 때문이다. 셋째, 마음이란 큰 수레는 그 능력이 크다(用大). 왜냐하면 마음이란 일체의 세간이나 출세간의 모든 선인善因과 과果를 일으키는 까닭이다.[25]

우리는 여기에서 마음을 주체로 하는 인간성을 본체적인 면에서는

---

25) 『大乘起信論』, "已說因緣分, 次說立義分, 摩訶衍者總說有二種, 云何爲二, 一者法, 二者義, 所言法者, 爲衆生心, 心卽攝一切世間法出世間法, 依於此心現示摩訶衍義, 何以故, 是心眞如相卽是摩訶衍體故, 是心生滅因緣相, 能是摩訶衍自體相用故, 所言義者, 則有三種, 云何爲三, 一者體大, 爲一切法眞如平等不增減故, 二者相大, 爲如來藏具足無量性功德故, 三者用大, 能生一切世間出世間善因果故, 一切諸佛本所乘故, 一切菩薩皆乘此法到如來地故."

순수하고 영원히 변하지 않고 언제나 하나이며 늘고 주는 일도 없고 차별이 없음을 보았고 또 마음을 헤아릴 수 없는 속성을 가지고 그것을 여래장이라고 함을 보았다. 끝으로 물질적인 것이든 정신적인 것이든 간에 온갖 훌륭한 일을 다 일으키는 것이라는 것을 알았다. 인간성이란 우리가 보는 이 세간의 물질적인 것뿐만 아니라 출세간의 관념적인 것까지 모두 포함하여 그것들의 가치와 비가치의 주재자임을 알 수 있다.

불교는 인간이 인격 가치를 실현하려고 할 때, 인간성의 다양한 방면을 보지 않고 그 일부분의 면모만을 내세워 본성을 '선善', '악惡', '무선무악無善無惡' 중 한쪽의 일방으로 편협하게 보는 견해를 독단으로 간주한다. 그래서 불교의 인간 본성론은 이러한 독단에서 벗어나 연기법의 깨달음을 통해 인간에 관한 대립적이고 독단적인 견해를 불식하고 포용한다. 편협된 인간성과 현실 인생에 대한 화회和會와 융섭融攝은 일심一心으로부터 가능하다. 그리고 이는 여래장如來藏·불성佛性이라고 일컫기도 한다. 여래장 사상은 곧 우리의 마음이 겉으로 아무리 나쁜 짓, 온갖 더러운 모습을 나타내더라도 그 깊숙한 곳에서는 여래장 곧 불성이 있다는 학설學說이다. 따라서 선악의 가치판단에 의한 죄와 벌을 부여하는 차원이 아니라 오히려 동체대비同體大悲의 동정과 용서 및 자비의 차원을 강조한다.

마음의 가장 근본적인 모습 즉 여래의 참된 속성을 원효는 다음과 같이 말한다.

① 광명光明을 지닌 대지혜(大智慧, 大智慧光明)

② 온 세상 만물을 남김없이 비추는 것(遍照法界)

③ 있는 그대로 진실히 분명하게 아는 것(眞實識知)

④ 그 본성이 맑고 깨끗한 것(自性淸淨)

⑤ 깨끗하고 서늘한 것(淸凉)

⑥ 변함없는 것(不變)

⑦ 그 스스로 존재하는 것(自在)[26]

이러한 인간성의 주체인 일심 곧 진여의 모습을 말로 설명한 것이다. 그러나 비록 우리의 마음이 이와 같이 절대평등·자유·자재의 면을 가졌다 하더라도 현실적인 우리의 마음은 번뇌와 망상과 정에 의하여 흔들리고 있지 않은가. 따라서 친자가 인간성의 본래적인 면이라면 후자는 현실적인 면이라 할 것이다.

『대승기신론』은 이러한 인간성의 본래성과 현실성을 잘 설명하고 있다. 지금까지 본 바와 같이 인간성의 본질은 일심이라는 것이다. 따라서 일심의 분별로 심진여心眞如와 심생멸心生滅을 구별하는데 심진여는 본래성이라 하고 심생멸은 현실성이라 할 수 있다. 즉 『대승기신론』의 마음에 관한 설명은 우선 두 가지 측면으로 나뉘었고 다시 다른 세 가지 측면에서 가해졌다. 마음 그 자체로 말하면 하나이고 그 양상으로 말하면 둘이며 그 위대성으로 말하면 셋이라고 보았기 때문에 『대승기신론』의 설명을 일심이문삼대一心二門三大라고 하는 것이다.

첫째, 심진여란 참되고 한결같은 본체로서의 마음, 이것은 말로서 설

---

26) 李箕永, 『불교와 근대적 인간형』(동국대학교, 1967), p.100.

명할 수 있는 것이 아니다(離言). 그러나 억지로 말로서 설명한다면(依言) 두 가지로 구분할 수 있다는 것이다.

둘째의 심생멸은 본래는 참되고 한결같지만 무명에 의하여 변화 즉 생멸하는 마음을 설명한다. ① 생멸하는 마음이란 무엇인가? ② 마음이 어떻게 생멸하게 되는가? ③ 생멸하는 마음의 모습은 어떠한가? ④ 참되고 한결같은 본체로서의 마음은 어떻게 현상계에 드러나며 작용하는가 등이다. 심생멸문心生滅門에서는 그 변화하는 마음을 일컬어 아뢰야식이라고 하고 인간의 마음은 아뢰야식이 바탕이라 한다. 그것은 진실하고 한결같은 영원한 깨달은 마음(覺)이기도 하지만 또한 깨닫지 못한 마음(不覺)이기도 하다. 인간의 마음은 본래 참되고 한결같은 깨달음(本覺)이지만 인간적 조건하에서 그 마음은 본래의 상태에 그대로 있지 못하고 어두움에 가려지게 된다. 그 어두움은 인간으로 태어나면서부터 받은 근본적인 어두움(根本不覺)과 인간으로서 생활하는 가운데 파생하는 후천적인 어두움(技末不覺)으로 나누어진다.

그러나 인간은 이 어두움 즉 무명에 갇혀 헤어나지 못하는 존재가 아니다. 오히려 그 마음속에 간직한 각覺의 상태로 되돌아가는 능력을 가진 존재이다. 따라서 이러한 후천적 수행을 통하여 깨달음에 복귀할 수 있는 것이다(始覺).

둘째의 심생멸에서는 깨달음 자체인 마음이 어둠에 가려져 영원히 평등한 보편적인 심성에 타락해 가는 인과관계를 설명한다. 어둠에 가린 마음은 '나'라는 의식을 대두시키고 한 걸음 더 나아가 객관적 세계의 여러 사물들과 이기주의적利己主義的 관계를 맺게 된다.

그러한 마음의 단계를 살펴보면 그 처음은 감각적인 생각인 오관五官 즉 전오식前五識으로 가장 낮은 단계의 마음이다. 이 오관을 직접 지배하고 가치를 부여하며 우열優劣·선악善惡·미추美醜·대소大小 등의 판단을 내리는 마음을 제육의식第六意識이라 한다. 우리의 현실적 인간성은 바로 여기에서 전개되는 것이다.

그러나 이 현실성은 본래성인 진여·불성·아뢰야식을 바탕으로 하고 있다. 이 오식五識과 육의식六意識은 '나'라는 자아의식自我意識에 의해 지배되고 있다. 이것이 말나식末那識 또 제칠식第七識이다. 이것의 근원은 아뢰야식이다. 이것이 제팔식第八識이다. 이것을 간단히 심心이라고 한다. 인간의 참된 모습을 각覺 자체의 마음 또는 불佛이라고 하고 여래如來라고 하기도 한다. 또 현실성은 제육식에 의하여 나타나는 단계의 선악·미추·우열 등의 차별세계이다. 전자는 영원·평등·순일純一·청정무한淸淨無限이지만 후자는 차별·잡다·유한·오염의 세계라 한다.

인간성은 본래일심本來一心으로 진여·불성·각이지만 이것이 인간조건인 무명에 의하여 현실의 번뇌·망상이 전개되고 이에 의한 바람직스럽지 못한 세계가 나타난다.『대승기신론大乘起信論』의 인간성 해명은 이 인간성의 현실성을 부정하지 않고 이러한 불안과 불평등·잡다의 세계가 있음을 인정하고 이것을 어떻게 실천하느냐 하는 실천의 면을 다루고 있다. 따라서 인간은 실천을 통하여 무명을 각으로 복귀할 수 있는 근거를 주고 있는 것이다.

인간의 본성이 불이 아니고 각이 아니라면, 우리는 어떻게 불·각의 세계로 갈 수 있다는 말인가. 불교의 후기 선사상에서는 심즉시불心卽是

佛이라 하여 마음이 곧 부처임을 믿으면 각을 성취한다고 단도직입으로 말하고 있다.[27] 이것은 돈오頓悟를 말하고 있지만 논리상으로는 그러하다고 하더라도 사실은 어려운 것이다. 그러기 때문에 『대승기신론大乘起信論』은 그 수행방법을 설명하고 있는 것이다.

우리는 이제까지 인간의 본래성과 현실성을 보아 왔다. 인간의 현실적인 면은 그것이 참된 모습은 아니지만 그렇다고 이것이 없다고 생각할 수 없다. 바로 이 현실성은 불성을 바탕으로 전개된 것이다. 이 속에 곧 불성·여래가 있는 것이다. 이것은 우리가 '나'라는 존재가 실체로서 고정불변 한다는 잘못된 착각과 선입견에 의하여 나타난 세계이다. 그러나 이 세계는 곧 고정불변하지 않음을 알고 집착을 놓으면 바로 이곳이 본래성의 세계임을 알게 된다는 것이다.

---

27) 達磨로부터 발전되어 온 후기 불교사상의 禪 思想에서는 이러한 주장을 공통적으로 이해하고 있다. 특히 달마의 理入四行論에서는 理로써 佛에 이르는 길을, 바로 네 마음이 부처이니 이것을 믿으면 곧 부처가 된다고 하였다. 이러한 사상은 禪 思想의 근본을 이루고 있다.

5. 여래장과 불성

우리는 이제 인간성의 본질은 여래장如來藏 또는 불성佛性임을 알았다. 따라서 인간성의 여러 속성을 밝혀 보아야 할 시점에 도달하였다. 그것은 여래장과 불성이 어떠한 것인가를 보여 주어야 한다.

여래장 사상은 일체중생은 예외 없이 불여래佛如來의 가능성을 내포하고 있다는 주장이다. 여래장의 범어 tathāgata-garbha는 '여래'와 '태胎'의 복합어이다. 따라서 현실적으로 여래가 아니라 장래 여래가 될 태아胎兒가 있다는 데서 나온 말이다. 이러한 여래장 사상의 교의敎義는 『대방등여래장경大方等如來藏經』을 비롯해 『보성론寶性論』 등에 주로 그 뜻이 나타나 있고 『승만경勝鬘經』 『능가경楞伽經』 등에도 그와 같은 내용이 포함되어 있다.

특히 『열반경涅槃經』의 '일체중생실유불성一切衆生悉有佛性'이라는 말은 소위 '이칸티카'(icchantika, 一闡提 또는 斷善根)까지도 성불할 수 있다는 주장이다. 여기에 와서 불교의 불성론은 극치에 이르고 천친天親의 『불성론佛性論』은 이 사상을 더욱 논리적으로 확보해 주고 있다. 그러나 여래장사상을 조직적으로 설명한 것은 『보성론寶性論』이다. 이에 따르면, "불佛의 지혜가 중생들 가운데 가득히 침투되어 있고 그 무구無垢한 것은 본성상 불이本性上不二이다. 그래서 불의 종성種性(因) 위에서 가설假說함으로 일체중생一切衆生은 여래장이다."[28]

---

28) 高崎得道, 『如來藏 · 佛性 思想』(강좌불교사상 제3, 4권 합본), p.108.

이것을 풀이하면 ① 여래의 법신法身은 편만遍滿하다는 뜻이요, ② 여래의 진여는 무차별이다. ③ 여래의 종성種性이 있다는 뜻이다. 이와 같은 여래장이 인간에게 이미 있다고 한다. 그런데 앞에서 보았던 바와 같이 이 여래장을, 『기신론』에서는 아뢰야식이라 하였다. 아뢰야식이라는 말은 『기신론』 고유의 술어는 아니다. 이 말은 『능가경楞伽經』·『섭대승론攝大乘論』 등에서 사람의 마음 심층에 자리 잡은 모든 식의 근본을 지적하는 말로서 중요하게 사용된 말이다. 아뢰야식에 대한 견해가 불교사상가들에 의하여 서로 다르게 이해된 점이 있기 때문에 이에 설명을 가하자.

첫째는 아뢰야식을 참되고 영원하고 물들지 않는 마음이며 여래장 그 자체를 의미하는 것이라고 보는 견해이다.

둘째는 아뢰야식은 그릇된 마음, 망녕된 생각 또는 지금 당장에는 해롭지도 이롭지도 않지만 환히 보지 못하며 무엇인가 좋지 않은 결과를 낳을 수 있는 마음이며 모두 번뇌의 근본이 되는 것이라고 생각하는 것이다.

셋째는 아뢰야식은 참되고 한결같아 동하지도 않는 면과 그렇지 않고 헛된 망상을 자꾸 일으켜 가는 면이 함께 들어 있는 마음이라고 주장하는 견해이다. 첫째 입장은 『능가경楞伽經』의 견해이다. 이것은 지론학파地論學派의 주장으로, '아뢰야식' 진식설眞識說이라고 불린다. 둘째 입장은 『섭대승론攝大乘論』을 교조敎條로 하는 섭론학파攝論學派에 의하여 주장된다. 그러나 지론학파와 섭론학파의 논쟁이 심각하였으나 『기신론』은 이 논쟁을 화쟁和諍하는 입장에서 다음과 같이 설명한다.

① 아뢰야식이라고 불리는 우리 인간 마음의 심층에는 그렇게 될 수 있는 씨앗(如來藏)이 있다.

② 여래장을 근거로 하여 우리의 마음에는 여러 가지 생각이 일어나기도 하고 사라지기도 한다.

③ 그 일어났다가 사라지는 마음을 생멸하는 마음이라 할 수 있다.

④ 그러나 여래장, 즉 동하지 않는 마음과 생멸하는 마음은 별개의 것이 아니지만 그렇다고 꼭 같이 하나를 구성하는 것도 아니다.

⑤ 여래장 그 자체는 지혜로운 것(覺)이지만 그것은 어두움(不覺)에 가려 동요를 시작한다.

⑥ 인간은 여래장이 지닌 지혜(覺)로 이 세상 만물에 대한 차별적 의식을 불식하고 그 모든 것을 평등하게 포용하며 또 한편으로 인간은 이것을 가리는 어두움(無明)으로 말미암아 세상의 만물을 차별 짓고 그 속에 얽혀 들어가기도 한다.[29]

이것을 원효는 더욱 뚜렷이 밝혀 말한다.

그것은 마치 진흙덩이와 흙먼지가 같지 않지만 다른 것이 아니요, 또 금덩이와 금반지가 같지 않지만 다르지 않은 것과 같다. 진흙덩이와 흙먼지가 같은 것이 아니라면 그들이 흙으로 된 것이 아니고 무엇이란

---

29) 『大乘起信論疏記會本』, "此下第二釋生滅門, 於中有二, 初正廣釋, 復次有四種熏習以下, 因言重, 顯, 初中有三, 一者釋上立義分中是, 心生滅, 二者復次生滅因緣以下, 釋上生滅因緣, 三者復次生滅相以下, 釋上生滅相, 初中有二, 一者就體總明, 二者依義別釋心生滅者, 依如來藏故有生滅心, 所謂不生不滅, 與生滅和合, 非一非異, 名爲阿黎耶識, 初中三句, 一者標體, 二者辯相, 三者立名, 初中言依如來藏故有生滅心者, 自性淸淨心, 名爲如來藏, 因無明風動作生滅, 故說生滅依如來藏 (別記, 然不生滅心與生滅心, 心體無二, 但將二義取心爲二, 以說依耳, 如不動水, 爲風所吹而作動水, 動靜雖異, 水體是一, 而得說言依靜水故有其動水, 當知此中道理亦爾, 四卷經言, 如來藏爲無始惡習所熏, 名爲識藏, 又言刹那者名爲識藏故."

말이냐. 그리고 또 진흙덩이와 흙먼지가 다른 것이 아니라면 그 둘 사이에 무슨 차별이 있단 말이냐!30)

아뢰야식인 여래장을 비유로 설명하고 있다. 원효가 보는 여래장은 그 본성이 맑고 깨끗한 마음(自性淸淨心)은 불생불멸한 것이요, 스스로 참된 모습이라는 것이다. 인간의 본성인 여래장은 어떻게 해서 현실의 번뇌의 세계인 차별상이 전개되는가? 그것은 무명에 의한 망념임을 우리는 보아 왔다. 따라서 망념이 없어지면 일체의 차별상은 제거된다.

원효에 의하면 망념에 의하여 차별이 있게 되는 이 사실을 변계소집상遍計所執相이라 지적한다.31) 변계소집상은 유식唯識의 삼성三性 중 하나인데 우리는 이 삼성을 기초적인 면에서 설명해 보기로 한다.

유식에 의하면 변계소집성遍計所執性이란 우리 마음이 나타내는 망념의 한 면모를 말하는 것이다. 안질이 나면 아무것도 없는 허공에 꽃이 있는 것처럼 보이나 안질이 치료되면 꽃이 없어진다. 각자의 주관적 심정 내에 인과 연의 집합으로 인하여 잠시 동안 존재하는 객관적 사실에 대하여 있는 대로 보지 못하고 그것을 주관화하여 제멋대로 보는 견해, 이것은 보는 자의 주관상에 나타난 일종의 가상이나 허망한 것을 실재實在로 보는 것을 말한다. 실체가 무無인 까닭에 정유이무情有理無이다.

---

30) 『大乘起信論疏記會本』, "如四卷經云, 譬如泥團微塵, 非異非不異. 金莊嚴具亦如是, 若泥團微塵異者, 非彼所成, 而實彼成, 是故非異. 若不異者, 泥團微塵應無差別."

31) 『大乘起信論疏記會本』, "初中言心性者, 約眞門論其心性, 心性平等遠離三際, 故言心性不生不滅也, 第二中有二句, 初言一切諸法, 唯依妄念而有差別者, 是擧徧計所執之相, 次言若離心念卽無一切境界相者, 對所執相顯無相性, 猶如空華, 唯依眼病而有華相, 若離眼病, 卽無華相, 唯有空性, 當知此中道理亦爾."

의타기성依他起性의 타他라 함은 인연을 말하는 것으로 인연에 의하여 생기生起하는 법이라는 의미이니, 이는 현상계의 일체법은 하나도 인연 소생이 아님이 없음을 말한다. 그러나 본질적으로 본다면 비존재非存在인 것이다. 그러나 비록 본질적으로 가유假有이지만 그 체성體性마저 주관의 망집妄執상에 나타나는 환상적 존재는 아니다. 의타기성은 가유이긴 하지만 객관적으로 엄연히 존재하는 것이다.

원성실상圓成實相, 이는 주관과 객관의 대립이 소멸됨으로 나타나는 본체를 말한다. 원圓은 원만, 성成은 성취, 실實은 진실의 의미이다. 즉 진여 본체는 모든 곳에 편만하여 빠짐이 없으며 그 바탕은 인연의 이산離散과 집합集合에 좌우되지 않는다. 그리고 그것은 불생불멸하는 것임으로 변화되지 않는다. 진여법성眞如法性으로 우리의 지식의 대상이 아닌 고로 사려가 끊어진 절대의 세계이다.[32]

이상을 살펴보면 의타기성은 현상계의 제법이요, 원성실성은 제법의 실성實性이다. 인간의 현실은 바로 의타기성으로 천차만별의 무상無常한 것이다. 그러나 이는 그림자요, 가유假有이다. 그러나 원성실성은 인간의 본성이다. 이것은 불성으로 무차별·평등·상주불멸의 세계인 것이다.

『열반경涅槃經』8권 12「여래성품如來性品」에서는 이렇게 말한다.

선남자여, 나라는 것은 여래장의 뜻이니, 모든 중생이 모두 부처 성품을 가진 것이며 곧 나란 것이다. 이 나란 것이 본래부터 한량없는 번뇌에 덮였으므로 중생들이 보지 못하느니라.[33]

---

32) 金東華,『唯識哲學』, pp.307~311.

이와 같이 인간은 본래부터 불성인데 번뇌에 덮였으므로 이 불성을 보지 못한다는 것이다. 열반경은 불성의 비유를 자기 집에 순금의 독이 있는데 이것을 모르고 가난에 떠는 사람과 같다고 말하였다. 그러면 어째서 우리의 현실은 타락된 중생인데 부처님은 중생에게 불성이 있다고 말하였는가. 그리고 이 불성이란 어떠한 것인가?

불성론佛性論에 의하면 여래께서 불성을 말씀하신 것은 다섯 가지 과실을 제거하고 다섯 가지 공덕을 내기 위해 일체중생은 다 불성이 있다고 설하였다는 것이다. 다섯 가지 과실을 제거한다는 것은 무엇을 말하는가?

① 중생들로 하여금 저하하고 용렬한 마음을 여의게 하기 위함이요.
② 교만하고 저하한 품격의 사람을 여의게 하기 위함이요.
③ 허망한 집착을 여의게 하기 때문이요.
④ 진실한 법을 비방하지 않게 하기 위함이요.
⑤ 아집을 여의게 하기 위함이다.[34]

이것은 우리의 자성自性이 있다는 주장에서 그 자성을 집착하는 무리들에 대하여 진정한 인간의 본성은 불성으로 자성을 고집하지 말아야 한다는 것이다. 불성이라 하여 어떤 객관적 성질을 말하는 것은 아니다.

『대승기신론』에서는 불성을 다음과 같이 설명하고 있다.

33) 『한글대장경: 열반부』, p.132.
34) 『한글대장경: 불성론』, 권1, p.31.

불성은 제일의공第一義空이니, 제일의공을 지혜라 한다. 지혜로운 자는 공空과 불공不空을 보는 자이고, 어리석은 자는 공과 불공을 보지 못하는 자이다.[35]

인생의 삶과 죽음을 똑바로 보는 자가 곧 공과 불공을 보는 자이다. 미혹에 의하여 참된 인간의 청정자성을 보지 못하고 헤매는 자가 인간이 아니라 미혹을 과감히 끊고 본자청정本自淸淨의 무한의 평등자재인 인간성을 확인하는 것이 불성을 보는 자이다. 우리가 우리의 현실이 불만족하고 번뇌에 차 있다 하더라도 그것은 불성을 보지 못하고 존재의 상주성常住性·고정성固定性의 편견이 집착에 의하여 이루어진 착각의 세계라는 것이다.

따라서 우리는 이 불성 즉 제일의공을 체험하기 위하여 부단히 수행하는 인간임을 자각하게 하고 있다. 인간은 맹목적 존재가 아니라 순간 번뇌와 망념에 매달리면서 한편 그것의 실체를 부정하여 불성에 도달하고 있는 무한자재의 존재라고 생각하는 것 같다. 이것이 바로 불교가 보는 인간성이라 할 수 있지 않을까 한다. 인간이야 말로 무한생명의 원천을 가진 주체적 자각의 존재인 것이다.

---

35) 『大乘起信論疏記會本』, "佛性者第一義空, 第一義空名爲智慧, 智者見空及與不空, 愚者不見空與不空. 乃至廣說, 今此初中言, 遠離一切心境界相者, 卽顯彼經第一義空也, 無法可現非覺照義者, 是釋不見空與不空也, 第二中言一切, 世間境界悉於中現者, 是釋彼經智慧者, 見空及與不空, 如彼經言, 空者, 一切生死, 不空者謂大涅槃故."

6. 결론

　우리는 이제까지 인간성의 본질을 논하여 왔다. 불교에서 보는 인간성은 정지되고 고정된 어떤 실체로서의 인간성을 말하는 것이 아니라 바로 불성을 내포한 존재임을 밝혀 왔다. 단 이 불성이 인간조건이라는 무명無明에 의하여 가리어져 선입견과 편견으로 짜인 지금의 나의 고정관념을 마치 인간의 참된 모습으로 오해하는 데서 진실한 불성이 드러나지 않는다는 견해를 보아 왔다. 그리고 이 불성을 어떤 고정불변의 실체로서 간주하지 않는다. 이미 불성을 제일의공第一義空이라 했듯이 중도中道를 말하는 것이다. 이미 어떤 것을 이렇다 하고 집착하자마자 그것은 불성을 잃어버리는 것이다. 인간은 이러이러하다는 속성을 고집한다면 그것은 이미 인간성의 본질을 잃어버린 것이다.

　여기에 인간성의 무한능력이 인정되면서 일체의 것에 대한 고정된 생각을 일단 부정되는 데서 참다운 인간성이 보임을 보았다. 그리고 그러한 인간성의 구체적인 모습을 청정자성 · 자재自在 · 편만遍滿 등 많은 용어로 설명하여 왔다. 『열반경』에서는 불성의 사덕四德을 상常 · 낙樂 · 아我 · 정淨이라고도 한다. 그러나 이것은 어떠한 실체도 아니다. 우리의 본성이 언제나 있고 즐겁고 변함없고 깨끗하다는 것이다. 이러한 인간성은 우리의 집착과 그로 인한 무명에 의하여 은폐되어 마치 현상에 나타난 모습 그대로를 진리인 양 착각함으로써 불성인 진리 자체를 보지 못한다는 것이다.

결국 종교로서 불교는 규범의 현실을 통하여 도덕적 인간성을 밝히려 하는 것이 아니라, 인간의 현실적 고뇌를 어떻게 극복하느냐 하는 인생론적 입장에서 인간성을 해명하고 있다. 특히 불교는 현실의 차별상의 다양한 인간존재의 양상을 부정하지 않는다는 것이다. 이미 인간에게는 그 더럽고 추잡한 면이 있다는 것을 적극적으로 인정하고 받아들이고 있다. 그러나 그것은 '나' 즉 인간 아닌 타자인 초월자에 의하여 주어진 것이 아니라, 바로 '나'의 인간적 조건에 의하여 맹목적으로 받아들여진 무명에 의하여 일어난 가상이라고 보는 것이다. 그러므로 자아의 자주적 주체성을 강조한다. 인간이란 무제한적 충동성을 본래적으로 가지고 있으면서 동시에 무한자재의 불성을 함께 가지고 있는 존재임을 보았다.

이미 원각경에서 본 것과 같이 이러한 무명은 실체로서 있는 것이 아니고 오직 인간의 착각에 의하여 나타난 허구에 지나지 않는다. 본래의 인간성은 각覺이요, 불성佛性이었다. 따라서 인간성은 그 자체 불완전하고 한정되어 극복되어야 할 대상이 아니라 오히려 완전하고 참되고 진실하여 부증불멸不增不滅의 청정자성淸淨自性이다.

오늘날 우리는 마치 인간성은 교정되어야 할 것으로 이해하고 인간성 내에 부도덕과 몰염치·비정 그리고 악의 요소가 본질로서 내재해 있다고 인정하는 경향이 있지만 불교는 이러한 죄악적 요소를 원초적으로 긍정하지 않는다. 그러한 것은 인간성의 본질적 속성이 아니라, 다만 우리가 본래의 청정자성을 착각한 데서 나타난 가상假相에 불과하다고 본다.

이러한 사상은 인간성에 관한 절대 긍정의 신뢰와 책임성과 자유를 인식케 하고 있다. 인간성은 바로 이러이러한 성질로 고정불변의 속성을 가지고 있다고 할 때 이미 참다운 인간성은 현현되지 못한다. 인간성에 대한 개념정의가 부정되는 그곳에 참다운 인간성이 제일의제공으로 드러난다고 볼 수 있다.

VII. 불교와 율곡철학

1. 서론

송명 이학의 특징은 수제치평지도修齊治平之道만을 다룬 선진유학의 실천 도학에 대하여 노불老佛의 영향을 바탕으로 철학적 기초를 확립한 데 있다. 송명 이학은 선진유학에 대한 입교立敎의 이론적 정립과 원리를 설명하기 위하여, 우주의 근원과 인성의 문제를 이기 체계로 집약시켜 그 기반 위에서 인성人性과 우주의 관계를 더욱 천착하여 논리적 당위를 확립하였다. 그러므로 송명 이학의 우주론이나 형이상학, 수기론을 고찰하는 데 있어서 노불, 특히 불교사상을 깊이 이해해야만 송명 이학의 특수성이 더욱 부각되는 것은 당연하다.

사실 주돈이周敦頤(1017~1073)나 정호程顥(1032~1085)·정이程頤(1033~1107) 형제와 나아가 주희朱熹(1130~1200) 등이 불교의 교리를 잘 알고 또 그것을 유가적 체계에 수용하였음도 명백하다. 그러나 그들이 유가 인륜의 도통道統을 재정립하고 유가의 도덕규범을 선양함으로써 인륜적 체계가 희박한 불교를 비난하고, 더욱 배불적排佛的 태도를 강화했음은 당연한 귀결이다. 이러한 상황은 송명 이학의 사상 속에는 불교적 이해가 전혀 내재되어 있지 않는 것처럼 오도된 것도 일부 있음이 사실이다. 그렇기 때문에 성리학 속의 불교적 색채에 대한 상호수용의 관계가 연구되어 오지 않고 오히려 경시되어 왔다.

오늘날 보편학으로서의 철학의 성격에서 반성할 때, 이러한 학문적 편견은 바람직하지 못하다고 느껴진다. 그럼에도 불구하고 한국의 성리학도 이러한 사상외적 영향에 의하여 불교적 관심에서 성리학을 이해하려는 견해는 거의 없는 상태이다. 그 이유 중의 하나는 이미 조선조 개국과 함께 배불숭유排佛崇儒의 정치이념이 정립되었다는 점을 들 수 있고, 둘째는 멸인륜적滅人倫的인 불교의 외적 행태와 더불어 돈오頓悟의 궁극적 원리에 대한 몰이해에 기인하는 바도 있었다. 그러나 우리가 한 철학사상을 살피는 데 있어서 그 접근 방법에 따라 여러 가지 견해와 주장이 있을 수 있다는 학문의 다양성을 인정한다면, 종래의 유학적 입장에서의 불교의 이해뿐만 아니라 불교적 입장에서의 유학(특히 성리학)의 이해도 가능하리라 믿는다.

　이러한 면에서 조선조의 독창적 유학자인 율곡李珥(1536~1584)의 유가 사상의 이론 체계 속에 불교의 영향이 어떻게 전달되었으며 또 어떻게 수용되어 있는가를 살피고, 나아가 그의 독창적 유학의 이론에 불교가 끼친 영향을 발견하려는 시도도 도로徒勞는 되지 않을 것이라 생각된다. 본 논문은 어떤 이론에 대한 적극적인 비교나 비판이 아니라, 율곡의 저술 속에 나타난 불교적 색채가 농후한 것을 가려내어 율곡이 불교와 친숙할 수 있었던 동기를 살펴보고 또 그의 사상 속에서 불교사상과 관련시켜 볼 수 있는 몇 가지 내용을 표출하여 율곡사상과 불교사상의 상호 관계를 살펴보고자 하는 데 있다.

2. 입산 동기

16세에 자모慈母 사임당의 상을 당한 율곡은 삼년상을 벗은 이듬해에, 곧 19세 되던 해에 자가自家를 떠나 금강산으로 들어갔다. 그곳에서 승려들과 교유하며 혹은 경經을 논하고 혹은 선禪을 실수實修하였다 함은 주지의 사실이다. 율곡의 입산 동기에 대해서는 여러 가지 구구한 설이 있으나, 김장생이 찬한 율곡의 행장에는 다음과 같이 기록되어 있다.

> 16세에 어머니의 상사를 당하여 3년 동안 여묘廬墓하면서 꼭 가례家禮대로 시행하여, 질絰을 벗지 않고 손수 제찬을 장만하면서 그릇 씻는 일까지도 종들에게 맡기지 않았다. 18세에 관례를 하였다. 학문을 하는 데에는 오로지 심법心法에 힘을 썼다. 그때에 선생은 상제를 면하게 되었으나 애모愛慕하는 생각을 이기지 못하여 항상 밤낮 없이 부르짖으며 울었다. 하루는 봉은사奉恩寺에 가서 불서佛書를 읽고 그 생사의 설에 깊이 감명하였으며, 또 그 학문이 간편하고도 고묘한 점이 좋아 시험 삼아 한번 속세를 떠나 보려 하였다.[1]

이 인용문을 분석해 보면 율곡의 입산 동기는 ① 봉은사에 가서 불서를 읽고 그 생사의 설에 깊이 감명을 받았다, ② 그 학문이 간편하고 고묘高妙하다, ③ 시험 삼아 속세를 떠나 보고자 했다는 점 등으로 그

---

1) 『栗谷全書』, 권35, p.342, "十六歲丁內憂, 盧墓三年. 一遵家禮, 不脫衰絰, 躬執祭饌, 雖洗滌之事, 不使僮僕任之. 十八歲而冠. 爲學, 事用力於內. 時先生, 新免於喪, 哀慕不自克, 常日夜號泣. 一日, 入奉恩寺, 披覽釋氏書, 深感死生之說, 且悅其學簡便而高妙, 試欲謝去人事而求之."

내용을 요약할 수 있을 것이다. 여기에서 ①은 율곡 자신이 생사에 대한 심각한 회의가 일어났다는 것이고, ②는 불교의 학문적 고묘성을 인정했다는 점이다. 이렇게 볼 때 율곡의 입산 동기가 단순히 ③의 '시험 삼아서'라고 보는 마지막 견해는 모순이 있다. ③의 '시험 삼아서'라는 주장은 율곡이 불교에 혹했던 것이 아니라 단지 당시의 율곡이 처해 있던 환경에 의해서라는 점을 강조하기 위한 것이다.

그러나 이 점은 김장생의 변명에 지나지 않는 것 같다. 왜냐하면 율곡은 19세에 입산하면서 여러 친구들과의 이별의 대화에서 다음과 같이 말하고 있기 때문이다.

19세에 편지를 남겨 여러 벗들과 이별하기를, "글은 배워서 능할 수 없으나 기氣는 길러서 이룰 수 있다. 이 기란 것은 사람마다 똑같이 타고난 것으로서, 잘 기르면 마음이 하자는 대로 하게 되고, 잘 기르지 못하면 마음이 기의 하자는 대로 하게 되는 것이다. 기가 마음의 하자는 대로 하게 되면 몸은 주재主宰가 되어 성현도 될 수 있는 것이요, 마음이 기의 하자는 대로 하게 되면 칠정七情을 통솔하는 데가 없어서 어리석고 미친 사람이 됨을 면할 수 없는 것이다. 옛날 사람으로 기를 잘 기른 이가 있는데 맹자가 바로 이 분이다. 공자가 말하기를 '지자知者는 물을 좋아하고 인자仁者는 산을 좋아한다' 하였는데, 산을 즐기는 자는 우뚝 서 있는 것만을 취할 것이 아니라 그 고요한 도를 본받아야 하며, 물을 즐기는 자는 흘러가는 것만을 취할 것이 아니라 그 움직이는 도를 본받아야 할 것이니, 어질고 지혜로운 사람으로 기를 기름에 있어 산과 물을 제외하고 어디에서 찾을 것인가?' 하고, 절에 들어가 오랫동안 침식을 잊고 계정戒定을 열심히 하였다.[2]

이 말 속에는 율곡이 입산하는 근본적인 동기가 보인다. 즉 그는 일시적 도피가 아니라 명백한 철학적 동기를 지니고 입산을 결행하였던 것이다. 그것은 곧 기를 잘 기르기 위함이었다. 그렇기 때문에 그는 말하기를, 기가 잘 길러지지 않으므로 마음이 기의 하자는 대로 하게 되어, 대상에 접물接物하여 일어나는 칠정을 통솔하지 못하게 된다고 하였다.

따라서 기를 길러 기로 하여금 마음이 하자는 대로 몸을 주재하도록 하기 위함이었다. 이 점을 본다면 율곡의 입산 동기에는 단지 그 학문을 맛보자 하는 '시험 삼아서'라는 단순한 동기를 넘어서, 그 자신의 철학적 문제인 기를 기르고 마음에 의하여 몸의 주재를 자유자재自由自在하기 위한 근본적 동기가 있었음을 확인할 수 있다.

또 다른 곳에서 율곡은 이렇게 말한다.

내가 어릴 때 쓸데없이 선가禪家의 돈오법이 도에 들어가는 데 매우 빠르고 묘한 법이라고 생각하여, "만상萬象이 하나로 돌아가는데, 그 하나는 결국 어디로 돌아가는 것인가" 하는 제목으로 수년 동안 생각해 보았지만 결국 깨달음이 없었다. 그리하여 도리어 유도儒道로 되돌아와서 비로소 불씨佛氏의 설이 참된 학설이 아님을 알았다.3)

---

2) 『栗谷全書』, p.342, "十九歲以書留別諸友曰, 文不可學而能, 氣可以養而致. 是氣者, 人之所同得者, 而養之則役於心, 不能養之則心爲氣役. 氣役於心則身有主宰, 而聖賢可期, 心役於氣則七情無統, 而愚狂難免. 古之人, 有善養氣者, 孟子是也. 孔子曰, 知者樂水, 仁者樂山, 樂山者, 非取其峙而已, 取其靜之道而體之也, 樂水者, 非其流而已, 取其動之道而體之也, 仁知者之所以養氣者, 捨山水, 而奚求哉, 因入山門, 戒定堅固, 至忘寢食, 久之."
3) 『栗谷全書』, p.343, "嘗語學曰, 吾少時, 妄意禪家頓悟法, 於入道甚捷而妙, 以萬象歸一, 一歸何處, 爲話頭, 數年思之, 意未得悟. 反以求之, 乃知其非眞也."

여기서도 율곡의 입산이 불교를 통해 진리를 깨닫기 위함이었다는 적극적인 면을 볼 수 있다. 특히 "선가의 돈오법이 도에 들어가는 매우 빠르고 묘한 법이라 생각하여"라는 구절은 그 자신이 불교에서 도를 구하려 했던 강력한 의지가 보이는 명백한 증거이다. 더 나아가 "만상이 하나로 돌아가는데, 그 하나는 결국 어디로 돌아가는 것인가"(萬法歸一, 一歸何處)라는 화두話頭를 수년간 문제 삼았다면 결국 율곡은 불교를 수행하기 위해 화두를 들었던 것이 확실하며, 그것도 입산 일 년 만이 아니라 그 이후도 수년간 불교적 돈오 방법의 화두수행을 하였다는 것이 틀림없게 되는 것이다. 따라서 율곡이 한때는 불교적 진리의 탐구에 열중하였음을 알 수 있다.

율곡의 입산 동기에 대한 다른 기록은 박세채朴世采(1632~1695)의 『남계집南溪集』 「잡저」 중의 「기율곡선생입산시사記栗谷先生入山時事」에 나타나는데, 여기서는 「정기암일록조면주기문鄭畸菴日錄曺冕周記聞」 등의 중요한 자료를 인용하여 그때의 사정을 적고 있다. 이에 의하면 율곡은 다정다감한 성격의 소유자로, 일찍이 자모의 상을 당하여 애통을 이기지 못하고 있던 차에 성질이 좋지 못한 서모가 있어 때때로 가정의 풍파를 일으켰다. 율곡은 여러 차례 그를 간하여 보았으나 듣지 아니하므로 가정의 낙樂을 잃고, 마침내 부친에게 고하고 강릉 외조모에게 갔다가 이내 그 길로 입산하였다는 것이다.[4]

그러나 이러한 기록에는 의문이 간다. 왜냐하면 그의 「행장」에 따르

---

4) 이병도, 『율곡의 생애와 사상』(서문당, 1973), p.27 참조.

면 명백히 여묘에서 삼년상을 마친 후 그 이듬해인 19세 때에 입산한 것으로 기록되어 있는데, 서모와 함께 거주할 시간이 단기였다는 점이다. 율곡은 16세 되던 해 5월에 모상을 당하고 18세 가을에 심상을 마치고 관례를 행하였으며 19세 3월에 금강산으로 들어갔는데, 서모가 있었다고 한다면 불과 수개월을 함께 살았을 것이다.

또 율곡의 인품과 인격으로 보아 서모와의 불화를 인내하지 못하여, 그 당시 이단이라 비판받는 불문佛門에 들어갈 결심을 그렇게 쉽게 할 수 있었겠는가 하는 점도 문제이다. 이렇게 볼 때 율곡의 입산 동기가 가정불화에 있었다는 주장은 쉽게 납득이 되지 않는다. 따라서 율곡의 입산 동기는 보다 근본적인 철학적 동기에 의한 것이라고 추측해 볼 수도 있다.

율곡의 불교적 관심은 어머니 상중에 불서를 보았다는 기록보다 더 오래전부터라고 하는 주장도 보인다. 숙종 때 송시열宋時烈(1607~1689)의 상소 중에 다음과 같은 글이 있다.

> 문성공 이이는…… 10세에 이미 불서를 통독하고 성인의 도가 단지 이뿐이냐 하고 불노제서佛老諸書를 범람泛覽하였는데, 그 중에서도 『능엄경楞嚴經』 일서를 가장 좋아하였으며…… 입산해서도 유도儒道로써 선禪에 합하였습니다.[5]

---

5) 『宋子大全』, 권19, 「進文元公遺稿仍辨師友之評」, p.444, "李珥天資極高, 年纔五六歲已知爲學之方, 逮及十世盡通經書, 而曰, 聖人之道只此而已乎. 於是泛覽佛老諸書, 而於其中最好楞嚴一書." 여기서는 율곡이 입산하여 불교에 감염됨을 극구 부인하고 있다. 율곡이 불교를 공부한 이유는 오직 유학의 진리를 넓히려고 다른 책을 보기 위함이었으며, 이는 그의 天資가 어렸을 때부터 極高한 결과로 나타난 학문의 한 방향이었지 불교를 믿어서가

이렇게 볼 때, 율곡의 입산 동기는 김장생의 행장 기록처럼 '시험 삼아서'라든지 또는 '가정불화'에 의한 일시적 도피 및 소풍적 성격이었던 것이 아니라, 이러한 조건이 복합적으로 이루어질 수 있는 환경에다 모상의 애절함과, 소싯적부터 읽어 왔던 불교적 진리의 생사 문제를 해결해 보려는 적극적이고 간절한 철학적 동기가 내재해 있었으리라는 면도 부인될 수 없는 것 같다. 그 자신이 선문禪門에 투신하여 선禪공부를 열심히 하였다는 면을 보면 더욱 그 증거가 뚜렷하다.

따라서 율곡의 이러한 능동적이고 자율적인 동기에 의한 불교 연구는 그의 유가철학을 더욱 대성시키는 밑거름이 되어 그의 철학이 독창성과 이색을 발할 수 있게끔 만들어 주었다고 짐작된다.[6] 실제로 율곡의 성리학에서는 불교적 지식과 경험이 다른 유학자보다 뚜렷이 부각되는 것도 사실이다.

아니라는 것이다. 이를 보아도 그 당시 율곡의 입산은 큰 사건이었고 또한 큰 하자가 되었음을 알 수 있다. 그리하여 그의 문인들은 율곡의 입산 동기를 철학적·의지적인 것으로 보지 않고 어디까지나 가정사정 내지 심상에 의한 일시적 도피라는 것을 극구 내세운다. 이 점 우암의 글에서도 잘 나타나고 있다. 우암은 이이가 불교에 물들지 않았고 결코 出家하지 않았음을 변명하면서, 금강산에서 만난 노승과의 대화 중 노승이 당신은 非俗儒乎라고 한 말을 인증하여 出家落髮之說을 부인한다.

6) 이병도, 『율곡의 생애와 사상』, p.29 참조.

3. 「풍악증소암노승」

율곡이 금강산 입산 초기부터 불교에 대한 높은 식견을 가지고 있었다는 증거로는 그의 「풍악증소암노승楓嶽贈小菴老僧」이라는 글을 들 수 있다. 이 글의 대략은 다음과 같다.

하루는 율곡이 금강산에 소풍을 갔다. 그 길에 어느 암자에서 공부하고 있는 노승을 만나 대화를 한다.

승僧이 묻기를, "유가에도 즉심즉불卽心卽佛이라는 말이 있느냐" 하였다. 나는 말하기를, "맹자는 성선性善을 말할 때에 말끝마다 반드시 요순堯舜을 들어 말하니, 어찌 즉심즉불과 다를 것이냐. 다만 우리 유가에서 본 것이 더욱 실實이 있다"라고 하였다. 승은 즐거이 여기지 아니하고 한참 있다가 말하기를, "비색비공非色非空은 어떤 말이냐" 하였다. 내가 "이것도 또한 앞에서 말한 경우이다"라고 답하니, 승이 비웃었다. 내가 바로 말하기를, "솔개가 날아 하늘에 오르고 물고기가 못에서 뛰어노는 것은 색色이냐 공空이냐"라고 하였다. 승이 말하기를, "비색비공은 진여체眞如體이다. 어찌 그와 같은 시에 비할 수 있느냐"라고 하였다. 나는 웃고 말하기를, "이미 언설言說이 있었으니 바로 경계境界이다. 어찌 체體라고 하겠느냐. 만일 그렇다면 유가의 묘처妙處는 전할 수 없는 것이요, 불가의 도는 문자 밖에 있는 것이 아니다"라고 하였다.[7]

---

7) 『栗谷全書』, 권1, p.12, 「楓嶽贈小菴老僧」, "僧曰, 儒家亦卽心卽不之語乎. 余曰, 孟子 道性善, 言必稱堯舜, 何異於卽心卽佛. 但吾儒見得實. 僧不肯良久乃曰, 非色非空, 何等語也. 余曰, 此亦前境也, 僧哂之. 余乃曰, 鳶飛戾天, 鳥躍于淵, 此卽色耶空耶. 僧曰, 非色非空是眞如體也. 豈此詩之足比. 余笑曰, 旣有言說, 便是境界. 何謂體也. 若然則, 儒家妙處, 不可言傳, 而佛氏之道, 不在文字外也."

'즉심즉불卽心卽佛'에 대해 성선性善과 요순을 비교하여 말한 것이라든지, 언설이 있으면 이미 경계가 있게 되어 진리의 체가 문자에 구애된다고 한 대구對句는 불교에 대한 그의 지식의 깊이와 선 체험의 경지를 잘 보여 주고 있다. 선문禪門에는 '개구착開口錯'이라는 말이 있다. 이 말은, 선가의 진리인 마음의 체는 말로 하면 이미 그 체를 잃고 경계에 떨어지게 되기 때문에 도道는 문자나 말로 표현할 수 없다는 경구警句이다. 따라서 율곡이 언설은 이미 경계라고 대답한 것은 이러한 선가의 세계를 마치 알고 사용한 듯한 놀라운 일면이 있다. 이러한 예는 그가 쓴 「연비鳶飛」의 시문에서도 잘 나타난다.

　　고기가 뛰고 솔개가 날아, 본래 아래 위가 하나인데,
　　저것은 색도 아니고 공도 아니니 "색즉공色卽空, 공즉색空卽色"이니라.
　　등한일소等閑一笑하고 내 신세 돌아보며,
　　석양 빗긴 숲 속에 홀로 서 있더라.[8]

　유가의 눈으로 불가를 보려 했으나 오히려 불가의 진리를 유가의 이론으로 변호하였다는 느낌마저 들 수 있을 정도로 율곡은 '색즉시공色卽是空, 공즉시색空卽是色'을 확연히 이해하고 깨치고 있다. '새가 위로 날고 고기가 물 위에 뛰는' 자연의 진리 그것을 어떻게 말로 표현할 수 있을까? 그것은 이미 언어도단言語道斷, 불립문자不立文字의 세계라는 것이다. 율곡은 이러한 진리의 본체를 문자로 세운다면 이미 경계인 현상에 사

---

　8) 『栗谷全書』, 권1, p.12, "魚躍鳶飛上下同, 這般非色亦非空. 等閒一笑看身世, 獨立斜陽萬木中."

로잡혀 그 본체를 드러낼 수 없다고 말한다.

이런 입장에서 율곡은 "불교에서는 본체를 마음이라 하고 유가에서는 이를 성性 또는 이理라고 했음이 다를 뿐이다"[9]라고 말하기도 하였다. 또 맹자가 성선을 말하면서 요순을 일컬은 사실을 들어 이것이 불교의 '즉심즉불卽心卽佛'과 같다고 말한 것은, 불교에서 심心을 깨쳐 '불佛'이 된 것과 유가에서 인간의 본성인 선善을 그대로 실현하여 요순의 '깨친' 경지에 드는 것이 서로 같음을 주장하는 것이었다.

율곡과 불교적 세계의 합일을 보여 주는 또 다른 예는 그의 시 「여산인보응하산지풍암이광문가숙초당與山人普應下山至豊巖李廣文家宿草堂」이다.

> 도道를 배움이 곧 집착이 없음이라, 인연을 따라 어디든 놀 수 있네.
> 청학동을 잠깐 이별하고 백구주白鷗洲를 구경하노라.
> 이내 몸 신세는 구름 천리요, 건곤乾坤은 바다 한 모퉁이로다.
> 초당草堂에서 잘 자고 가는도다, 매화에 비친 달이 풍류로다.[10]

여기에서 "도는 무착無着"이라는 어구는 그가 불교적 수행의 진수인 집착을 여의는 세계를 잘 알고 있었음을 보여 주는 표현이다. 불교에서는 무집착이야말로 사물의 진상을 곧바로 알 수 있는 것이라고 한다. 우리는 우리의 지적 한계에 의하여 사물을 한정시켜 자기의 경험 세계 내에서만 그것을 표준으로 이해하려 한다. 그러나 사물은 개방성으로

---

9) 『栗谷全書』, 권31, 「語錄上」, p.234, "心與性一也, 而何以分言之耶. 振綱笑曰, 性者心之理, 心者性之器也."
10) 『栗谷全書』, 권1, p.13, "學道卽無着, 隨緣到處遊. 暫辭靑鶴洞, 來玩白鷗洲. 身世雲千里, 乾坤海一頭. 草堂宿寄者, 梅月景風流."

다양한 모습을 가지고 있기 때문에 폐쇄성의 사유는 그 사물 자체를 따라갈 수 없다. 여기에서 『금강경』은 다음과 같은 말을 한다.

있는 바 모든 상相은 허망하나니, 만일 모든 상이 상 아님을 본다면 곧 여래如來를 볼 것이다.11)

이는 집착하지 않는 데서 여래를 볼 수 있다는 말이다. 『금강경』은 나아가 집착의 대상이 어떤 것인가를 밝혀 다음과 같이 말하고 있다.

보살은 마땅히 일체상一切相을 여의고 아누다라삼먁삼보리阿耨多羅三藐三菩提를 발하되, 이는 마땅히 색色에 주住하지 않고 성聲·향香·미味·촉觸·법法에 주착住着하지 않아야 한다.12)

이러한 불교적인 표현들은 도는 어떤 고정불변한 것이 아님을 말하고 있다. 이미 사물의 진상인 도는 우리의 사고의 한정에 의해 파악될 수 없다는 것이다. 불교의 이러한 분위기는 『금강경』뿐만 아니라 많은 경전의 주요한 실천 수행의 요체로 나타나고 있다.

---

11) 『金剛經』, 「如理實見分」 第5, "凡所有相, 皆是虛妄, 若見諸相非相, 則見如來."
12) 『金剛經』, 「離相寂滅分」 第15, "菩薩應離一切相, 發阿耨多羅三藐三菩提心, 不應住色生心, 不應住聲香味觸法生心, 應生無所住心……."

4. 삼요와 삼불

율곡은 금강산에 입산하였다 돌아오면서 자기를 환성喚醒시키는 「자경문自警文」범11조를 지었다. 이 글은 그가 유가에서 불가로 들어갔다 다시 유가로 나오면서 그의 공부 방향의 일대결단을 적은 것이다. 그는 「자경문」제1조에 "먼저 자기의 뜻을 크게 가지어 성인으로 준칙을 삼아야 할 것이니, 조금이라도 성인에 미치지 못하면 내 일은 아직 끝나지 않은 것이다"[13]라고 적었다. 입지立志를 성인에 두는 것은 그의 모든 철학에 일관된 정신이었다. 그렇기 때문에 그의 모든 저서 중 중요한 저서에는 모두 이 입지를 모두冒頭에 세워 놓았다. 예를 들면, 40세 때에 올린 「성학집요」에서도 본론 첫째에 입지를 말했고, 42세 때에 저술한 「격몽요결」에서도 입지가 그 첫째였으며, 47세 때의 「학교모범」에서도 입지를 첫째로 세웠던 것이다.

그는 이와 같이 도道의 궁극 목적을 '성인에 둔다'는 뜻을 확고히 하는 데 두었다. 그리하여 그는, 아무리 열심히 공부를 하더라도 공부가 잘 이루어지지 않는 경우가 있는데, 그 이유는 오직 이 뜻이 정하여져 있지 않기 때문이라고 못 박아 말하고 있다. 이것은 불교에서 불법을 공부하는 이유를 깨달아서 '불佛'이 되고자 하는 데 그 목적을 두고 있는 것과 같다. 그리고 뜻만 세워 열심히 공부한다면 누구나 성인이 될 수 있다는 주장은, 누구나 마음을 깨달으면 곧 부처라고 말하는 불교의 '심

---

13) 『栗谷全書』, 권14, 「雜著」, p.300, "先須大其志, 以聖人爲準則, 一毫不及聖人, 則吾事未了."

즉시불心卽是佛'의 견해와 상통하는 것이다.

또 「자경문」 제13조에서 그는 이렇게 말하고 있다.

오래 놓아둔 마음을 일조一朝에 걷잡아 힘을 얻는 것이 어찌 용이할 수
있으랴. 마음은 산 물건이니 정력定力이 이루어지지 못하면 요동搖動되
어 편안하기 어렵다. 만일 사려가 분요紛擾할 때에 악을 싫어하여 끊어
버리려고 생각하면 더욱 분요가 일어나기도 하고 꺼지기도 하여, 나에
게서 말미암지 않은 것같이 느낀다. 가사 단절한다고 해도 다만 이 단
절하려는 생각이 가슴속에 가로 놓일 뿐이니 이것도 망념妄念이다. 분
요할 때를 당하여 정신을 수습하여 가볍게 관리하고 그것과 같이 가지
말 것이니, 공부가 오래되면 반드시 응정凝定할 때가 있어서 집사執事가
전일專一하게 될 것이니 이것도 정심定心의 공부이다.14)

여기에서 율곡은 경敬의 공부 방법인 주일무적主一無適을 설명하는 데
주력하기보다 오히려 정심定心공부로 오직 망념을 버리는 방법을 상세히
서술하고 있는데, 이는 선문의 화두수행의 방법에 너무나 일치하고 있
다. 선문에서는 화두를 쓰는 방법을 설명할 때 오직 본수화두本修話頭만
쥐고서 다른 생각이 일어나면 그 생각을 따라가지 말고 오직 지금 들고
있는 화두만 의심하라고 가르친다.15) 이렇게 보면 율곡은 선문의 망념
을 제거하는 방법을 유가의 정심공부에 적용한 것 같다.

나아가 그는 공부가 성취되지 못하는 주요한 원인을 입지의 단계에

---

14) 『栗谷全書』, 권14, 「雜著」, p.300, "久放之心, 一朝之得力, 豈可容易. 心是活物, 定力未成, 則
搖動難安. 若思慮紛擾時, 作意厭惡. 欲絶之念, 橫在胸中, 此亦妄念也……."
15) 『雲棲殊宏輯』(光德 譯註), 「禪關策進」, p.77, '天日高峰妙禪師示衆' 참조.

서 찾으면서, 뜻을 세우지 못하는 이유를 다음 세 가지로 지적한다.

뜻이란 기氣의 장수(帥)이니, 뜻이 전일專—하면 기가 동하지 않는 것이
없다. 배우는 이가 종신토록 글을 읽어도 성공하지 못하는 것은 다만
뜻이 서지 않은 까닭이다. 뜻이 서지 않는 데는 그 병통이 세 가지 있
는데, 첫째는 불신不信이요, 둘째는 부지不智이며, 셋째는 불용不勇이다.
'불신'이란 무엇인가? 성현이 후학에게 밝게 알리어 명백하고도 간절하
게 가르쳐 주었으니 만일 그 말에 따라 순서대로 나아가면 성인도 되
고 현인도 되는 이치인데, 그런 일을 하고도 그런 공이 없는 것은 아직
까지 없다. 저 불신하는 이는 성현의 말이 사람을 권유하기 위해 만들
어 놓은 것이라 생각하고, 다만 그 글만 완미할 뿐이요 몸으로 실천하
지는 않고, 입으로 떠드는 것은 성현의 글이지만 행하는 것은 속세의
행위이다. '부지'라는 것은 인생의 기품이 만 가지가 되어 같지 않은
것을 말하나, 힘써 알고 힘써 행하면 성공하는 것은 한가지이다. 뛰며
장사지내는 놀이를 한 것은 맹자의 유희였지만 마침내 아성亞聖이 되
었고, 저물게 돌아오고 사냥질하는 것을 즐긴 것은 정자의 버릇이었지
만 마침내 큰 현인이 되었으니, 어찌 반드시 나면서부터 알아야만 비
로소 덕을 이룰 수 있겠는가?…… '불용'이라는 것은 무엇인가? 성현은
우리를 속이지 아니한다는 것과 기질을 변화시킬 수 있다는 것은 다소
알면서도, 다만 태만하게 항상 머물러 있으면서 분발하고 진작하지 아
니하기 때문에 어제 한 일을 오늘 개혁하기를 어렵게 여기고 오늘 좋
아하는 일을 내일 개조하기를 꺼린다. 이와 같이 고식적으로 우물쭈물
하여 한 치를 나아가면 한 자씩 후퇴하니 이것은 불용의 소치이다.[16]

---

16) 『栗谷全書』, 권20, 「立志之反」, p.431, "臣按, 志者氣之帥也, 志一則氣無不動. 學者, 終身讀書,
不能有成, 只是臣志不立耳. 志之不立, 其病有三, 一曰不信, 二曰不智, 三曰不勇……."

이와 같이 율곡은 입지가 세워지지 못하는 장애가 이 '삼불三不'에 있다고 주장하였는데, 이는 당시 불교계의 서산대사西山大師(1520~1604)가 지은 『선가귀감禪家龜鑑』의 삼요三要사상과 너무 일치한다. 서산은 말하기를 "참선하는 데는 반드시 세 가지 요긴한 것이 있으니, 첫째 큰 신념信念이요, 둘째 큰 분심憤心이요, 셋째 큰 의정疑情이다. 만약 그 속에 하나라도 빠지면 다리 부러진 솥과 같아서 소용없이 되고 만다"[17) 하였다. 여기서 신심信心은 성인의 말씀을 믿지 않는다는 불신不信과 통하고, 분심憤心은 불용不勇과 통하며, 의정疑情은 부지不智와 유사하다고 보인다.

『화엄경』에서도 "믿음은 모든 도의 근원이요 공덕의 어머니"[18)라고 하여, 성불成佛을 하는 데는 믿음이 뿌리가 됨을 역설하였다. 영가현각永嘉玄覺(665~713) 또한 "수도자修道者는 먼저 반드시 뜻을 세워야 한다"[19)라고 하였다. 이와 같이 불교에서는 그 믿음을 가장 중요하게 여기고 있다. 이 믿음은 내가 부처와 둘이 아니라는 것이다. 율곡의 입지도 그 근본 취지가 나와 성인이 둘이 아니라는 믿음의 바탕을 깔고 있기 때문에 그의 입지론과 불교의 신信은 너무 유사 상통한다. 물론 율곡이 꼭

---

17) 西山, 『禪家龜鑑』(國民書館 刊), p.174, "參禪須具三要. 一有大信根, 二有大憤志, 三有大疑情." 西山의 『선가귀감』은 1579년에 저술되었고 율곡의 「성학집요」는 1575년에 지어졌기 때문에, 율곡이 『선가귀감』을 보고 이러한 三不의 발상을 했다고 볼 수는 없다. 다만 서산의 『선가귀감』은 독창적 저술이 아니라 예로부터 禪家에 전해 내려오는 요긴한 말씀을 토대로 편집한 것이기에, 이미 그 당시 선가에 전해 오는 三不의 사상을 율곡이 다른 책에서 보았으리라고는 생각해 봄 직하다.

18) 『大方廣佛華嚴經』, 제14권, 「賢首品」, "信爲道源功德母, 長養一切諸善根."

19) 『普照法語』(華嚴經會 刊), p.61, 「眞心正信」, "華嚴云, 信爲道源功德母, 長養一切諸善根. 永嘉云, 無明實性則佛性, 幻化空身則法身, 故知衆生, 本來是佛, 旣生正信, 須要解滋. 永明云, 信而不解, 增長無明, 解而不信, 增長邪見."

서산의 『선가귀감』을 보고 삼불의 사상을 전개했다고 확신할 수는 없지만, 서산의 삼요는 서산 자신의 창작이 아니라 이미 선문에서 상식화된 전래의 사상을 『선가귀감』에 수록한 것이기 때문에 율곡의 넓은 지식으로 이미 선문의 책자에서 보았는지도 모를 일이다. 따라서 율곡이 이 글을 보았나 보지 않았나가 문제가 아니라 사상의 유사성을 지적하는 것이다.

5. 정심

성리학자들은 심을 중시하여 여러 가지 의미로 설명하고 있다. 그렇기 때문에 인심도심설이 중요한 문제로 제기될 수도 있었던 것이다. 따라서 주자는 "마음이 허령함과 깨달음은 하나이다"[20]라고 말하기도 하였고, 율곡은 심성정의心性情意가 일로一路임을 밝히기도 하였다. "심의 허령虛靈과 지각知覺은 하나인데, 인심과 도심으로 나누어 두 가지 명목을 두어 설명한다"[21], "심은 성性을 담는 그릇"[22]이라는 율곡의 말들은 모두 이러한 차원의 발언이다. 그리고 율곡은 심성정의心性情意를 나누어서는 다음과 같이 설명하였다.

대개 심心이 발하지 않은 때는 성性이고, 이미 발한 것은 정情이요, 발한 뒤에 헤아리고 생각함은 의意이다. 심은 '성정의'의 주主가 되므로 그 발하지 않는 것과 이미 발한 것 및 발한 후에 비교하여 서로 대어보고 헤아리는 것을 다 심이라 이른다. 발하는 것은 기요 발하는 까닭은 이理이다. 발하는 것이 정리正理에서 나오고 기가 용사用事하지 않으면 곧 도심이니 칠정의 선한 일변一邊이요, 심이 발할 때에 기가 이미 용사하는 것은 인심이니 칠정의 선과 악을 합한 전부이다. 이때에 기의 용사를 알고 잘 살펴서 정리에 따르게 하면 인심이 도심의 명령을 들을 것이요, 만일 잘 살피지 못하여 되는 대로 방임하면 정情이 이기고 욕欲이 성하여 인심은 더욱 위태롭게 되고 도심은 더욱 희미해질 것이다.[23]

---

20) 『栗谷全書』, 권10, 「書2」, p.198, "朱子曰, 心之虛靈知覺一而已矣."
21) 『栗谷全書』, 권9, 「書1」, p.193, "心之虛靈知覺一而已矣, 而有人心道心之二名."
22) 『栗谷全書』, 권9, 「書1」, p.193, "性卽心中之理也, 心織盛貯性之器也."

이와 같이 율곡은 심心을 성性의 그릇(器)으로서 정情이나 의意가 모두 포괄되는 것으로 이해하고, 이들은 다 같이 심인데 발한 후에 기가 용사하면 인심이 되고 발하는 것이 정리正理에서 바로 나오고 기가 용사하지 못하면 도심이라 하였다. 더 나아가 그는, 도심은 칠정의 선일변善一邊이요 인심은 심이 발할 때 기가 이미 용사하는 것이라고 말하였다. 이는 율곡이 도심은 사단이요 인심은 칠정이라는 견해를 배척하고, 사단도 칠정을 떠나 있는 것이 아니라 칠정 중의 선일변이라는 독창적 견해를 피력했던 것이다.

율곡이 인심이나 도심을 설명할 때 기가 용사하고 용사하지 못하는 데서 인심과 도심이 구별된다는 견해는 불교에서 말하는 본래 심즉시불心卽是佛이건만 마음의 번뇌·망상에 의해 중생이 된다는 경우와 상통하고, 더구나 인심과 도심이 모두 일심一心이라는 율곡의 주장은 그의 탁견이라 보인다. 마음이 미혹하여 중생이 된다는 설과 기가 용사하고 하지 않는 데에 인심·도심이 구별된다는 유사성을 불교에서 찾아보면 다음과 같다.

혜능慧能(638~712)의 『육조단경六祖壇經』에 다음과 같은 말이 있다.

보리반야菩提般若의 지혜는 세간 사람이 다 본래부터 스스로 가지고 있는 것인데, 다만 마음이 미혹하여 스스로 깨닫지 못할 따름이니 모름지기 큰 선지식의 가르침을 따라 견성見性해야 한다. 어리석은 사람과

---

23) 『栗谷全書』, 권9, 「書1」, pp.192~193, "大抵未發則性也, 已發則性也, 發而計較商量則意也. 心爲性情意之主, 故未發已發及其計較皆可謂之心也. 發者氣也, 所以發者理也. 其發直出於正理而氣不用事則道心也, 七情之善一邊也, 發之之際氣已用事則人心也, 七情之合善惡也……."

지혜 있는 사람은 불성(佛性)에는 본래로 차별이 없고 다만 미혹함과 깨
친 것이 다를 뿐이다.[24]

우리 인간은 누구나 마음을 가지고 있으나 그 마음을 깨치지 못하여
번뇌·망상을 가지고 생멸(生滅)을 끊임없이 이루기 때문에 중생이라는 것
이다. 따라서 마음에 일어나는 이 번뇌·망상을 쉬면, 그리고 그 마음을
깨치면 불(佛)과 같다는 것이다. 그러므로 번뇌·망상은 마음과 함께 있는
것이지 마음을 떠나 따로 있는 것이 아니다. 다만 이것에 집착하지 않아
야 할 뿐이다. 그렇기 때문에 『화엄경』「사구게(四句偈)」에서는 "심(心)은 불
(佛)과 중생(衆生)이 차별이 없다"라고 말하고 있다. 이와 같이 '불이다, 중생
이다'라고 나누어 보지 않는 논리가 불교적이라고 한다면, 율곡이 심·
성·정의 일로(一路)라고 하여 인심과 도심을 하나로 보는 견해는 불교
적 윤리와 유사함을 지니고 있다.

특히 율곡은 일심(一心)이나 정심(正心)이라는 용어를 중요하게 쓰고 있
다. 그의 「성학집요」의 '정심(正心)'장은 이러한 견해를 보여 주는 대표적
인 예이다. 그는 '정심'장에서 이렇게 말하고 있다.

위 두 장의 공부는 정심 아닌 것이 없으나 각각 주장하는 바가 있으므
로, 따로 정심을 주로 한 선현의 훈계를 편집하여 함양과 성찰의 뜻을
상세히 논하였다. 주자는 말하기를, "경(敬)은 성문(聖門)의 제일의(第一義)이
므로 철두철미하게 해야지 간단(間斷)이 있으면 안 된다" 하였다. 그러므

---

24) 『六祖壇經』, 「悟法傳衣」 第1, "師復告衆曰, 善知識, 菩提般若之智, 世人本自有之, 只緣心迷,
不能自悟, 須假大善知識, 示導見性. 當知愚人智人佛性, 本無差別, 只緣迷悟不同."

로 이 글의 대요는 경敬을 주로 삼았다.(제3장의 收斂은 경의 처음이요,
이 장은 경의 끝이다.)[25]

경공부를 말하면서 일반적으로 쓰는 거경居敬이라는 표현 대신, 함양
과 성찰을 함께 묶어 정심正心공부라고 한 것은 불교의 정심을 비교할
때 우연한 일이 아닌 것 같다. 더 나아가 일심을 강조하는 것도 쉽게
넘어갈 것만도 아니다. 율곡이 일심을 말하는 대목은 다음과 같다.

심은 하나인데 도심과 인심으로 나눈 것은, 성명性命에서 나온 것(道心)
과 형기形氣에서 나온 것(人心)을 구별한 것이다.[26]

사람의 일심一心은 온갖 이치가 완전히 갖추어져 있다. 요순의 인仁과
탕무湯武의 의義와 공맹孔孟의 도道는 다 고유한 성분이다. 다만 이 기품
氣稟이 앞에서 구애되고 물욕物欲이 뒤로 함몰시켜 총명聰明한 사람이
혼미昏迷해지고 정대正大한 사람이 간사하게 되므로, 혼미하여 어리석
은 중인이 되어 실상 금수와 다름이 없으나 본래부터 갖추어져 있는
이理는 그래도 공명하고 정대하다. 다만 엄폐한 바 되지만 끝내 이理는
식멸息滅되지 않기 때문에, 참으로 혼미한 것을 내버리고 그 간사한 것
을 끊어 버린다면 밖에서 빌려오지 않고도 요순堯舜 · 탕무湯武 · 공맹孔
孟과 같은 성인이 될 수 있다. 비유하면 어떤 사람이 자가自家의 무진장
無盡藏의 보화를 유암幽暗한 땅에 묻어 놓고도 알지 못한 채 빈한구걸貧

---

25) 『栗谷全書』, 권21, 「聖學輯要」 3, p.472, "上二章工夫, 莫非正心, 而各有所主故, 別輯前訓之主
於正心者, 詳論涵養省察之意. 朱子曰, 敬乃聖門第一義, 徹頭徹尾, 不可間斷. 故此章大要, 以敬
爲主焉.(第三章, 收斂敬之始也, 此章, 敬之終也.)"

26) 『栗谷全書』, 권9, 「書1」, p.192, "心一也, 而謂之道謂之人者, 性命形氣之別也."

寒求乞하면서 사방으로 유전流轉하다가, 만일 선각자를 만나 보화의 매장된 곳을 지시받아서 의심 없이 독신篤信하여 그 매장한 것을 발굴하면 무진장의 보화가 다 자기 소유인 것과 같다. 이 이치가 심히 명백한데 사람들이 자각을 못하니 슬픈 일이다. 만일 다만 이 마음에 이理가 갖추어져 있는 것만 알 뿐이요 그 이상 엄폐된 것을 힘써 버리지 않으면, 이것은 실로 보화를 매장한 곳을 알지 못한 채 나는 보물을 가지고 있다고 속여 말하는 것일 뿐이니 또 무슨 이익이 있겠는가?[27]

이때의 율곡의 일심은 원효의 『대승기신론소大乘起信論疏』의 일심과 너무나 흡사하다. 그리고 『기신론』 속의 진여문眞如門과 생멸문生滅門[28]은 도심과 인심에 대비되지 않을까 생각된다. 율곡이 일심에서 인심과 도심을 나누었듯이, 『기신론』을 소疏한 원효의 『해동기신론소海東起信論疏』에서도 『기신론』의 심을 일심으로 해석하고 이 일심을 진여문眞如門과 생멸문生滅門의 이문으로 나누었던 것이다.

진여문은 이언절려離言絶慮로서 말과 생각을 여읜 본체를 말한다. 그

---

27) 『栗谷全書』, 권20, 「聖學輯要」, p.452, "臣按, 人之一心萬里全具. 堯舜之仁湯武之義孔孟之道, 皆性分之所固有也. 惟是氣稟拘於前物欲泊於後, 明者昏正者邪, 迷而爲衆, 人之蚩蚩實與禽獸無異. 而本具之理, 則其明自如, 其正自如……"

28) 馬鳴, 『大乘起信論』(景仁文化社), "所言法者, 謂衆生心. 是心, 則攝一切世間法出世間法, 依於此心, 顯示摩訶衍義. 何以故, 是心眞如相, 卽示摩訶衍體故, 是心生滅因緣相, 能示摩訶衍自體相用故." 一心은 율곡에서도 一心이요 眞如는 一心의 理인 眞如로서 體이며, 情과 意는 一心이 妄念(氣)에 인하여 일어난 것으로 곧 生滅이다. 따라서 生滅 속에 眞如가 있는 것은 율곡에게 있어서는 氣(生滅)를 탄 理(眞如)와 같다. 『起信論』에서 眞如는 體相으로서 離言說相이지만, 生滅相은 그대로 生滅無常한 것이다.
『起信論』에서는 "依一心法, 有二種門. 云何爲二, 一者心眞如, 二者心生滅門. 是二種門, 皆各總攝一切法. 此義云何, 以是二門不相離"라고 하여 眞如와 生滅의 不相離를 그리고 있는데, 이는 理氣가 不相離한 것과 같다. 理氣와 『起信論』의 眞如門·生滅門의 관계에 대해서는 다른 논문에서 詳論하겠다.

것은 마치 율곡이 말하는 이理와 유사하다. 그리고 진여심은 정이 발할 때 기의 용사를 받지 않고 직출되는 도심과 같은 것이다. 이에 비해 생멸의 세계는, 불교에서 이미 홀기忽起된 무명無明에 의한 망념妄念의 결과를 말한다. 그러나 이 생멸심生滅心 자체가 곧 악惡은 아닌 것이다. 다만 생멸심은 망념의 소산이기 때문에 악의 가능성이 많은 것일 뿐이다. 이 생멸심에 곧 진여眞如가 내포되어 있으나 생멸심 자체가 진여는 아니고, 또 보리菩提는 아니지만 그것은 언제나 진여자성眞如自性을 드러낼 수 있는 것이다. 그렇기 때문에 '번뇌즉보리煩惱卽菩提'이다. 생멸심에 집착이 되어 그것에 매달려 있을 때 악이 되는 것이다.

율곡의 인심은 형기에서 나온 것으로, 불교의 망념 또는 번뇌와 꼭 같이 비교될 수는 없다. 그렇지만 적어도 불교의 번뇌란 기본적으로 탐貪 · 진瞋 · 치癡 삼독三毒과 신身 · 구口 · 의意 삼업三業에 의한 것임을 고려할 때, 전자가 의식적 · 심리적인 데 비하여 후자는 물질적 · 육체적인 것과 밀접한 관계에 있다고 보는 입장에서는 율곡의 인심과 『기신론』의 생멸심은 서로 유사하다고 보이는 것이다. 특히 율곡의 '인심도심상호종시설人心道心相互終始說'을 상기할 때 진여심과 생멸심의 비교는 더욱 뚜렷해진다. 다음 율곡의 말을 보기로 하자.

지금 사람들의 마음이, 처음에는 성명의 정正에서 바로 나오다가도 혹 순할 수 없어 마침내 그 사이에 사의私意가 섞이면, 이는 처음에는 도심이었다가 나중에는 인심으로 마치는 것입니다. 혹은 처음에 형기形氣에서 나왔더라도 그것이 정리正理에 어긋나지 않으면 진실로 도심과 다르지 않은 것입니다. 혹 정리에 어긋나더라도 그릇된 줄 알고 고쳐서 욕심을 따르지 않게 된다면, 이는 처음에는 인심이었다가 도심으로 끝나는 것입니다.[29]

도심도 인심이 될 수 있고 인심도 도심이 될 수 있다는 말에서 우리는 생멸심이라 해서 꼭 악은 아니라고 보는 불교적 견해를 찾아볼 수 있는 것이다.

한편 율곡이 비유로 설명하고 있는, 소위 사람마다 지닌 무진장의 보화를 깊고 어두운 땅에 묻어 놓은 채 알지 못하여 빈한구걸하면서 사방으로 찾다가, 만일 선각자를 만나 보화가 매장된 곳을 지시받아 의심하지 않고 독신하면 그것이 곧 자기 것이라는 말은 『대반열반경大槃涅槃經』권25 「사자후보살품獅子吼菩薩品」의 비유와 너무나 흡사하다. 『대반열반경』의 비유는 다음과 같다.

선남자여, 가난한 집에 숨은 보배가 있어도 이 사람이 보지 못한 까닭에 무상無常·무락無樂·무아無我·무정無淨하다가, 어떤 선지식이 말하기를 "그대의 집에 숨은 보배가 있다. 어찌하여 그렇게 빈궁하고 곤고하여 무상하고 즐겁지 않으며 내가 없고 깨끗하지 아니한가" 하면서 방편方便으로 보게 하거든, 곧 이 사람이 보았으므로 항상하고 즐겁고 나이고 깨끗하게 되느니라. 부처 성품도 그와 같으니, 중생들은 다만 보지 못하여 무상하고 즐겁지 아니하며 내가 없고 깨끗하지 못하다.[30]

---

29) 『栗谷全書』, 권9, 「書1」, p.192, "今人之心, 直出於性命之正, 而或不能順, 而遂之間之以私意, 則是始以道心而終以人心也. 或出於形氣而不咈乎正理, 則固不違於道心矣. 或咈乎正理而知非制伏, 不從其欲, 則是始以人心而終以道心矣."

또한 이 경經의 제8권 「여래성품如來性品」에서도 이렇게 말한다.

어떤 가난한 부인의 집에 순금돌이 묻혀 있었는데 집안의 식구들은 어른, 아이 할 것 없이 아무도 몰랐다. 수단 많은 한 이상한 사람이 가난한 부인에게 말하기를, "내가 그대에게 삯을 줄 테니 나를 위하여 풀을 매어 달라" 하였다.…… 그래서 그 사람으로 인해 그 집에서 순금돌을 파내게 되더니, 부인이 매우 기뻐서 이상하게 여기면서 그 사람을 숭배했다.[31]

이상 『열반경』의 비유들에 나타난 것은, 사람마다 만리萬理를 갖춘 일심一心을 가지고서도 물욕物欲에 엄폐되어 그 보배를 알지 못하고 있다가 선각자의 지시에 의해 그 일심을 되찾아 성인의 길에 든다는 율곡의 비유와 유사한 것이다. 이때 일심과 불성은 같은 의미이다.

율곡의 불교 사상과 비슷한 또 다른 면모는 '물격物格과 지지知至'에 관한 논의 가운데 나타난다.

묻기를 "물격物格이라는 것은 물리物理가 극처極處에 이르는 것입니까, 나의 지식이 극처에 이르는 것입니까?' 하니, 대답하기를 "물리가 극처에 이르는 것이다. 만일 나의 지식이 극처에 이르는 것이라면 이것은 지知가 지至하는 것이지 물物이 격格하는 것이 아니다. 다만 물격物格과 지지知至는 한 가지의 일로서, 물리로 말하면 물격이라 하고 내 마음으로 말하면 지지라 하는 것이니 실은 두 가지 일이 아니다" 하였다. 또

---

30) 『한글대장경 53: 涅槃部』, 권25, 「師子吼菩薩品」, p.494.
31) 『한글대장경 53: 涅槃部』, 권8, 「如來性品」, p.132.

묻기를 "물리는 원래 극처에 있는 것이니, 어찌 반드시 사람이 물을 격한 후에야 극처에 이를 것입니까?" 하니, 말하기를 "이 물음은 당연하다. 비유하면, 방안에 책은 선반 위에 있고 옷은 횃대 위에 있으며 상자는 벽 아래에 있는데, 어둠으로 인하여 물건은 볼 수 없으니 책이나 옷, 상자가 어느 곳에 있다고 할 수 없다. 누가 등불을 가져다가 비춰 보게 되어야 책·옷·상자가 각기 그곳에 있음을 분명히 볼 수 있고, 그런 뒤라야만 책은 선반 위에 있고 옷은 횃대에 있으며 상자는 벽 아래 있다고 할 수 있는 것이다. 이理가 원래 극처에 있으니 격물하기를 기다려 비로소 극처에 이르게 되는 것은 아니고, 또 이理가 스스로 알고 극처에 이르는 것이 아니라 나의 지식이 밝고 어둠이 있기 때문에 이理가 이르거나 이르지 않음이 있는 것이다" 하였다.[32]

물은 물마다 각기 이理를 지니고 있는데 이것을 인간이 모르고 있을 뿐이다. 본래 사물의 이理는 구유具有된 것인데, 인간이 이에 이르지 못하고 있는 것이다. 그러나 우리는 앎을 극진히 함으로써 사물이 지닌 이理를 알 수 있다. 이것이 곧 물격이다.

이러한 사상은 마치 일체중생一切衆生이 본래원각本來圓覺을 갖추고 있는데 무명無明에 의해 그것을 알지 못한다는 『원각경圓覺經』의 세계와 비슷하다. 『원각경』 「문수보살장文殊菩薩章」에 다음과 같은 말이 있다.

---

32) 『栗谷全書』, 권32, 「語錄下」, p.263, "嘗問于栗谷先生曰, 物格云者, 是物理到極處耶, 吾之知到極處耶, 答曰, 物理到極處也. 若吾之知到極處, 則是知至物格也. 物格知至, 只是一事, 以物理言之, 謂之物格, 以吾心言之, 謂之知至, 非二事也. 又問, 物理元在極處, 豈必待人格物後, 乃到極處乎, 曰, 此問固然. 譬如暗室中, 冊在架上, 衣在桁上, 相在壁下, 緣黑暗不能見物, 不可謂之冊依箱在某處也. 乃人取燈以照見, 則方見冊衣箱各在其處分明然後, 乃可謂之冊在架衣在桁箱在壁下矣. 理本在極處, 非待格物始到極處也, 理非自解到極處, 吾之知有明暗, 故理有至未至也."

선남자善男子여, 위 없는 법왕이 큰 다라니문陀羅尼門이 있으니 원각圓覺
이라 한다. 일체 청정淸淨한 진여眞如와 보리菩提와 열반涅槃과 바라밀波
羅蜜을 흘러내어 보살들을 교수하나니, 일체 여래의 본기인지本起因地는
모두가 청정원각을 원만히 비춤에 의해 무명을 영원히 끊인 후에야 불
도를 이루셨느니라.[33]

이 말은 본래부터 인간이 가지고 있는 원각을 비추어서 불佛을 이루
었다는 원조청정각상圓照淸淨覺相을 말하는 것이다. 이 청정각상은 중생이
본래부터 가지고 있는 것이지만, 단지 무명에 의하여 그것을 비추어 보
지 못할 뿐이다. 이것은 율곡의 등이조견燈以照見에 의하여 모든 본래의
만리를 모두 알 수 있다는 것과 너무나 같다. 이에 준하는 또 다른 비유
를 『대반열반경』 권26 「사자후보살품」에서 볼 수 있다.

세존이시여, 성품이 있는 고로 인연을 구하나니, 왜냐하면 분명하게 보
려 함이오이다. 인연은 곧 아는 인因이오니, 세존이시여, 마치 어두움
속에 먼저 물건이 있었기에 물건을 보려고 등불을 비치는 것이오이다.
만일 본래 없었으면 등불로 무엇을 비치오리까? 마치 진흙 속에 병이
있으므로 사람과 물과 물레와 노끈과 작대기 따위로 아는 인因을 삼는
것이며, 니구루다의 씨가 땅과 물과 거름을 수구하여 아는 인을 짓는
것과 같나니, 젖 속에 있는 효모와 따뜻함도 이와 같아 아는 인을 짓나
이다. 그러므로 먼저부터 성품이 있어도 아는 인을 빌려서야 보게 되
나니, 젖 속에 먼저 타락의 성품이 있는 줄을 아나이다.[34]

---

33) 『圓覺經』, 「文殊菩薩章」, "善南子, 無上法王, 有大陀羅尼門, 名爲圓覺. 流出一切淸淨眞如菩提
涅槃及波羅蜜, 敎授菩薩, 一切如來, 本起因地, 皆依圓照淸淨覺相, 永斷無明, 方成佛道."

이는 본래부터 책상이나 옷걸이가 그 자리에 있음에도 어두워서 보지 못하다가 등불을 비춘 이후에야 확인하듯이, 누구나 지닌 본래의 불성佛性을 등불의 인연을 만나 알게 되는 것이 마치 모든 물건을 등불로 인해 볼 수 있게 되는 것과 같다는 것이다.

이와 같이 율곡이 비유하고 있는 내용의 대상 명칭은 다르지만 그 사상은 같은 의미를 지니고 있다. 즉 불경 속의 내용인 불성이 모든 인간에게 본유本有하나 인연을 만나서야 불성이 그대로 표출되는 것과 같이, 인간이나 만물에는 모두 이理가 재유再有하나 그 격물을 당해서야 이理가 드러난다는 뜻이다. 율곡의 견해는 불성을 심心의 성性인 이理로 해석할 때 '불성즉리佛性卽理'로 통할 수 있음을 간과할 수 없다.

우리는 이제까지 율곡의 비유를 통하여 그가 불교사상과 얼마나 밀접한 관계에 있는가를 살펴보았다. 정심正心은 『대학』의 8덕목 중 '성의정심誠意正心'의 정심이지만, 이를 이렇게 소상히 밝히고 정심과 일심一心과 이理로서 같은 의미로 사용한 것은 율곡에게만 볼 수 있지 않은가 여겨진다. 이것은 불교의 불성론과 깊은 내적 연계를 갖지 않는가 생각된다.

---

34) 『한글대장경 53: 涅槃部』, 권26, 「師子吼菩薩」, p.518.

6. 공병의 비유와 기발리승

성리학의 이기론은 우주를 설명하는 기본적인 방법이다. 그렇기 때문에 율곡도 주자나 퇴계 등의 성리학자들이 적용했던 이기의 개념으로 우주와 인간을 해석하여, 우주의 삼라만상과 인간의 정신과 육체는 모두 이理와 기氣를 떠나서 존재할 수 없으며 그것에 의하여 이 우주가 형성되고 이 삼라만상이 나타나는 것으로 보았다. 그러나 율곡은 이와 기를 이물이체二物二體로 보는 다른 성리학자들 특히 주자나 퇴계의 이원론적인 견해를 벗어나 기발리수氣發理隨의 일관된 사상을 고취하고 있다. 그러면 그가 보는 이와 기의 기능과 이기의 관계는 어떠한 것인가를 살펴보자. 그는 성우계에게 보낸 답서에서 다음과 같이 말하고 있다.

대개 이理란 것은 기의 주재요 기란 것은 이理가 타는 것이니, 이理가 아니면 기가 근저할 곳이 없고 기가 아니면 이理가 의지할 곳이 없다. 이理와 기는 이물도 아니요 일물도 아니다. 일물이 아니기 때문에 하나인 것 같으면서 둘이요(一而二), 이물이 아니기 때문에 둘인 것 같으면서 하나이다(二而一). 어째서 일물이 아니라 하는가? 이理와 기가 비록 떨어지지 못하지만 그 묘합한 가운데서도 이자이理自理요 기자기氣自氣로 서로 섞이지 아니하므로 한 가지가 아니다. 그러면 이물이 아니라는 것은 어떤 이치인가? 이理와 기는 서로 선후가 없이 혼연무간渾然無間하여 이물로 보이지 아니한다. 동動과 정靜이 끝이 없고 음과 양이 시작이 없으니, 기가 시작이 없음은 이理가 무시無始한 까닭이다. 대개 이理는 하나일 뿐이니 본시 편벽됨과 바름, 맑음과 탁함, 통함과 막힘,

순수함과 잡됨의 구분이 없지만, 이理를 태운 기는 승강비양昇降飛揚하여 쉬지 않고 착잡하여 이것이 천지만물을 생성하매 혹은 정正하고 혹은 편偏하며 혹은 통通하고 혹은 색塞하며 혹은 청淸하고 혹은 탁濁하며 혹은 순수純粹하고 혹은 잡박雜駁하게 되는 것이다. 이理는 비록 하나뿐이로되 기를 탔으므로 그 나뉨이 만 가지로 다르다. 천지에서는 천지의 이理가 되고 만물에서는 만물의 이理가 되며 사람에서는 사람의 이理가 되니, 이렇게 만 가지로 다른 것은 기가 하는 바이다. 비록 기가하는 것이라 하나 반드시 이理가 있어 주재한 것이니 그 참치부제參差不齊한 까닭은 역시 이理가 그렇게 한 것이지만, 이理가 그렇지 아니한데기만이 홀로 그렇게 한 것은 아니다. 천지만물이 비록 각기 이理가 있으나 천지의 이理가 곧 만물의 이理요 만물의 이理가 곧 사람의 이理이니, 이것이 이른바 통체일태극이란 것이다. 비록 일리一理라 하더라도 사람의 성이 물物의 성은 아니며 개(犬)의 성이 소의 성은 아니니, 이것이 이른바 각일기성各一其性이란 것이다.[35]

결국 이理는 형이상적인 것, 내재적인 것, 보편적인 것이요 무위無爲하다. 반면 기는 형이하적인 것, 외적인 것, 유형유위有形有爲하며 변화되는 것이다. 이理는 소이연所以然으로 현상의 까닭이요 기는 소당연所當然으로 현상인 것이다. 그렇기 때문에 율곡은 주자나 퇴계가 이理와 기를

---

[35] 『栗谷全書』, 권10, 「書2」, p.197, "夫理者氣之主宰也, 氣者理之所乘也, 非理則氣無所根柢, 非氣則理無依著. 旣非二物, 又非一物. 非一物故一而二, 非二物故二而一也. 非一物者, 何謂也. 理氣雖相離不得, 而始合之中, 理自理氣自氣, 不相挾雜, 故非一物也. 非二物者, 何謂也. 雖曰理自理氣自氣, 而渾淪無間, 無先後無離合, 不見其爲二物, 故非二物也. 動靜無端, 陰陽無始, 理無始故氣亦無始也. 夫理一已矣, 本無偏正通塞淸濁粹駁之異, 而所乘之氣, 升降飛揚, 未嘗止息雜糅參差, 是生天地萬物, 而或正或偏或通或塞或淸或濁或粹或駁焉. ……天地人物, 雖各有其理, 而天地之理卽萬物之理, 萬物之理卽吾心之理也. 此所謂統體一太極也. 雖曰一理, 而人之性非物之性, 犬之性非牛之性, 此所謂各一其性者也."

이원적으로 본 것에 대하여, 이기는 '일이이이이일―而二二而―'이라는 논리로써 일원론적 전개를 창설했다. 그리하여 율곡은 "대개 발하는 것은 기요 발하는 까닭은 이理이니, 기가 아니면 능히 발하지 못하고 이理가 아니면 발하는 바가 없어서 선후도 없고 떨어지고 합한 것도 없다. 그러므로 서로 발함이라 할 수는 없다"36)라고 말하였다. 여기에서 '발하는 것은 기이고 발하는 까닭은 이理이니, 기가 아니면 능히 발하지 못하고 이理가 아니면 발하는 바가 없다'는 이 일단에 그의 자주自注를 달아, "발지자發之者 이하의 23자(發之者氣也, 所以發者理也. 非氣則不能發, 非理則無所發)는 성인이 다시 나와도 고칠 수 없다"라고 확언하고 있는 것이다.

율곡의 이 말은 퇴계의 호발설에 대한 비판이 되고 있다. 그는 더 나아가 "주자도 만약 이기가 호발한다고 한다면 잘못이다"37)라고 극론한다. 이러한 주장은 그 시대의 유학적 풍토에서 폭탄적인 선언으로서 그의 학적 개성과 자신을 엿볼 수 있게 하는 대목이다.

율곡은 다시 이기이원론적 사고에 대한 비판을 인심도심설과 사단칠정론에까지 전개하였다. 그리하여 그는 "사단은 이理의 발이요 칠정은 기의 발"이라는 호발설에 대해 '칠정포사단七情包四端'을 주장한다.

> 사단은 칠정의 선한 일변―邊이요 칠정은 사단의 집합체이니, 어찌 일변과 집합체를 상대적으로 말하겠는가? 주자의 '리에서 발하고 기에서 발한다'는 말은 그러나 지금 그 뜻을 얻지는 못하고 다만 그 설의 나눈

---

36) 『栗谷全書』, 권10, 「書2」, p.198, "大抵發之者氣也, 所以發者理也. 非氣則不能發, 非理則無所發."

37) 『栗谷全書』, 권10, 「書2」, p.202, "若朱子眞以爲理氣互有發用相對各出, 則朱子亦誤也."

것만을 지키니, 어찌 주자의 진의가 잘못 전전轉轉된 데에 이른 것이 아니겠는가? 주자의 뜻은 역시 '사단은 오로지 이理만을 말하고 칠정은 기를 겸해 말한 것'임을 말한 데 불과할 따름이지 결코 '사단은 이理가 먼저 발하고 칠정은 기가 먼저 발함'을 말한 것이 아니다. 퇴계는 이로부터 "사단은 이理가 발함에 기가 따르고 칠정은 기가 발함에 이理가 탄다" 하였는데, '기가 발함에 이理가 탄다'는 말은 옳다. 그러나 칠정만 그러한 것이 아니라 사단도 역시 기가 발함에 이理가 타는 것이다.[38]

이와 같이 해서 율곡은 사단 또한 칠정과 마찬가지로 기가 발하고 이理가 타는 것이라는 기본적 철학 체계를 완성하였다.

이기호발설에 대한 반대와 함께 그의 독창적인 사상은 역시 이통기국설이다. 이통기국은 이理의 무형무위의 소이연과 기의 유형유위의 소당연을 단적으로 지적하는 그의 논리 체계이다. 그의 다음 말을 보자.

이기가 원래 떨어지지 아니하여 일물인 것 같으나 구별되는 까닭은, 이理는 무형하고 기는 유형하며 이理는 무위하고 기는 유위하기 때문이다. 무형무위하여 유형유위의 주主가 된 것은 이理요, 유형유위하여 무형무위의 기器가 된 것은 기이다. 이理는 무형이요 기는 유형이므로 이理는 통하고 기는 국한한다. 이理는 무위요 기는 유위이므로 기가 발하면 이理가 탄다. 이理가 통한다는 것은 무엇을 말하는가? 이理는 본말

---

38) 『栗谷全書』, 권10, 「書2」, p.198, "四端是七情之善一邊也, 七情是四端之摠會者也, 一邊安可與摠會者, 分兩邊相對乎. 朱子發於理發於氣之說矣, 意必有在, 而今者未得其意, 只守其說分引, 則豈不至於輾轉朱眞乎. 朱子之意, 亦不過曰四端專言理七情兼言氣云爾耳, 非曰四端則理先發七情則氣先發也. 退溪因此而立言曰, 四端理發而氣隨之, 七情氣發而理乘之. 所謂氣發而理乘之者可也, 非特七情爲然, 四端亦是氣發而理乘之也."

이 없으며 선후도 없다. 본말도 없고 선후도 없으므로 응하지 아니하
였을 때도 먼저가 아니며, 이미 응한 것도 뒤가 아니다.(程子說) 이러므
로 이理가 기를 타고 흘러가서 천차만별하여 같지 않아도 그 본영本營
의 묘리妙理는 없는 데가 없다. 기가 편벽된 곳에는 이理도 편벽되나
편벽된 바는 이理가 아니라 기이며, 기가 온전하면 이理 역시 온전하나
온전한 바는 이理가 아니라 기이다. 맑음과 탁함, 순수함과 잡됨, 찌꺼
기나 재, 거름 가운데도 이理가 있지 않는 곳이 없어서 각각 그 성性이
되나 그 본연의 묘는 그대로 같다. 이것이 이理가 통한다는 것이다. 기
가 국한한다 함은 무엇인가? 기는 벌써 형적形迹에 나아간 것이다. 그
러므로 본말이 있고 선후가 있다. 기의 근본은 맑고 깨끗할 뿐이니 어
찌 찌꺼기·재·거름의 기가 있겠는가마는 그것이 승강하면서 비양하
여 조금도 쉬지 않으므로 천차만별로 변화가 생긴다. 기가 흘러갈 때
에 그 본연을 잃지 않은 것도 있고 그 본연을 잃은 것도 있으니, 이미
본연을 잃으면 본연의 기는 벌써 있는 데가 없다. 편벽한 것은 편벽한
기요 온전한 기가 아니며, 맑은 것은 맑은 기요 탁한 기가 아니며, 찌꺼
기와 재는 찌꺼기와 재의 기요 맑고 깨끗한 기는 아니다. 이理는 만물
에 어디서나 그 본연의 묘가 그대로 있지 않는 것이 없지만 기는 그렇
지 아니한데, 이것이 이른바 기지국氣之局이다.[39]

　이처럼 이理는 무형무위하여 조금도 구애됨이 없이 그 본연의 묘가
그대로 살아 있지만, 기는 본래 맑은 것이나 비양飛揚하여 구애되어 유

---

39) 『栗谷全書』, 권10, 「書2」, pp.208~209, "理氣元不相離, 似是一物, 而其所以異者, 理無形也氣
有形也, 理無爲也氣有爲也. 無形無爲而爲有形有爲之主者, 理也, 有形有爲而爲無形無爲之器者,
氣也. 理無形氣有形故, 理通而氣局, 理無爲而氣有爲故, 氣發而理乘. 理通者, 何謂也. 理者無本
末也無先後也, 無本末無先後故, 未應不是先已應不是後.(程子說) 是故, 乘氣流參差不齊, 而本然
之妙無乎不在……若理之於萬物, 本然之妙, 無乎不在也. 此所謂氣之局."

한·국한되는 유형유위한 형기의 것이다. 율곡은 이기 관계를 이와 같이 이통기국으로 설명하면서 「이기영理氣詠」이란 시를 지어 다음과 같이 말했다.

원기元氣는 어디서 비롯하였나,
무형이 유형 속에 있구나.
근원을 궁구해 보면 본래 합한 것임을 알 것이요,(理氣가 본래 합한 것이요 처음 합하는 때가 따로 있는 것이 아니다. 이기를 둘로 나누려는 자는 道를 모른다.)
파派에서 갈려나온 유파流派를 따르면 군정群情을 볼 수 있네.(이기가 원래 하나이지만 나누어져 二五[음양오행]의 정이 된다.)
물은 그릇을 따라 모나고 둥글며 허공은 병을 따라 작아지고 커지니,(기를 탄 理가 유행할 때 천차만별하게 됨이 이와 같다. 병 안에 허공이 있다는 비유는 불교에서 나온 것을 인용하였다.)
그대여, 부디 두 갈래(理氣互發)에 혹하지 말고 성이 정이 됨을 묵묵히 체험하소.[40]

이는 물이요 기는 그릇이다. 물이 모난 그릇에 담기면 모나게 되지만 둥근 그릇에 담기면 둥글게 되는 것이다. 허공 역시 병에 의하여 대소가 나누어질 뿐 허공 자체가 크고 작은 것이 아니다. 이처럼 이理가 기를 탄 이후에 기를 탄 이理가 유행하여 천차만별이 되는 것이다. 여기에서 율곡은 병 안에 허공이 있다는 비유는 불교에서 나온 것을 인용했

---

40) 『栗谷全書』, 권10, 「書2」, p.207, "元氣何端始, 無形在有形. 窮源知本合, 沿派見群精. 水逐方圓器, 空隨大小瓶. 二岐君莫惑, 默驗性爲情."

다고 하였다. 불교에서 병을 인용한 글은 지눌(1158~1210)의 『진심직설眞
心直說』에서 다음과 같이 쓰고 있다.

> 지금 말한 무심無心이란, 마음 자체가 없다는 뜻으로 무심이라고 한 것
> 이 아니다. 다만 마음 가운데 물物이 없음을 이름하여 무심이라 한 것
> 이다. 마치 빈 병(空瓶)이라 할 때 병 속에 물건이 없는 것을 이름하여
> 빈 병이라 하지, 병 자체가 없다는 뜻으로 빈 병이라 하는 것이 아님과
> 같다.41)

이 글에서 무심은 본래 심까지 없는 것이 아니라는 말이다. 심에 접
물되는 일체의 상을 집착하지 않음을 의미한다. 허공이 병을 따라 작고
커지는 것이라고 말하는 율곡의 사상은, 마음은 본래 무심인데 그 무심
위에 여러 가지 상相이 비치게 됨으로써 마음을 크고 작은 것으로 착각
하게 된다는 말과 같은 의미이다.

---

41) 知訥, 『眞心直說』, 「眞心息妄」.

7. 결론

　우리는 이제까지 율곡의 철학사상에서 불교적 계기가 어떻게 나타났는가를 살펴보았다. 율곡은 조선조의 성리학자로서 정계나 학계의 거봉이었으며 또 당대의 거유 퇴계에 의하여 극찬을 받았지만, 그는 이미 젊은 시절에 당시에는 금기시되었던 불교에 뜻을 두어 불경을 공부하고 금강산에 입산하여 선禪을 실천했던 독특한 개성의 소유자였다. 더구나 이미 언급한 바와 같이 그의 금강산 입산은 단순한 소풍도 아니고 시험 삼아서도 아닌, 내면의 철학적 간절한 욕구에 의해 생사의 일대사 인연을 요해了解·해탈解脫하려는 심사숙고의 결과였다.

　이렇게 볼 때 율곡의 박학·심문한 불교적 지식과 실천의 체험은 그의 탁월한 기억력과 구상력, 종합력과 함께 불교와 성리학을 회통하는 데 중요한 요소가 되었을 것임은 두말할 여지가 없다. 그리하여 불교 사상의 핵심인 '색즉시공色卽是空, 공즉시색空卽是色'의 논리체계에 대한 이해는 그의 성리 철학을 독창화하는 데에 유감없이 가미되었던 것이다.

　한편 실천면에서는 '정심'의 개념이 특히 주목된다. 『대학』에는 '성의정심'의 장이 있어서 정심이라는 덕목이 이미 나타나 있지만 일반 유학자들이 '정심'장을 따로 내세운 예는 극히 드물었다. 그러나 율곡은 성리학 전래의 '거경'장을 설명하는 데 있어 따로 '정심'장을 세워 경敬공부의 끝이라고 말하고 있으니, 비록 불교에서 말하는 심과 동일한 심을 지적한 것은 아니었지만 그는 심에 대한 잠재적 친근감을 지니고 도의

실천에는 심의 해결이 중요하다는 점을 역설하였다. 더구나 그가 일심一
心을 내세워 도심이나 인심이나 모두 일심의 두 가지 표현이라고 한 것
은 불교적 일심과 유사성이 있다.

물론 율곡의 철학사상이 불교적 발상에서 성립된 것은 아니다. 이미
율곡은 성리학자로서 당시의 유학에서 주자에 대한 이해와 반론이 정곡
을 찌르고 있었음은 주지의 사실이다. 더구나 금강산의 수도를 거쳐 나
온 것을 두고 그가 유자냐 불자냐 하는 거론이 있었을 때에도 고집하여
굳이 대답하고자 하지 않았다는 것은 그의 학문적 성숙이 어느 정도였
는가가 암시되는 바이다.

본 논문의 목적은 율곡이 불교적이다 아니다 하는 사실 이전에 참으
로 율곡을 이해하는 길의 하나로서 불교적 측면에서도 이러한 유사성이
있음을 지적하고자 하는 데 있다. 사실 율곡의 이통기국이 불교의 화엄
사상과 거의 일치한다는 주장(이병도, 『율곡의 생애와 사상』)도 있었지만, 배
종호 교수는 「율곡의 이통기국설」(『동방학보』 27집, 연세대 국학연구소)에서
화엄의 이사理事와 율곡의 이기理氣에 근사성이 있지만 화엄가華嚴家에는
일기一氣 사상이 없기 때문에 일치한다고는 볼 수 없다고 지적하였다.
따라서 여기서는 율곡의 이통기국과 화엄의 이론은 다루지 않았다. 여
하간 앞으로 율곡과 불교에 대해서는 불교와 유교의 상호교섭, 그리고
그 이론의 상호보완이 어떻게 이루어졌는가 하는 것이 유학이나 불교
자체의 이해를 위해서라도 더욱 연구되어야 하리라 믿는다.

VIII. 불교의 효도관
― 불교적 효와 유교적 효

1. 서론

오늘날 자유·평등·민주에 입각한 개인주의 윤리의식에 훈련된 현대인들은 효를 조선조 봉건적 삼강오륜과 양반 중심 윤리의 허례허식을 연상시키는, 가부장적 권위주의의 전근대적 형식윤리로 보아 외면하는 경향이 짙다. 물론 이러한 부정적 경향이 전적으로 잘못이라고는 보지 않는다. 사실 효를 중심으로 한 유교의 실천윤리가 통치원리로 이념화되는 과정에서 효는 예禮의 형식으로 획일화되고 경직화되어 권위로 군림하였기 때문에 효의 이념은 본래의 순수성을 잃게 된 점이 없지 않다. 따라서 효의 예화禮化는 인간의 실존적 자아를 억압하고 유폐함으로써 창조적 생명은 타율화되었다. 효의 사회화는 통치이념의 수단에 고착되어 정체를 면할 수 없었다. 이로 인하여 '효'사상은 현대인들에게 극단적으로 비문화적, 미개적인 사상으로 소외당하였던 것이다.

그러나 한편 이와 같이 현대에서 외면당하는 '효'사상도 한때는 효의 유무에 의하여 다른 사상을 비난하고 배척하는 근거가 되기도 하였다. 즉 동양사상의 기층의 하나인 불교에 대한 비난과 배척이 그 한 예이다. 유교는 불교가 불충·불효의 사상이라고 비난하였던 것이다. 그러나 불교는 결코 불충·불효의 무군無君·무부無父의 멸인륜滅人倫의 종교가 아니다. 여기에서 우리는 현대인들의 선입관인 효에 관한 오해를 불식하고, 또한 불교는 과연 불충불효의 종교인가 아닌가를 살펴볼 필요가 있다. 따라서 유·불을 통한 효의 현대적 조명이 요청되는 것이다.

2. 유교적 효

1) 자연과 인류의 조화

서양인들은 자연을 우리와 대립적으로 보았다. 따라서 자연은 어디로부터 왔으며 무엇으로 되었는가가 문제였고, 또한 자연은 개척되어야될 것이며 정복의 대상이 되었다. 이와 함께 그들에게 있어서는 독립적이고 주체적 사고방식이 싹텄다. 그러나 동양인들은 자연을 나와 대립된 대상으로 보지 않았다. 즉 이미 있는 자연을 일단 있는 그대로 긍정하고 그 속에서 모든 존재의 원인을 찾았다. 동양의 철인들은 이미 있는 이 자연을 있는 것 중에서 가장 완전무결한 존재로 보고, 그 자연으로부터 터득된 이치를 인간의 삶의 지혜로 삼았다. 그들은 그 자연의 이치를 무엇으로 보았는가?

우선 이 유한한 공간 속에 무궁한 시간이 지속되고 있음을 알아 순환 교체하는 변화의 원리에 중점을 두었다. 따라서 그들은 나고 나는 것이 역易이라 하였다(生生之謂易). 이와 같이 자연은 나고 나는 변화의 세계였다. 그러나 인간이 오랜 세월 동안 자연의 변화하는 현상을 관찰한 결과, 변화하는 과정은 일정한 궤도에 따라 순환반복하고 있다는 사실을 알게 되었고, 그가 순환반복하면서 지속성을 가질 수 있는 이유가 변화자체의 불변 또는 불변자의 존재 때문이라고 생각하고 그것을 천리天理라 보았다. 이 천지간의 모든 존재들의 변화는 곧 이 천리에 순응되고 있으며 인간도 이 자체 내의 존재인 한에서 천리에 순응하지 않으면 안 된다고 믿었다.

따라서 동양인들은 우선 자연의 운행의 이치를 알고 그것에 순응 내지 감응感應을 먼저 생각하였다. 자연을 정복한다든가 파괴한다는 생각은 있을 수 없었다. 또한 이 자연은 나고 나는 것, 즉 생생生生이 끊임없이 이루어지는 것이기 때문에 인간에서는 이와 같은 생성이 있게 마련이다. 『역易』「계사전繫辭傳」의 '계지자선야繼之者善也'라는 말은 곧 이를 말한다. 인간도 역시 그 종족을 끊이지 않고 이어야만이 그것이 곧 천리에 순응하는 것이 된다.

그렇다면 자연을 본받아야 할 인간이 그 종족, 즉 자손을 잇기 위하여서는 어떻게 해야 할 것인가? 자연은 서로 싸우지 않으면서 생성 변화된다. 싸우지 않는다는 것은 서로를 아끼는 것이요, 그것이 곧 인간에서는 인仁이다. 인이란 무엇인가? 공자孔子는 인을 사람을 사랑하는 것이라 하였다(愛人). 이것은 곧 자기 이외의 다른 사람을 사랑하는 것이다.

그러나 여기서 말하는 사랑은 친근한 데서부터 덜 친근한 사이로, 가까운 곳에서부터 먼 데로 미치는 사랑이다. 사랑이란 현우賢愚 · 친소親疏 · 원근遠近을 분간하지 않는 무차별 평등애는 아니다.

사랑은 일종의 정감이며 정감은 생활하는 과정 속에서 자연히 발로되는 것이지 결코 이지로써 만들어 낼 수 없다. 여기에서 자연히 인의 실천인 효가 나오게 되는 것이다. 따라서 효는 부모로부터 시작되는 것이다. 공자는 효에 대하여 "어긋나지 않아야 한다"라고 대답했다. 어긋나지 않아야 한다는 것은 이치에 어긋나거나 예가 아닌 것을 하지 않는 것이다. 여기에서 자손 보존의 윤리가 나온다. 이 어긋남은 자연의 나고 나음에 어긋남이 없기 때문에 인간의 낳고 낳음이 끊어짐은 있을 수 없는 것이다. 이음의 연속 속에서 효를 본다. 그리하여 맹자는 "불효가 셋이 있으니 그 가운데서도 자손을 못 낳아 조상의 대를 끊기게 하는 것이 제일 크다"라고 말하였던 것이다.

『역경易經』에서는 효를 대생지덕大生之德이라 했고 『효경』에서는 "덕성의 근본이며 모든 교화가 우러나오는 원천"[1]이라고 하였다. 따라서 "백행百行의 근본이며, 오형五刑에 굴하는 죄목이 삼천 가지나 되지만 그 중에서도 불효보다 더 큰 죄는 없다"[2]라고 하였다.

2) 부모로부터의 기점: 효

효는 무엇이며 어떻게 실천할 것인가? 먼저 효의 뜻을 보면 노老(늙다)의 약자인 노耂에 자子를 합한 회의문자이다. 자녀가 노친을 머리 위에 이고 있음을 의미한다. 어의로 말하면 부모를 잘 봉양하는 덕행인 것이다. 결국 효는 부모로부터 받은 은혜를 자녀 대에서 부모에게 되돌리는 보본반시報本返始의 정감을 말한다.

『효경』에 의하면 효도에는 5등분이 있다. 첫째로는 천자天子가 덕교德敎를 백성에게 베풀어서 사해에 떨치는 천자의 효이고, 둘째로는 사직을 보전하여 인민을 화합하게 하는 제후諸侯의 효이며, 셋째는 종묘를

---

1) 『孝經』, 「開宗明義章第一」, "子曰, 夫孝德之本也. 敎之所由生也."
2) 『孝經』, 「五刑章第十一」, "子曰, 五刑之屬三千而罪莫大於不孝. 要君者無上. 非聖人者無法. 非孝者無親. 此大亂之道也."

수봉하는 경대부卿大夫의 효이며, 넷째는 제사를 봉공하는 사자士者의 효이며, 마지막으로 서인의 효는 하늘의 도를 이용하고 지地의 이利를 나누어서 근신하고 절용節用하여 부모를 봉양하는 것이다.

따라서 효도는 부모의 육체를 봉양하는 서인의 효에서 출발하여 세계를 평치平治하는 천자의 효에 도달하는 것이다.

또한 『예기禮記』「제의편」에는 효도를 3등분으로 나누어 부모의 자애를 생각하여 자신의 고통을 모르고 애쓰는 것을 용력用力의 소효小孝이고, 인을 존중하고 의義를 실현하여 사회에 공헌하는 것을 용로用勞하는 중효中孝라 하였고, 널리 백성에게 은혜를 베풀어 유감없게 하는 것을 불궤不匱의 대효大孝라 하였다.

결국 효는 부모로부터 시작되지만 부모에게서 끝나는 것이 아님을 본다. 『효경』에서는 효의 실천을 다음과 같이 말하고 있다.

신체와 발부髮膚는 부모에게 받은 것이다. 내 몸을 곱게 간직하여 조금도 훼상됨이 없게 하는 것이 효행에 있어 시작이요, 자립을 하고 자기의 공업功業을 사회에 돌려 그 좋은 결과를 후세에 남겨 부모의 소망에 보답하고 부모를 즐겁게 하는 것이 효의 끝이다. 효의 시작은 부모를 섬기는 데서부터 시작하여 그 가운데 임금을 잘 섬기고 끝으로 도덕을 완성하여 인격을 높이는 데 있다.[3]

이렇게 생각하면 효는 비록 부모로부터 시작하되 그것은 한 가문,

---

3) 『孝經』,「開宗明義章第一」, "身體髮膚受之父母不敢毀傷孝之始也. 立身行道揚名於後世以顯父母孝之終也. 夫孝始於事親中於事君終於立身."

x

한 가족에 그치는 것이 아니고 결국 인류사회에 유익한 존재기 되고 실제로 공헌했을 때 비로소 효는 끝이 나는 것이다.

다시 말하면 효란 한 가정의 부모 자식 간의 협의의 관계보다도 오히려 부모의 인격과 자식의 인격이 대치하여 이 사회에 공헌할 때 더욱 의미가 있음을 본다. 『효경』의 "비록 매일같이 부모에게 곰국을 봉양한다 할지라도 그것이 불효가 될 수 있다"[4]라고 말한 것은 효의 의미의 적극적 확충을 뜻한다.

더구나 효에서 물질적인 것뿐만 아니라 정신적인 것의 중요성을 공자는 다음과 같이 말한다. "오늘날 효자는 봉양할 수 있는 것만을 말하는데 심지어 개나 말도 다 봉양할 줄 안다. 공경하는 마음이 없으면 그 무엇으로써 구별할까?"[5]라고 하여 효는 물질적 봉양과 더불어 정신적 공경의 마음에 더욱 치중하고 있다.

공자에 있어 효는 결코 일방적인 것이 아니었다. 정명론正名論에 의하면 임금은 임금다워야 하고, 신하는 신하다워야 하고, 아버지는 아버지다워야 하고, 자식은 자식다워야 한다는 입장에 서면 부자간의 부자자효父慈子孝는 어디까지나 부자간의 조화에 입각한다. 아버지의 자애로움(慈)과 아들의 효는 누가 먼저고 누가 나중이라는 선후가 없이 무조건적이다.

오늘날 효는 부모에 대한 무조건적 복종만을 말하고 있으나 그것은 효의 본질을 모르는 소리이다. 『효경』에는 「간쟁장諫爭章」이 있어 "아무

---

4) 『孝經』, 「紀孝行章第十」, "雖日用三牲之養, 猶爲不孝也."
5) 『論語』, 「爲政」, "今之孝者, 是謂能養. 至於犬馬, 皆能有養. 不敬, 何以別乎?"

리 아버지가 존엄하고 그 명령이 거중하다 하더라도 그것이 정의, 인도에 입각해야 그 명령이 선다. 도에 벗어난 불의의 명령에는 단호히 면대해서 간하지 않으면 안 된다"[6]라고 하였다. 물론 부모에게 간할 때는 얼굴색을 변하지 않고 공손하고 부드러운 말로 해야 한다고 하였던 것이다.

오늘날 우리가 효를 융통성 없는 소위 구시대의 유물이나 구습으로 생각하는 것은 효의 시대적 적응을 이해하지 못한 데 있다.

조선조의 효사상의 형식화와 예화禮化는 획일화되었고 그것을 통치의 이념으로 삼았기 때문에 진정한 효의 근본이 경직되고 변질되었던 것이다.

오늘날 우리는 효의 본질이 이와 같이 부모로부터 국가사회로 확충되는 인의 실현에 있음을 보고 그 인은 곧 다른 사람을 사랑하는 것이고, 인간은 본질적으로 부모의 소산이기 때문에 그 사랑의 시초를 부모로부터 시작한다는 것을 이해할 때, 오늘의 효가 어떠해야 하겠는가 알 수 있다.

유교儒敎는 수신 · 제가 · 치국 · 평천하를 목적으로 천인합일天人合一과 내성외왕內聖外王을 지향하고 있기 때문에 먼저 '보본반시報本返始'의 정신에 입각한 내 생명의 뿌리인 부모 · 조상, 그리고 그것이 하강하여 모든 인류에 박애정신이 있음을 보았다.

---

6) 『孝經』, 「諫諍章第十五」, "若夫慈愛恭敬安親 揚名則聞命矣 敢問子從父之令 可謂孝乎.……父有爭子則身不陷於不義. 故當不義則子不可以不爭於父臣不可以不爭於君. 故當不義則爭之從父之令又焉得爲孝乎."

3. 불교적 효

1) 불교에 대한 유교의 비난: 불충·불효

　불교에 대한 유교의 비난은 불교가 출가를 위주로 삼아 나라에 불충하고 부모에 불효한다는 데 있었다. 예를 들면 중국의 당唐에서는 지식인들이 선종을 좋아함으로써 모든 시간을 고요히 생각하는 데 허비하고 사회와 일용생활을 등한시하는 한편 심성의 공적과 청정무수만을 즐겨 나라를 다스리고 백성을 구하는 정치를 도외시하기도 하였다.

　한편 백성들의 불교 신봉은 그들의 생활신조를 내세에 의지하게 하고 현세에 대한 노력을 간과하게 되어 조그마한 고통만 받아도 절로 몸을 숨겨 속세와 왕래를 끊고 현실을 도피하려는 풍조가 미만하여 뜻있는 논자들의 비난을 받았다.

　이는 오직 불교의 출가와 내세관의 형식적 수행을 비난하였던 것이다. 사실 이러한 비난이 정당할 수 있었던 것은 양梁나라 무제武帝가 대흥사大興寺에 세 번이나 몸을 버리고 승려가 되려고 하였고 무종武宗 회창會昌(845) 연간에 불교배척 시 사찰이 총 4,600여 개소가 철거되고 승려들의 저택이 4만여 개소가 파괴되고, 15만 명의 노예를 해산하였으며 26만 5백 명의 승려가 귀가하였다는 기록을 보아도 그 당시의 불교의 번창과 더불어 출세간의 시휘가 얼마나 극에 달했는가를 알 수 있다.

　따라서 한유韓愈(768~824)도 「논불골표論佛骨表」에서 "지금 그 마음을 다스리고자 천하와 국가를 도외시하면 그 오륜을 없애게 되며 아들 된

자가 그 아버지를 아버지로 하지 아니하고 신하된 사람이 그의 임금을 섬기지 않게 되고 백성 된 사람이 그 일을 하지 않게 된다"라고 하여, 현실적인 인륜人倫을 어긴다는 이유로 불교를 배척하였다.

여하간 유가儒家의 불교 배척은 첫째 불충·불효, 둘째 출세문으로 인한 해탈, 셋째 공적空寂을 즐긴다는 데 있다. 그러나 둘째, 셋째는 첫째의 원인이 되기 때문에 결국 불교는 불효·불충·무부·무군·멸인륜이라는 데 귀착된다.

2) 보살의 행원: 효

유교는 효를 출발점으로 모든 예와 생활이 전개되어 수신·제가·치국·평천하의 근거가 되지만 불교에서는 효가 중심은 아니다. 불교는 고苦의 해탈과 무명의 깨달음(覺)에 있기 때문에 효는 그 속에 있는 것이지 모든 수행의 근거는 아니다.

유교에서는 일차적으로 효는 나를 낳아 준 부모에게만 한정되지만 불교에서는 현생부모에 효경할 뿐 아니라 전생부모에서 일체중생에 이르기까지 널리 공경한다고 말한다. 그래서 『범망경梵網經』에서는 "끝없는 옛날부터 금생에 이르기까지 육도중생이 모두 내 부모와 형제가 아님이 없다"라고 했다. 그러나 그 본뜻은 현생부모가 아닌 과거나 일체중생에게 먼저 효심을 내라는 뜻이 아니다. 현생부모가 중요하기 때문에 육도중생 모두에게 공경하라는 것으로 이해해야 할 것이다.

불교의 효는 재가자의 효와 출가자의 효로 나누어 볼 수 있다.

3) 재가자의 효

여기에는 생전 효도와 사후 천도, 물질적 효와 정신적 안심효安心孝가 있을 수 있다. 『부모은중경父母恩重經』에서는 부모가 자식에 대한 10가지 망극한 은혜를 베풀어 주신 데 대하여 자식은 이 은혜를 갚으려고 왼쪽 어깨에 아버지를 모시고 오른쪽 어깨에 어머님을 모시며 그 어깨 위에서 대소변을 받으면서 백천 겁 동안에 수미산을 돌아도 다 갚지 못한다는 보본반시의 효를 강조하고 있다.

『관무량수경觀無量壽經』에는 누구나 극락세계에 왕생하려고 하면 먼저 부모를 효양하여 자심慈心으로 살생하지 말고, 십선업을 닦아야 한다고 말하고, 그 중에서도 효도가 으뜸이라 하였다.

『중아함경中阿含經』에는 가정을 잘 다스려 재산을 증익하게 하고 화평하게 하라고 하면서 부모의 마음에 하고자 함을 모두 받아들이고, 부모의 뜻을 어기고 제 마음대로 하지 않는 것을 '효'라고 강조하고 부모를 공경 공양하라고 하였다.

『범망경梵網經』에서는 부모의 사후 천도를 위하여 법사를 청하여 범망경을 강설하라고 하였다.

『지장보살본원경地藏菩薩本願經』에는 모든 사람들이 그 부모와 친척이 죽었을 때 망자亡者를 위하여 설재공양設齋供養한다면 생자와 사자가 더불어 이익을 얻지 않는 바가 없을 것이라고 하였다. 이는 사후 천도의 효를 말한다.

4) 출가자의 효

출가자의 효란 출가 본래 목적인 수도에 전념하여 견성오도하고 일체중생을 이익하게 하는 데 있다. 따라서 부모의 육친에 대한 효보다 진리에 대한 깨달음이 우선한다. 물론 출가했다고 해서 전연 부모를 외면하는 것은 아니다. 다만 부모의 효로부터 출발하지 않는다는 데 있다.

『불설정반왕반열반경佛說淨飯王般涅槃經』에서는 석존의 부왕인 정반왕이 서거하매 부처님께서 상여를 몸소 메려고 관전에 서시었고, 마침내 향로를 들고 상여 앞에 서서 장지까지 가시었다 함을 상기할 때 출가자의 효를 알 수 있다.

『불설우란분경佛說盂蘭盆經』에는 목련존자가 지옥에 빠진 어머니 청제부인을 구제하기 위하여 7월 15일 자자自恣하는 대중에게 우란분재盂蘭盆齋를 베풀어 삼보의 위력으로 제도하고, 금생과 과거 칠세부모를 위하여 7월 15일에 백미반식으로 백자승에게 공양하라고 하였다.

이와 같이 출가자도 비록 부모를 모시고 함께 공양하고 있지는 못한다 하더라도 효성의 정신은 변함이 없고, 그것은 물질적 효보다 오히려 인간고를 해탈케 하는 내면적 정신의 효에 더욱 치중하고 있음을 알 수 있다.

4. 불교적 효와 유교적 효의 현대적 조화

유교의 효는 그 내면적 근본정신보다 오히려 외적인 의례에 치중된 나머지 형식화·획일화되고, 오히려 효의 공양정신이 경직되고 말았다. 따라서 가족주의 윤리를 벗어날 수 없게 되고 마침내 수직적·폐쇄적 윤리에 의하여 도식화로 인한 정체를 면할 수 없게 되었다. 따라서 유교의 효는 시대적 적응에 민감하지 못하여 비현실적 예론禮論에 머물렀다.

그러나 유교적 효의 근본정신을 본다면 효란 '보본반시報本反始'의 생명의 연계성을 확인하는 것이며, 그것은 곧 부모에 대한 공경심을 바탕으로 시작하여 내·외의 완전한 인격자가 되는 데 그 목적을 삼고 있음을 볼 때 그 미래성을 재조명해야 할 것이다.

불교의 효는 너무 일방적인 출가 위주로만 생각된 나머지 멸인륜이라 비난을 받았으나 이는 유교의 효가 너무 형식에 치우친 잘못에서 오는 오류이다.

불교의 효는 출가의 목적이 견성오도에 있듯이 이는 곧 대자대비의 보살행의 실현에 있음을 알 수 있다. 『화엄경』「보현행원품」에서는 일체중생을 부처로 보고 예경하라고 하였다. 이는 곧 일체중생을 내 부모와 같이 생각하라는 말과 같다.

이때 유가에서 지적하듯이 어떻게 내 부모와 남의 부모를 동일하게 생각할 수 있느냐 하고 반문하겠지만, 사실 이 말은 내 부모와 남의 부모를 평등하게 볼 때 내 부모를 더욱 존경하고 공경하는 것이다. 내 부모를 빼고 남의 부모를 먼저 사랑하라는 것이 아니다. 유가의 효는 차별을 강조하지만 불교의 효는 평등 속의 일체를 말하고 있다.

불교가 개인적 해탈을 원한다고 비난하지만, 그 근본교리를 살펴보면 인간고의 해방을 말하며 그 인간고는 나만의 해탈이 아니라 일체중생에게 해탈의 길을 보여 주어 회향하는 데 있기 때문에 사실 개인적인 데에 끝나는 것이 아니라 반야의 회향하는 정신이 기본이다.

또한 내세를 말하지만 그 내세란 우리가 살고 있는 별개의 다른 세계가 아니라 인간고의 원인과 그 해탈의 길을 깨달으면 곧바로 여기가 현세임을 알 때 불교의 효는 결코 내세로 말미암아 고정될 수 없는 것이다. 열반(Nirvana)이 곧 번뇌의 불을 끈다는 의미임을 상기할 때 우리는 이를 이해할 수 있다.

유교의 차별적 효가 불교적 보살의 효와 조화를 이루게 되고, 불교의 무차별 평등의 효가 유교의 차별적 효와 손을 잡을 때 오늘의 효가 재조명되리라 믿어지는 것이다.

그것은 우리가 생명의 뿌리를 연계하는 데 부모에 대한 공경심이 충만되어 그것이 일체중생과 하나임을 자각하는 데서 현대적 효는 실현될 것이다.

Ⅸ. 원효와 지눌의 염불관

1. 머리말

관음신앙觀音信仰은 한국의 불교도들에게는 대단히 친근하다. 그리고 일심칭명一心稱名에 대하여서도 관습적으로 잘 알려져 있다. 그러나 관세음보살을 칭명하는 데 있어서 그 이론적 근거나 방법에 대하여서는 쉽게 이해되지 않는 면도 있다고 생각한다.

필자는 염불에 대하여 수행적 측면에서 혼란을 가져온 때가 있었다. 그렇기 때문에 염불방법을 확실히 이해하고 싶었다. 염불은 전통적으로 구전口傳되어 오는 여러 가지 방법이 있으나 실제적으로 어떻게 하는 것이 요결要訣인지 알고 싶었고, 실제 염불하는 과정에서도 의심이 있어 왔다.

따라서 이번 기회에 극히 초보적인 입장에서 염불과 깊이 관계가 있는 관음신앙과 염불론에 대하여 이해하고자 한다. 그 작업의 일환으로 먼저 신라의 관음신앙과 현존하는 자료가 있는 원효元曉(617~686)의 염불관과 고려의 보조지눌普照知訥(1158~1210)의 염불관을 비교하고자 한다.

물론 지눌의 염불관을 연구하는 데 있어서는 그의 저서라고 알려진 『염불요문念佛要門』이 지눌의 저술이 아니라 후세에 다른 사람이 가탁한 것이라는 주장이 있으나, 필자는 일단 고려시대의 염불의 정신이 내재되었다고 보고 함께 연구하고자 한다.

사실 염불에 대한 여러 가지 방법과 신앙행태는 시대에 따라서, 또는 사람의 근기根機의 차이로 인하여 다를 수 있다. 더구나 그 시대의 불교가 어떤 것에 관심을 두었느냐에 따라 현격히 다를 수 있다.

혹자는 지눌이 선禪을 중심으로 수행을 하였기 때문에 염불에 대하여서는 관심이 없었을 것이고, 더구나 선과 염불은 그 수행방법이 근본적으로 다르기 때문에 염불에 관한 저술도 믿을 수 없다고 간주하여 지눌 저술에 삽입하지 않기도 하였다. 그리고 염불은 하근기下根機의 사람이 수행하는 것이고 선은 상근기上根機의 사람이 수행한다는 선입관으로 인하여, 선을 주장한 지눌이 염불에 관한 저술을 하였다는 것은 믿을 수 없다고 하기도 한다. 그러나 수행방법에서 이미 선을 본격적으로 실수하기 전 불교적 수행을 하는 사람들이 부처님을 예배하고 공경하는 의식을 품어 왔다면, 염불도 그 수행의 한 방법으로 관습화되었을 것이다. 그렇게 생각한다면 지눌이 염불에 대한 반성을 하지 않았으리라 속단하기도 어려울 것이다.

따라서 필자는 『염불요문念佛要門』이 지눌의 저술이냐 아니냐 하는 문제보다 그 시대 염불방법에 대한 저술이라고 생각하고 본 논문에서 다루고자 한다.

우리는 염불수행의 변천을 살피고 시대마다 염불방법이 다른 이유가 어디에 있었던가 하는, 시대의 변천에 따라 염불수행의 방법도 달라진다는 것을 규명하고자 한다. 부처님의 원음圓音인 '깨달음'으로 들어가는 길은 여러 가지가 있다. 어떤 고정된 방법을 강요할 때 불교는 그 발전이 후퇴된다. 지눌이 선교합일禪敎合一을 주장한 것은 교에만 치중하여 내면적 자각보다 지식을 자랑하고 출세와 이양만을 추구하는 승려들의 행태를 바꾸고, 나아가 불교를 혁신하기 위한 사상이었다.

이렇게 볼 때 염불방법도 시대에 따라 다를 것은 명확하다. 이러한 시각에서 신라의 원효와 고려의 지눌의 염불론을 비교함으로써 오늘의 우리 신앙형태를 반성코자 하는 것이며, 염불은 오직 하근기의 사람이 실천하는 수행법으로 상근기의 사람이 실천하는 선수행보다 하열방법 이라는 선입관을 불식하는 데 일조하고자 한다.

부처님, 즉 깨달음의 길은 염불로도 선으로도 교로도 들어갈 수 있다. 다만 자기 마음을 회광반조廻光返照함이 없이 수행하는 형식주의에 의해서 바른 믿음이 성립되지 않을 뿐이다. 상근기, 하근기의 수행방법 이 나누어진 것 자체가 각자들의 근기에 맞는 수행을 하면 '깨달음'의 세계에 들어갈 수 있다는 가능성을 보여 준 것이다.

상근기의 사람이 그에 맞는 수행을 하더라도 깨달음의 길에 들어갈 수 없을 수도 있다. 깨달음은 근기에 있는 것이 아니라 수행의 실천에 있음을 이해할 때, 우리가 갖고 있는 선입관을 벗어날 수 있다.

본 연구는 선입관을 타파하는 데 참고가 되기를 바라며 순수한 믿음 의 형태를 보여 주는 데 의의가 있다고 생각한다.

그러기 위해서는 먼저 일심칭명一心稱名의 연원으로 『묘법연화경妙法 蓮華經』 「관세음보살보문품」의 내용을 살펴보고, 그러한 일심칭명이 신 라의 관음신앙에서는 어떻게 받아들여졌으며, 염불을 강조했던 원효는 어떻게 이해하였는가를 살피고, 나아가 고려의 지눌은 어떻게 설명하였 는가를 비교하기로 한다.

2. 「관세음보살보문품」의 내용

「관세음보살보문품觀世音菩薩普門品」은 잘 알다시피 『묘법연화경』 제7 권 제25 「관세음보살보문품」으로 일명 「보문품」이라고 약칭하기도 하는 것이다. 관세음보살은 범어 Avalokiteśvara를 의역意譯한 말이다. 이 밖에 관자재觀自在·광세음光世音·관세자재觀世自在·관세음자재觀世音自在 등으로도 번역한다.

관세음보살은 보문시현관세음보살普門示現觀世音菩薩이라고 하기도 하며 구고구난관세음보살救苦救難觀世音菩薩이라고 하여 현세의 고난을 극복해 주시는 인간과 가장 친근한 보살로 신앙되어 오고 있다. 또 하나는 극락세계에서 아미타불을 모시고 있는 협시脇侍의 관세음보살이라는 양면이 있다. 전자는 현실세계의 대비보살大悲菩薩이요, 후자는 이상세계의 서방정토보살西方淨土菩薩로서의 관음보살을 의미한다고 볼 수 있다. 물론 이때의 현실세계나 이상세계는 둘로 구별 되는 것은 아니지만 궁극적으로 하나임을 나타내기 위한 구분이라고 이해하면 되겠다. 이미 현실세계에서 관세음보살의 위신력으로 고苦와 난難을 극복했다면 그것이 곧 극락정토가 아닐 수 없기 때문이다.

관세음보살은 『법화경』의 보문품과 『능엄경楞嚴經』의 관음원통설觀音圓通說을 들 수 있으나 『법화경』의 「보문품」이 가장 알려져 있다.

이제 「보문품」의 중요한 내용을 살펴보자.

그때 무진의보살無盡意菩薩이 곧 자리에서 일어나 오른편 어깨를 올리고 부처님을 향해 합장하고 말씀하되 "세존이시여, 관세음보살은 무슨 인연으로 이름을 관세음이라 하나이까." 부처님께서 무진의보살에게 이르시되, "선남자야, 만일 한량없는 백천만억 중생이 모든 고뇌를 받을 때에 관세음보살의 이름을 듣고(聞是觀世音菩薩) 일심으로 부르면(一心稱名) 관세음보살이 즉시 그 음성을 듣고(卽是觀其音聲) 다 해탈을 얻게 하느니라. 만일 이 관세음보살의 명호를 가지는 자는 가령 큰 불에 들어가도 불이 능히 태우지 못하리니 이 보살의 위신력에 의한 까닭이니라.…… 관세음보살은 이와 같은 큰 위신력이 있어 요익(饒益)되게 하는 바가 많으니라. 이런 고로 중생은 항상 마땅히 마음에 생각할지니라(衆生常應心念).…… 만일 여인이 아들을 구하고자 하여 관세음보살을 예배하고 공경하면 곧 복덕과 지혜를 갖춘 아들을 낳으며(禮拜供養), 혹은 딸을 구하고자 하면 곧 단정하고 어여쁜 딸을 낳되 속세에 덕본(德本)을 심어서 모든 사람에게 사랑과 공경을 받으리라. 무진의야. 관세음은 이와 같은 힘이 있느니라."[1]

이와 같이 관세음보살을 일심칭명하고 상응심념(常應心念)하고 예배공양(禮拜供養)하면 제난(諸難)이 구제된다고 하였다. 그리고 일심칭명하면 칠난七難인 풍난風難 · 화난火難 · 수난水難 · 도장난刀杖難 · 악귀난惡鬼難 · 가쇄난枷鎖難 · 원적난怨賊難에서 벗어나게 된다고 하였다. 그리고 관세음보살을

---

1) 『法華經』,「普門品」, "爾時, 無盡意菩薩, 卽從座起, 偏袒右肩, 合掌向佛, 而作是言, 世尊, 觀世音菩薩, 以何因緣, 名觀世音. 佛告無盡意菩薩, 善男子, 若有無量百千萬億衆生, 受諸苦惱, 聞是觀世音菩薩, 一心稱名, 觀世音菩薩, 卽時, 觀其音聲, 皆得解脫. 若有持是觀世音菩薩名者, 設入大火, 火不能燒, 由是菩薩, 威神力故.……觀世音菩薩摩訶薩, 威神之力, 巍巍如是……觀世音菩薩, 有如是等大威神力, 多所饒益, 是故, 衆生, 常應心念. 若有如人, 設欲求男, 禮拜供養觀世音菩薩, 便生福德智慧之男, 設欲求女, 便生端正有相之女, 宿植德本, 衆人, 愛敬. 無盡意. 觀世音普薩, 有如是力."

상념공경常念恭敬하면 음욕과 진瞋과 치癡가 없어지게 되고 예배공양하면 구난구녀求男求女를 뜻에 따라 얻게 된다고 하였다.

　여하간 관음보살을 중생이 일심칭명하고 일심예배공경하면 제난이 구해진다고 말하고 있다. 여기서 우리는 염피관음력念彼觀音力을 이해할 필요가 있다. 일심으로 저 관세음보살을 생각하는 힘에 의하여 구고구난救苦救難이 이루어진다는 것이다.

　관세음보살은 우리들 사바세계의 고뇌중생에게는 대단히 친근하며, 대비大悲의 위신력으로 중생들의 고난을 극복시켜 주는 현실적인 이세利世보살로서 신앙을 받고 있음도 사실이다.

　이러한 관세음보살의 위신력을 얻기 위해서는 사바중생들이 일심칭명하고, 예배공경하는 데서 관음의 대비력을 얻게 되는데 그러한 방법에 대하여서는 『능엄경楞嚴經』에 잘 나타나 있다.

3. 『능엄경』의 관세음보살

이때 관세음보살이 자리에서 일어나 불佛의 발에 정례頂禮하고 불佛께 사뢰기를,

세존이시여, 생각하니 옛적 수없는 항하사겁恒河沙劫 전에 불佛이 세상에 나시니 이름이 관세음이시라. 저는 그 불佛에게서 보리심菩提心을 발하였더니, 그 불佛이 저를 가르치사 문聞·사思·수修로 좇아 삼마지三摩地에 들라 하시었나이다. 처음에 문문성聞聞性 중에서 유법류流法流에 들어가 소성진所聲塵를 벗어나고 소所와 들어감이 이미 고요하매 동動과 정靜의 이상二相이 요연了然히 생하지 아니하며, 이와 같이 점점 증진하여 문문(能聞之機)과 소문所聞(聞性)이 다하여지고 문문이 다함도 머물러 있지 아니하여 각覺(能覺之智)과 소각所覺(境)이 공하였으며 공하였다는 각이 극히 원만하여 공공(重空之智)과 소공所空(智와 境)이 멸멸하여지고 생生과 멸滅이 이미 멸멸하매 적멸寂滅이 앞에 나타나더이다. 홀연히 세간과 출세간을 초월하여 시방이 원명圓明하여지면서 두 가지 수승함을 얻었으니, 일一은 위로 시방제불의 본묘각심本妙覺心과 합하여 불·여래佛如來로 더불어 자력慈力이 동일함이요, 이二는 아래로 시방의 일체 육도 중생과 합하여 모든 중생들로 더불어 비앙悲仰이 동일함이외다. 세존이시여, 저는 관세음여래께 공양하옵고 그 여래께서 여환문훈문수금강삼매如幻聞熏聞修金剛三昧를 일러주심을 입사와 불여래로 더불어 자력慈力이 동일한고로 제 몸이 삼십이응신三十二應身을 이루어 여러 국토에 들어가나이다.[2]

---

2) 『首楞嚴經』, 권6, "世尊, 憶念我昔無數恒河沙劫, 於時有佛出現於世, 名觀世音. 我於彼佛發菩

하여 삼십이응신三十二應身을 나타내어 중생을 해탈케 함은 물론, 더욱 나아가서 또 이렇게 사뢰었다.

세존이시여, 저는 또 문훈문수금강삼매聞熏聞修金剛三昧의 지음이 없는 묘력으로써 시방삼세十方三世의 육도중생과 비앙悲仰이 동일하므로 중생들로 하여금 제 몸과 마음에서 14종의 무외공덕無畏功德을 얻게 하나이다.[3]

그리고 그 14종의 첫째는 제가 스스로 음음音을 관觀하지 아니하고 관하는 자를 관함으로써 시방의 고뇌하는 중생들로 하여금 그 음성을 관하여 해탈을 얻게 하나이다. 둘째는 지견知見을 돌이켜 회복하였으므로 중생들로 하여금 큰 불에 들어가도 불이 능히 태우지 못하게 하나이다. 셋째는 관청觀聽을 돌이켜 회복하였으므로 중생들로 하여금 큰물에 표류하여도 물에 능히 빠지지 못하게 하나이다. 넷째는 망상을 단멸하여 살해할 마음이 없으므로 중생들로 하여금 귀국鬼國에 들어가도 귀신이 능히 해치지 못하나이다. 다섯째는 중생들이 피해를 당해도 칼이 조각조각 부서지고, 여섯째는 약차·나찰·구반다 등의 침입을 못하게 하고, 일곱째는 금계禁繫와 가쇄枷鎖가 저著하지 못하게 하고, 여덟째는 도적이 겁탈하지 못하게 하며, 아홉째는 음욕과 탐욕을 멀리하게 하며, 열째는 진에를 여의게 하고, 열한째는 의암凝暗을 여의게 하고, 열두째

提心, 彼佛敎我從聞思修, 入三摩地. 初於聞中, 入流亡所, 所入旣寂, 動靜二相了然不生, 如是漸增, 聞所聞盡, 盡聞不住, 覺所覺空, 空覺極圓, 空所空滅, 生滅旣滅, 寂滅現前. 忽然超越世出世間, 十方圓明, 獲二殊勝, 一者, 上合十方諸佛本妙覺心, 與佛如來同一慈力, 二者, 下合十方一切六道衆生, 與諸衆生同一悲仰. 世尊, 由我供養觀音如來, 蒙彼如來, 授我如幻聞熏聞修金剛三昧, 與佛如來同慈力故, 令我身成三十二應, 入諸國土."

[3] 『首楞嚴經』, 권6, "世尊, 我復以此聞熏聞修, 金剛三昧無作妙力, 與諸十方三世六道一切衆生, 同悲仰故, 令諸衆生, 於我身心, 獲十四種無畏功德."

는 구남求男케 하고, 열셋째는 구녀求女케 하고, 열넷째는 한 사람의 이름이 여러 보살의 이름과 다르지 않나이다.4)

이것이 열네 가지로 무외력無畏力을 베풀어 중생에게 복주는 것이다.

우리는 『능엄경楞嚴經』의 관세음보살의 이근원통耳根圓通이 『법화경』의 보문품과 다름이 없는 구고구난救苦救難임을 보아 왔다. 한 가지 더 있다면 『능엄경』의 경우는 원통무상圓通無上의 도를 수증修證하여 사불사의무작묘법四不思議無作妙法을 얻었다는 것이다.

우리는 여기서 「보문품」에서의 관세음보살을 단지 일심一心으로 칭명하라고 말하는 곳에서 더욱 구체적인 수증방법이 주어져 있음을 본다. 다시 말하면 능엄경의 원통의 방법은 일심을 어떻게 이룰 것인가가 자세히 설명되었다는 것이다.

진실로 수행면에서 관세음보살을 부를 때 어떻게 해야 일심이 되는

---

4) 『首楞嚴經』, 권6, "一者, 由我不自觀音以觀觀者, 令彼十方苦惱衆生, 觀其音聲, 卽得解脫. 二者, 知見旋復, 令諸衆生, 設入大火, 火不能燒. 三者, 觀聽旋復, 令諸衆生, 大水所漂, 水不能溺. 四者, 斷滅妄想, 心無殺害, 令諸衆生, 入諸鬼國, 鬼不能害. 五者, 熏聞成聞, 六根銷復, 同於聲聽, 能令衆生, 臨當被害, 刀段段壞, 使其兵戈, 猶如割水, 亦如吹光, 性無搖動. 六者, 聞熏精明, 明遍法界, 則諸幽暗性不能全, 能令衆生, 藥叉羅刹鳩槃茶鬼, 及毗舍遮, 富單那等, 雖近其傍, 目不能視. 七者, 音性圓銷, 觀聽返入, 離諸塵妄, 能令衆生, 禁繫枷鎖, 所不能著. 八者, 滅音圓聞, 遍生慈力, 能令衆生, 經過險路, 賊不能劫. 九者, 熏聞離塵, 色所不劫, 能令一切多婬衆生, 遠離貪欲. 十者, 純音無塵, 根境圓融, 無對所對, 能令一切忿恨衆生, 離諸瞋恚. 十一者, 銷塵旋明, 法界身心, 猶如琉璃, 朗徹無礙, 能令一切昏鈍性障諸阿顚迦, 永離癡暗. 十二者, 融形復聞, 不動道場, 涉入世間, 不壞世界, 能遍十方. 供養微塵諸佛如來, 各各佛邊爲法王子, 能令法界無子衆生, 欲求男者, 誕生福德智慧之男. 十三者, 六根圓通, 明照無二, 含十方界, 立大圓鏡空如來藏, 承順十方微塵如來, 秘密法門, 受領無失, 能令法界無子衆生, 欲求女者, 誕生端正福德柔順, 衆人愛敬有相之女. 十四者, 此三千大千世界, 百億日月, 現住世間諸法王子, 有六十二恒河沙數, 修法垂範, 敎化衆生, 隨順衆生, 方便智慧, 各各不同, 由我所得圓通本根, 發妙耳門, 然後身心微妙含容, 周遍法界, 能令衆生持我名號, 與彼共持, 六十二恒河沙諸法王子, 二人福德, 正等無異, 世尊, 我一名號, 與彼衆多名號無異, 由我修習得眞圓通, 是名十四施無畏力, 福備衆生."

가 하는 점이 문제였다. 보문품에서는 일심으로 이름을 부르라 했지만 『능엄경』에서는 부르는 소리를 듣는 능문能聞과 소문所聞이 하나가 되어 공해야 함을 구체적으로 가르쳐 주고 있음을 볼 때, 수행방법의 교시가 명백함을 볼 수 있다. 또 하나의 특징은 「보문품」에서는 관세음보살에게 예배공양하더라도 구고구난이 이루어진다고 하였으나 『능엄경』에서는 이러한 부분이 강조되어 있지 않고, 오히려 금강삼매를 얻는 일심이 더욱 강조되었음을 본다.

이는 이미 종교적 신앙이 「보문품」의 경우보다 더욱 수행의 형이상학적 측면이 주지주의화主知主義化되어 있음을 볼 수 있다. 여기서 주지주의라 함은 관세음보살을 칭명하는 수행자가 스스로 자기 수행을 검증할 수 있는 자력적인 면을 강조하는 것을 가리킨다.

4. 신라의 관음신앙

신라의 관음신앙에 대한 기록은 극히 드물어 직접적인 관음신앙의
전적은 찾아볼 수 없다. 다만 『삼국유사三國遺事』에 기록된 관음영험을
통하여 간접적인 관음신앙을 알 수 있을 뿐이다.

물론 관세음보살보문품이 들어 있는 『법화경』에 대한 저술의 기록
이 보이기는 하나 다만 원효의 『법화경종요法華經宗要』만이 남아 있을 뿐
다른 주소註疏는 산일되어 전하여 내려오지 않는다.

『법화경法華經』 주소를 남긴 스님들은 원효의 『법화경종요法華經宗要』
1권과 『법화경방편품료간法華經方便品料簡』 1권을 위시하여 순경順璟(661)의
『법화경료간法華經料簡』 1권, 경흥憬興(681)의 『법화경소法華經疏』 16권, 둔륜
遁倫(682)의 『법화경소法華經疏』 3권, 의적義寂(681~691)의 『법화경료간法華經
料簡』 1권과 『법화경영험기法華經靈驗記』 3권, 태현太賢(753)의 『법화경고적
기法華經古迹記』 14권 등이 있다.

오직 남아 있는 원효의 『법화경종요法華經宗要』에 대하여서 다음 장에
서 논하기로 하고, 여기에서는 『삼국유사』에 기록된 관음영험을 통하여
서 신라 관음신앙의 특성을 보기로 하자.

신라의 관음보살에 대한 연구는 김영태金煐泰 교수의 「신라新羅의 관
음사상觀音思想」(『佛敎學報』 13집, 1976)과 단행본으로 나온 『삼국시대 불교신
앙연구』(불광출판부, 1990)에 수록되어 있다. 그러나 필자는 영험설화에 나
타난 현세이익적인 면으로서의 관음신앙을 조명하는 것이 아니라 이들

이『법화경』에 있는 관세음보살보문품의 일심칭명을 어떻게 받아들이고 있으며, 과연 그러한 영험이 어떠한 수행을 통해 이루어지고 있는가를 밝혀 보려는 데 있으므로 연구의 시각이 다르다.

다만 논문의 체계상 신라의 관음설화를 간단히 인용 소개하면서 신라인들이 관세음보살을 어떻게 칭명했는가를 보고자 한다.

『삼국유사』에는 관음신앙을 엿볼 수 있는 기록이 열두 가지가 적혀 있다.

① 자장의 출생

대덕자장大德慈藏은 김씨이다. 본래 진한辰韓의 진골眞骨인 소판무림蘇判茂林의 아들이다. 그의 아버지는 중요한 관직을 지냈으나 후사가 없으므로 삼보에 귀의하여 천부관음千部觀音에게 자식을 두게 해 달라고 축원하였다. "만일 아들을 낳으면 불교의 지도자를 만들겠습니다" 하였다. 마침내 그 어머니 꿈에 별이 떨어지는 태몽으로 그가 태어났다고 한다.

우리는 여기서 다만 자장의 아버지 무림이 천부관음을 조성하고 축원하여 아들을 얻게 된 연기를 알 뿐이다. 보문품의 일심칭명보다 천부관음을 조성하였다는 것이 더욱 눈에 띤다.

② 광덕 · 엄장과 십구응신

문무왕 때에 중 광덕廣德과 엄장嚴莊이라는 두 사람이 있었다. 이들은 서로 친하여 밤낮으로 약속하여 "먼저 극락으로 돌아가는 자는 모름지기 서로 알리자" 하였다. 광덕은 분황사 서리에 숨어 살면서 신 삼는 것을 업으로 하며 처를 데리고 살았다. 엄장은 남악南岳에 암자를 짓고 살며 숲의 나무를 베고 밭 갈기에 힘썼다. 어느 날 석양에 소나무 그늘이 고요히 저물었는데 창밖에서 소리가 났다. "나는 이미 서쪽으로 가니 그대는 잘 있다가 속히 나를 따라오라."

이튿날 광덕이 살던 곳을 가보니 과연 광덕이 죽었다. 이에 엄장은 그 처와 함께 유해를 거두어 장사를 지내고 나서 처에게 말했다. "남편이 죽었으니 나와 함께 사는 것이 어떠하오."

그 처가 좋다고 하므로 드디어 그 집에 머물렀다. 밤에 잘 때 서로 관계하려 하니 그 부인은 부끄러워하면서 "스님이 서방극락을 구함은 나무에 올라 고기를 구하는 것과 같습니다"라고 하였다. 엄장이 의아해하며 물었다. "광덕도 이미 그랬는데 난들 어찌 아니 되겠소." 부인이 말했다. "남편은 저와 10여 년이나 동거하였으나 아직 하루 저녁도 자리를 같이 하지 않았습니다. 하물며 더러운 짓을 했겠습니까. 다만 밤마다 단정히 앉아 한결같이 아미타불의 이름을 외우고, 혹은 십육관을 지어 미혹을 깨치고 진리를 달관함이 이미 이루어져 밝은 달이 창에 비치면 그 빛에 올라 정좌하였습니다. 그 정성이 이와 같았으니 비록 서방극락으로 가지 않으려고 한들 어디로 가겠습니까. 대개 천리를 가는 사람은 그 첫걸음으로써 알 수 있는 법인데 지금 스님의 하는 일은 동으로 간다 할지언정 서로는 갈 수 없습니다."

엄장은 부끄러워 그 자리에서 물러나 곧 원효법사에게 가서 법을 간곡히 물었다. 원효는 삽관법鋪觀法을 지어 지도하였다. 엄장은 그제야 몸을 깨끗이 하고 잘못을 뉘우쳐 스스로 꾸짖으며 한마음으로 도를 닦아 서방극락으로 갔다. 그 부인은 분황사의 종이니 십구응신十九應身의 하나였다.

이 설화를 길게 인용한 이유는 신라시대의 관음신앙은 아미타신앙과 깊은 관계를 맺고 있기 때문이다. 십구응신이라는 것은 중생을 교화하기 위하여 나타나는 열아홉 가지 관음보살의 모습이다. 따라서 광덕의 아내였던 이 부인은 사실혼의 관계가 아니라 광덕을 극락으로 보내는 도반이었다. 그리고 그 관음보살의 화신은 서방극락으로 가지 않고 엄장에게 참다운 수행의 근본을 보여 주어 미혹했던 엄장으로 하여금 참회하고 다시 발심하여 수행토록 함으로써 극락의 무량수불에게 돌아갔던 것이다.

우리는 여기서 신라의 관음신앙은 아미타불과 깊은 관계를 보여 주고 있으며 관음보살은 현세의 모든 인간들의 고를 직접 해탈케 하고, 마침내 극락세계의 길을 가게 하는 인도자였음을 알 수 있다. 아미타불인 무량수불에의 귀의와 왕생은 관음보살을 통해 이루어지고 있었다.

③ 의상과 진신관음보살

옛적에 의상법사가 처음으로 당나라에서 돌아와서 대비진신大悲眞身이 해변의 굴 안에 산다는 말을 듣고 이로 인하여 낙산洛山이라고 이름하였으니, 대개 서역에 보타낙가산寶陀洛伽山이 있는 까닭이다.
이것을 소백화小白華라고도 하였는데 백의대사白衣大士의 진신眞身이 머물러 있는 곳이므로 이것을 빌려 이름을 그와 같이 지은 것이다.
의상이 재계齋戒한 지 7일 만에 좌구를 신수晨水 위에 띄웠더니 용천팔부시종龍天八部侍從이 굴속으로 인도하였다. 공중을 향하여 참회하니 수정염주 한 꾸러미를 내주었다. 의상이 받아가지고 물러나니 동해의 용이 또한 여의보주 한 알을 바쳤다. 법사(의상)가 받들고 나와 다시 재계하기 7일 만에 들어가 진신의 용모를 보았다. 진신이 일러 말하기를,

"좌상의 산정에 쌍죽이 솟아날 것이니 그 땅에 불전을 짓는 것이 마땅하다" 하였다. 법사가 그 말을 듣고 굴에서 나오니 과연 대가 솟아 나왔다. 이에 금당을 짓고 소상을 만들어 모시니 그 원만하고 고운 형상이 마치 천생天生한 것과 같고 그 대는 없어졌으므로, 비로소 이곳이 바로 진신이 머무는 곳임을 알고 그 절을 낙산이라고 이름하고 법사는 그가 받은 두 염주를 성전에 두고 떠났다.

그 뒤를 이어 원효법사가 와서 답례答禮하고자 하였다. 원효가 처음에 남쪽 교외에 이르니 논 가운데 흰 옷을 입은 한 여인이 벼를 베고 있었다. 법사가 그 벼를 달라고 희롱하니 여인은 일부러 벼가 흉년이 들었다고 희롱하며 대답하였다. 법사가 또 가다가 다리 아래 이르니 한 여자가 월수백月水帛을 빨고 있었다. 법사가 먹을 물을 달라고 청하니 여자가 그 더러운 물을 떠서 주므로 법사는 그 물을 버리고 다시 냇물을 떠 마시었다.

이때 들 가운데 서 있는 소나무 위에서 파랑새 한 마리가 있어 불러 말하기를 "휴성호화상休醒醐和尙아"('제호'는 불교적 수양의 높은 경지를 성취한 인물을 지칭한다. 그러나 '휴'는 '그만 그치라'는 명령으로 해석될 수도 있고, 탄식의 의미 혹은 찬양의 의미로 해석될 수도 있어, 이 구절의 의미는 명확하지 않다.) 하고 홀연히 숨어 보이지 않고 그 소나무 아래에 짚신 한 짝이 있었다.

법사가 절에 이르니 관음좌하觀音座下에도 전에 보던 짚신 한 짝이 있으므로 비로소 전에 만났던 성녀聖女가 진신임을 알았다. 그래서 그때 사람들이 그 소나무를 관음송觀音松이라고 하였다. 법사가 성굴聖窟에 들어가 다시 참모습을 보고자 하였으나 풍랑이 크게 일어 들어가 보지 못하고 떠났다.

우리는 이 설화에서 관음보살이 있는 곳은 보타락가산임을 알 수 있고, 이는 『화엄경』에도 나오고 있다. 따라서 의상義湘이 만난 관음진신이 있는 곳을 낙가산이라고 이름하였다. 더구나 의상은 14일간 기도하여 관음진신을 만나고 그곳에 그가 본 관음보살상을 조성하였다.

그러나 원효가 만난 관음진신은 관음을 상징하는 여인으로 나타났고, 원효스님은 나중에야 그가 관음의 화신임을 알고 성굴에 들어가 친견하려 하였으나 풍랑으로 친견하지 못하였다.

여기에 나타나는 특징은 의상스님이 관음을 친견하는 과정에서 그 수행방법이 다만 재계하였다는 표현만 있을 뿐, 일심칭명이라는 『법화경』 보문품의 수행방법은 강조되지 않고 있다.

더구나 의상의 설화에서 보이는 관음신앙은 관념적이 아니라 구체적으로 육화현신肉化現身의 관음이라는 사실이다. 이는 의상시대에서의 관음신앙은 직접적으로 현신관음의 영험이 중요했음을 말하기도 한다.

그리고 의상은 관음을 친견하였으나 원효는 친견하지 못하였고, 더구나 관음의 세 모습도 처음은 모르고 나중에서야 관음의 화신임을 안 것은 의상과 원효와의 법력 차이보다도, 오히려 그들의 신앙의 대상이 서로 달랐음을 의미하지 않는가 하는 점도 있다.

다시 말하면 의상은 관음신앙을 더욱 중요시하여 성굴에 관음진신을 소상하였으나 원효는 성굴의 관음진신을 친견코자 하였으나 못한 것은 그가 관음신앙보다 정토신앙 쪽에 더욱 비중을 두었던 것이 아닌가 하는 점도 생각할 수 있다.

그러한 증거는 뒤에 나오겠지만 염불에서도 관음염불보다 정토염불을 강조한 면이 그 한 가지 예가 아닌가 한다.

④ 경흥과 십일면관음

신문왕 때의 대덕 경흥憬興은 성이 수水씨로서 웅천주熊川州 사람이었다. 18세에 승려가 되고 삼장에 통달하니 한때 명망이 높았다. 개요 원년 문무왕이 세상을 떠나려 할 때 신문왕에게 뒷일을 부탁했다.

"경흥법사는 가히 국사로 삼을 만하니 나의 명을 잊지 말라."

신문왕이 즉위하여 그를 높이어 국로國老로 삼고 삼랑사三郎寺에 머물게 하였다. 갑자기 경흥이 병이 들어 여러 달이 되었다. 이때 한 여승이 와서 보고 『화엄경』 가운데 선우원병善友原病의 설로써 말하기를, "지금 스님의 병은 근심으로 생긴 것이니 즐겁게 웃으시면 나을 것입니다" 하고 열한 가지 모습으로 변하여 웃음거리 춤을 추니 뾰족도 하고 깎은 듯도 하여 그 변하는 모습이 이루 다 말할 수 없었다. 모두 (너무 우스워) 턱을 떨어뜨릴 지경이었다. 이에 경흥의 병은 어느 새 깨끗이 나았다.

이는 경흥憬興이 남항사南巷寺 십일면원통상十一面圓通像의 응현에 의하여 병을 고쳤다는 설화로 곧 십일면관세음보살十一面觀世音菩薩의 감응이다. 이때 병을 고쳐 준 십일면관세음보살들의 응현은 경흥이 일심칭명이나 예배공양에 의해서가 아니라 그를 보고 그 자리에서 나타난 것이다. 관세음보살은 법력이 있는 사람에게는 그 자신이 새로운 어떠한 행위를 하지 않더라도 그 자리에서 드러나심을 말한다.

⑤ 천수관음신앙千手觀音信仰

경덕왕(742~765) 때에 한기리漢岐里에 사는 여자 희명希明의 아이가 난지 5년 만에 갑자기 눈이 멀었다. 어떤 날 그 어머니가 애를 안고 분황사芬皇寺 좌전 북쪽 벽에 그린 천수대비千手大悲 앞에 나아가서 아이를 시켜 노래를 지어 빌었더니 마침내 눈을 뜨게 되었다.

여기에서도 역시 『보문품』에 있는 일심칭명이라든지 예배공양이 없이 오직 노래를 지어 빌었더니 천수대비가 응현했다고 하였다.

⑥ 중생사 대비상과 백률사 대비상

중생사衆生寺의 대비상大悲像은 생남케 하였으며 백률사栢栗寺의 대비상大悲像은 승려의 몸을 나투어 국선國仙 부례랑夫禮郎과 안상安常을 구해오고 또 없어진 국보금적國寶琴笛을 찾게 하였다.

우리는 이제까지 『삼국유사』에 나타난 관음영험설화를 인용하여 신라 관음신앙의 특성을 살펴보았다.

이미 김영태 교수가 지적했듯이 신라 관음신앙의 특성은, 첫째 현세이익現世利益의 신라 위주적 관음, 둘째 관음의 자발적 응현구제應現求濟를 들 수 있다.

실제 관세음보살보문품의 염피관음력念彼觀音力에 의해 현실고를 구제하는 측면도 있었지만 신라에서는 오히려 예배·공양·칭명하지 않았음에도 불구하고 응현하여 고를 구제하여 주었다. 이를 김영태 교수는 말하기를,

관음의 자발적인 응현은 관음보살의 무연자비無緣慈悲와 자재묘력自在妙力을 상징한 것으로 볼 수 있다. 염피관음력, 즉 관음을 지칭예념持稱禮

念하는 공덕력에 의하여 구제해탈 된다고 하는 것은 엄격히 말해서 무연無緣, 즉 무조건적 구제라고는 할 수가 없을 것이다. 이것은 어디까지나 지칭예념이라는 유조건적 신행에 의하여 얻게 되는 구제이므로 유연응험이라고 할 수 있다는 것이다. 그러므로 경전에는 유연구제인 염피관음력을 설하고 있으나 신라에서는 한걸음 더 나아가서 무연구제, 즉 자발적인 응현의 자재묘력을 보여 주고 있다 할 것이다. 그처럼 신라의 관음사상은 자발적이고 적극적이며 자재묘력의 무조건적이었다고 할 것이다.

라 하여, 이는 다시 말해서 신라인들은 신라라는 국토는 곧 관음도량이요, 그렇기 때문에 염피관음력의 가피를 받지 않더라도 직접적으로 응현한다고 여겨 종교적 감수성의 우수성이 보인다. 나아가서 신라는 어느 국토보다도 부처님의 자재묘력이 뛰어난 신라 불국토요, 신라 관음국토의 우월성을 상징하고 있다.

결국 관세음보살은 우리가 부르고 예배하지 않는다 해도 언제나 우리에게 나타난다는 종교적 절대성을 보여 주고 있으며, 그것이 곧 믿음이라는 것과 그의 사실성을 확인하는 것이다.

이러한 사상적 근거를 원효의 『무량수경종요無量壽經宗要』를 통하여 알아보자.

5. 원효의 염불론

원효는 『무량수경종요無量壽經宗要』두에서 다음과 같이 말하고 있다.

대저 중생의 심성이 원융하게 통하여 막힘이 없이 크기는 허공과 같고
맑기는 큰 바다와 같다. 허공과 같으므로 그 체가 평등하여 차별상을
얻을 수 없거늘 어찌 깨끗한 세계(極樂淨土)·더러운 곳(娑婆世界, 穢土)이
있겠으며, 큰 바다와 같으므로 그 성품이 윤택하고 미끄러워 인연을
따르고 거스르지 않거늘 어찌 때를 따라 움직이고 고요함이 없으랴.
혹 번뇌·망상의 진풍塵風으로 말미암아 오탁五濁의 악세에 떨어져 끝
없이 구르고, 고해의 물결에 빠져 길이 흐르며 혹은 선근을 심어 사류
四流의 번뇌를 끊어 다시는 돌아오지 않고 열반의 저 세계에 이르러 길
이 적멸하나니 이러한 동動과 적寂은 다 하나의 꿈이다.[5]

원효는 중생의 심성은 본래 원융하게 막힘이 없어 허공과 같고 평등
하여 차별이 없어서 극락과 사바세계가 둘이 아니지만 오직 번뇌와 망
상으로 인하여 차별상이 일어나니 이러한 동과 적이 모두가 큰 꿈에 지
나지 않는다고 보고 있다.

그러나 깨달음의 경지에서 보면 그러한 차별상이 하나이지만 그것
을 얻기 위해서는 어떻게 해야 할 것인가.

---

5) 『無量壽經宗要』, "然夫衆生心性, 融通無礙泰若虛空, 湛猶巨海. 若虛空故, 其體平等, 無別相而
可得, 何有淨穢之處, 猶巨海故, 其性潤滑, 能隨緣而不逆, 豈無動靜之時爾. 乃或因塵風, 淪五濁
而隨轉, 沈苦浪而長流, 或承善根, 截四流而不還, 至彼岸而永寂, 若斯動寂皆是大夢."

깨달음의 경계로 말하면 이곳(穢土)도 없고 저 세계(佛國淨土)도 없으며 예토와 불보살의 정토가 본래 한 마음일 따름이니 생사 열반이 마침내 이제二際가 아니다. 그러나 근원에 돌아가는 대각大覺은 공을 쌓은 뒤에야 비로소 얻는 것이니 생사의 흐름을 따르는 긴 꿈을 대번에 깰 수는 없는 것이다. 그러므로 성인이 자취를 드리움에 멀고 가까움이 있고 언교言敎를 베풂에 혹 칭찬하고 혹 나무라고 하신 것이다. 예컨대 석가모니 세존께서 이 사바세계에 몸을 나타내시어 오악五惡을 경계하시고 선을 권하신 일이나 아미타여래께서 저 안양국安養國을 다스리시어 삼배三輩를 이끌어 왕생으로 인도하시는 일 등의 이러한 방편의 자취는 이루 다 말할 수 없다.[6]

이와 같이 중생의 근기가 서로 다르기 때문에 방편이 없어서는 안 된다. 그러한 방편이 곧 조도助道로서 십념염불이다.

그리고 그러한 염불을 할 수 밖에 없는 근기는 중생이 근기에 따라 상·중·하로 나눠지기 때문이다. 이들이 왕생의 인을 갖기 위하여서는 다음과 같은 수행이 요청된다.

먼저 상배인上輩人에 대해서는 말하기를,

상배上輩의 인에 오구五句가 있다. 첫째 집을 떠나 욕심을 버리고 사문이 되는 것이니 이것은 정인正因을 일으키는 방편을 나타내는 것이요, 둘째 보리심을 내는 것이니 이것은 정언을 밝히는 것이며, 셋째 저 부

---

6) 『無量壽經宗要』, "以覺言之, 無此無彼, 穢土淨國, 本來一心, 生死涅槃, 終無二際. 然歸原大覺, 積功乃得, 隨流長夢, 不可頓開. 所以聖人垂迹, 有遐有邇, 所設言敎, 或襃或貶. 至如牟尼世尊, 現此娑婆, 誡五惡而勸善, 彌陀如來, 御彼安養, 引三輩而導生, 斯等權迹, 不可具陳矣."

처님을 오로지 생각하는 것(專念彼佛)이니 이것은 관을 닦음을 밝히는
것이요, 넷째 여러 가지 공덕을 짓는 것이니 이것은 행을 일으킴을 밝
히는 것으로 이 관과 행은 만업滿業을 돕는 것이며, 다섯째 그 국토에
나기를 원하는 것이다. 마지막의 하나는 원이요, 앞의 네 가지는 행이
니 행과 원이 화합하여 그곳에 날 수 있다.[7]

라고 하였다. 중배인中輩人에 대하여 말하기를,

중배中輩의 인에도 다시 사구四句가 있다. 첫째 비록 사문이 되지는 못
했지만 위없는 보리심을 내는 것이니 이것은 정인을 밝힌 것이며, 둘
째 오로지 부처님을 생각하는 것이며, 셋째 다소의 선을 닦는 것으로
이 관과 행의 만업을 돕는 것이며, 넷째 저 국토에 나기를 원하는 것으
로 앞의 행과 이 원이 화합해서 인이 되는 것이다.[8]

라 하여, 원과 행은 상배인과 같으나 다만 출가사문이 되지 못한 고로
보리심을 내고 선을 닦아야 한다고 보았다. 하배인下輩人에 대하여,

하배下輩에도 이종二種의 사람이 있는데 거기에 각각 삼구三句가 있다.
첫째 설사 능히 많은 공덕을 짓지 못하더라도 위없는 보리심을 내는
것으로 이것은 정인을 밝히는 것이며, 둘째 내지 십념十念으로 부처님

---

7) 『無量壽經宗要』, "今依此經, 說三輩因, 上輩之因, 說有五句. 一者捨家棄欲而作沙門, 此顯發起
正因方便, 二者發菩提心, 是明正因, 三者專念彼佛, 是明修觀, 四者作諸功德, 是明起行, 此觀及
行爲助滿業, 五者願生彼國, 此一是願, 前四是行, 行願和合, 乃得生故."
8) 『無量壽經宗要』, "中輩之中, 說有四句. 一者雖不能作沙門, 當發無上菩提之心, 是明正因, 二者
專念彼佛, 三者多少修善, 此觀及行爲助滿業, 四者願生彼國, 前行此願, 和合爲因也."

을 오로지 생각하는 것이니 이것은 만업을 돕는 것이며, 셋째 저 국토
에 나기를 원하는 것이니 앞의 행과 이 원이 화합해서 인이 되는 것이
니 이것은 부정성不定性의 사람을 밝힌 것이다. 다음 제2의 삼구는 첫째
아주 깊은 법을 듣고 환희하여 믿고 좋아하는 것이니, 이것은 발심과
정인을 아울러 나타내는 것으로 앞의 사람과 다른 것은 그 깊은 믿음
이 있는 것이다. 둘째 일념一念이라도 부처님을 생각하는 것이니, 이것
은 만업을 돕는 것이다. 앞의 사람은 깊은 믿음이 없으므로 반드시 십
념이 있어야 하지만 이 사람은 깊은 믿음이 있기 때문에 꼭 십념을 갖
추지 않아도 되는 도리를 나타낸 것이다. 셋째 지극한 마음(至誠心)으로
저 국토에 나기를 원하는 것이니, 이 원과 앞의 행이 화합해서 인이
되는 것이다.9)

라고 하였다. 우리는 원과 행이 화합하여 극락정토에 날 수 있는 세 가
지 근기의 사람을 살펴보았다. 먼저 저 안양국에 태어나겠다는 원이 있
어야 하고 그리고 행을 닦아야 한다. 행을 닦는 데 믿음의 깊고 낮음에
차이가 있다. 믿음이 약한 하배인들은 우선 십념을 가져야 한다. 그러나
하배인이라 해도 믿음이 깊은 사람은 십념을 하지 않고 일념이라도 왕
생할 수 있다는 것이다.

　우리가 십념을 이해하는 데 있어서 무엇보다 중요한 것은 이 십념이
무엇이냐 하는 점이다.

---

9) 『無量壽經宗要』, "下輩之內, 說二種人, 二人之中, 各有三句. 初人三者, 一者假使不能作諸功德,
當發無上菩提之心, 是明正因, 二者乃至十念, 專念彼佛, 是助滿業, 三者願生彼國, 此顯前行和合
爲因, 是明不定性人也. 第二人中有三句者, 一者聞甚深法, 歡喜信樂, 此句兼顯發心正因, 但爲異
前人萩其深信耳. 二者乃至一念念於彼佛, 是助滿業. 爲顯前人無深信故, 必須十念, 此人有深信
故, 未必具足十念. 三者以至誠心, 願生彼國, 此顯前行和合爲因, 此就菩薩種性人也."

원효는 십념을 구체적으로 말하지는 않았다. 그러나『잡아함경』권1 등에서는 십념으로 염불念佛·염법念法·염승念僧·염계念戒·염시念施·염천念天·염휴식念休息·염안반念安般·염신念身·염사念死 등을 들었고, 『보살수재계菩薩受齋戒』에서는 과거·현재·미래의 불을 염하는 것을 십념이라고 했다. 그런데『무량의경無量義經』권상 십팔원문十八願文에 '내지십념乃至十念'이라고 했으며『관무량수경觀無量壽經』하하품에는 '구족십념칭나무아미타불具足十念稱南無阿彌陀佛'이라 했다. 십념의 염불에 의해서 아미타불의 정토에 왕생한다는 정토교의 중요한 교의적 근거가 된다. 담란曇鸞의『왕생론주往生論註』권상에는 관경觀經에 설한 십념이란 아미타불의 총상總相이나 별상別相을 억념憶念하고, 또는 그 명호를 칭념하는 데 다른 생각을 하지 않고 계속하면 그것에 의해 왕생의 인이 완성됨을 의미하여 반드시 십十의 수가 필요한 것이 아니라 했다. 또한 선도善導는 십념을 십성十聲의 칭명으로 해석했다.

여하간 원효는 십념을 구체적으로 칭명이라고 지적하지도 않았고, 또 십념을 열 가지로 생각하는『아함경』의 십념도 아니다. 다만 그가 십념을 현료顯了의 십념과 은밀隱密의 십념으로 나누면서 현료의 십념은 관경의 십념이라고 한 것을 볼 수 있으며, 아미타불을 억념하든지 또는 그 명호를 칭하는 것으로 이해하였음을 알 수 있다. 그리고『미륵소문경彌勒所問經』의 자등慈等의 십념은 은밀십념隱密十念에 해당하고 대경大經의 십념은 양방에 다 통한다고 하였음을 본다면 그는 십념을 명칭만으로 말하지 않음을 볼 수 있다.

그렇다면 이제 그의 현료십념顯了十念과 은밀십념隱密十念을 살펴보자.

① 은밀의의 십념

원효는 은밀의隱密義 십념十念과 현료의 십념으로 나누어 설명한다.

은밀의隱密義란 무엇인가. 제3의 순정토純淨土의 과果에 의해 십념의 공덕을 말한 것이니 이것은 『미륵발문경彌勒發問經』에서 말씀한 바이다. 곧 그때에 미륵보살이 부처님께 여쭈옵되, "부처님께서 말씀하신 바와 같이 아미타불의 공덕이익이 만일 십념을 상속해서 끊임없이 저 부처님을 생각하므로 곧 왕생할 수 있다면 마땅히 어떻게 저 부처님을 생각해야 하나이까."

부처님께서 말씀하시되 "그 생각은 범부의 생각이 아니요 불선不善의 생각이 아니며 잡된 번뇌의 생각이 아니니 이와 같은 생각을 갖추면 곧 안양국安養國에 왕생하게 되리라." 여기에 십념十念이 있다.

십념이란 무엇인가. 첫째 일체중생에게 항상 인자한 마음을 내고 일체중생에 대해 그 행을 훼방하지 않는 것이니, 만일 그 행을 훼방하면 끝내 왕생하지 못한다. 둘째 일체중생을 크게 가엾이 여기는 마음을 일으키고 잔인하게 해칠 생각을 버리는 것이며, 셋째 법을 보호하는 마음으로 신명을 아끼지 않고 일체법을 비방하지 않는 것이며, 넷째 인욕하는 마음으로 결정심決定心을 내는 것이며, 다섯째 깊고 깊은 청정한 마음으로 이양利養에 물들지 않는 것이며, 여섯째 일체종지심一切種智心을 일으켜 날마다 항상 생각해서(日日常念) 잊지 않는 것이며, 일곱째 일체 중생에게 존경하는 마음을 내어 아만을 버리고 말끝마다 겸손을 잊지 않는 것이며, 여덟째 속된 이야기에 재미를 붙이지 않는 것이며, 아홉째 각의覺意를 가까이 하여 여러 가지 선근善根의 인연을 깊이 일으키고 시끄럽고 산란한 마음을 멀리 여의는 것이며, 열째 정념正念으로 부처님을 관觀함으로 모든 감관의 충동을 없애는 것이다.10)

이와 같은 십념을 다음과 같이 해석할 수 있다.

이와 같은 십념을 가지면 이미 범부가 아니니 마땅히 알라. 이는 초지
初地 이상의 보살이라야 능히 이 십념을 갖추며 순정토에 대한 하배의
인이 되나니 이것이 은밀의隱密義의 십념이라 한다.11)

이는 초지 이상의 보살이 하는 십념이요, 범부凡夫의 십념이 아니다.
원효는 은밀의의 십념은 이미 범부를 벗어난 초지初地 이상의 보살의 십
념임을 밝혔다.

② 현료의의 십념
현료의顯了義의 십념十念이란 어떤 것인가.

제사대第四對의 정토에 견주어 말하리니 관경觀經에서 말씀한 바와 같
다. 하품하생下品下生이란 착하지 못한 짓을 하던 중생이 오역五逆·십악
十惡 등 온갖 죄를 짓다가 목숨을 마칠 때 다행히 선지식을 만나 묘한
법을 듣고 염불의 가르침을 받고도 마음으로 능히 염불하지 못하면,

---

10) 『無量壽經宗要』, "隱密義者, 望第三對純淨土果, 以說下輩十念功德, 此如彌勒發問經言. 彌時彌
勒菩薩白佛言, 如佛所說阿彌陀佛功德利益, 若能十念相續不斷念彼佛者, 卽得往生, 當云何念. 佛
言, 非凡夫念, 非不善念, 非雜結使念, 具足如是念, 卽得往生安養國土. 凡有十念. 何等爲十. 一
者於一切, 衆生常生慈心, 於一切衆生不毀其行, 若毀其行, 終不往生. 二者於一切衆生, 深起悲心,
除殘害意, 三者發護法心, 不惜身命, 於一切法不生誹謗, 四者於忍辱中生決定心, 五者深心淸淨,
不染利養, 六者發一切種智心, 日日常念無有廢忘, 七者於一切衆生, 起尊重心除我慢意, 謙下言
說, 八者於世談話, 不生味著心, 九者近於覺意, 深起種種, 善根因緣, 遠離憒閙散亂之心, 十者正
念觀佛, 除去諸根."
11) 『無量壽經宗要』, "解云, 如是十念, 旣非凡夫, 當知. 初地以上菩薩. 乃能具足十念. 於純淨土.
爲下輩因. 是爲隱密義之十念."

마땅히 입으로 무량수불을 부르게 한다. 이렇게 하여 지극한 마음으로
그 소리를 끊이지 않게 십념을 갖추어 나무아미타불을 외운다면, 부처
님의 명호를 외우므로 생각생각 가운데 80억 겁에 지은 생각의 죄를
소멸하고 목숨을 마친 뒤에는 곧 왕생하게 되리라.[12]

원효는 이와 같이 염불을 은밀문隱密門과 현료문顯了門으로 나누어 은
밀문은 부처님을 상속하여 끊이지 않고 생각하는 것이다. 그리고 이렇
게 생각생각 끊이지 않고 부처님을 생각하는 사람은 초지 이상의 보살
이다. 그리고 현료문은 하품하생으로 착하지 못한 중생이 죄를 짓다가
다행히 선지식을 만나 염불의 법을 받았으나, 그것을 염불하지 못하면
마땅히 무량수불을 부르는 것이다.

여기에서 원효는 하품하생의 근기를 가진 사람이 마음으로 부처님
을 생각지 못할 때 입으로 부처님을 불러서 이제까지 생사의 죄를 소멸
하고 마친 뒤 왕생하게 된다고 보았다. 전자는 생각으로 생각생각에 부
처님을 끊이지 않고 생각하는 것이요, 후자는 부처님 명호인 나무아미
타불을 입으로 부르되 역시 끊이지 않아야 한다.

끝으로 원효는 어떤 마음을 지극한 마음이라 하며 어떤 것을 십념이
상속한다고 하는가 하는 점을 설명한다.

구마라집 삼장 말씀에 비유하면, 어떤 사람이 광야에서 나쁜 도적을

---

12) 『無量壽經宗要』, "望第四對淨土而說, 如觀經言. 下品下生者, 或有衆生, 作不善業, 五逆十惡,
具諸不善, 臨命終時, 遇善知識, 爲說妙法, 教令念佛, 若不能念者, 應稱無量壽佛. 如是至心, 令聲
不絶, 其足十念, 稱南無佛, 稱佛名故, 於念念中, 除八十億, 劫生死罪, 命終之後, 卽得往生."

만나 창을 휘두르거나 칼을 빼어 들고 곧 쫓아와 죽이려 할 때 그 사람이 급히 달아나다가 강이 앞에 있음을 보고 그 강을 건너지 못하면 목숨을 보전하기 어려운 것을 직감한 나머지, 그는 오로지 일념으로 이 강을 건널 방편만 생각하게 된다. 곧 내가 이제 이 옷을 입고 건널 것인가. 옷을 벗고 건널 것인가. 만일 옷을 입고 건넌다면 몸이 헤엄치기 힘들어 건너지 못할까 걱정이 되고, 만일 옷을 벗고 건너려 해도 옷을 벗을 겨를이 없지 않는가. 오직 마음에 이 생각만이 있고 다른 생각은 없으리니 이는 곧 저 강을 건너려는 한 생각뿐이기 때문이다. 이와 같은 십념에도 다른 생각이 섞일 수가 없다. 행자도 또한 이와 같아서 부처님의 명호를 생각하거나 끊임이 없이 부처님을 생각하여 십념에 이르러야 하나니 이와 같은 지극한 마음을 십념이라 한다.[13]

은밀의 십념이 생각으로 자심과 비심을 내고 호법과 인욕과 결정심, 청정심을 내는 것을 말한다. 현료문의 십념은 부처님의 명호를 생각하거나 부처님의 상호를 생각하거나 끊임없이 부처님을 생각하여 십념에 이르러야 한다. 여기서 십념이란 열 가지 마음을 가리키지만 결국 이것은 지극한 마음, 즉 백척간두에 서서 진일보하는 그러한 일념, 일심을 말하고 있다.

우리는 원효의 염불론을 통하여 먼저 생각으로 십념에 이르는 것은 초지보살 이상임을 알 수 있어도 입으로 불러서 염념상속하며 일체 죄

---

13) 『無量壽經宗要』, "什公說言, 譬如有人於曠野中, 値遇惡賊, 揮戈拔斂, 直來欲殺, 其人勤走, 視渡一河, 若不渡河, 首領難全, 爾時但念渡河方便, 我至河岸. 爲著衣渡. 爲脫衣度. 若著衣衲, 恐不得過, 若脫衣衲, 恐不得暇. 但有此念, 更無他意, 當念波河, 卽是一念. 此等十念, 不雜餘念. 行者亦爾, 若念佛名, 若念佛相等, 無間念佛, 乃至十念, 如是至心, 名爲十念."

업이 소멸되어 왕생함을 보았다. 이들은 하품하생이지만 그들이 왕생하는 것은 하나이다. 다만 그 방법이 다를 뿐이다.

신라의 설화에서 특히 『관음경觀音經』의 경우 일심칭명에서 칭명하지 않고 염불하고 예배를 통하여 왕생한 예가 많은 것은 역시 신라인들의 믿음의 긍지가 뚜렷이 부각되어 있다는 것을 말하여 준다고 하겠다.

신라인들은 직관과 염불에 의한 극락왕생을 중시하였으며 칭명은 낮은 차원으로 이해하고 있었다. 원효가 염불을 나누어 은밀, 현료로 나누었다 해도 그것은 모두 일심과 상속부단을 통하여 하나임이 드러난다. 여기에 신라인들의 염불의 특성을 발견할 수 있다.

6. 지눌의 염불론

지눌知訥(1158~1210)의 근본사상은 돈오점수頓悟漸修에 있으며, 특히 그는 선禪을 중심으로 수행하였다. 지눌은 항상 사람들에게 『금강경』을 지송하도록 권하였고 법을 세우고 의를 말할 때는 『육조단경六祖壇經』을 전거典據하였으며, 또 이통현李通玄의 『화엄론華嚴論』과 『대혜어록大慧語錄』을 보고 참고로 하였다. 그리고 성적등지문惺寂等持門·원돈신해문圓頓信解門·경절문徑截門 등 삼문을 열어 수행·신입하게 하여 선을 종지로 하였다.

지눌은 염불을 함에 있어 먼저 계율을 중요시한다. 따라서 염불의 준비로 먼저 십악十惡과 팔사八邪를 끊어야 한다. 이러한 십악과 팔사를 끊기 위하여 염불삼매의 힘을 얻어야 하고, 이 염불삼매의 힘으로 차츰 청정한 계율의 문에 들어가 계율의 그릇이 순수히 맑고 한 생각의 도에 맞는 뒤에라야, 마음을 쉬고 장애와 흐림에서 뛰어나 바로 극락에 이르러 삼학三學을 깨끗이 닦아서 무루無漏를 배워 미타의 위없는 큰 깨달음을 함께 증득할 수 있을 것이라고 하였다. 따라서 이 도를 이루기 위하여 열 가지 염불을 닦아야 한다고 주장하였다.

열 가지란, 첫째는 계신염불戒身念佛이요, 둘째는 계구염불戒口念佛이요, 셋째는 계의염불戒意念佛이요, 넷째는 동억염불動憶念佛이요, 다섯째는 정억염불靜憶念佛이요, 여섯째는 어지염불語持念佛이요, 일곱째는 묵지염불默持念佛이요, 여덟째는 관상염불觀相念佛이요, 아홉째는 무심염불無心念佛이요, 열째는 진여염불眞如念佛이다.

그리고 이러한 열 가지 염불이란 한 생각의 참 깨달음에서 나오는 것으로서 생각이 이루어지고 공이 지극해야 한다고 하였다. 여기에서 생각이란 무엇인가.

생각함이란 잊지 않는 것이니 참성품을 보존하고 기르되 꼭 지키고 잊지 않는 것이요, 부처란 깨달음이니 참마음을 살피고 비추어 보아 항상 깨어 있어 어둡지 않은 것이다. 그러므로 생각이 없는 한 생각이 깨달아 알고 뚜렷이 밝아, 밝고 뚜렷하여 생각이 끊어졌으면 그것이 진정한 염불이다.

일심칭명에 대하여서는,

한마음으로 나무아미타불을 공경히 생각하여 부르되, 부르는 수가 끝이 없고 생각이 간단없이, 심지어 앉은 것도 잊고 한 생각이 앞에 나타날 때

를 말한다. 그리고 십종염불에 이와 같은 염념상속하여 한 생각도 일어나지 않고 끊어진 자리에 이를 때까지 간단없이 부르고 또 부르라고 가르치고 있다. 지눌은 염불법을 두 가지로 나누어 설명하였다.

대개 염불하는 법에는 두 가지가 있으니, 첫째는 모양이 없는 것이요, 둘째는 모양이 있는 것이다. 모양이 있는 염불이란 곧 염주를 가지고 한 번 염할 때마다 염불하는 수를 기억하여 한 번의 수도 빠뜨리지 않

는 것이다. 만일 한 번의 수라도 빠뜨리면 그것을 간단이라 하여 구하
는 바 삼매를 성취할 수 없다. 그러므로 숨길을 다해 한 번 염불할 때
마다 염주 한 알씩을 돌리는 것을 일념이라 하여 이렇게 열 번의 숨길
을 돌리면 십념이라 한다. 또 숨길의 길고 짧음을 따라 염불의 수에는
구애되지 않고 오직 숨길을 한껏 길게 하여 그 소리를 세되 높지도 않
고 낮지도 않으며 느리지도 않고 급하지도 않아 한 번의 숨길에 염주
한 알을 돌리는 것을 일념이라 하며, 이렇게 일백여덟 번의 숨길을 돌
리면 백팔념이라 한다. 바로 부처님을 향해 염불하는 뜻이 어지럽지
않으면 다시 정진하여 마음을 깨끗이 하고 하루 낮 하루 밤을 지내고
나아가서는 이레 낮 이레 밤을 지나 염불이 끝나면 곧 아미타불을 볼
수 있을 것이요, 혹은 꿈속에서 눈앞에 스스로 나타날 것이다. 경전에
서 십념이면 다 왕생한다는 말이 바로 이것이다.

이로 보아 지눌은 염불방법에 염주를 사용하여 수를 세고 숨길을 조
정하고, 적어도 일주일을 밤낮을 가리지 않고 간단없이 아미타불을 염
하면 아미타불을 볼 수 있다고 하였다. 지눌의 특징은 염주로 수를 세고
숨길과 연계하여 염불을 구체화하였다는 점이다. 더구나 "십념이면 다
왕생한다"는 십념을 열 번 숫자에 두지 않고 적어도 밤낮이 없고 간단없
이 집중적으로 수행하여 삼매에 이르는 과정을 말하고 있음을 알 수 있
다. 십념은 곧 염불삼매를 의미한다.

모양이 없는 염불이란 어떠한 것인가. 지눌은 다음과 같이 말한다.

코끝으로 드나는 숨길을 생각하되 오로지 생각을 쏟아 아미타불을 관
하는 것이다. 드나는 숨길을 간단없이 하면 생각생각이 뚜렷이 밝아지

고 그 마음이 안정되어 안팎이 환히 밝아질 것이다. 그리하여 탐욕·분노·우치 등 삼독三毒이 삼매로 변하여 번뇌를 아주 항복받고 믿는 마음이 더욱 늘어나 빨리 불퇴전의 지위를 얻게 될 것이다.

지눌이 말하는 모양이 있는 염불은 곧 숨길을 따라 아미타불을 부르면서 염주를 가지고 세는 것을 말하고, 모양이 없는 염불은 숨길을 따라 아미타불을 관하는 것을 말한다. 그러나 이 두 길이 다른 것은 아니다. 이 두 방법으로 삼매에 이르면 곧 아미타불을 만날 수 있다는 것이다. 삼매와 일심이다. 이 일심으로 가는 길은 염불로 염불하는 생각을 끊는 것이다. 즉 생각으로 생각을 끊는 것을 말한다. 이제 우리는 부르는 것과 관하는 것의 차이를 살필 필요가 있다.

지눌은 다음과 같은 문답을 통해 그에 대한 대답을 한다.

"왜 모양은 관하지 말고 오로지 이름만 부르라 합니까."
"중생들은 업장이 두텁기 때문에 관을 성취하기 어렵다. 그러므로 성인은 그들을 가엾이 여겨 오로지 이름만 부르게 하신 것이니 이름을 부르기는 쉽기 때문에 계속하면 왕생할 수 있는 것이다."

이와 같이 이름만 부르는 구칭염불口稱念佛은 업장이 두터워서 관을 성취할 수가 없기 때문이다. 그렇다면 관을 성취하는 염불은 어떠한 것인가. 지눌은 『십육관경十六觀經』의 말을 인용하여 다음과 같이 말하고 있다.

재계하여 몸을 조촐히 한 뒤에 맑은 마음과 깨끗한 생각으로 서방을 향해 편안히 앉아 눈을 감고 잠자코 관하되 "아미타불의 순금의 색신은 서방의 칠보로 된 못 가운데 있는 큰 연꽃 위에 앉아 계시는데, 키는 십육十六 척이요 두 눈썹 사이의 조금 위에 오른쪽으로 감긴 흰 털이 있어서 광명은 번쩍이며 그 몸은 자금색이다." 이렇게 그 흰 털에 마음을 두고 생각을 쏟아 함부로 털끝만큼의 다른 생각을 내지 말고 눈을 감거나 눈을 뜨거나 항상 보이게 한다. 그것은 생각생각에 잊지 않으려 하기 때문이다. 이렇게 오래 계속하면 생각하는 마음이 성숙하여 자연히 감응되어 부처님의 전신을 보게 될 것이다. 이 법이 최상이니 이른바 마음으로 부처님을 생각할 때에 "이 마음이 곧 부처다" 하면 그것은 입으로 염불하는 것보다 낫다. 다음에는 관세음보살을 관하고 생각하되 "몸은 자금색이요, 손에는 흰 연꽃을 들었으며, 그 천관天冠 가운데에는 서 있는 한 분의 화불化佛이 있다" 하고, 다음에는 대세지보살을 관하고 생각하되 "몸은 자금색이요 그 천관과 살상투 위에는 보배 병이 하나 있다" 하며, 다음에는 "제 몸이 극락세계에 나서 연꽃 속에서 가부하고 앉았는데 연꽃이 오므라졌다 피었다 하며 부처님과 보살이 허공에 가득하다"고 생각한다 하였다.

이와 같이 부처님의 형상을 전일적으로 생각하여 그 생각이 마침내 끊임없어서 생각 전체가 부처가 되는 것을 관이라 하였다. 그리고 그 생각하는 마음이 부처와 둘이 아니고 이 마음이 부처라고 생각하면 외우는 것보다 낫다고 하였다. 외운다는 것은 관보다 못하지만 그러나 왕생극락을 못하는 것이 아니다.

지눌은 말하기를,

입에 있으면 외운다 하고 마음에 있으면 생각한다 하나니, 한갓 외우
기만 하고 생각하기를 버리면 도에 무슨 이익이 있겠는가.

하였다. 이로 미루어 보면 외우되 마음으로 생각해야만 한다. 그저 입으
로 외우기만 해서는 도에 이르지 못하는 것이다.

여기에서 지눌은 확실히 염불방법에 대한 뚜렷한 특징을 제시하였
으며, 무엇보다도 관과 외우는 칭명을 나누어 설명하더라도 그것이 모
두 마음에서 이루어지기 때문에, 다만 부처님의 형상만 막연히 보는 것
이 아니라 생각을 집중하여 끊이지 않아야 하고, 외움에서도 단지 소리
내어 외우는 것만 능사가 아니요, 마음에 있어야 한다고 하였다.

7. 결론

우리는 이제까지 신라관음신앙의 특성과 원효의 염불관과 지눌의 염불관을 비교 고찰하였다.

신라의 관음신앙은 관음신앙의 이론적 근거인 『묘법연화경』 「보문품」의 근본정신에 입각하여 관세음보살에게 예배·공경·예불함으로써 현신하는 경우와 다른 경우는 관세음보살이 그대로 현신하는 경우를 보아 왔다.

전자는 관세음보살을 상념하고 예경하는 데서 관세음보살이 거기에 감응하여 나타나는 조건과 인으로 화신하는 예이고, 후자는 관세음보살이 자발적으로 무조건으로 응현되는 경우이다. 신라인들은 전자보다 후자를 더욱 깊이 이해하고 있었다. 다시 말해서 『묘법연화경』의 보문품에서 관세음보살의 이름을 일심으로 부르면 구고구난을 보여 주어서 중생을 해탈케 한다는 것이 중심이었지만, 신라인들에게는 일심으로 부처님을 일일상념한다는 데는 이의가 없었으나 이름을 부르는 소위 구칭에 대하여서는 깊이 있게 다루지 않았다. 사실상 이 시대는 구칭이기보다 오히려 관세음보살의 직관적 응신이 더욱 뚜렷이 특징지어진다.

원효에서는 십념염불이라는 것도 입으로 외우는 경우는 하배인이라 하고 그들이 즐겨하는 수행법이라 하였다. 그러나 상배인은 근기가 상품으로, 마음으로 생각하는 것을 더욱 뛰어난 수행법으로 이해하였다. 따라서 은밀문은 그 마음이 자비를 일으켜 조건 없이 보시하고 모든 중생을 차별 없이 평등하게 대하는 경우로서 조건적이 아닌 순수한, 자연적으로 이루어지는 경우였다. 그러나 하배인인 하품하생인은 업장이 두터워 입으로 일심으로 외워야 한다고 하였다. 그것을 현료문이라 하였다. 현료문이나 은밀문이 본래 둘이 아니지만 근기 따라 나누어짐을 말한다.

그러나 은밀문이나 현료문은 결국 하나의 길이다. 어떤 길이든지 염불십념이 이루어져서 왕생하는 것이기 때문이다. 십념염불이라 하여 부처님을 열 번 부르는 것이 아니라, 마음에서 부처님을 간단없이 생각하는 것이다. 다만 마음으로 염불하지 못할 경우 입으로 무량수불을 부르는 것이다. 이렇게 하여 지극한 마음으로 그 소리를 끊이지 않게 하여 십념을 갖추어 나무아마타불을 외운다면 부처님의 명호를 외움으로써 수십억 겁 동안 지은 죄업이 소멸하게 된다. 그리고 십념은 결국 백척간두 진일보의 마음으로 열 가지 자비심을 내는 절대절명의 것을 말하는 것이다.

원효의 십념염불의 뜻이 일심에 있었고 또한 은밀과 현료로 나누었으나, 고려 지눌의 경우는 그 근본적 일심은 같으나 일심에 이르는 염불 방법에서 다르다. 지눌은 유상염불有相念佛과 무상염불無相念佛을 나누어 유상有相에서는 염주를 사용하고 호흡법과 연결하여 보다 구체적인 수단과 방법이 제기된다. 그리고 생각으로 생각을 끊는 경우를 역설한다.

지눌은 염불하는 사람은 죄업이 두터운데, 그러한 중한 죄업은 염불로 소멸될 수 있다고 하였다. 지눌은 원효보다 십념염불을 강조하지는 않았지만 십종염불을 통하여 원효의 십념염불과 상대하였다.

우리는 여기에서 신라와 고려라는 시대적 차이를 발견할 수 있다. 신라의 염불은 어디까지나 수단과 방법을 단순화시키고 마음으로서의 자각된 실천이 요구되었으며, 고려의 지눌은 염주와 호흡과의 연결을 통하여 보다 구체화되었으므로 오히려 염불을 하기 위한 수단이 되어 도구로 나타난 것이다. 신라시대에도 염주는 있었으나 염주를 가지고 부르는 소리를 계산하는 것은 없었다. 그러나 고려는 염주와 호흡을 통하여 일심을 증험토록 하였다.

이것은 역시 신라의 신앙은 순수무구 절대적이었고 거기에는 의심이 없었다. 그러나 시대가 발전해 오면서 신앙의 자세가 다른 것은 역시 주지주의적인 사고가 복잡다단한 데서 일심의 집중을 위하여 수단과 방법이 계발되었다고 생각되어진다.

X. 율곡과 원효
― 이통기국과 일심이문의 실천적 수행의 유사성

1. 서론

유학과 불교를 비교하는 작업은 그 사상의 연원, 내용, 성격, 상이한 개념사용 등의 다양성으로 말미암아 극히 어려운 점이 많다. 더구나 유학의 사상배경과 불교의 사상배경이 그 기원과 시조, 민족, 국가가 서로 상이한 것을 염두에 둔다면 어떠한 면이라도 비교한다는 것은 하나의 모험이라고 할 수도 있다. 특히 불교의 우주론이나 인생관 수행론은 유학의 그것과 형식이나 내용에서 상이한 부분이 상당히 있다.

즉 불교는 소박한 의미에서 이 세상을 하나의 허망한 대상으로 봄으로써 세계부정世界否定 내지 가치부정價値否定의 형이상학적 체계를 부분적으로 내포하고 있지만 유학은 이 세계를 인정하는 것으로부터 세계긍정世界肯定, 가치긍정價値肯定의 입장에서 인간과 인간 사이의 윤리적 당위가 합리화되고 있다. 불교는 그러한 윤리적 실천의 문제보다는 인간고를 어떻게 해탈할 수 있으며 또한 윤회의 질곡을 벗어날 수 있는가 하는 점을 더욱 부각시키고 있음에 비해 유학은 가정에서의 부자의 윤리를 통해 소위 자손의 연속성에 의한 구체적인 덕성실현을 강조하고 있다.

그러나 이들이 모두 '심心·마음'이라는 매개물을 통하여 각覺에 도달하거나 또는 천명에 이른다는 점에서는 극히 유사한 부분이 있다고 생각된다. 다만, 다른 측면에서 유교는 '있는' '존재'의 세계를 철저히 인정하는 데 비해 불교는 오히려 물질적 세계는 공空으로 보고 오직 '심心'만을 인정한다는 점에서 극히 상이한 부분을 가지고 있기도 하다.

두 사상은 시대에 따라 여러 측면에서 그 이론 체계와 내용이 변천되어 왔다. 예를 들어 유학의 변천과정을 선진유학, 한당유학, 송명의 성리학性理學·심학心學, 청대의 실학實學 등으로 나누는 경우가 바로 그러한 의미를 지니고 있으며, 불교도 원시불교로부터 반야般若·유식唯織·화엄華嚴 등의 사상으로 변천되고 중국에 와서는 선禪의 중국적 전개와 함께 간화선看話禪의 발전 등이 그 한 예例가 된다고 할 수 있다.

한편 유학이 사용하는 개념들과 불교가 쓰고 있는 개념들이 동일한 낱말이면서도 그 내용이 전혀 다른 경우가 있고 또한 같은 내용을 포용하는 경우도 있음은 잘 알려진 일이다. 우리가 유학과 불교를 비교한다고 감히 용기를 낼 수 있는 것은 무엇보다 송명대의 성리학이 노老·불佛의 영향에 입각하여 그들이 쓰고 있는 심心이라든지 또는 수행방면에서 어느 정도 유사성을 찾아볼 수 있기 때문이기도 하다.

그러나 실제상에서 유학의 중심개념으로 사용하고 있는 심心을 볼 때 선진시대의 심의 내용과 송명성리학에서의 심의 내용이 그 범위와 한계 및 체계적인 설명들에서 서로 다르다. 다시 말하면 송명대의 성리학적 심은 선진시대의 심의 개념보다 더욱 이론화되고 형이상학화되었다는 것이다. 불교의 유식에서도 심心·의意 등이 『대승기신론大乘起信論』의 심과 그 내용의 전개가 서로 다른 부분이 있음을 알 수 있다.

따라서 이 글은 비록 개념 정의나 내용의 전개에서 상이한 부분이 있다 하더라도 그 근본에서는 대동소이한 면이 있는 심心을 재료로 삼아 인간의 이상을 성취하고자 했던, 성리학적 심성론의 입장에 있는 율곡과 불교 『대승기신론』의 입장에 있는 원효의 심의 세계가 어떻게 유사한가를 살펴보기 위해 율곡과 원효의 사상을 모델로 삼았다.

잘 알다시피 원효(618~686)는 신라인으로서 조선조의 율곡(1536~1584)과는 시대 차이가 근 900년이나 된다. 그러나 이들이 원했던 가장 이상적인 인생관을 보면 전자는 '깨달음'의 각자覺者가 되는 것이요 후자는 '성인聖人'이 되는 것이었다.

율곡은 배불숭유의 사상풍토였던 조선조 중기에 한때 금강산으로 들어가 불교에 심취하기도 했지만 근본적으로 성리학자의 범주를 벗어날 수 없었다. 그는 불교에 심취하여 『능엄경』을 읽기도 했다고 고백하였는데, 그의 총명에 비추어 볼 때 『능엄경』뿐만 아니라 당시에 유행하던 불교경전을 두루 섭렵했을 것이다. 그럼에도 그는 불교에 대해 비판적 태도를 견지하였다. 그가 금강산에서 하산할 때 이미 그는 불교의 진리보다 성리학적 진리를 선택하였음을 볼 수 있다. 그는 말한다.

> 석가의 말은 정밀한 것도 있고 또 거친 것도 있다. 거친 것은 윤회보응輪廻報應의 말을 가지고 죄와 복을 넓혀 어리석은 사람들을 유인하여 분주하게 공양供養할 뿐이다. 그 정밀한 것은 심성을 말한 것으로서 이치를 아는 것을 마음으로 삼고 마음을 만 가지 법의 근본으로 삼는다. 또 마음을 아는 것을 성품으로 삼고 성품을 견문의 작용으로 삼는다. 적멸寂滅을 가지고 종지宗旨를 삼고 천지와 만물을 환상으로 여긴다. 망령되게 속세를 떠나는 것을 옳은 도로 여기고 떳떳한 인륜을 질곡桎梏으로 여긴다. 그 용공用功하는 요점을 문자로 쓰지 않고 인성을 가리켜 성품을 본다고 하고 성불하여 깨달은 뒤에야 바야흐로 더욱더 수련한다고 한다. 상근上根의 사람은 혹 갑자기 깨닫고 수련되는 자도 있다.

달마達摩는 양나라 무제武帝때에 중국에 들어와서 비로소 그 도를 전했으니 소위 선학禪學이라는 것이 이것이다. 당나라에 이르러 크게 성해져서 그 무리들이 천하에 퍼져 눈썹을 치켜 올리고 눈을 깜박거려 자면서 방할棒喝하고 크게 웃으면서 서로 인증印證했다. 대개 아무런 뜻이 없는 것을 가지고 도를 얻었다고 하고 선악을 의논하지 않았다. 만일 뜻을 생각해서 얻어지면 모두 이것을 망령된 소견이라 하고 필경에는 심정에 맡겨야만 바로 가고 아무런 의사意思도 쓰지 않은 뒤에야 비로소 참다운 소견이라고 한다. 만일 여기에 이르지 않으면 한 두 구절의 아무런 의미도 없는 화두話頭를 가지고(狗子無佛性, 庭前栢樹子 따위) 무한한 묘리妙理로 알고 지내게 된다. 이것을 보면 오히려 큰 의심이 생기는데, 전심專心하여 연구해서 공을 쌓기를 마지않아 고요하게 정해지는 극도에 이르면 심성의 그림자를 비슷하게 상상하는 때에 대략 발견하게 된다. 이럴 때면 드디어 크게 깨달았다고 생각하고 미친 듯이 스스로 방자하여 일이 끝났다고 한다. 송나라 초년에도 그 우리들이 성하여 정자程子, 주자朱子가 이를 쓸어 없앤 뒤에 그 형세가 비로소 쇠퇴되어 오늘날 소위 선학이라는 것이 거의 끊어지기에 이르렀다.[1]

여기에서 율곡이 불교를 비판한 내용을 보면 ① 윤회응보를 가지고

---

1) 『栗谷先生全書』, 권20, 「聖學輯要」, "臣按, 佛氏之說, 有精有粗. 粗者, 不過以輪廻報應之說, 廣張罪福, 誘脅愚迷, 使之奔走供奉而已. 其精者, 則極論心性, 而認理爲心, 以心爲萬法之本. 認心爲性, 以性爲見聞作用. 以寂滅爲宗, 以天地萬物爲幻妄. 以出世爲道, 以秉彝人倫爲桎梏. 其用功之要, 則不立文字, 直指人心, 見性成佛, 頓悟之後, 方加漸修. 若上根之人, 則或有頓悟頓修者. 達磨於梁武帝時, 入中國, 始傳其道, 所謂禪學者是也. 至唐而大盛, 其徒遍天下, 揚眉瞬目, 棒喝大笑, 以相印證. 大槪以無意爲得道, 不論善惡. 若以意思而得, 則皆以爲妄見, 必也任情直行, 不用意思, 然後乃以爲眞見. 其末及乎此者, 則必以一二句無意味話頭, 若狗子無佛性, 庭前栢樹子之類, 作無限妙理看. 遂生大疑, 專心窮究, 積功不已, 靜定之極, 略見心性影子於髣髴想象之際, 則遂擬之以豁然大悟, 猖狂自恣, 謂之了事. 宋初, 其徒猶熾, 自程朱廓淸之後, 其勢始衰, 于今所謂禪學者, 殆至於絶矣."

어리석은 사람을 유인한다, ② 이치를 아는 것을 마음으로 삼고 마음을 만 가지 법의 근본으로 삼으며, 나아가 마음을 아는 것을 성품으로 삼고 성품을 견문見聞의 작용으로 삼는다, ③ 적멸로 종지를 삼고 천지와 만물을 환상으로 삼는다, ④ 출가를 도로 삼는다, ⑤ 인륜을 질곡桎梏으로 여긴다, ⑥ 불립문자不立文字를 종지로 삼는다, ⑦ 성불 후에 점수를 말한다, ⑧ 상근인上根人에게만 가능하니 비일상적이다, ⑨ 선학禪學으로 선악을 논하지 않는다, ⑩ 뜻으로 생각하는 것을 반대한다는 점 등이다. 이는 결국 유학이 심의 본성을 무형무위無形無爲의 이리로 보는 데 비해 불교에서는 마음을 아는 것을 성품으로 봄으로써 심의 본성을 이理가 아닌 기氣의 작용으로 보고 있다는 데서 연유한 비판이다. 유학에서는 심이 만 가지 이치를 구유하고 있으나 이치를 아는 것은 기이고 아는 까닭은 이로서 이와 기로 나누고 있다. 그러나 불교에서는 마음 자체가 성품이요, 그 성품을 견문見聞으로 삼는다는 점에서 차이가 있다. 성리학에서는 마음을 아는 것이 성품이 아니며 마음의 체가 곧 성性일 뿐이다. 그리고 그 성은 이理로서 무위無爲인 것이다.

여기에서 마음의 근본을 적멸寂滅로 보는 불교는 현상계의 변화를 허망한 것으로 보고 있지만, 유가에서는 심의 체가 곧 성으로서 움직이지 않는 도덕적 원리이기 때문에, 그 위에 있는 도덕률이나 본성원인은 영원히 존재하여 있게 된다는 것이다. 이와 같은 점에서 성리학적 심과 불교적 심을 율곡의 견해에 의해 간단히 비교하였다. 유학에서 심의 본성은 본래 움직이지도 변하지도 않지만 불교의 심은 작용이기 때문에 변화무상하다. 따라서 불교는 마음의 적멸을 중요시하였던 것이다.

나아가서 율곡은 일심一心에 대하여 다음과 같이 말한다.

사람의 일심一心에는 온갖 이치가 완전히 갖추어져 있다고 한다. 요순
堯舜의 인仁과 탕무湯武의 의義와 공맹孔孟의 도道는 모두 고유한 성분이
다. 다만 이 기품氣稟이 안으로 구애拘礙되고 물욕物欲이 골몰汩沒되어
공명한 사람은 혼미하여지고 정대한 사람은 사곡邪曲하게 되니 혼미하
여 어리석은 중衆이 된다. 실實은 금수와 다름이 없지만 본래부터 갖
추어져 있는 이 이理는 그대로 공명하고 그대로 정대하다. 다만 엄폐掩
蔽한 바이지만 식멸息滅될 이理가 없으니 참으로 혼미한 것을 내버리고
그 사곡邪曲한 것을 끊어버리면 밖에서 가차假借하여 오지 않고도 요순
堯舜·탕무湯武·공맹孔孟과 같은 성인이 될 수 있다. 비유하면 어떤 사
람이 자가自家에 무진장의 보화를 유암幽暗한 땅에 붙어 놓고도 자가가
알지 옷하고 빈한구걸貧寒求乞하면서 사방으로 유전流轉하다가 만일 선
각자를 만나 보화의 매장된 곳을 지시받아 의심 없이 독신하고 그 매
장한 것을 발굴하면 무진장의 보화가 다 자기 소유인 것과 같다. 이
이치가 심히 명백한데 사람들이 자각을 못하니 슬픈 일이다. 다만 이
마음에 이가 갖추어져 있는 것만 알 뿐이요, 그 이상 엄폐된 것을 힘써
버리지 않으면 이것은 실로 보화를 매장한 곳을 알지 못하고 나는 보
장지물寶藏之物을 가지고 있다고 자만하는 것일 뿐이니 무슨 이익이 있
겠는가?[2]

---

2) 『栗谷全書』, 권20 「聖學輯要」, "右論本然之性, 臣按, 人之一心, 萬理全具. 堯舜之仁, 湯武之
義, 孔孟之道, 皆性分之所固有也. 惟是氣稟拘於前, 物欲汩於後, 明者昏, 正者邪, 迷而爲衆人之
蚩蚩. 實與禽獸無異, 而本具之理, 則其明自如, 其正自如. 但爲所掩蔽, 而終無息滅之理, 誠能去
其昏, 絶其邪, 則堯舜湯武孔孟之聖, 非外假而成. 譬如有人自家無限寶藏, 埋諸幽暗之地而不自知
焉, 貧寒匈乞, 流轉四方, 若遇先覺, 指示藏寶之處, 篤信不疑, 發其所埋, 則無限寶藏, 皆所自有者
也. 此理甚明, 人自不覺, 可哀也哉. 若徒知此心之具理而已, 不復力去其掩蔽, 則是實不知藏寶之
處, 而謾說我有寶藏云爾, 亦何益之有, 顧留睿念焉."

이것은 원효가 『대승기신론소大乘起信論疏』에서 기신론의 심心을 일심一心으로 해석하여 일심지원一心之源 말하는 것과 같은 형식을 갖고 있음을 알 수 있다. 원효는 다음과 같이 말하였다.

자체自體를 법法이라고 한다. 지금 대승에 의하면 일체一切의 사물현상들은 각자로 어떤 별개의 실체를 가진 것이 아니라 일심을 씀에 따라 그것이 나타나게 된 것이다. 그러므로 대승大乘의 본질은 중생의 마음이라고 하는 것이다.3)

더 나아가 원효는 이 마음으로 인하여 이 세상의 모든 사물과 현상이 더 나타나게 된다고 하였다. 모든 사물과 현상은 오직 하나의 마음일 뿐이니, 소승에서 그 모든 것이 각기 실체를 지닌다고 말하는 것과는 판이하다. 그러므로 마음이 곧 대승의 진리라고 주장하는 것이다.

『기신론』이나 원효의 『기신론소』의 주장은 마음 밖의 객관세계가 실재한다고 믿지 않는다. 그러나 성리학에서는 마음 밖에 있는 모든 객관적인 사물이 본성을 가지고 실재하고 있다고 보고 있음이 다르다. 그리고 그 마음 밖에 있는 실재적인 사물들의 본성을 아는 것을 곧 마음으로 보고 있는 것이다. 원효의 입장에서 이미 객관적 대상은 마음 밖에 있지 않지만, 율곡에서의 객관적 대상은 이미 존재해 있는 것으로서 그들의 본성을 곧 이理로 보고 있음이 다를 뿐이다.

---

3) 『大乘起信論海東疏』, "初中所言法者, 謂衆生心者, 自體名法, 今大乘中一切諸法皆無別體, 唯用一心爲其自體. 故言法者謂, 生心也."

2. 성인과 불각

　　유학이 지향하는 바 그 목적은 수기치인修己治人으로서 수기修己를 통
하여 성인의 경지에 이르고 치인治人을 통하여 천하의 안인安人을 이룸에
있다 함은 다 잘 아는 사실이다. 율곡은 성언을 말할 때 불면이중不勉而中
하고 불사이득不思而得하는 경지에 도달함을 말한다. 그리고 이 두 문장
을 해석하여 말하기를

　　　　노력하지 않고 중中에 일치함과, 생각하지 않고도 얻는다는 뜻은 무위
　　　無爲와 무사無思로 오해하기 쉬우나 이는 철저히 노력하고 철저히 생각
　　　하여 더 노력하고 더 생각할 것이 없이 자연스럽게 이루어지는 유위有
　　　爲의 궁극과 유사有思의 극치를 말하는 것이다.4)

라고 하였다. 이것은 소위 종심소욕불유구從心所欲不踰矩의 경지, 즉 마음
이 하고 싶은 바에 따라 행하여도 법도를 넘어서지 않은 경지를 말한다.
결국 마음이 자재로워서 조금도 구속됨이 없는 경지이다.

　　이러한 성인의 경지는 가치론적인 면에서 말하면 최고의 가치이며,
또한 최고의 선을 실현하는 사람이기도 하고 대표적인 선자善者이기도
하다. 심성론적心性論的으로 보면 성인은 실심자實心者이면서 이기理氣적인
표현에서는 실리자實理者이다. 그리고 중용의 말을 빌리면 성자誠者는 천

---

4) 『栗谷全書』, 권20, 「聖學輯要」, "聖人無待於思勉而自格致誠正, 顏子雖不免於思勉, 而亦不待著
力, 學者未免苦心極力耳, 大抵珥則以不思而得, 爲知之極, 不勉而中, 爲行之極, 足下則以爲思得
爲知之極, 勉中爲行之極, 又求聖人於其極之外, 此所以多言而愈不相合也."

지도天之道로서 천도자체天道自體요 성지자誠之者는 인지도人之道이다. 성인은 성자誠者 자체이다.

그러나 인간은 성誠하려고 노력하고 그 결과 성자誠者인 성인聖人의 세계에 도달하는 것이다. 그러면 이 성誠이란 어디에서 이루어지는가? 율곡에서는 실심實心에서 이루어진다. 그리고 이 실심이란 다름이 아니라 '사무사思無邪'이었다. 따라서 생각에 거짓이 없어야 성인이다. 그러나 한번만 생각에 거짓이 없는 것이 아니라 언제 어디서나 누구에게나 그 생각에 거짓이 없는, 거짓 없는 그 자체를 말하는 것이다. 그리고 그 생각은 마음에서 일어나는 것이기에 마음에 거짓이 없는 세계를 말한다.

율곡은 이러한 마음의 거짓을 모두 선·악의 근원이요 모든 시是·비非의 원천으로 보았다. 이 마음의 참과 거짓에 따라 정치·경제·사회·인사人事·역사·문화가 달라진다고 보았던 것이다. 따라서 나라를 통치하는 집권자나 신하의 마음이 먼저 성의誠意와 정심正心에 바탕을 두어야 한다고 보았다. 그렇기 때문에 그의『성학집요聖學輯要』에서는「정심장正心章」을 따로 두어 정심을 철저히 논하였다고 보인다.

이제 우리가 비교하고자 하는 원효의 주장을 살펴보자. 원효는 불교가 지향하는 목표인 각의 세계를 해명하고 왜 인간이 각의 경지에서 살수 없으며 각과 합일되지 못하고 유전流轉과 환멸還滅의 세계에 허망하게 떠돌아다니면서 고해의 삶을 살아가야 하는가 하는 점을 밝혔다.

원효에 의하면, 각이란 우리 인간의 마음의 본체가 그릇된 생각들을 떠나 있음을 의미하는 말이다. 그릇된 이 생각 저 생각이 없는 것이 마치 허공계虛空界와 같다. 모든 곳에 미치지 않는 바 없고 그 마음에게는 차별척인 이 세계가 평등한 하나의 모습으로 이해된다. 여래如來 즉 불타의 알맹이 그 본체가 바로 그것이다. 그 진리의 몸을 법신法身이라고 하는데 이렇듯 세계를 진리 그 자체로 삼는 마음이기 때문에 이를 본각本覺이라고 부른다. 그것은 각이란 말과 마찬가지이지만 우리의 마음이 각覺 그 자체이기만 한 것이 아니고 불각不覺이어서 각을 향한 움직임을 일으키고 그것을 완수完遂케 하는 것이기도 하므로 상대적相對的으로 말해서 그 한 면을 시각始覺이라고 말한 것이다. 모든 생멸을 일으키는 그러한 각이기 때문에 이를 시각이라고 하고 생멸과는 상관없는 영원한 본체를 이에 대하여 본각本覺이라고 하는 것이다.

각이란 결국 일체의 망념을 떠난 모습을 말하며 그것을 허공계虛空界로 표현한다. 또한 어두움(無明)이 없음을 지적하는 데 그치지 않고 더 나아가 지혜의 밝음이 있어 모든 현상계를 두루 밝혀서 거기의 아무런 차별도 보지 않음을 말하는 것이다.

원효는 우리의 마음이 본래 선험적先驗的으로 각覺이지만 무명無明에 의해 불각不覺이 있음을 말하고 있다. 그러나 이러한 경험적 현상계에서는 불각이 있으나 불각이라 해서 본각本覺을 떠난 것이 아님을 지적한다. 따라서 불각에서 본각으로 환원하는 기점을 시각始覺이라고 말하고 있다. 어떻든 우리 인간의 마음은 그 본체가 밝고 맑은 그대로이고 이것을 각이라고 했음을 알 수 있다.

그리고 이 각에 도달하지 못하는 이유가 번뇌·망상에 있음을 지적한다.

이와 같이 율곡이나 원효는 모두 그들이 고뇌를 해명하기 위해 마음의 세계를 해명하고 그 마음의 궁극적인 세계를 자유스러운 경지에 도달하는 것으로 생각하였다. 율곡이 지향하는 바 성인의 길도 결국 마음의 번뇌로 인하여 얼어나는 인심人心을 도심道心으로 전환시켜 영원히 선善한 사람이 되기 위함이었고 원효의 고민 역시 어떻게 하면 부처의 각의 세계에 도달하는가에 있었다. 부처님은 각자이고 그 각자는 자유인이였다. 그리고 그 자유자재自由自在의 세계는 모든 인간들에게 불성으로 내재되어 있다고 선언하였다. 그것은 마치 유학이 인간이면 누구나 성인이 될 수 있다는 근거와 유사성이 있음을 보여 준다.

3. 원효의 일심이문

원효는 『기신론소起信論流』에서 일심의 본체와 현상을 일심이문삼대一心二門三大로 설명하는데 일심에서 진여문眞如門, 생멸문生滅門이 나뉘고 다시 진여문에서 체대體大·상대相大가 분류되고 생멸문에서 용대用大가 나온다. 따라서 진여문은 본체를 말함이요 생멸문은 현상을 말한다고 할 수 있다. 즉 대승의 본질은 우리들 중생의 여래장심如來藏心 그 자체라 하고, 그 마음에는 변하지 않는 확고부동한 본체가 있고 또한 변화하는 현상의 두 면이 있다고 본다. 그 변화하는 두 면이 진여眞如와 생멸生滅의 두 문이다. 이것이 일심이문一心二門의 요점이다. 그리고 그 두 문을 가지고 대승의 의의를 체體·상相·용用 세 가지 면으로 설명한다. 이것이 삼대三大이다. 쉽게 말해서 체란 근본으로 일체현상이 나오는 근원, 근원자체, 영원, 불변, 부증不增, 불멸不滅, 참되고 한결같은 절대적 본체로서 현상계를 초월한 성격의 것이다. 상相이란 양상 또는 속성을 말한다. 또는 자질資質의 요소로 말할 수 있다. 그리고 이것은 마음의 근본적인 모습을 설명한 것이다.

원효는 마음의 가장 근본적인 속성을 다음과 같이 말한다. ① 광명을 지닌 대지혜大智慧, ② 온 세상 만물을 남김 없이 비추는 것, ③ 있는 그대로 진실되게 분석하고 아는 것, ④ 그 본성이 맑고 깨끗한 것, ⑤ 깨끗하고 서늘한 것, ⑥ 변함이 없는 것, ⑦ 그 스스로 존재하는 것이라 하였다.

용用, 그것은 작용作用 또는 움직임을 말한다. 인간으로 하여금 착한 모든 일을 하도록 하는 원동력으로서 이것은 우리 마음 깊숙한 곳에 숨어 있다. 그것은 외계外界의 모든 사물과 접촉하여 이루어지기도 하고 스스로의 내심內心에서 일어나기도 한다.

우리는 여기에서 단면적이나마 우리의 논리를 진행하기 위해 이제 심진여心眞如와 심생멸心生滅을 설명할 필요가 있다. 심진여는 참되고 한결같은 본체의 마음으로 말로써 설명할 수 없지만(離言) 그래도 감히 말로써 설명하면 여래장如來藏이요, 일심一心이요, 적멸寂滅이요, 본래적정本來寂靜한 것을 말한다.

우리는 제법諸法의 맑음과 흐림(染淨)을 가리지만 그 본성은 둘이 아니며 또 진眞과 망妄의 두 문門을 세우지만 그것은 따로 별개의 것이 아니다. 그러므로 하나라고 한다. 특히 둘이 아닌 이 자리에서 모든 사물은 알찬 것이 되며 그것은 조금도 헛되지 않아 그 스스로 모든 것을 환히 아는 까닭에 이를 불러 '마음'이라 하는 것이다. 그러나 이미 둘이 없는데 어떻게 하나가 있으랴. 하나란 가짐이 없다는 말이니 어찌 마음을 누구의 것이라 하랴.[5]

이러한 마음의 도라는 언설言說과 사려思慮를 절絶한 것이므로 무엇이라고 지목指目할 바를 몰라 구태여 '열심一心'이라 부르는 것이라 말하고

---

[5] 『大乘起信論海東疏』, "二門如是, 何爲一心, 謂染淨諸法其性無二, 眞妄二門不得異有. 故名爲一. 此無二處, 諸法中實, 不同虛空, 性自神解, 故名爲心. 然旣無有二, 何得有一. 一無所有, 就誰曰心."

있다. 그리고 원효는 『별기別記』에서 진여와 생멸의 두 가지로 일심을 설명했지만 이 두 가지 문을 별개의 실체로 보는 것은 큰 잘못임을 강조한다.

생멸문生滅門에 대해서

생멸문이라는 것은 진여가 선善·불선不善의 근본원인이 되어 여러 가지 부차적인 조건과 결합하여 제諸 현상을 빚어내는 것을 말한다. 사실 제諸 현상은 빚어내어졌지만 항상 그 진성眞性은 파괴되지 않고 있는 고로 이 생멸문에도 진여는 그대로 살아 있는 것이다.

라고 하였다.

이와 같이 일심이문一心二門은 결국 일심에서 일어나는 하나의 현상이지만, 이 둘은 결국 일심을 제외하고는 모두 허망한 것이 된다. 그렇다고 허망한 것을 떠나서 일심이 있는 것은 아니다. 생멸심生滅心을 떠나서 진여심眞如心이 있다고 볼 수는 없는 것이다. 여기에서 우리는 비록 그 착상은 다르다 하더라도 본체론적으로 보라는 이통기국理通氣局을 수행론의 형식과 대비하여 비교해 볼 때 새로운 의미가 가중됨을 발견할 수 있다.

4. 율곡의 이통기국

율곡의 이통기국설理通氣局說에 대해서는 이것이 화엄사상華嚴思想의
영향이라고 주장하는 학자가 있는가 하면 그렇지 않다고 주장하는 학자
도 있다. 그러나 필자筆者는 이러한 사상이 불교의 화엄에서 그 근원이
출발되었다거나, 또 다른 것에서 나왔다고 주장되는 이유 중의 하나로
서 이통기국理通氣局을 오직 본체론적 해석의 시각으로 말미암아 일어나
는 쟁론이라고 이해하고 싶다. 왜냐하면 사실 근본적인 입장에서 보면
불교는 심心 이외의 실재성을 부정하고 객관세계를 허망한 것으로 보고
있다.

그러나 화엄의 성기론性起論에서는 이理와 사事를 모두 마음에서의 문
제라고 볼 수밖에 없으며 이것은 어떠한 구체적인 존재存在의 내용을 본
체론적으로 구분한 것이 아니다. 성리학에서의 이理와 기氣는 이미 이
세상의 모든 존재는 바로 '있는 것'으로서 허망한 것이 아니라는 것이며
그 있는 것을 이理·기氣의 두 개념으로 파악하고 있다.

따라서 이통기국理通氣局은 본체 위에서만 보면 이것은 비교될 바가
없다. 그러나 성리학이나 유학이 결국 심의 수행을 통해 이상세계理想世
界에 도달하고자 할진대 우리는 이것을 실천사상의 한 형식의 측면에서
비교하여 공통적인 면을 추출해 볼 수도 있지 않은가 생각된다.

본체 위에서 보아야 한다는 이통기국理通氣局을 심에 적용하고 또한
원효의 일심이문一心二門을 이통기국에 비교한다면 내면적 수행의 공통

성과 유사성을 발견할 수 있을 것이고 나아가 이기론理氣論의 한계가 극복될 수 있으리라 여겨진다. 이통기국을 오직 본체론으로만 본다면 유학이 지향하는 천인합일에서 천도론과 본성론의 합일과 더불어 본성론과 심성론心性論의 정합성整合性이 드러나지 않기 때문에 이론적 체계의 연관성을 구할 수 없다. 따라서 이통기국을 심성론적 입장에 확대하여 비교하고자 하는 바이다.

원효나 율곡은 모두 수행을 통하여 이상적 인간상에 도달하려 했던 사람들이다. 원효는 우리가 불교에서의 성인인 각자가 되지 못하는 이유는 번뇌·망상의 무명 때문이라고 보았고, 이러한 무명의 근원은 일심지원一心之源에 돌아가지 못했기 때문이라고 주장하였다. 원효는 일심을 심진여心眞如와 심생멸心生滅로 구별하여 설명하였다. 심진여는 체體이고 심생멸은 용用으로 현상에 해당된다. 우리가 진리를 보지 못하는 이유는 심진여인 본체와 심생멸인 현상의 마음을 둘로 보아 하나에만 집착하여 본래 청정한 진여의 본래로 돌아가지 못한다는 것에서 구했다.

이에 비하여 율곡은 마음은 본래 하나이지만 형기形氣(육체적 요소)에 의하여 일어나는 인심人心과 성명性命에 근원하는 도심道心이 있어서 형기의 사私에서 생긴 마음을 그대로 놓아서 지내게 되면 그것이 곧 악惡에 흐르기 쉽다고 보았다. 그러나 성명의 정正에서 근원한 도심道心은 본래 선하지만 그것 역시 성의를 다하지 않으면 인심이 되어 악으로 흐르기 쉽다고 말하였던 것이다.

율곡이나 원효는 모두 이 마음을 잘 보존하고 마음의 본체를 드러내는 데에서 윤리적 덕성의 승화자로서 성인이 될 수 있고, 또한 마음의 적멸의 경지에서 각자覺者가 된다고 보았다. 율곡은 성인이 되는 것을 입지立志의 근본으로 삼았고 원효는 부처가 되어 있음을 철저히 믿는 데서 일심一心의 세계를 밝혔다.

이 두 사람은 모두 상의 실천적 수행을 통하여 인간의 이상상인 성인과 각자가 되기를 간절히 원하였다. 물론 우리가 여기서 지적해야 할 것은 불교가 심을 말하고 유학도 심을 말하지만, 그렇더라도 이 둘의 심개념이 같은 내용을 지시하지는 않는다는 점이다. 왜냐하면 유학은 심을 허령불매虛靈不昧 또는 광명심光明心으로 주석했으나 불교의 심과는 다른 면이 있기 때문이다.

성리학에서도 심은 만리萬理를 구족具足했다고 하지만 불교에서처럼 객관적 세계가 심에서 비롯되어 심의 표상으로 되었다고는 보지 않는다. 성리학에서는 객관적 사물의 이치가 심을 떠나 따로 있다고 보지만 객관적 세계의 본성을 이해하는 것은 우리의 주관적 심心을 통하여야만이 가능할 수 있다고 본다. 그러나 불교에서는 마음 밖에 있는 객관적 사물의 이치를 인정하지 않는다.

따라서 마음에 의하여 객관적 사물이 규정되며 객관적 사물은 마음의 표상으로서 마음에 분별이 없을 때 그것이 곧 일심一心이며 그것을 불佛의 경지로 보고 있다는 점에서 서로 다르다. 그러나 유학에서 객관적 세계의 이치를 그대로 밝히기 위하여 격물치지格物致知 또는 성의정심誠意正心을 내세워 마음의 회복을 주장하고, 불교에서 마음의 적멸寂滅을 주장하는 점에서는 그 유사성을 발견할 수 있다. 물론 불교는 마음의 본성이 따로 있다고 보지 않지만 성리학에서는 마음의 본성을 윤리적 덕목인 인仁·의義·예禮·지智로 파악하여 그 절대적 도덕성을 인정하는 데에 차이점이 있다.

그러나 우리는 이 두 선각자가 한분은 마음의 적멸의 경지인 일심지원一心之源으로의 환귀를 주장하고 다른 한분은 마음의 허령불매虛靈不昧를 통하여 객관적 이치를 터득하여 도덕성인 인仁·의義·예禮·지智의 자유성 그대로를 실천하려 했던 형식을 볼 때 적어도 궁극적 진리인 자유의 자유자재한 실현을 요청했다는 점에서 그 유사성을 발견할 수 있는 것이다.

5. 이통기국과 일심이문

율곡은 이통기국理通氣局을 본체론 위에서 보아야 한다고 보았다. 그
러나 성리학의 본체론의 궁극목표가 소당연所當然인 이理의 가치론적價值
論的 실천에 있음을 볼 때 그 지향하는 바가 오직 자연自然의 소이연所以然
만을 논하고 있지 않음은 당연하다. 더구나 객관적 대상인 세계의 이理
가 실재하지만 그것을 인식하는 것은 인간의 마음에 있으며 이 마음의
허령불매虛靈不昧에 있다고 할 때 이통기국이라 해서 심성론心性論과 비교
하지 못할 바가 없다. 따라서 이통기국의 구조면에서 불교의 일심이문一
心二門과 상통성이 있다고 보아 그것을 비교한다.

율곡은 이통기국을 다음과 같이 설명한다.

이기理氣가 원래 떨어지지 아니하여 일물一物인 것 같으나, 그 구별되는
바는 이理는 무형이며 기氣는 유형이라는 점이다. 이는 무위無爲이며 기
는 유위有爲이다. 무형무위無形無爲이면서 유형유위有形有爲의 주체가 되
는 것은 이理요 유형유위有形有爲이면서 무형무위無形無爲의 기器가 되는
것은 기氣이다. 이는 무형이요, 기는 유형이므로 이는 통하고 기는 국
한局限한다. 이는 무위無爲이요 기는 유위有爲이므로 기가 발發하면 이는
탄다(乘). 이理가 통通한다는 것은 무엇을 말하는가? 이는 본말本末이 없
고 선후先後가 없다. 본말도 선후도 없음으로 인해 말응末應이 선도 아
니며 이응已應이 후도 아닌 것이다. 이러한 까닭에 이理가 기를 타고
유행流行하여 참치부제參差不齊하지만 그 본연本然의 묘妙는 있지 않은
데가 없다. 그리하여 기가 편偏하면 이도 역시 편하나 편하는 것은 이

理가 아니라 기이다. 청탁淸濁, 수박粹駁, 조박糟粕, 외려煨燼 분양糞壤, 오예汚穢 가운데에 이르기까지 이가 있지 않은 데가 없어서 각각 그 성性이 되지만 그 본체의 묘를 말하면 자약自若함을 잃지 않으니 이것을 일러 이理의 통通이라 한다.[6]

기가 국한局限한다는 것은 무엇을 말하는가?

기는 이미 형적에 관계되기 때문에 본말本末이 있고 선후가 있다. 기의 본체는 담일청허湛一淸虛할 뿐이니 어찌 일찍이 찌꺼기, 재, 거름, 오물 등의 기가 있으리오마는 오직 그것이 승강昇降, 비양飛揚하여 조금도 쉬지 않으므로 천태만상으로 고르지 않아 만 가지 변화가 생긴다. 이에 기가 유행한 때에 그 본연本然을 잃지 않은 것도 있고 그 본연을 잃어버리는 것도 있으나 이미 그 본연을 잃어버리면 기의 본연은 이미 있는 데가 없게 되니 치우친 기요 온전한 기가 아니며 맑은 것은 맑은 기요 탁한 기가 아니며 찌꺼기 재는 찌꺼기 재의 기요, 담일청허湛一淸虛의 기가 아니니 이는 이가 만물 가운데에서 그 본연의 묘리妙理가 어디에나 그대로 있지 않는 것이 없는 것과 같지 않으니 이것이 이른바 기국氣局이라는 것이다.[7]

---

6) 『栗谷全書』, 권10, 「書2·答成浩原」, "理氣元不相離, 似是一物, 而其所以異者, 理無形也, 氣有形也. 理無爲也, 氣有爲也. 無形無爲而爲有形有爲之主者, 理也, 有形有爲而爲無形無爲之器者氣也. 理無形而氣有形, 故理通而氣局. 理無爲而氣有爲, 故氣發而理乘. 理通者何謂也. 理者無本末也, 無先後也. 無本末無先後, 故未應不是先, 已應不是後(程子說). 是故乘氣流行, 參差不齊, 而其本然之妙, 無乎不在. 氣之偏, 則理亦偏, 而所偏非理也, 氣也, 氣之全, 則理亦全, 而所全非理也, 氣也. 至於淸濁粹駁, 糟粕煨燼糞壤汚穢之中, 理無所不在, 各爲其性, 而其本然之妙, 則不害其自若也, 此之謂理之通也."

7) 『栗谷全書』, 권10, 「書2·答成浩原」, "氣局者, 何謂也. 氣已涉形迹, 故有本末也, 有先後也. 氣之本則湛一淸虛而已. 曷嘗有糟粕煨燼糞壤汚穢之氣哉. 惟其升降飛揚, 未嘗止息, 故參差不齊而萬變生焉. 於是氣之流行也, 有不失其本然者, 有失其本然者, 旣失其本然, 則氣之本然者, 已無所

X. 율곡과 원효   401

이러한 이통기국理通氣局의 내용이 실천적 수행의 면에서 원효와 어떻게 비교될 수 있는가를 알아보자.

원효는 마명馬鳴의 『기신론起信論』에서 전제한 일심이문一心二門을 인정한다. 즉 마음은 본래 일심一心이지만 여기에 이문二門이 있다고 한다. 그 하나는 심진여心眞如요, 다른 하나는 심생멸心生滅이다. 심진여는 이미 밝힌 바와 같이 참되고 한결같은 본체로서의 마음으로 말로 해석·설명할 수 있는 것이 아니다. 심생멸心生滅이란

생멸문生滅門이라는 것은 이 진여가 바로 선·불선의 근본요인이 되어 제 현상現象을 빚어내는 것을 말한다. 사실, 제 현상은 빚어내어 졌지만 항상 그 진성眞性은 파괴되지 않기 때문에 이 생멸문에도 진여는 그대로 살아 있는 것이다.

심생멸心生滅이란 본래는 한결같지만 무명에 의하여 변화 즉 생멸하여 제 현상을 만들어 내어 결국 번뇌·망상을 일으키는 것을 말한다.

여기에서 심진여는 말과 생각을 떠난 적멸寂滅의 경지로서 이理의 무형, 무위無爲와 비교할 수 있다. 성리학에서 심心의 본체는 이理로서 성性이라고 한다. 이 성은 곧 인仁·의義·예禮·지智였다. 이 인·의·예·지는 사단심四端心으로서 단서가 된다고 하였다. 이 사단심을 잘 보존하는 데서 곧 이理가 실현된다고 하는 것은 바로 인욕人欲을 거부하는 것으로

在. 偏者, 偏氣也, 非全氣也, 清者, 清氣也, 非濁氣也, 糟粕煨燼, 糟粕煨燼之氣也, 非湛一清虛之氣也, 非若理之於萬物, 本然之妙, 無乎不在也, 此所謂氣之局也."

서 원효의 말과 생각을 떠나는 내면성과 비교가 된다. 그러고 심생멸心生滅은 움직이고 변화하는 현상으로서, 기의 유형유위有形有爲와 대비할 수 있다. 또한 이통의 '통通' 역시 심진여心眞如가 언제나 심생멸心生滅과 함께 통하여 있으며 심생멸의 가라앉음에 의해 곧 심진여가 드러나게 된다는 점과 비교할 수 있다.

기의 움직임이 기 자체에 의하여 움직이듯이 심생멸도 무명에 의하여 일어난다. 그러나 무명 역시 일심을 떠나 있지 않다. 따라서 심생멸이나 기의 유형유위有形有爲는 그 형식과 기능면에서 유사성을 발견할 수 있다. 물론 이때 심진여나 심생멸은 일심一心의 이문二門으로서 일이이一而二요, 이이일二而一인 것이다. 이와 같이 이理와 기는 본래 이기지묘理氣之妙로서 일이이一而二요, 이이일二而一인 것이다. 이렇게 본다면 율곡의 진리인식 방법이나 원효의 진리인식 방법은 그 형식에서 유사성을 보이며 어떤 면에서는 그 내용까지도 상동相同한 부분을 발견할 수 있다.

율곡은 이를 말하여

대저 이理에는 한 글자도 여기에 다른 것을 더할 수 없으며 털끝만큼의 수양도 여기에 더할 수 없는 것이다. 이는 본래 선善하니 무슨 수양이 필요하겠는가? 성현의 천 마디 만 마디 수많은 말이 다만 사람들로 하여금 그 기를 단속하여 기의 본연을 회복하게 할 뿐이다. 기의 본연이란 호연지기浩然之氣이다. 이 호연지기浩然之氣가 천지에 가득하면 본래 선한 이가 조금도 가리어짐이 없다.[8]

---

8) 『栗谷全書』, 권10, 「書2・答成浩原」, "夫理上, 不可加一字, 不可加一毫修爲之力. 理本善也, 何可修爲乎, 聖賢之千言萬言, 只使人檢束其氣, 使復其氣之本然而已. 氣之本然者浩然之氣也. 浩

라고 하였다. 이때 이理와 기를 가치론적으로 보았으며 이러한 가치론적인 면에서는 원효와 더욱 같은 사고방식임을 알 수 있다. 즉 원효도 생멸심生滅心이 곧 번뇌·망상이기 때문에 번뇌와 망상을 단속(기의 단속)하면 진여심이 드러난다고 보았음을 생각할 때 결국 수행에서도 생멸심을 가라 앉혀 진여심의 회복을 강조하고 있음을 본다. 물론 진여인 이 적멸이란 그저 고요함만이 아니고 그것은 허공만이 아니다. 그것은 무엇이라 말할 수 없는 본체이다. 호연지기 역시 말은 무엇이라 할 수 없지만 기의 본연이요 또한 이理의 본연인 것이다.

然之氣充塞天地則本善之理, 無少掩蔽. 收孟子養氣善之論, 所以有功於聖門也."

6. 율곡의 인심 · 도심과 원효의 심진여 · 심생멸

율곡은 인심人心과 도심道心을 정의하여 "정情이 발할 때 도의道義를 위하여 발하는 것이 있으니 어버이에게 효도하고자 이미 임금에게 충성하는 것과, 어린애가 우물에 빠지는 것을 볼 때 측은惻隱히 여기는 것, 의義가 아닌 것을 볼 때 수오羞惡하는 것, 종묘宗廟에 지나갈 때 공경하는 것들이 이것이니, 이를 도심이라 하고, 정이 발하는 것이 구체口體를 위하여 말하는 것이 있으니 배고플 때 먹으려 하는 것, 추울 때 입으려 하는 것, 피로할 때 쉬고자 하는 것, 정이 성하면 여실女室을 생각하는 것들이 이것이니 이는 인심이라 한다"라고 하였다. 그러나 율곡은 이러한 인심과 도심이 본래 그 근원은 둘이 아니라고 말한다.

심心은 하나인데 도심과 인심의 둘로 나눈 것은 성명性命에서 나온 것과 형기形氣에서 나온 것을 구별함이다.9)

또한 인심과 도심의 명칭은 비록 두 가지이나 근원은 오직 일심뿐이다. 그 발하는 것이 의리를 위하기도 하고 식색食色을 위하기도 하므로 발하는 것을 따라 이름이 다를 뿐이다.10)

인심과 도심은 다 성에서 발하는데 기氣의 가리운 바가 되면 인심이고 기氣의 가리운 바가 아니 되면 도심이다.11)

---

9) 『栗谷全書』, 권9, 「書1 · 答成浩原」, "心一也, 而謂之道, 謂之人者, 性命形氣之別也."
10) 『栗谷全書』, 권10, 「書2 · 答成浩原」, "人心道心雖二名, 而其原則, 只是一心其發也."

위 세 가지의 예에서 보면 인심이나 도심은 모두 일심을 근거로 하고 있다는 것을 알 수 있다. 다만 그것이 식색을 위해 발하느냐, 의리를 위해 발하느냐 하는 차이가 있을 뿐이다. 인심과 도심의 근원은 하나이기 때문에 그 근원에 이심이 있어 인심도심이 확고히 구별되는 것은 아니다. 따라서 처음에 성명지정性命之正에서 나온 도심도 사私에 가까운 바가 되면 인심으로 마치는 것이요, 인심이라도 절제하여 정리正理에 일치하게 되면 도심으로 끝나는 것이라고 본다. 이것은 율곡이 인심도심의 구별보다는 미분별시未分別時의 '마음'에 더욱 큰 비중을 두고 있음을 말한다. 그러면 어째서 미분별시의 '마음'에 더욱 큰 비중을 두고 있는가? 이것은 그의 심성정의일로설心性情意一路說과 밀접한 관계가 있다.

> 인심과 도심은 성명性命과 형기形氣를 상대적으로 말한 것과는 다르다. 정은 발한 그대로요, 비교하고 상호 대어보는 데까지 이르지 아니한 것이다. 생각건대 인심과 도심은 정情과 의意를 겸한 것이다.[12]

정은 성性이 발하여 정이 되었으며 그것은 발한 그대로이지만, 인심이나 도심은 정에 상량계교商量計較하는 의意가 들어 있음으로 인해 이것은 확고하게 고정적인 인심과 도심으로 분별할 수 없다. 오히려 가변적이고 유동적인 현상에 있는 것이다. 따라서 여기에 그의 인심도심종시설人心道心終始說이 성립된다.

---

11) 『栗谷全書』, 권10, 「書2・答成浩原」, "人心道心皆發於性而爲氣所掩者人心, 不爲氣所掩者道心."
12) 『栗谷全書』, 권9, 「書1・答成浩原」, "且情是發出恁地, 不及計較, 蓋人心道心兼情意而言也."

지금 우리의 마음이 처음에는 성명性命의 정正에서 바로 나오다가도 우리가 그것을 선善으로 완성시키지 못하고 사私를 섞으면 이것은 처음에 도심이었지만 나중에는 인심으로 마치게 되는 것이다. 처음에 정리正理에 어긋난 마음을 곧 그릇된 줄 알고 마음을 고치어 욕欲에 따르지 않으면 이것은 처음의 인심이 도심으로 결말되는 것이다.[13]

이것은 의意의 상량계교商量計較에 의하여 인심이 도심으로, 도심이 인심으로 상호 교환될 수 있음을 말하는 것이다. 따라서 인심과 도심을 고정적으로 구별할 수 없다는 것이다. 그러면 과연 인심과 도심은 어디에서 발생하는 것인가? 퇴계退溪에 의하면 인심은 기에서 발하고 도심은 이理에서 발한다. 이에 반하여 율곡은 이理와 기가 혼융渾融되어 원래 서로 떠나지 않는 것이다.

마음이 동動하여 정情으로 될 때 발하는 것은 기이고 발하는 까닭은 이理이다. 기가 아니면 발하지 못하고 이理가 아니면 발하는 바가 없게 된다. 어찌 이발기발理發氣發의 다름이 있겠는가? 처음에는 방촌方村 가운데 두 마음이 있지 않으나 다만 발처發處에 이 이단二端이 있을 뿐이다. 그리하여 도심을 발하는 것은 기이지만 성명性命이 아니면 도심이 생기지 않고, 인심의 근원은 이理이지만 형기形氣가 아니면 인심이 생기지 않는다. 이것이 바로 혹은 성명性命에 근원하고 혹은 형기에서 생긴다는 것의 차이점이다.[14]

---

13) 『栗谷全書』, 권9, 「書1 · 答成浩原」, "今人之心直出於性命之正, 而或不能順而遂之間之, 以私意則是始, 以道心, 而終以人心也. 或出於形氣, 而不咈乎正理, 則固不違於道心矣. 或咈乎正理, 而知非制伏, 不從其欲, 則是始以人心, 而終以道心也."

14) 『栗谷全書』, 권14, 「人心道心圖說」, "理氣渾融元不相離, 心動爲情也, 發之者, 氣也, 所以發者

이것이 그의 지론인 기발이승氣發理乘으로서 이기원불상리理氣元不相離의 이기관理氣觀에 의한 해석이다. 인심도심은 일심의 두 가지 발현현상發現現象이기 때문에 그것은 이기理氣의 합이다. 도심이라도 유위有爲의 기가 없으면 발할 수 없다. 기로 인하여 발하였지만 성명性命이 있음으로써 도심이 된 것이다. 인심도 형기形氣가 있어서 그 기로 인하여 발하여졌지만 그 근원은 이理이다.

따라서 이理가 아니면 인심이 생기지 않는다는 것이다. 결국 인심이나 도심이 모두 천리天理인데 성性 그것이 발하여 기의 엄폐掩蔽와 비엄폐非掩蔽로 나뉘어 인人·도道가 구별된다는 것이다. 따라서 율곡은 퇴계와 같이 인심을 곧 인욕人欲으로 변칭變稱하여 악한 것으로만 보지 않았다. 인심도 심의 의인 상량계교로서 인욕으로 흐르지 않도록 하면 도심이 될 수 있고 도심도 지키지 않으면 인심으로 결말짓는다고 보았다. 결코 인심 또는 도심이 불변의 독립된 심으로 있지 않다는 것이다.

심의 본질이 이미 가변적이기 때문에 인심이라든지 도심의 일정한 심이 있는 것은 아니다. 그리고 성명性命의 정正에서 근원했다든가 형기形氣의 사私에서 생하였다고 하여, 성명의 정에서 근원한 것은 모두 도심 즉 선으로 보고 형기의 사에서 생한 것은 모두 인심 즉 악으로 보지는 않는다. 이마 심은 정과 달라 의의 상량계교를 거치는 것이기 때문에 인심도 도심으로 천이遷移될 수 있고 도심도 인심으로 변화될 수 있다는

理也. 非氣則不能發非理則無所發, 安有理發氣發之殊乎. 但道心雖不離乎氣, 而其發也爲道義, 故屬之性命, 人心雖亦本乎理, 而其發也爲口體, 故屬之形氣, 對之中初無二心, 只於發處有此二端, 故發道心者, 氣也, 而非性命, 則道心不生, 原人心者, 理也, 而非形氣, 則人心不生, 此所以或原或生, 今私之異者也."

것으로서 그것은 오직 심의 의意 작용에 의한다는 것이다.

발發하는 것이 정리正理에서 나오고 기氣가 용사用事하지 못하면 도심이
니 곧 칠정七情의 선善과 악惡을 합한 전부이다. 이때에 기의 용사用事를
잘 알고 잘 살펴서 정리正理에 따르게 하면 인심人心이 도심道心의 명령
을 들을 것이요, 만일 잘 살피지 못하고 되는대로 방임하면 정情이 이
기고 욕欲이 아주 성盛하여 인심은 더욱 위태危殆롭고 도심은 더욱 희미
하여진다.15)

정찰하고 정찰하지 못하는 것은 모두 의意가 하는 것이므로 공부하는
데에는 먼저 의를 정찰되게 하여야 한다.16)

인심이 도심의 명령을 듣게 되면 도심이 되는데, 이때에 기氣의 용사
用事를 정찰精察해야 한다. 그런데 이 정찰은 모두 의意가 하는 것이다.
성의誠意가 기氣의 용사用事를 정찰하여 인심이 도심의 명령을 듣게 해야
한다는 것이다.

율곡은 도심의 실현을 가장 바람직한 수행의 길로 이해하고 있다.
원효의 심진여心眞如는 곧 도심에 해당하고 인심(人欲)은 심생멸心生滅에
해당 한다고 볼 수 있다. 따라서 율곡은 인심이나 도심이 모두 일심으
로, 지금 현재 나타난 것의 근원을 찾아 올라가 보면 인심의 형기는 사私

---

15) 『栗谷全書』, 권9, 「書1·答成浩原」, "其發直出於正理而氣不用事, 則道心也. 七情之善一邊也,
發之之際氣已用事, 則人心也, 七情之合善惡也. 知其氣之用事, 精察而趨乎正理, 則人心聽命於道
心也, 不能精察而推其所向, 則情勝欲熾而人心愈危, 道心愈微矣."
16) 『栗谷全書』, 권9, 「書1·答成浩原」, "精察與否, 皆是意之所爲, 故自修莫先於誠意."

에서 생하였다 하게 되고 도심은 성명지정性命之正에서 근원하였다고 말함으로써 도심은 언제나 인심 속에 내재하고 있음을 인정한다. 도심이 인욕人欲 가운데 없다면 어디에서 도심이 나올 수 있다는 말인가? 이 점에서 원효의 심생멸心生滅 밑에 언제나 진여성이 있다는 것과 상통한다. 성리학에서 심을 허령지각虛靈知覺이라 말할 때, 허령虛靈은 곧 체體요 지각知覺은 곧 용用이다. 원효에서도 일심의 체는 허령으로서 심진여心眞如요 용用은 현상現象으로서 심생멸心生滅로 비교할 수 있다.

   필자는 이제까지 율곡과 원효의 사상체계를 비교하여 보았다. 그것은 어디까지나 본체론에서 보아야 한다는 이통기국도 이理와 기氣를 본체론으로만 보지 않고 이理와 기를 선·악의 측면에서 보아 심성론心性論과 수행의 실천면에서 비교하여 보았던 것이다. 그 수많은 말이 서로 다른 것처럼 보이지만 우리의 마음을 단속하고 수행한다는 면에서 형식과 기능의 유사성을 비교하여 보았다. 실천적 수행이라는 측면에서 원효와 율곡의 사상은 그 유사성을 발견할 수 있다.

XI. 인성교육

1. 들어가는 글

오늘날 한국 현대사회를 위기라고 진단하는 사람들이 많이 있다. 위기라고 한다면 정치·경제·사회·교육·문화·가정 등 우리의 생존에 밀접히 관계가 있는 모든 분야가 위기에 노출되어 있다.

역사적으로 보아 고대로부터 현대에 이르기까지 식자들은 언제나 그 시대를 위기라고 말하고 있음은 동東·서西·고古·금今의 역사가 증명한다.

위기란 더 좋은 사회를 만들기 위한 새로운 동력이요, 역사 발전의 한 단계이기도 하다. 그런 면에서 우리의 현실은 더 좋은 현실로, 우리의 미래를 더 밝게 하고 희망찬 내일의 기틀을 위해 오늘 우리는 몇 가지 논의하고자 한다.

정치·경제·사회·교육·문화 등 모든 사회적 여건은 인간이 만들어 나가는 것이다. 모두가 사람이 하는 일이다. 그렇기 때문에 사람이 어떤 사람이냐가 중요하고, 그 사람들이 무엇을 목적으로 어떻게 살아가고 있느냐가 문제이다. 따라서 사람이란 무엇인가 하는 문제를 따져보아야 한다. 사람이란 무엇이냐 하는 문제는 매우 익숙하고 잘 아는 것 같이 생각한다. 그러나 실제 사람이란 매우 복잡하고 애매한 개념이기도 하다.

2. 인간 본성에 대한 부정적 시각과 그 비판

인간은 만물의 영장이다. 만물 가운데 인간만이 영적능력이 있다. 그러한 영적능력 가운데 이성도 포함된다. 따라서 동서양을 막론하고 인간은 이성적 존재라는 보편적 개념의 정의가 성립되었다. 인간은 이치를 따지는 존재이며, 그 이치에 따라 긍정과 부정의 판단을 내리고 세계의 존재 비밀과 인간의 존재 비밀을 탐구한다. 그리고 그 이성을 통해 인간관계의 질서가 유지되고 함께 살아 나간다는 데 동의한다. 그것이 인간의 사회적 동물이라는 데 합의한다. 사회적 동물이기 때문에 함께 살아가는 필요한 질서유지의 일정한 규범이 요구되기도 하고 그 규범을 유지하는 데 인간의 도덕적 가치가 성립된다. 인간의 도덕적 가치가 본래부터 인간에게 선천적으로 주어져 있느냐 하는 가치절대론에 대한 윤리학적 논의가 진행되고 있으나, 현재로서는 절대론적 윤리설 가운데 목적론(teleology)적 윤리학설은 "인생에는 모든 사람이 그것의 실천을 위해서 최선을 다해야 할 목적이 있다. 그것은 삶의 궁극적 목적으로서 인간의 마음대로 정할 수 있는 것이 아니라 이미 선천적으로 주어진 절대적인 것이다. 그 절대적 목적이 무엇이냐 하는 것은 목적론자들 사이에 견해의 차이가 있다."[1] 예를 들면 플라톤(Platon)은 선善의 이데아(Idea), 아리스토텔레스(Aristotes)는 행복 등 다양하다.

다른 하나는 의무론義務論(deontology)적 윤리설이다. 이는 우리 인간에

---

1) 김태길 저, 『윤리학』, p.25~26.

게는 누구나 지켜야 할 행위의 법칙이 주어져 있다. 그 법칙은 인간의 의지를 초월하여 미리 선천적으로 주어진 것으로 절대 불변의 법칙이다. 이 역시 법칙논적 범위에 들어가는 학자들 사이에도 차이는 있다.[2]

그 중에 대표적인 법칙론적 학자가 칸트(Kant)이다. 그는 "네 의지의 준칙準則이 항상 동시에 보편적 입법의 원리로서 타당하도록 행동하라" 한다. 타당했을 때 그 행동은 올바르고 정당하다는 것이다.

여하간 소위 서양적 윤리설이 다양하나 고전적 절대윤리설인 목적론적 윤리설이나 법칙론적 윤리설이나, 그들이 전제 삼은 것은 본래부터 "인생의 목적" "우리가 해야 할 행위"가 있다는 데서부터 출발했다. 그러나 현대에 와서, 인성의 궁극적인 목적이 있느냐 하는 것과 행위의 궁극적인 법칙이 있다는 것이 모두 그 증거를 댈 수 없음으로 결국 "자명한" 진리가 아니면 믿음이라는 것으로 대처할 수밖에 없지 않느냐 하는 윤리적 회의론이 확산되게 되었다.

그러나 아무리 윤리적 회의론이 성립된다 하더라도 그러한 목적론·법칙론적 견해가 자명한 진리라고 증명할 수 없다고 해서 또 믿음이라고 해서 그것이 부당하고 도덕이 아니라고 증명할 수도 없지 않느냐? 그리고 그러한 도덕적 윤리설이 오늘날까지 우리 삶의 토대가 되어 있지 않는가? 그러한 논리는 쉽게 말해 오늘날 우려의 윤리의 기본이라고 볼 수 있는 소위 삼강오륜에 대해서도 동일하게 적용될 수 있다.

이러한 윤리설은 모두 인간의 본성은 선善이다 하는 것으로부터 출

---

2) 위의 책, p.27~28.

발한다. 물론 오늘날 같이 회의론이 극에 달한 세계에서는 인간의 본성이 선善이라는 것을 부정하는 구체적인 논리와 타당한 이론도 없지 않느냐? 그리고 인간이 궁극적으로 악惡하다는 보편적 진리로 확립되지 못하고 있지 않는가? 그렇다면 우리는 전통적인 고전윤리에 따라 사고할 수밖에 없고 그러한 윤리를 시대에 따라 그 시대에 적용해야 하지 않는가? 그런 의미에서 인간은 본래 선하다는 전제에서 그러한 선을 지키기 위한 여러 윤리도덕설이 나타난 것이다. 우리 전통 윤리설 속의 삼강三綱과 오륜五倫이 대표적이다. 사실 삼강과 오륜은 유교 또는 유학 윤리의 근본이다. 유교 또는 유학이 중국의 공자의 인仁사상으로부터 연원되었고, 오륜은 『맹자』의 「등문공상편滕文公上篇」에 의하면 "아무리 의식衣食이 만족스러워졌다 하더라도 교육을 받지 않는다면 짐승과 다를 바가 없다. 순舜은 그 점을 염려하여 설偰에게 사도司徒의 직책을 명하여 인륜人倫을 가르쳤다. 아버지와 자식 사이에 친애親愛함이 있고(父子有親), 임금과 신하 사이에는 의리가 있고(君臣有義), 남편과 아내 사이에는 분별이 있고(夫婦有別), 어른과 아이 사이에는 순서가 있다(長幼有序). 또한 친구 사이에는 신의가 있어야 한다(朋友有信). 이를 오륜五輪이라고 한다."[3]

인간관계에서는 꼭 지켜야 할 도리가 이 다섯 가지가 있음은 맹자에서 처음으로 언급된 것으로, 맹자는 그 근거를 인간은 본래부터 선善하다는 인간본성人間本性에 입각했던 것이다. 이는 중국을 거쳐 우리나라에 도입되어 우리 윤리문화의 근간이 되었다. 그런데 하나 특이한 점은 우

---

3) 『經書』(성균관대학교 대동문화연구원, 1978) p.554 상단.

리나라에서는 삼강이란 사상이 중요시되었다는 점이다. 사실 삼강이란 군위신강君爲臣綱 즉 임금은 신하의 벼리가 되고, 부위자강父爲子綱 즉 아버지는 아들의 벼리가 되고, 부위부강夫爲婦綱 즉 남편은 아내의 벼리가 된다는 뜻으로, 이는 오륜에서 나온 것이다. 오륜에서 군君, 부父, 부夫를 따로 떼어 내서 삼강을 강조한 것이 결국 강綱(벼리, 꼭지)이 상하 계층관계와 종속 관념화되어 권위적 윤리로 해석되었다고 생각한다. 처음에는 인간관계에서 가장 가까운 군신, 부자, 부부 관계가 마치 상하관계의 절대윤리의 관념화가 된 것이다. 그래서 군신에서는 신臣의 충忠이, 부자에서는 자子의 효孝가, 부부관계에서는 별別이 강조되었다고 생각된다. 물론 윤리도덕은 시대에 따라 변한다. 그럼에도 불구하고 오늘날 유교 또는 유학의 전통윤리에 대해 현상적 변화를 고치려 하지 않고 그 뼈대까지 부정하려는 것은 오류를 범하는 것이 아닌가 한다.

첫째 전통윤리를 부정하는 근거는 이미 살펴본 결과와 같이 인간의 본성이 선善하다는 근거에서 소위 절대적 윤리관에 대한 회의에서 자명한 논리를 증명할 수 없고 믿을 수밖에 없지 않느냐 하는 것이었다. 그러나 그렇다고 자명한 논리가 아니라는 회의를 할 뿐 자명한 논리가 부당하다는 논리도 아직 정립되지 않았다는 것이 하나의 약점이다. 그리고 우리는 아직도 그러한 윤리 도덕적 체계에서 선善과 악惡, 시是와 비非를 나누고 살고 있다는 현실을 부정할 수 없다.

둘째 우리들의 전통윤리에 대한 불신과 부정, 시대착오적 사고방식이라는 팽배한 배척의 원인이 무엇인가? 그것은 무엇보다 근대화에 의한 자유·평등주의가 보편화되면서 유행한, 자유·평등이 없는 사고 및 행위방식, 윤리는 모두가 권위적이고 전근대적이라는 사고에 기인한다. 전통의 잘못된 것은 시대에 맞게 연구하고 교육함에도 불구하고 아직 그러한 사회적 교육체계가 이루어지지 않았다는 점이다.

셋째는 식민지사관에 의한 유교적 윤리가 근대화를 막았고 그로 인하여 식민지까지 되었다는 역사관이다. 그러나 사실 그러한 주장에 일리가 있는 것처럼 보이지만 사실 유교 윤리를 실현하기 위하여 얼마나 노력했으며 그로 인하여 문화적 우월성이 높아졌다는 것은 부정되었다는 점이다. 소위 성리학적 통치이념에 의하여 당파가 나누어졌고 그 당파로 인하여 결국 나라를 잃어버렸다는 한恨을 이용한 전통윤리의 파괴는 또 다른 비극을 안게 될 수도 있다. 유교적 윤리라고 말하는 것도 이미 어폐가 있다. 인간관계의 윤리인 부자, 군신, 부부가 우리만이 특이한가, 이미 서구에서도 그러한 윤리는 그리스의 소크라테스, 플라톤, 아리스토텔레스 등이 주장한 바이다. 그럼에도 불구하고 인간관계의 윤리를 공자나 맹자가 처음 말했다고 해서 우리의 전통윤리를 종속과 모방이라 하여 부정 배척하려고 하는 일부의 주장은 잘못되었다고 본다. 그리스의 철학이 프랑스, 독일, 영국 철학의 근간이 되지 않았던가. 그들은 모두 소크라테스(Socrates), 아리스토텔레스(Aristoteles), 플라톤(Platon) 등 그리스 중세 철학을 통하여 오늘날의 서구 각국의 철학이 이루어진 것이다. 우리도 중국을 통하여 건너온 불교, 유학, 도교 등의 사상을 바탕으로 우리의 사상·윤리도덕을 합리화시켰다. 오늘의 불교·유학 등은 한국화한 우리의 사상·문화가 이루어진 것이다.

3. 신라 · 고려 시대의 인성이해와 인성교육

한민족의 본원적 인성이해는 인간의 본성은 선善하고 그 근거는 단군신화의 홍익인간弘益人間과 재세이화在世理化(세상을 이치로 다스린다)임은 이미 잘 알려진 사실이다. 단군신화에 대한 여러 이설로 인하여 이러한 한민족의 근본적 정신이 퇴색되고 회의된 과정도 있었지만 이는 모두가 우리 민족의 정신적 주체성을 훼손하려는 일부 불온분자들의 사술임은 우리는 잘 알고 있다.

적어도 신라가 삼국통일을 할 수 있었던 화랑도 정신도 바로 이러한 홍익인간, 재세이화의 근본적 뿌리에 의한 것이라 생각된다. 모든 사람에게 이익을 주기 위해서는 국가적 제도와 그 궤도를 이끌어 가기 위한 정신적 원칙이 있어야 한다. 그것이 곧 화랑도 정신을 낳았고, 이치로 다스리기 위한 원칙이 제도로서 화랑오계가 이루어진 것이다.

인성의 뿌리인 홍익인간 정신이 인성교육으로 화랑오계가 성립되었고 그것이 삼국통일의 기저가 되었음을 주지의 사실이다. 사군이충事君以忠 · 사친이효事親以孝 · 교우이신交友以信 · 임전무퇴臨戰無退 · 살생유택殺生有擇 등은 유교와 불교적 사상이 조화를 이루었다. 유교의 덕목인 충忠 · 효孝 · 신信 · 용勇과 불교의 덕목인 자비慈悲의 절충이 그 시대적 요청인 인성교육의 하나가 되었다. 물론 화랑오계의 교육이 현대적 학교개념이나 교육 내용은 아니지만 적어도 400~500명의 화랑도의 교육내용이었음은 사실이고 그러한 엘리트 교육은 일반화되었으리라 생각된다.

통일신라의 제도적 교육은 신문왕 2년(682)에 국학(국립대학)을 설립하면서 시작된다. 그리고 교과과목으로는 경서와 문선文選이 주가 되었으며 삼과三科에 있어 『논어』·『효경』은 공통 과목이었다.4) 이를 보아도 신라 통일 이후에는 소위 인성교육이라 할 수 있는 화랑오계의 중심인 충·효·신·인·의 교육이 유교의 『논어』와 『효경』을 중심으로 이루어져 있음을 알 수 있다.

또한 통일신라의 특징은 유교적 인성교육과 함께 불교적 인성교육이 주축을 이루고 있음을 본다.

신라는 그 어느 시대보다 불교가 흥하고 연구가 깊었다. 불교는 인과응보, 윤회, 마음의 깨달음(覺)을 강조한다. 충忠·효孝·신信·인仁·의義 등이 사회적 윤리도덕이라면 마음의 깨달음은 개인적 영혼의 체험을 강조한다. 물론 그 깨달음의 궁극적인 목적은 인간을 위한 자비와 보살행에 있다. 하지만 윤리도덕과 차원은 다르다. 불교는 마음(心)의 철학이라고 할 수 있다. 특히 신라의 원효元曉(617~686)에 의하면 인간의 본성을 일심一心으로 보았다. 이 일심이 진여심眞如心과 생멸심生滅心으로 나뉘고 일심이 곧 여래장如來藏이라 하였다.5) 그리고 진여심과 생멸심이 둘이 아니고 곧 일심 또는 여래장으로 선善과 불선不善의 원인이 된다고 한다. 생멸심은 변화의 현상이고 진여심은 변하지 않은 적멸寂滅의 세계이다. 마음의 본성은 불생불멸不生不滅이라 한다. 유심론唯心論의 극치이다. 나

---

4) 김충열, 『고려유학사』(고대출판부, 1984), p.54.
5) 이는 馬鳴의 『大乘起信論』에 의한 설명인데, 元曉도 이 설명에 同意하고 있다. 원효의 『大乘起信論疏』에서 인용했다.

아가 인간의 마음은 각覺과 불각不覺의 두 가지 면이 있다고 보았다. 그러나 인간은 근본적으로 각이기 때문에 이 면을 본각本覺이라 하고 불각이 극복되어지는 관점에서 시각始覺이라 하였다.

불교의 상구보리上求菩提 하화중생下化衆生이 곧 인간의 절대 긍정인 인간 중심의 존엄이 곧, 진여심과 본각으로 증명되었다. 인간은 누구나 그 근본이 깨달은 존재이다. 차별 없는 평등의 가치를 가지고 있다.

신라의 인성교육은 불교적 인성관을 중심으로 유심론적 인간관으로 심화되어 신라 통일의 중심인 화랑오계와 같은 윤리도덕적 교육은 소외된 경향이 있었다. 국가·사회의 질서유지와 보존은 인성의 양면성에 입각한 윤리교육이 절실함에도 불국하고, 인성의 일면성인 형이상학적 인성만 추구하였다. 인간은 그 본래는 일심, 진여심, 본각이라 하더라도 생멸심, 불각, 시각이 없이는 일심을 깨달을 수 없다. 인성은 심성心性과 물성物性이 함께 있는 것이다. 심성은 물성의 극복을 통해서 회복되어지고 그 극복 방법이 윤리 도덕의 규범인 것이라 생각된다.

고려의 건국의 기본 사상은 고려高麗 태조太祖 왕건王建(877~943)의 훈요십조訓要十條에 잘 나타나 있다.

一. 우리나라 대업은 제불諸佛이 호술하는 힘에 의존한다. 그러므로 선禪·교敎사원을 짓고 범수승梵修僧을 파견·주지하게 하여 각기 그 업업業을 다스리게 할 것이며 후세後世에 간신姦臣이 집정執政하여 중들의 말을 쫓아 사사寺社의 쟁탈을 일삼을지 모르니 이를 절대 금禁한다.

二. 모든 사원寺院은 모두 도선道詵이 산수山水의 순역順逆을 점치고 개창
한 것이다. 도선이 이르기를 "내가 점정占定한 곳 외에 마구 절을
지으면 지덕을 손멸損滅시켜 왕업王業이 오래가지 못한다"라고 하였
다. 나는 "후세의 국왕, 공후, 후비, 조신들이 각기 원당願堂을 핑계
삼아 혹시 더 짓지나 않을까 크게 걱정하는 바다. 신라 말에 다투어
절을 지어 지덕을 손멸케 한 결과 결국은 멸망에 이르렀으니 경계
하지 않을 수 없다"[6)라고 하였다.

이를 보아도 고려가 불교를 중심으로 건국되었으며 또한 신라의 멸
망이 사찰을 많이 지어 멸망하게 되었음을 지적하고 고려에서는 도선의
풍수지리에 입각하여 창사는 제한하였음을 알 수 있다.

고려의 일반 민중과 왕王은 불교사상이 기조를 이루고 있었으나 국
정은 유교적 정치제도에 시행되고 있었다. 고려가 처음으로 학교를 세
운 것은 건국한 지 13년 뒤인 930년 태조가 서경西京에 갔을 때의 일이다.
태조의 셋째 아들 광종光宗(재위 949~975)은 마침내 958년(광종 9)에 관리의
등용문인 과거제를 시행한다. 나아가 고려는 유교적 학교인 국학을 진
흥하여 992년(성종 1)에는 개경開京에 국자감國子監을 설치한다. 국자감에
서는 처음에는 사장詞章 중심의 교육이 강학講學(경전) 중심으로 바뀌어 간
다. 그러나 이러한 유교 교육은 국정 출세의 도구이었지, 선비로서 실천
적 공부가 결핍되어 있음으로 그 시대정신인 불교를 압도할 수 없었다.

고려는 불교국가로서 정치는 유교적 제도가 정비되어 가고 있었다.

---

6) 『高麗史』, 「世家二」, '太宗二'.

그러나 불교의 승려의 지위를 넘어설 수 없었다. 마침내 승려의 부패는 무신정치를 초래했고 왕권王權은 무너지고 사상은 혼돈되었다. 고려 말에는 중국의 성리학이 전래되면서 불교적 인성관이 쇠퇴되고 새로운 학문질서인 성리학적 인성관이 솟아오르기 시작한다. 고려시대의 인성관은 불교적 인성관을 초월하지 못하였고, 나아가 신라시대의 왕성했던 불교적 인성관인 일심一心, 본각本覺의 대중적 평등사상이 오히려 승려의 귀족화 불교의 왕실화의 부패 등으로 더 발전할 수 없었다.

고려시대의 인성관은 불교적 인성관으로 그의 심화로 더욱 종교화되었다. 진심의 깨달음을 돈오頓悟와 점수漸修로 논쟁하고 후에는 공안公案(話頭) 수행법의 도입으로 더욱 내면화됨이 그 증례이다. 돈오와 점수는 지눌(1158~1210)스님으로 대표되고, 화두의 도입은 태고보우(1381~1382)를 들 수 있다. 이외에도 선교禪敎의 문제라든가 정혜쌍수定慧雙修의 수행법이 대두되었다. 이는 모두가 종교적 수행에 의한 것이지 인간 본성에 대한 새로운 이해는 아니다.

4. 조선시대의 인성이해와 그 교육

시대는 언제나 연속되는 것이지 단절되지 않는다. 사상이나 문화도 점진적으로 서로 교체되는 것이지 돌출되는 것은 아니다. 인성에 대한 이해 역시 서로 겹치면서 시대에 따라 특성화되는 것이지 하나가 소멸되고 다른 하나가 창조되는 것은 아니다.

고려조의 불교의 부패는 자연히 배불론을 낳게 되고 그에 따라 왕조의 교체는 새로운 정교이념을 요구하게 된다.

고려 중기 이후부터 북송北宋과 교류하면서 성리학이 들어오고 그 성리학은 배불억불의 이론이 된다.

성리학이란 '성명리학性命理學'의 준말이다. 그 성리학이 추구하는 의리란 결국 도덕의 원리가 주류를 이룬다. 성리학에 따르면 도덕의 원리는 곧 인간본성과 같고(性卽理) 그 본성은 천명天命으로 말미암아 타고난다고 생각하여 마침내 성性과 명命을 합쳐 성명性命7)이라는 합성어를 구사하기도 한다.

성즉리性卽理란 이기理氣론에서 인간의 본성은 변화하는 (유형·유위의) 기氣가 아니라 변하지 않는 이理 즉 인간 마음에 있는 인仁·의義·예禮·지知라는 것이다. 인간이 측은지심惻隱之心, 수오지심羞惡之心, 사양지심辭讓之心, 시비지심是非之心을 가지고 있음은 곧 인·의·예·지가 있음으로 인因한 것이다. 따라서 측은, 수오, 사양, 시비의 마음은 인·의·예·지

---

7) 윤사순, 『한국유학사』 상(지식산업사, 2012), p.130.

가 있음의 단초이다. 따라서 인간의 본성은 인·의·예·지가 이론적으로 정립되었다. 변하는 것은 변하지 않는 것이 있음으로 이론화될 수 있다.

조선조는 이러한 이론적 과정을 통하여 인간의 본성을 유교의 발전된 성리학으로 정립했다. 이러한 이론적 근거에서 인간본성이 선함을 확인하기도 하였다.

이러한 인성을 기초로 한 인성교육도 활발하였다. 세종 16년(1434)에는 집현전 부제학 설순偰循을 시켜 『삼강행실도三綱行實圖』를 편찬하여 널리 일반인에게 교육시켰으며 그 후에는 『삼강오륜행실도』를 편찬하여 각 가정에 배포하여 벽에 걸어 놓고 철저한 교육을 실천하였다.

조선조의 인성교육은 삼강 즉, 군위신강君爲臣綱, 부위자강父爲子綱, 부위부강夫爲婦綱으로 신하는 임금을 섬기고 아들은 아버지를 섬기고 부인은 남편을 섬긴다는 뜻으로 충忠, 효孝, 열烈을 의미한다. 이 삼강에 장유유서長幼有序, 붕우유신朋友有信을 합쳐 오륜五倫이 된다.

충忠·효孝·별別(烈)·서序·신信은 인仁·의義·예禮·지智·신信과 같은 인간의 본성이다. 조선조의 성리학은 곧 이러한 인성을 이론적으로 심화시켜 인간이 실현할 수 있도록 하는 데 그 학문적 노력을 경주했다.

이러한 본성은 모두 마음(心)에서 이루어지는 것으로 심心·성性·정情에 대한 철학적 천착이 곧 이퇴계李退溪(1501~1570)와 이율곡李栗谷(1536~1584)의 사단칠정설四端七情說이다. 이퇴계는 소위 주리설로, 사단은 이의 발(四端理之發)이고 칠정은 기의 발(七情氣之發)이라고 하여 인·의·예·지의 선천성을 주장하고, 또 사단은 순리이므로 선하지 않음이 없고 칠정은 이·기를 겸하였기 때문에 선악이 있다(四端之發純理, 故無不善, 七情之發兼理氣, 故有善惡)8)라고 하여 사단의 순선과 칠정의 유선악을 말하였다. 끝으로 "사단四端은 이理가 발發함에 기氣가 따른 것이고 칠정七情은 기氣가 발發함에 이理가 탄 것이다"9)라고 함으로서 이발理發을 인정하였다. 궁극적으로 사단의 순선무악을 주장하면서 칠정을 인욕人欲으로 보아 존천리存天理 알인욕遏人欲을 강조한다.

반면 이율곡은 이발理發을 부정하고 오직 발發하는 것은 기氣일 뿐이라고 주장하여 "대저 발發하는 것은 기氣요 발發케 하는 소이所以는 이理이다. 기氣가 아니면 발發할 수 없고 이理가 아니면 발發하는 바가 없다"10) 하여 오직 기氣만이 발發하는 것이라 하여 주기론자라 한다. 따라서 칠정七情도 기氣가 발發하는 것이요 사단四端도 기氣가 발發하는 것이라 하여 칠정七情의 발發 가운데 선한 것을 사단四端이라 말할 뿐 따로 사단심四端心이 있는 것이 아니라는 뜻이다.

본연지성이나 기질지성 역시 본연지성이 처음부터 따로 있는 것이 아니라 기질지성의 선한부분을 본연지성이라고 말할 뿐이다. 선善·악惡에 대하여서도 율곡栗谷은 본래부터 악惡이라고 하는 것이 따로 있는 것이 아니라 선善의 상대相對로서 선善이 안 된 것, 다시 말하면 선善의 결핍정도가 악惡이라고 지칭한다는 뜻 이외는 없다고 생각하는 것이다.

이런 면에서 율곡은 근대적 인성론에 접근하고 있다고 생각한다. 천

---

8) 『退溪全書』 上, 권41, 「雜著(天命舊圖)」, p.915; 「天命新圖」, p.916.
9) "四則理發勿氣隨之, 七則氣發勿理乘之."
10) 『栗谷全書』, 권10, 「答成浩原」, p.198.

리인 인 · 의 · 예 · 지를 실천하는 데 있어서 존천리存天理와 거경居敬을 중시함이 퇴계적이라면, 율곡은 성의정심誠意正心과 알인욕遏人欲을 치중하고 있음을 본다. 그것은 곧 인욕人欲을 인정하고 극복하려는 자세이다.

성리학적 인仁 · 의義 · 예禮 · 지智의 이와 같은 심화 천착은 우리민족에게 의리義理사상을 강화시키고 조선조의 의병義兵정신과 호국사상의 기틀이 되었다고 생각한다.

그러나 시대와 인간은 변하게 마련이다. 율곡으로부터 싹텄던 인간의 실상 인욕人欲을 인정하고 그 인욕의 극복을 어떻게 할 것인가? 그리고 그러한 인간상을 있는 대로 인정하는 유가적 사상이 성리학의 극복으로서 실학이 일어난다.

실학의 대표는 다산茶山 정약용丁若鏞(1762~1836)이다. 그는 성리학의 인 · 의 · 예 · 지의 이론이 너무나 관념적觀念的이고 사변적인데 치중함으로서 실용적인 면이 부족함을 깨닫고 인간의 본성을 '존천리 알인욕'의 경건주의로부터 탈피하여 본래의 자연스러운 인간의 모습에서 찾으려 하였다.

"사람의 성性이란 오직 그것은 일부 인성人性이며 개나 소의 성性이란 그것은 일부 금수성禽獸性이다. 대개 인성이란 것은 도의道義 · 기질氣質의 두 성性을 합合하여 하나로 만든 것이다. 금수성이란 것은 순전히 기질의 성일 따름이다"[11]라고 하여 인간의 본성에는 금수성인 기질의 성性도 있다는 것을 확실히 하고 있다.

---

11) 『茶山全書』, 「孟子要義」 권2.

또한 그는 "성性이란 기호嗜好인 것이다. 형구形軀와 영지靈知의 기호가 있는데 다 같이 이를 성性이라 한다. 그러므로 소고召誥에서 성性을 절제한다 하였고 왕제王制에서는 민생民生들의 성性을 절제한다고 하였으며 맹자는 마음을 움직여 성性을 견디어 낸다 하였다. 또 귀·눈·입·육체의 기호를 가지고 성性이라 하였으니 이는 형구形軀의 기호嗜好인 것이다. 천명天命의 성性이라거나 성性과 천도天道라거나 성선性善·진성盡性이라거나 하는 성性들은 영지靈知의 성性인 것이다."12)

이와 같이 다산茶山은 금수, 기질지성, 형구지의形軀至矣, 기호嗜好의 성들도 모두 성性으로 인정하고 이러한 성性과 함께 선을 지향하고 성을 다하는 것은 인간이 가지고 있는 이성의 성性, 영지의 기호라 하였다. 따라서 형구의 기호인 눈·귀·입·육체가 원하는 성을 부정할 것이 아니라 인정하고 그것의 조절과 극복이 참 인성으로 환원한다고 보았다.

그는 성리학의 인·의·예·지와 4단심에 치중함을 극복하고 인간의 자연스러운 서恕, 인仁, 효孝, 제悌 등을 강조한다.

다산은 인仁을 천리天理가 아니라 덕德이라 한다. 만약 천리라 한다면 인간은 인仁을 지키지 않을 수 없다. 그러나 인仁을 실천하는 사람도 있고 실천하지 못하는 사람도 있다. 따라서 인仁은 인간이 노력하여 지켜야 할 것이지 저절로 지켜지지 않는 것이라고 보았다.

그는 말한다. "인仁은 천리天理가 아니라 사람의 덕德인 것이다. 공자는 극기복례克己復禮해야 인仁이 된다고 하였으니 인욕人欲을 이미 극복한

---

12) 『茶山全集』, 「自撰墓誌銘」, p.16.

연후라야 이에 인仁이 됨을 밝힌 것이다."13)

다산은 성리학을 극복하여 원시유가의 인仁, 충忠, 서恕, 효孝, 제弟, 자慈의 정신을 구현하고자 하였다. 그는 인仁에 대하여서 더욱 구체적으로 "인仁이란 다른 사람에게 향한 사랑이다. 아들은 아버지에게 향하고 아우는 형에게 향하고 신하는 조왕에게 향하고 목자牧者는 인민人民에게 향하여 무릇 사람과 사람이 서로 향하여 부드러운 사랑을 주는 것을 인仁이라 하였다."14) 이를 향인지애嚮人之愛라고 한다. 그는 오늘날의 인성덕목인 서로가 서로를 향하여 사랑하는 정신을 이미 제시하였던 것이다.

끝으로 그의 충忠, 서恕에 관한 견해를 살펴보자.

"자기를 다 바치는 것을 충忠이라 하고 자기를 미루어 생각하는 것을 서恕라 한다는 것이 요즈음에는 쇠붙이로 된 말처럼 굳어져 버렸으나 종래 옛 자전들에는 이러한 새김이 없었다. 소위 충서忠恕란 성실한 마음으로 서恕를 실행한다고 말한 것에 지나지 않는다. 만일 자기를 다 바치거나 자기를 미루어 생각하는 것이 반드시 두 갈래로 하는 공부라면 이는 공자의 도道는 둘로 일관했거나 하나로 일관한 것이 아니다."15)

충忠이 따로 있고 서恕가 따로 있는 것이 아니라는 뜻이다. 공자는 인仁의 구현으로서 서恕의 마음과 태도를 중요시했다. "내가 하기 싫은 것은 남에게 시키지 말고(己所不欲勿施於人) 내가 하고 싶은 것은 남에게도 베푸는(己欲立而立人, 己欲達而達人)" 즉 추기급인推己及人인 마음을 미루어 남

---

13) 『孟子要義』, 권2, p.30b.
14) 『論語古今注』, 권2, p.4b.
15) 『論語古今注』, 권10, p.40b.

에게 베푸는 것을 인仁의 구현 방법이라 하였다. 이는 오늘날에도 이용할 인성의 실현이다.

다산은 서恕에 대하여 다음과 같이 구체적으로 주장한다.

"서恕란 무엇인가, 아들에게서 받고자 하지 않는 것을 가지고 아비에게 베풀지 말아야 하고, 아비에게서 받고자 하지 않는 것을 가지고 아들에게 베풀지 말아야 하며, 아우에게서 받고자 하지 않는 것을 가지고 형에게 베풀지 말아야 하며, 형에게서 받고자 하지 않는 것을 가지고 아우에게 베풀지 말아야 하며, 신하에게서 받고자 하지 않는 것을 가지고 군왕에게 베풀지 않아야 하며, 군왕에게서 받고자 하지 않는 것을 가지고 신하에게 베풀지 말아야 하며, 어린 사람에게서 받고자 하지 않는 것을 가지고 어른에게 베풀지 말아야 하며, 어른에게서 받고자 하지 않는 것을 가지고 어린 사람에게 베풀지 말아야 하는 것이다. 대체로 사람과 사람이 서로 더불어 교제할 때는 모두 이 도道를 썼으니 소위 헤아리며 재는 도道인 것이다."16)

이는 오늘날의 사랑의 배려配慮정신으로 현대 인성교육의 효시라고 생각하여 장황히 인용한 것이다.

이와 같이 인성과 인성에 대한 교육도 변천하여 왔다.

---

16) 『大學講義』, 권2, p.33b.

5. 오늘의 인성이해와 인성교육

19세기 조선조 말은 서양문물의 유입과 민족의 수난이 시작된다. 한반도에는 열강의 각축으로 인한 혼란은 마침내 일본의 침략으로 식민의 서러움을 갖는다.

나라를 잃어버린 한민족은 애국충정과 의리정신으로 집요한 독립운동이 시작된다. 이는 전통적 윤리도덕인 인의예지가 그 기초가 되었다.

그러나 1945년 광복과 더불어 서구 민주주의의 자유 · 평등 · 인권사상이 반성과 여과 없이 유입되고 국가를 잃어버렸던 한恨의 반작용은 종래 지배계급의 윤리도덕 체계인 유교적 전통이 한 번에 무너지고 가치혼돈의 시대를 맞이한다.

더구나 남북 분단의 정치체제가 양립되어 새로운 민족분열의 위기를 맞이하고, 마침내 1950년에는 민족상잔의 6 · 25라는 엄청난 전쟁을 맞이한다. 나라의 강산은 폐허가 되고 국가재건을 하지 않으면 안 되었다. 더구나 부존자원이 없는 폐허를 재건하기 위해 외국의 원조를 받지 않으면 안 되었다. 한편 세계질서의 재편과 서구산업화를 받아들이지 않으면 안 되는 현실에 직면한다.

전쟁, 국가재건, 산업화는 국민적 가치혼란을 야기하고, 마침내 종래의 전통사상이 부정되고 윤리도덕은 공허한 구시대적 유물로 취급된다.

한편 1948년 대한민국의 건국과 더불어 서구 민주교육이 시작되고, 서구사상에 입각한 교육이 진행되었다. 그렇다 하더라도 인성함양의 도덕·윤리 교육은 고등학교, 대학에서 이어지고 있었다. 대학교에서는 철학과목이 필수였고 고등학교에서도 도덕과목이 교육되었다. 물론 철학교육은 서양철학이 중심이 되었지만 일부대학에서는 동양·한국의 사상을 가르쳤다.

또한 한국철학과 윤리도덕의 내용은 한국사를 통하여 교육되고 있기도 하였다.

전쟁과 복구 속에서 1960년 3·15 부정선거가 자행되고, 마침내 1960년 4·19혁명으로 자유당 독재에서 민주당 정권이 내각책임제로 탄생한다. 그러나 정치혼란과 민생경제, 파탄의 구실로 1961년 5·16혁명이 일어나 군사독재가 시작된다.

이때부터 정치적으로는 군부독재와 민주화 세력의 반복이 이루어지고 1963년 민정이양과 더불어 박정희 정권이 들어선다. 이런 가운데 한민족은 커다란 가치 혼란을 겪게 되고 그로 인한 인간성의 재정립이 요구되었다.

종래의 인간관은 인간본성은 선善일변도로 생각하여 인仁·의義·예禮·지智의 구현이 선善이라고 생각하였다. 그러나 서구의 자유·평등사상과 일제식민지화, 독립운동, 남북분단, 남북전쟁, 외국군의 진주 등 경제적 궁핍을 경험하면서 과연 인간이란 그 본성이 무엇인가를 다시 생각하기 시작하고, 인간은 순수한 영적 존재만이 아닌 경제적, 물질적 존재임을 자각하게 된다. 따라서 종래의 형이상학적 윤리도덕관에 대한 부정과 회의가 시작되었다.

따라서 일부 과격한 경제성장주의자들은 인간은 오직 물질적 경제

동물임을 앞세워 경제부흥을 주장하고, 그로 인하여 경제제일 주의로 국가정책이 우선된다. 따라서 경제부흥 5개년 개혁을 통해 산업화와 근대화가 이루어진다. 한편 인권이 억압되고 부정부패와 사회의 도덕적 해이가 만연하여 새로운 국민정신의 재건과 시대에 걸맞은 가치관에 입각한 윤리도덕이 필요하게 된다.

인간의 선성과 악성을 동시에 인정하고 선성을 높이고 악성을 줄여나가는 도덕적 기초는 무엇인가를 고민하기 시작한다. 인간의 이중적二重的 구조인 영성과 동물성의 인정은 윤리도덕 체계의 엄청난 변혁을 가져왔다. 전통윤리는 선성만을 강조하고, 악성은 부정하여 인욕人欲이 억압되는 윤리도덕이 규범화되었던 것이다. 이제는 이러한 접근과 태도로서는 시대적 정신을 이끌 수 없었다.

이미 경제부흥의 열매를 먹어 본 인간은 그 열매의 맛을 함께 할 수 있는 도덕률을 가져야 하기 때문이다. 인간의 본성과 그에 따른 윤리도덕은 현실적으로 변화를 가져오게 되고 그에 맞는 윤리교육이 필요하게 된 것이다.

이러한 가운데에서도 국민정신의 순화와 인성교육은 이루어지고 있었다. 광복 후 1995년까지는 국민윤리 교과목(1974년 개설)과 철학개론이 대학에서는 필수이었고, 고등학교에서 국민윤리가 필수, 일부 고등학교에서는 철학과목까지 필수였다. 그러나 1993년 문민정부가 들어오면서 세계화 정책으로 대학의 졸업학점이 120학점이 되고, 따라서 교과목 편성에서 국민윤리는 체제옹호라는 비판 속에서 선택과목으로 바뀌었다 없어지고, 철학개론 역시 선택과목으로 전환되어 사실상 인성교육이 반토막이 나 버렸다.

물론 인성교육이 따로 필요하냐 하는 비판도 있을 수 있다. 그러나 인성교육이 윤리도덕만을 가르치는 과목이 아니고 인간에 대한 근원적인 문제를 사색하는 데서 동서고금에서 이루어진 학문이었다. 더구나 그것을 통하여 인간의 존엄성과 생명의 귀중함을 고민한다는 데서 필수적인 과목이요 훈련이라 할 수 있다.

이제 우리는 오늘날 한국사회의 부조리인 살인, 강간, 폭력, 성폭행, 부정부패 등의 사회적 문제를 해결하기 위하여 새로운 인간상과 그에 따른 새로운 윤리도덕의 틀을 짜야 한다.

새로운 인간상이란 인간은 선성과 악성을 동시에 가지고 있으나 선을 향상시킴으로써 악을 약하게 하는 도덕원리를 개발하여야 한다. 그것은 선과 악을 대립시키는 것이 아니라 선의 결핍이 악이라는 관념을 높이고 선을 향상하는 규범이 필요하다.

그 기초는 무엇보다도 인간존중이다. 인간존중은 사람을 사랑하는 것이다. 그리고 그 사랑은 배려이다.

우리는 이미 전통윤리에서 인仁과 선善, 오륜五倫을 말해 왔다. 그 정신을 오늘의 용어로 바꾸고 그것을 규범화해야 할 것이다. 다산茶山의 부모, 자식, 형제, 친구 간의 배려정신이 오늘 우리에게 요구된다.

오늘날의 인성은 이미 지적했고, 그 인성교육의 필요성도 말했다. 끝으로 인성교육을 위해서는 인성교육특별위원회를 구성하여 인성교육의 필요성을 논하고 그 방법을 연구할 필요가 있다.

그 한 예로 프랑스와 같이 철학교육을 고등학교에서 교육하는 것도 좋고, 나아가 대학에서의 철학과목의 필수화가 필요하다. 세계 12위의 경제대국을 유지하고 더 발전시키기 위해서는 문화 역시 선진국이 되어야 한다. 살찐 돼지보다 배고픈 소크라테스가 필요할 때이다. 그러기 위해서는 인성에 대한 끊임없는 고민과 인성교육이 필요하다.

참고문헌

『金剛經』.
『大般涅槃經』.
『大方廣佛華嚴經』.
『法華經』.
『首楞嚴經』.
『阿含經』.
『圓覺經』.
『雜阿含經』.
『長阿含經』.
『中阿含經』.
『增壹阿含經』.
『大毘婆娑論』.
『金剛經五家解』.

『論語』.
『孝經』.
『經國大典』.
『高麗史』.
『高麗史節要』.
『朝鮮王朝實錄』.

大慧宗杲, 『大慧普說』.
_____, 『書狀』.
馬鳴, 『大乘起信論』.
慧能, 『六祖壇經』.

己和, 『顯正論』.
普雨, 『懶庵雜著』.
西山, 『禪家龜鑑』.
____, 『心法要抄』.
元曉, 『大乘起信論疏記會本』.
____, 『大乘起信論海東疏』.

____, 『無量壽經宗要』.

____, 『涅槃經宗要』.

意恂, 『震默祖師遺蹟考』.

義天, 『大覺國師文集』.

知訥, 『普照法語』.

____, 『眞心直說』.

白谷處能, 「諫廢釋敎疏」.

『性理大全』.

『二程遺書』.

『朱子語類』.

孔穎達 疏, 『禮記』(『十三經注疏』5), 臺北, 藝文印書館, 1965.

_____, 『尙書』(『十三經注疏』1), 臺北, 藝文印書館, 1965.

_____, 『周易』(『十三經注疏』1), 臺北, 藝文印書館, 1965.

班固, 『白虎通義』.

邵雍, 『皇極經世』.

張載, 『張子全書』.

周敦頤, 『周子全書』.

朱熹, 『論語集註』.

____, 『孟子集註』.

____, 『中庸章句』.

朱熹・呂祖謙, 『近思錄』.

韓愈, 『昌黎輯』.

金成日, 『鶴峯集』.

宋時烈, 『宋子大全』.

李珥, 『栗谷全書』.

李滉, 『退溪文集』.

鄭道傳, 『三峯集』.

鄭夢周, 『圃隱集』.

趙觀彬, 『晦軒集』.

『한글대장경: 불성론』, 동국역경원.

『한글대장경: 열반부』, 동국역경원.

『한글대장경』 151, 「한국고승─청허당집」, 동국역경원.

『한글대장경』 166, 「한국고승 16」, 동국역경원.

金芿石,『華嚴學槪論』, 法輪社, 1974.

김충열,『고려유학사』, 고대출판부, 1984.

김태길,『윤리학』, 서울: 박영사, 2002.

朴異紋,『노장사상』, 서울, 문학과 지성사, 1980.

朴鍾鴻,『韓國思想史』, 瑞文文庫, 1972.

윤사순,『한국유학사』상, 서울: 지식산업사, 2012.

李箕永,『불교와 근대적 인간형』, 서울, 동국대학교, 1967.

_____,『원효 사상』, 서울, 圓音閣, 1967.

李能和,『朝鮮佛敎通史』上卷.

이병도,『율곡의 생애와 사상』, 서울: 서문당, 1973.

李鍾益,『元曉의 根本思想』, 서울: 동방사상연구, 1977.

趙明基,『高麗大覺國師와 天台思想』, 東國文化社, 1964.

徐復觀,『中國人性論史』, 臺灣商務印書館, 民國68年.

『經書』, 성균관대학교 대동문화연구원, 1978.

高崎得道,「如來藏・佛性 思想」,『講座佛教思想』제3・4권 합본.

宋錫球,「普照의 和思想」,『佛教學報』第15輯, 동국대학교 불교문화연구소, 1978.

李鍾益,「鄭道傳의 闢佛論批判」,『佛教學報』第8輯, 1971.

_____,「普照國師의 禪敎觀」,『佛教學報』第9輯, 1972.

蔡楨洙,「大慧宗杲의 思想硏究」,『東亞論叢』第13輯, 동아대학교, 1977.

송석구宋錫球

충남 대전 출생. 동국대학교 철학과를 졸업하고 동 대학원에서 석사 및
박사학위를 취득했다. 국립대만대학교 철학연구소에서 수학하였다. 동
국대학교 철학과 교수, 한국철학회 회장을 지냈다. 또한 동국대학교·동
덕여자대학교·가천의과학대학교 총장, 사회통합위원회 위원장을 역임
했다. 현재는 삼성꿈장학재단 이사장을 맡고 있다.
저서로는『불교와 유교』,『율곡의 철학사상 연구』,『무상을 넘어』,『지
혜의 삶 믿음의 삶』,『바람이 움직이는가 깃발이 움직이는가』,『한국의
유불사상』,『대통합』등 다수가 있다.